KB070406

차 례

이다. 이때의 앎은 머리만 쓰는 것이 아니라 몸도 쓰고 마음도 쓰는 것이다. 나는 수준의 개념에 대해 사유하고, 교육에 관한 논의에 적용하는 시도를 하였으며, 이러한 시도는 지금도 계속되고 있다.

우리는 태어나 삶을 살아가면서 다양한 경로를 거치고 다양한 사람과 상호작용하며 다양한 집단에 소속된다. 다른 사람들과 상호작용면서 동원하는 표준의 체계는 완벽한 논리적 체계일 수 없다. 상호작용하는 사람들이 계속 변하기 때문에 이전에는 동원했지만 현재 시점에서는 동원하지 않는 표준도 있을 것이고, 새롭게 동원할 필요를 느끼는 표준도 있을 것이다. 소속하는 집단의 성격이 달라 동원하는 표준 간에는 모순이 있을 수도 있다. 적절한 표준이 무엇인가도 알아야 하고, 그 표준을 적합하게 활용하는 것도 알아야 하는데, 이 앎에는 수준이 있다. 다른 사람들과의 관계 속에서 해야 할 일을 처음부터 잘 하는 사람은 없다. 그 일을 하나하나 알아 가야 하고, 단순히 아는 정도를 넘어서서 잘 알아야 한다. 학습하지 않고는 어느 것도 제대로 알 수 없고, 잘 알 수도 없다. 여기에 다른 사람들의 조력이 많은 도움이 된다. 이 조력 중 대표적인 것이 교수다. 누군가 알려 주면 제대로 아는 데도, 잘 아는 데도 도움이 된다. 인간은 학습해야 하는 운명을 타고 났지만, 교수하는 기제를 통해 그 운명의 압박을 완화시킬 수 있다.

사회학에서는 인간은 사회화되어야 한다고 말하고, 문화인류학에서는 인간은 문화화되어야 한다고 말한다. 인간의 삶의 경로를 생각해 보면, 사회화의 과제는 태어나서 죽음에 이르기까지 계속된다. 문화화의 과제도 마찬가지다. 어느 경우에나 그 과제에는 낮은 사회화 수준에서 높은 사회화 수준으로 나아가는 과제 또는 낮은 문화화 수준에서 높은 문화화 수준으로 나아가는 과제가 포함되어 있다.[5] 그러므로 사회화의 과제나 문화화의 과제가 있다는 것은 교육의 과제가 있다는 것을 함의한다. 이러한 맥락에서 나는 사회화나 문화화와 교육이 함께 진행되며, 그만큼 우리의 삶 속에서 사회현상이나 문화 현상과 교육 현상은 얽혀 있다고 생각한다.[6] 각각을 다른 개념체계로 다루기 때문

---

5) 이것은 사회화나 문화화에 교육적 측면이 있다는 것을 의미한다. 그러나 사회화나 문화화가 머무는 지점에서 교육도 머무는 것은 아니다. 왜냐하면 교육에서는 사회화나 문화화의 수준을 향상시키는 과정에서 각각의 내용에 대해서 검토하고 더 이상 넘어서는 안 되는 지점을 넘어 한 걸음 더 나아가는 시도를 하기도 하기 때문이다. 조용환(2001), 김영철(1998), 서근원(2007), 서덕희(2009)는 이처럼 한 걸음 더 나아가는 시점 이후에 더 주목하고 있다.

6) 조용환(1997: 6-7)은 "모든 인간은 교육보다 사회화를 먼저 경험한다"고 보고, "교육은 사회화의 한계를 극복하는 에너지를 그 속에 가지고 있다"고 주장한다. 이에 대해 나는 '교육은 사회화와 함께 가지만, 사회화의 한계를 극복하는 에너지를 그 속에 가지고 있고, 실제로 극복하기도 한다'고 생각한다.

에 각 현상은 서로 얽혀 있지만 개념적 층위는 다르다고 말할 수 있다. 물론, 층위가 섞이지 않게 선명하게 개념적 논의를 하는 것은 대단히 어려운 일이다. 그러나 그것은 학문적으로는 도전적 과제임이 분명하다.

　교육이 삶의 형식이라는 것은 삶을 교육이라는 개념망으로 조망할 수 있다는 의미다. 문화를 활동을 위한 표준의 체계라고 규정해도, 특정 표준을 형성하고 이를 공유하고 활용하는 활동이 있어야 한다. 이러한 활동의 흐름으로 이루어지는 것이 문화 활동이고, 문화 활동으로 드러나는 현상을 문화 현상이라고 할 수 있다. 인간은 문화 활동을 할 수밖에 없고, 그 활동을 제대로 하고 잘 하기 위해서는 교육이 반드시 개입되어야 한다. 그런데 교육도 인간의 활동으로서 활동을 위한 표준의 체계가 있다. 다시 말하면, 교육에도 문화가 있다. 이 점에서 교육도 문화 활동이라고 말할 수 있다. 무엇보다도 '교육을 교육답게 하는 문화'[7]로까지 논의를 진전시키면 교육과 문화의 경계는 많이 흐려지게 된다. 그러나 이것이 교육과 문화를 개념적으로 구분하고, 논점을 혼동하지 않기 위한 학문적 노력 자체가 무의미해지거나 무위화되는 것은 아니다.

3. 교육 활동의 주체와 문화 활동의 주체

　교육 활동의 주체와 문화 활동의 주체가 따로 있는 것은 아니다. 동일한 사람이 교육 활동에 참여하기도 하고 문화 활동에 참여하기도 한다. 학교와 같은 공부터에서만 교육이 이루어지는 것은 아니며, 삶터와 일터 그리고 쉼터에서 다 교육이 이루어진다. 참여하는 모든 장의 모든 영역에서 지속적으로 교육이 이루어지는 것은 아니다. 오히려 중도 정지되는 교육이 대부분이라고 보아야 할 것이다. 공부터만 하더라도 한 사람의 생애에서 한 장소만 공부터가 되는 것은 아니기 때문에 역시 참여하는 모든 영역에서 교육이 지속적으로 이루어지지 않는 것이 현실이다.[8] 그리고 참여하는 모든 장과 영역에는 다른 문화가 존재하며, 그 문화가 고정되어 있는 것도 아니다.

---

7) '교육을 교육답게 하는 문화'는 '교육다운 교육'에 대한 사유의 연장선에서 논의할 수 있다. 이러한 사유는 "교육에는 우열이 있다"(조용환, 윤여각, 이혁규, 2006: 28)는 전제를 받아들일 때 가능하다. 제7절에서 보는 것처럼, 나는 이 논의를 '교육의 수준'에 대한 논의로 전환하였다.

8) 하나의 소재를 중심으로 지속적으로 이어지는 교육은 한 개인의 삶에서는 특별한 것이다. 여러 가지 어려움 때문에 제대로 교육을 진행하지 못하는 영역도 있고, 한 번 참여했다가 다시는 참여하지 못하는 교육의 영역도 있다.

앞서 언급한 것처럼 나는 대학원 석사과정을 마친 후 교직에 나갔다. 내가 간 곳은 서울북공업고등학교였고, 담당 교과목은 국민윤리였다. 학부 4학년 때 교생실습을 하면서 수업계획안을 짜고 수업을 해 본 경험이 있기는 하지만, 교무실에 배치되어 한 학기 수업 시간표를 배정받아 해당 시간마다 교실에 들어가 수업을 진행하고, 나머지 시간에 교사로서 행정적인 일을 하고, 퇴근한 후 다른 교사들과 어울리는 생활은 생소한 것이었다. 나는 국민윤리라는 교과목을 담당하고 있는 선배 교사가 어떻게 수업을 진행하는지, 출제를 어떻게 하는지 알아 가야 했다. 들어가는 교실이 다르고, 교과서는 같지만 교수하는 구체적인 내용과 방식이 다르기 때문에 수업과 출제에서 서로 조율하는 것이 필요했다. 이 외에도 부장교사와 교감과 교장이 어떤 사람이고 그들과 어떻게 상호작용해야 하는지, 일반계 교과목 담당교사로서 다른 일반계 교과목 담당교사뿐만 아니라 실업계 교과목 담당교사들이 어떤 사람이고 그들과 어떻게 상호작용해야 하는지 알아 가야 했다. 이 과정에서 선배 교사들이 들려주는 이야기와 해 주는 조언이 많이 도움이 되었다. 처음에는 막연하게 알던 것을 점점 세세하게 알게 되었고, 신임교사들에게 조언을 해 주는 것도 어색하지 않게 되었다.

교장이 인사말을 하고 교감 및 부장교사들이 특정 사항을 전달하는 것으로 마무리되는 교무회의보다는 실업계 고등학교 교육에서 중요하다고 생각하는 의제를 정하고, 이에 대해 토론하고 의견을 수렴해 나가는 교무회의를 하는 것이 좋겠다는 이야기가 퇴근 후 식사자리나 술자리에서 오가고, 이것을 교무회의에서 실제로 요청했다. 동일한 교원이라고 하더라도 직위에 따라서 또는 교직에 대한 관점에 따라서 이에 대한 반응은 달랐으며, 이것은 문화가 다르다는 예증이기도 했다. 나는 특정한 문화를 가지고 있는 선배 교사들로부터 학습하고, 만남이 계속되면서 그 문화를 더 강하게 내면화하고 있었다. 그들은 교사로서 하는 활동의 중심에 학생들을 놓고 있었고, 수업에 참여하는 것조차 힘들어하는 학생들이 수업에 주목하고 시간을 그냥 날려버리지 않도록 소통하는 데 주안점을 두었다. 이들은 학생들 가정의 가난과 학생들의 낮은 학업성취를 무시하지 않으려고 노력하였다. 나는 이것이 교육자의 자세에 부합한다고 보고 이들이 결성하려는 '참교육을 위한 교사협의회'에도 참여하였다.

서울북공업고등학교는 나에게는 일터였다. 그런데 내 삶에서 이 일터의 비중이 높아지면서 이 일터는 곧 삶터이기도 했다. 나는 교사로서 알아야 하는 세세한 문화를 알아 갔고, 그만큼 그 앎의 수준은 향상되었다. 비록 교수한다는 말은 하지 않았지만, 선배 교사는 나에게 하나라도 더 알려 주기 위해 노력했고, 나 역시 나중에는 선배 교사로서 신임교사에게 많은 것을 알려 주려고 했다. 서울북공업고등학교는 나에게는 배움터였다. 무엇보다도 대학에서 학습했던 교과내용인 교육에 관한 담론을 현장에서 확인할 수 있었고, 교육 활동에 동원하는 문화가 하위집단별로 다르다는 것도 확인할 수 있었다. 서울북공업고등학교에서의 교직 생활은 하나의 문화에 대한 사유에서 문화들에 대한 사유로 넘어가는 계기가 되었다.

서울북공업고등학교에서 나는 국민윤리를 가르치는 교사로서 더 잘 가르치기 위해 계속 학습하고, 이와 관련된 표준을 선배 교사로부터 학습해서 내 수업에 적용하고 그것을 능숙하게 하기 위해 노력하는 교육 활동의 주체가 되고자 하였다. 그리고 동시에 그 표준을 배우고 익히고 적용하는 문화 활동과 참교육을 위한 새로운 교직 문화를 형성하고 공유해 나가는 문화 활동의 주체가 되고자 하였다. 그러나 전자의 경우에 내 의식적 노력에는 한계가 있었다. 무엇보다 학생들이 쉽게 알아듣는 언어를 구사하는 역량의 향상이 너무 더디게 진행되었다. 5년의 시간이 흐른 뒤에도 진전이 있다는 느낌을 가질 수 없었다. 이것은 교직을 그만두는 결정을 하는 결정적인 이유가 되었다. 교직을 그만두면서 이와 관련된 문화 활동도 중단되었다. 그렇다고 교육 활동 자체를 중단하거나 문화 활동 자체를 중단한 것은 아니다.

4. 교육을 통한 문화 활동의 주체 형성

교육도 인간이 하는 것이고, 문화도 인간이 형성하고, 학습해서 공유하는 것이다. 인간은 태어나자마자 교수하는 위치에 설 수 없으며, 새로운 문화를 형성하는 데 몰두할 수도 없다. 인간은 성장의 과정을 거쳐야 하고, 일정한 시점이 되어 능력이 생겨야 그 허용 범위 안에서 뭔가를 할 수 있다. 인간은 다른 인간에 의해 태어나고, 다른 인간들의 보살핌 속에서 성장한다. 그들은 육아에 관한 문화를 가지고 있다. 이 밖에도 많은 다른 사람을 만나게 되는데 그들 역시 자신이 하는 활동과 관련하여 문화를 가지고 있다. 아이는 성장하면서 모든 문화가 아니라 그중 일부 문화를 배우고 익혀야 한다. 무엇보다도 생존을 위해 문화를 배우고 익혀야 하며, 실존과 관련된 문화를 배우고 익히는 것은 그 다음 문제다. 한 개인의 입장에서 보면, 처음에 문화는 외재적이며 교육을 통해[9] 그 문화를 내면화해야 한다. 그런 연후에 그는 그 문화를 능숙하게 활용하는 사람이 될 수 있다.

박사과정에 진학하면서 나는 서울대학교 교육학과 조교가 되었다. 당시 선임조교가 있었지만 내가 선배라는 이유로 다른 조교들이 나를 선임조교로 대우하였다. 조교는 학과장을 보좌하여 학과의 공식적인 활동의 실무를 담당하였다. 조교는 모두 대학원과정을 이수하고 있었기 때문에 행정과 학문을 병행해야 하는 위치에 있다. 양자를 조화롭게 하는 것뿐만 아니라 각각을 잘 하는 것에 대해 조교들끼리 이야기를 많이 나누었다. 조교 업무 매뉴얼 같은 것은 없다. 퇴임하는 조교로부터 새로 부임하는 조교가 인수인계를 받지만 이를 통해서는 대충의 감을 잡는 정도다. 이전에 보았던 선배 조교의 모습에서 참조하는 것도 있었고, 무엇보다도 먼저 조교가 된 사람이 있기 때문에 그의 경험에 대해 논의하면서 적합한 방식을 찾아 나갔다. 어떻게 해야 할지 모르는 새로운 일로 난감한 상황도 벌어지지만, 이렇게 논의하면서 그 일을 해낸다.

학과 조교로 일하면서 두 가지 의문을 갖게 되었다. 하나는 행정에 관한 것이고, 다른 하나는 교육에 관한 것이다. 대학에서의 행정은 일반적으로 교육행정이라고 한다. 학과의 교과과정을 운영하는 데는 행정적으로 협의하고 결정하고 처리해야 할 일이 많다. 이것은 학과 교수회의를 중심으로 이루어지며, 학과장의 의견이 중시되는 방식으로 진행된다. 교수회의에서 학과의 교과과정에 대한 논의는 하지만, 학과의 교육 실제에 대해 논의하는 경우는 거의 없었다. 학생들의 학습 자체는 논의의 주제가 된 적이 없고, 교수들의 교수 역시 논의의 주제가 된 적이 없다. 이 점에서 제도화된 교육에 대한 행정은 있지만, 교육을 위한 행정이 있는지에는 의문의 여지가 있었다. 학과의 교과과정에서 교육은 핵심적인 단어였다. 각 전공에서 교육에 관한 학술적 담론이 진행되었지만, 그 담론을 교육의 맥락에서 어떻게 풀어갈 것인지에 대한 논의는 활발하게 진행되지 않았다. 교육에 대한 각 전공의 관점으로 교과과정의 운영 전반에 대해 지속적으로 논의하는 경우도 거의 없었다. 교육을 대상으로 행정을 하고 학문을 하지만, 정작 학과 및 전공의 교육의 실제는 성찰의 대상이 되지 못하였다. 별도 회식을 하는 자리에서 조교들은 이에 대해 문제제기를 하기도 하였지만, 조교로 근무하는 동안 어느 누구도 이 문제에 천착하지 못하였다. 그러나 조교 중에 이후에 행정과 교육의 관계, 학문과 교육의

---

9) 문화의 내면화에만 초점을 맞추면 문화화라고 해야 할 것이다. 그러나 여기서 수준의 향상에 주목하면 교육이라고 말할 수 있다. 나는 문화화와 교육이 함께 진행된다는 입장을 견지하고 있다.

관계에 대한 논문을 쓰는 사람이 나왔다.

조교들 간에 선후배 관계가 있고, 선임과 후임의 관계가 있기는 하지만, 이들 사이에 교수하고 학습하는 프로그램은 존재하지 않는다. 교수하고 학습한다는 의식을 선명하게 하는 것도 아니다. 함께해야 하는 일이라면 그 일을 하면서, 혼자서 해야 하는 일이라면 다른 조교의 의견을 구해 가면서 조교로서의 업무를 학습해 나갔다. 교수들, 특히 학과장으로부터 일을 잘 한다거나 잘 못한다는 평가를 받기도 하지만, 시간의 흐름 속에서 조교로서 무엇을 어떻게 해야 하는지에 대한 앎의 수준은 향상된다. 조교는 학과 업무와 관련하여 학과장과 공유해야 하는 문화, 학과 교수들과 전반적으로 공유해야 하는 문화(주로 수업 관리와 관련된 문화), 학부생들과 공유해야 하는 문화, 대학원생들과 공유해야 하는 문화 등 다양한 문화와 접속하고 있고, 그 문화를 배워 익힌다. 그리고 관계하는 사람들과의 관계 속에서 주도적인 역할을 하기도 한다. 학과에서 조교가 관계하는 대부분의 사람이 한편으로 조교의 의견을 묻기도 하고, 다른 한편으로 조교에게 일임하기도 한다. 신임 조교는 이미 형성되어 있는 문화를 배우고 익히는 위치에 있지만, 시간이 흐르면서 그는 선임조교가 되어 새롭게 형성하여 공유하고 있는 문화도 있다는 것을 의식하기도 한다. 교육에 참여하면서 자신이 참여하고 있는 교육 자체에 대해서 생각해 보고, 그 교육과 다른 부문의 관계에 대한 논의로 나아가는 것도 기존의 문화[10]와 접속하여 가능한 것이었고, 그 문화와 관련된 활동을 진전시킨 결과로 가능한 것이었다.

5. 교육의 대상으로서 문화

우리가 문화를 배워 익힌다고 할 때 문화는 학습의 대상이 된다. 우리는 삶터, 일터, 배움터, 쉼터에서 통용되는 문화를 배우고 익힌다. 이때 굳이 이 활동을 지속적으로 의식해야 할 필요는 없으며, 실제로 우리는 점차 그것을 의식하지 않게 된다. 제도화된 프로그램을 통해 다루는 교과내용에 대해 학습하는 경우에도 그 교과내용에 대한 학습과는 별도로 그 교과내용에 대해 학습하는 방식에 대해 배우고 익혀야 한다. 그러므로 교

---

10) 장상호 교수는 이에 관한 논의를 주도하였고, 지도학생들이 이 논의에 참여하였으며, 논쟁이 불가피한 경우들이 있어서 지도학생이 아니라고 하더라도 그 논의를 완전히 도외시할 수 없었다.

과내용을 다룰 때는 이중의 학습이 진행된다고 말할 수 있다. 그런데 그동안 교육학계에서는 교과내용 자체에 주목하면서 그것을 다루는 것과 관련된 문화에는 제대로 주목하지 못하였다.[11] 문화를 교과내용으로 다룬다는 것은 문화에 대한 체계화된 담론을 다룬다는 의미다.[12] 그러나 이것은 특정한 교육의 장에서만 가능하며, 이 점에서 그 특수성에 대한 인식이 필요하다.[13]

교육행정연수원 조교 자리가 나서 나는 지도교수와 먼저 상의하고 학과장과도 상의한 후 학과 조교를 그만두고 교육행정연수원 조교가 되었다. 그렇다고 학과 조교 사직서를 낸 것은 아니고 행정적으로 교육행정연수원 조교로 발령받는 형식을 취하였다. 동일하게 조교라는 명칭을 사용하기는 하였지만 학과 조교가 하는 일과 교육행정연수원 조교가 하는 일에는 많은 차이가 있었다. 나는 새롭게 교육행정연수원 구성원이 공유하고 있는 문화를 배워 익혀야 했다. 교육행정연수원에는 교수인 원장과 역시 교수인 부장교수 2명이 있고, 연수과정을 개발하고 운영하는 조교실에 조교 2명, 이를 지원하는 행정실에 행정실장을 포함한 직원 4명이 있었다. 조교의 업무에 대해서는 선임조교에게 배워 익혀야 했고, 행정과 맞물려 있는 부분에 대해서는 행정실 직원으로부터도 배워 익혀야 했다.

교육행정연수원에서는 교육행정지도자과정, 교장자격연수과정, 1급 정교사자격과정을 운영하였고, 한시적으로 유치원장자격연수과정을 운영하기도 하였다. 조교는 교과과정을 개발하고, 내부 운영위원회 회의를 거쳐 이를 확정하는 실무를 담당하고, 각 교과과정의 교과목마다 강사를 섭외하고, 실제 과정 운영의 진행을 담당하였다. 여기서는 교육행정지도자과정에 한정해서 논의하고자 한다.

교육행정지도자과정은 교육부에서 위탁을 받아 운영하는 4개월 과정으로 전반부에는 전국에서 선발된 40명의 중등학교 교장이 참여하고, 후반부에는 역시 전국에서 선발된 40명의 초등학교 교장이 참여한다. 4개월 동안 학교를 비우는 것이기 때문에 교감에게 업무를 위임하고, 서울에서 먼 거리에 거주하는 교장의 경우 서울에 사는 자녀 집에 머

---

11) 잠재적 교육과정의 개념을 통해 이에 관한 논의가 진행되었으나, 그 논의는 체계적으로 지속되지 못하였다.

12) 장상호(2009: 215-257)가 말하는 교육의 소재는 프로그램화된 교육에서 다루는 소재를 의미하며, 이 점에서 문화는 교육의 소재가 될 수 없고, 문화론 정도가 교육의 소재가 될 수 있다. 나는 프로그램화된 교육에 한정된 교육에 대한 논의는 교육을 삶의 형식으로 보는 입장에서는 극복해야 할 논의라고 본다.

13) 김영철(1998: 14)은 일체의 행위의 의미를 탐색하는 문화를 '교과적 문화'라고 규정하고, 이러한 문화를 전수하는 경로가 바로 '교과교육'이라고 하였다.

물거나 따로 하숙을 하기도 한다. 장기간 진행할 뿐만 아니라 국내외 견학을 위한 단체 이동 프로그램도 있어 연수생 중 대표와 부대표를 뽑아 함께 운영한다. 그렇기는 하지만 과정 운영의 주체가 교육행정연수원이기 때문에 제공하는 프로그램과 운영 방식에 따를 것이 요구된다. 교육행정연수원에서는 교장이 발휘해야 할 지도력의 향상에 주안점을 두고, 이에 도움이 되는 연수 프로그램을 개발하였다. 연수생들은 강의를 듣는 것뿐만 아니라 현장의 경험과 자료를 활용하여 과제보고서를 제출해야 한다. 그리고 토론하고 논의하는 기회를 많이 제공하고, 이에 대한 정리는 연수생이 아니라 별도로 투입하는 대학원생이 하도록 하고, 정리된 자료를 다음 시간에 연수생에게 제공하였다. 연수생은 생소하기는 하지만 무엇을 어떻게 해야 하는지 배워 익혀야 하는데, 이 과정에서 대표단은 이전 기수의 연수생에게 연락하여 조언을 구하기도 하였다.

교육행정지도자과정은 교장자격연수과정이 아니기 때문에 현직 교장으로서 교장의 직무로 되어 있는 것에 대해 자신의 경험을 토대로 성찰하고, 좀 더 진전된 대안을 모색하게 하는 데 주안점을 두었다. 그러므로 여기서는 교장의 문화가 중요한 주제가 된다. 그러나 교장의 문화라는 말보다는 교장의 직무라는 말을 사용하였다. 교장으로서 실제로 직무를 수행하는 활동을 문화의 산물이라고 한다면, 그러한 활동을 그렇게 하도록 하는 표준이 문화가 된다. 연수과정에서는 문화의 산물을 통해 문화를 생각해 보게 하고, 더 나아가 그 문화를 성찰하면서 문제의식을 갖게 하고, 이 문제의식을 풀어 나가는 대안을 모색하게 하였다. 그래서 명시적으로 교장의 문화를 다룬다고 하지는 않았지만, 실질적으로 교장의 문화를 다루었다. 그렇지만 그 문화에 대한 담론을 체계화한 학술적인 문화론을 다루지는 않았다.

교육의 대상이라고 말하면 흔히 학생이나 연수생을 연상한다. 교육 프로그램을 운영하는 입장에서는 그 프로그램에 참여하는 사람들을 대상화할 수밖에 없다. 내가 접한 교육인류학에서는 연구 대상이라는 표현보다는 연구참여자라는 표현을 쓴다. 실제로 연구를 함께 진행하기 때문이다. 교육의 경우에도 주로 가르치고 확인하는 역할을 하고 주로 배우고 익히는 역할을 한다고 하더라도 교수와 학생은 함께 교육에 참여하고 있다. 주체적 참여를 전제하지 않고 대상화시키는 것은 온전한 교육의 모습과는 거리가 있다. 교육행정지도자과정에서 연수생들의 주체적인 참여를 지향하면서도 연수생을 교육의 대상으로 규정하는 관행은 계속 유지되었다. 그러므로 교육행정연수원 구성원은 기존의 문화와 새롭게 정착시키는 문화를 다 접하는 상황에 있었다. 이 점에서도 문화는 논리적으로 일관된 체계로 되어 있지 않다는 것을 확인할 수 있다. 교육의 맥락에서도 그것이 이중적으로 진행될 때 교육의 대상이 되는 문화가 분리되어 다루어지고 통합되지 못하는 상황이 벌어진다. 여기서 문화에 대해 통합적으로 접근하는 것은 별도의 계기가 필요하다.

6. 문화를 통한 교육의 전개

인간이 태어나서 성장하면서 하나하나 일일이 다 알아 가야 하는 것에 비추어 생각해 보면, 인류는 지구에서 삶을 시작하면서 인간을 둘러싸고 있는 모든 환경에 대해 하나하나 일일이 알아 가야 했을 것이다. 어떤 것이 어떻다는 것을 알아 가는 과정에서 죽음을 맞이하기도 했을 것이다. 인류는 자신이 알게 된 것을 자신만 아는 데 머물지 않고 다른 사람들도 알게 하였다. 이 활동의 흐름에서 알아 가는 것을 배우고 익히는 것으로, 알게 하는 것을 가르치고 확인하는 것으로 구분하고, 단어를 만들고, 그 활동을 어떻게 하고 어떻게 하는 것이 더 좋은지에 대해 생각하고, 그 활동을 정교화하는 노력을 했을 것이다. 학습하고 교수하는 이 기제 또는 삶의 형식이 없다면, 인류는 생존하는 것조차 불가능했을 것이다. 인류의 삶에 관한 논의는 생존의 토대를 전제로 해야 하고, 거기서 그 생존을 가능하게 한 교육에 관한 논의는 결코 생략할 수 없다.

교육에 대한 학술적 담론은 실존에 토대를 두고 발전해 왔다. 이홍우 교수가 교육의 본연이 학문을 다루는 데 있다고 보는 것은 이러한 흐름을 계승하고 있는 것이다. 근대 이후 학교가 팽창하면서 학문을 중심으로 교과목이 설정되고 교과과정이 운영되면서 교육에 대한 학술적 담론에서는 생존보다는 실존에 대한 선호가 지배적이 되었다. 실존적인 사유와 실천으로 생존의 문제를 해결해 나가는 흐름이 지배적인 상황이 되었어도 교육에 대한 학술적 담론에서 생존은 언제나 전경으로 부각되지 못하였다.

교육에 대한 지배적인 학술적 담론이 있다는 것은 교육에 대한 지배적인 문화가 있다는 것을 함의한다.[14] 이것은 어떤 것을 교육으로 규정하고 다른 것을 교육이 아닌 것

---

14) 직업에 대해 논의할 때 통상적으로 공장 노동자나 사무실에서 근무하는 노동자를 언급하고, 대통령이나 국무위원이나 국회의원을 거론하지는 않는다. 그러나 직업 윤리에 대해 논의할 때는 모든 직업에 윤리가 있어야 한다고 생각하는 사유의 분절이 있다. 문화인류학자들은 오지에서 사는 사람들의 문화나 취약한 위치에 있는 사람들의 문화에 주목하는 경향이 있어서 권력의 정점에 있는 사람들의 문화는 거의 다루어지지 않았다. 문화에 대한 담론에서 학

으로 배제하는 논의로 나타난다. 학문과 연관되지 않은 교육을 배제하는 이홍우 교수의 논의나 수도계가 아닌 것을 교육의 소재에서 배제하는 장상호 교수의 논의를 받아들이면 삶의 생존의 맥락에서 전개되는 교육에 대해 논의할 여지는 없게 된다. 무엇보다도 사람들이 상식 수준에서 가지고 있는 교육에 대한 생각을 체계적으로 검토하고 그 문화를 드러내는 작업을 제대로 하지 못하게 된다.[15]

1997년 박사과정을 마치고 잠시 대통령 자문 교육개혁위원회에서 전문위원으로 활동하다 1998년 한국교육개발원에 연구원으로 들어가게 되었다. 한국교육개발원에 새롭게 학점은행운영본부가 설치되었고, 나는 학점은행제가 실제로 작동되도록 필요한 규정을 만들고 절차를 마련하는 업무에 배치되었다. 학점은행제는 대학의 정규 교과과정이 아니라고 하더라도 일정한 질적 수준을 확보하고 있는 과정을 운영하고 있는 교육기관의 교육력을 인정하고 그중 일부 교과목에 대해 평가하고 인정하는 절차를 거쳐 해당 교과목을 이수하는 경우 학점으로 전환하고, 이러한 학점의 누적을 통해 학위도 취득할 수 있도록 한 제도다. 이것은 고등교육에서 대학이 가지고 있는 독점적 지위를 흔드는 것이고, 결과적으로 고등교육의 지형을 변화시키는 것이다. 정확히 부합하는 전례는 없지만 참조할 만한 사례들은 있기 때문에 이를 참조하여 학점은행제 운영의 틀을 하나하나 마련해 나갔다. 평가인정이나 학점인정을 위한 수수료의 경우에는 물가 관리의 관점에서 타당성에 대한 검토 후 승인받는 절차를 거치기도 하였다.

국가적인 차원의 제도를 정착시키는 업무이기 때문에 본부 내에서 많은 논의를 거쳤는데, 팀장의 도움을 받는다고 하더라도 실행안을 만들어 내는 것은 내 몫이었다. 법률을 해석하고 적용하는 일, 법률을 규정과 지침에 반영하는 일, 수수료를 정당화하는 자료를 만드는 일, 평가인정을 계획하고, 평가인정 신청을 받고 평가일정을 짜고 평가단을 구성하고 평가를 시행하고 결과를 정리하여 최종적으로 평가인정서를 발부하는 일 등이 당시 내가 담당한 업무였다. 각각이 어떤 것인지, 그것을 어떻게 하는 것이 적합한지 알아야 했고, 시간의 흐름에 따라 모든 일을 능숙하게 처리해야 했다. 다른 한편으로는 학점은행제가 평생교육 관련 제도라는 점에서 평생교육에 대한 담론을 검토하고, 평

자들의 문화나 교수들의 문화가 다루어지는 경우도 드물다. 사람들의 삶에는 문화가 있다고 말하면서 민속이라는 이름으로 지배적인 집단의 문화를 피해 가는 것도 분절적 사유로 흐르게 한다.

15) 정향진(2008: 78)은 학습이 포함되지 않는 교육의 개념을 제시하고, 그 학습은 성격상 문화적 학습이라고 말하고 있다. 그리고 교수를 수업에서 교사가 하는 활동(instruction)으로 규정하고 그보다 확장된 의미의 의도적인 가르치는 활동을 교육으로 규정하고 있다. 이러한 개념 규정이 다양한 교육의 문화를 제대로 드러낼 수 있는지는 의문이다.

생교육의 맥락에서 학점은행제의 의미를 풀어 내는 작업을 하였고, 이것은 사업 설명의 맥락에서 불가피한 일이었다. 평생교육 관련 교과목으로는 석사과정에서 '사회교육개론'만 이수한 나로서는 모든 것을 새롭게 배워 익혀야 한다는 부담이 있었다. 1년에 3개월 정도 집중작업을 하였고, 밤늦게까지 일하는 것이 다반사였다.

나에게는 모든 것이 새로웠지만, 본부의 팀장을 포함하여 선임자들은 연구하는 것보다는 정책 사업을 하는 비중이 높았음에도 불구하고 그 일을 어떻게 해야 하는지 알고 있는 것으로 보였다. 흔히 말하는 일머리가 있어 보였다. 이들에게는 정책 사업을 하는 데 동원하는 문화를 가지고 있었고, 세세한 부분에서 변화를 시키면서 그 사업을 추진해 나갔다. 평생교육에 대한 학술적 담론을 하는 경우에도 담론에 필요한 글을 읽고 정리하고 정책 사업의 맥락을 고려하여 자신의 생각을 발표하는 문화가 있었다. 내가 배운 것은 결국 그 문화였다. 이 문화를 매개로 선임자는 내가 업무에 적응하고 그 일을 잘할 수 있도록 조력하였고, 나 역시 본부나 팀에 누가 되지 않도록 업무를 처리하기 위해 노력하였다.

실제로 고등교육 지형에 변화가 일어나기는 했지만, 학점은행제에서 평가인정을 위한 틀은 대학의 교과과정 운영 틀을 거의 그대로 준용하는 방식을 취하였다. 이 중 대표적인 것이 시설 기준과 강사 기준이었다. 대학에서 교과과정을 운영할 때 사용하는 강의실과 배치하는 강사의 수준을 거의 그대로 요구하였다. 미용 관련 전공이 당시 대학에는 없었지만 학점은행제에는 있었다. 대학에 미용 관련 전공이 없었기 때문에 당연히 미용 전공의 학사학위조차 없었다. 그러나 강사는 대학의 강사에 준하는 경력을 요구하였기 때문에 미용 분야의 기능장으로 국가로부터 인정을 받은 사람도 학점은행제에서는 교수할 수 없었다. 그래서 의학을 전공하거나 생화학을 전공한 박사학위자를 강사로 세우는 일이 벌어졌다. 당시의 지배적인 문화 때문에 교육이 제대로 진행되기 어려운 상황이 벌어진 셈인데 그래도 교육은 그렇게 진행되었다.[16] 교육이 제대로 진행되도록 보완하는 조치는 해당 기관의 몫이 되었고, 그 필요성은 그 분야의 문화에 따른 것이다.

---

16) 지배적인 문화로 인해 특정한 사람들이 교육을 진행하기 어려운 사태는 수없이 많다(조용환, 윤여각, 이혁규, 2006: 249). 김한미(2011)는 테니스동호회에서 교육을 억압하는 문화가 존재한다는 것을 확인하고 이에 관해 논의한 바 있다.

7. 교육의 수준

교육은 인간이 하는 활동으로서 수준이 있다. 수준을 판단하는 표준이 있고, 이 표준은 영역이나 집단이나 시대마다 다를 수 있다. 이것은 다루는 내용[17]의 수준과는 다른 것이다. 어떤 수준의 내용을 다루는지 관계없이 그것을 다루는 교육의 수준을 생각해 볼 수 있고, 다루는 내용과의 연관 속에서 교육의 수준을 생각해 볼 수 있다. 각 영역에서는 다루는 내용의 수준을 높이고 이에 따라 앎의 수준을 향상시키기 위해 노력하면서도 이 앎의 수준 향상과 관련된 교육에 대해서는 심도 있게 사유하지 않는 경향이 있다. 더욱이 이 교육의 수준을 향상시키는 것을 과제로 설정하고 이에 대해 사유하고 실천하는 것을 체계화하는 경우는 드물다.

교육에 대한 담론에서 특정한 교육방식을 문제 삼고 대안적인 교육방식을 제안하기도 한다.[18] 프레이리의 경우 은행저금식 교육방식을 문제 삼고 문제제기식 교육방식을 제안하였다. 여기서 은행저금식 교육은 교육이라고 말할 수 없으며, 문제제기식 교육이 진정한 의미의 교육이라고 말할 수 있다는 논의도 가능하다.[19] 교육에 대해 규범적으로 접근하는 경우 이러한 방식의 논의는 생소하지 않다. 그러나 은행저금식 교육을 교육이 아니라고 말할 수도 없다. 왜냐하면 은행저금식 교육 내에서도 앎의 수준 향상을 위한 활동이 전개되기 때문이다. 여기서 다른 접근을 생각해 볼 수 있다. 그것은 교육 활동 자체를 수준 차원에서 접근하는 것이다. 즉, 은행저금식 교육과 문제제기식 교육은 수준이 다르며, 은행저금식 교육은 문제제기식 교육으로 나아가야 하는 과제가 있다고 보는 것이다.

일상적으로 교수하는 수준이 낮다거나 학습하는 수준이 낮다는 표현을 쓰기도 한다. 이 경우 좀 더 잘 교수하는 과제나 좀 더 잘 학습하는 과제에 대해 생각해 볼 수 있다. 그렇게 하기 위한 노력이 존재하고, 이를 위한 전문적 논의와 실천도 존재한다. 그러나 이 전체를 교육의 수준의 문제로 접근하는 경우는 거의 없다. 이것은 교육에 대한 담론이 정교하지 않다는 문제제기이기도 하지만, 교육과 관련된 문화가 아직은 그 단계까지

---

17) 이 내용으로 제도교육의 맥락에서 주목을 받아 온 것은 교과내용이다.

18) 교육의 수준이 높아질수록 교육에 대해서는 더욱 민감하게 된다.

19) 이러한 논의는 기존의 교육에 대한 비판에서 쉽게 발견할 수 있다. 그러나 이것은 제도교육에 대한 비판으로서 교육 일반에 대한 비판으로 이해되어서는 안 된다. 그것은 논점을 혼동하는 것이다.

나아가지 못했다는 지적이기도 하다.

한국교육개발원에서 학점은행제라는 평생교육 관련 정책 사업을 담당하고, 평생교육 관련 연구보고서와 소논문을 쓴 덕분에 나는 다른 사람들에게 평생교육 전문가로 호명되었고, 이를 배경으로 하여 한국방송통신대학교 교육학과에 평생교육 관련 교과목을 담당하는 교수로 임용되었다. 한국방송통신대학교에는 출석수업이라는 것이 있고, 교육학과에서는 지역별 담당교수제를 도입하여 지역을 돌아가면서 지역 캠퍼스에서 진행하는 담당 교과목의 출석수업에 참여한다. 출석수업이 끝나면 수업에 참여한 학생들과 함께 점심식사나 저녁식사를 하기도 하는데 학생들로부터 듣는 이야기 중 빠지지 않는 것이 출석수업을 진행하는 강사에 대한 이야기다.

강사 중에는 수업에서 다루는 내용을 해박하게 알고 있고, 그 내용을 학생들에게 잘 전달하고, 그 내용과 관련하여 학생들과 토론도 잘 진행해서 수업에 참여한 보람을 느끼게 하는 강사가 있다고 한다. 먼 거리에서 시간을 많이 들여 출석수업에 참여하기도 하는데 이런 수업에 참여하는 시간은 전혀 아깝지 않다고 한다. 아는 것이 많은 것 같기는 한데 알아듣게 소통하려고 하지 않고 강의만 하고 수업을 마치는 강사도 있다. 이 경우에는 제대로 알아듣지 못하니 답답하다는 느낌이 들고, 강사가 수업 준비를 제대로 하지 않고 온 것 같기도 해 화도 난다고 한다. 수업에서 다루는 내용을 제대로 안다고 하기 어려울 정도로 횡설수설하거나, 특정한 내용과 관련된 자신의 신상 이야기로 대부분의 시간을 보내는 강사도 있다. 이 경우는 시간이 아깝다는 생각이 강하게 들고, 이러한 강사가 방송대 학생들을 무시하는 듯한 발언을 한다면 자괴감까지 든다고 한다. 이들은 명백히 강사가 교수하는 수준에 차이가 있다는 이야기를 한 것이다. 한국방송통신대학교에서는 강사에 대한 학생들의 평가가 낮은 경우 다음에 선정에서 배제하기는 하지만, 정확히 강사의 교수 수준을 겨냥해서 그 수준을 향상하기 위한 제도적 장치를 가지고 있지 않다.[20] 강사는 자신의 교수 수준을 문제 삼기보다는 학생의 학습 수준을 문제 삼는 경향이 있다.

학생 중에는 노년에 진학하여 학습에 어려움을 겪는 학생이 있다. 오랫동안 교과 공부를 전혀 하지 않았기 때문에 무엇을 어떻게 해야 할지 모르겠다고 말한다. 교재를 구입하여 읽어 보려고 하긴 하는데 읽히지 않을 뿐만 아니라 읽는 내용을 이해하지도 못

---

20) 대학에서 교수학습센터를 두고 교수자의 교수 수준을 향상하기 위한 노력을 하기도 하는데, 이것을 모든 교수의 과제로 설정하지는 않는다.

하겠고, 조금만 다른 일을 하고 다시 보면 읽은 표시가 있는데도 언제 읽었나 싶다고 말한다. 컴퓨터로 학사 업무를 처리해야 하고, 대부분 컴퓨터로 강의를 수강해야 하는데 컴퓨터를 전혀 다룰 줄 모르는 경우도 있다. 이들은 젊은 학생들의 도움을 받을 수밖에 없고, 그래서 학습 동아리에 적극적으로 참여하려고 한다. 그런데 교과공부에 관한 한 주도적인 역할을 할 수 없기 때문에 모임에서 간식을 준비하거나 식사 경비를 부담하는 방식으로라도 젊은 학생들과 함께하고자 한다. 젊은 학생들의 도움을 받으면서 이들도 점점 한국방송통신대학교의 학사에 익숙해지고, 교과 공부도 과락을 면하는 정도가 아니라 평균 수준의 성적을 얻는 수준까지 이르게 된다. 이들이 졸업할 때쯤 강하게 느끼고 의식하는 것은 앎의 수준이 높아졌다는 것뿐만 아니라 학습의 수준이 향상되었다는 것이다. 흔한 경우는 아니지만 이들 중에는 이미 노년임에도 불구하고 대학원에 진학하여 학업을 계속하는 사람도 있다.

교수하는 활동과 관련된 문화가 있고, 학습하는 활동과 관련된 문화가 있다.[21] 물론, 각각에 하나의 문화만 있는 것은 아니다. 오히려 다양한 문화가 있으며, 다른 문화를 가지고 있다는 것 때문에 사람들 간에 갈등하기도 한다. 교육에 대한 사유에서는 일반적으로 학생들의 앎의 수준을 향상하는 데 주목한다.[22] 학생들의 학습권이 부각되고, 학습력을 향상하는 것이 중요하다는 주장은 제기되지만, 각 영역에서 학습력 향상에 대한 사유와 실천이 일반화되어 있지는 않다. 학습력을 향상하는 것은 교수자의 과제이기도 하다. 교수자는 다루는 내용을 학습해서 교수하고, 교수 수준을 향상하기 위해서도 학습해야 하기 때문이다. 실제로 교수 수준을 향상하기 위해 노력하는 사례가 존재함에도 불구하고, 이에 관한 논의는 일반화되어 있지 않다. 이것은 학습에 대한 학습과 교수, 교수에 대한 학습과 교수 같은 메타교육(윤여각, 2007b)이 교육학의 주된 논제가 되지 못하고 있는 상황과 맞물려 있다.

---

21) 사람들이 그러한 문화를 가지고 있을 것으로 전제하지만, 정확히 말하면 그러한 문화를 가지게 되었다고 보아야 하며, 그 문화 역시 삶의 과정에서 변화된다.

22) 여기서는 논의의 편의상 학생을 언급했지만, 학생을 '영아'로 바꾸어도 논지가 흐려지지 않는다. 교육이 만인에게 필수적인 삶의 형식(조용환, 2001: 21)이라면, 교육에 대한 논의는 영아에게도 그대로 적용되어야 한다.

8. 교육의 문화에 대한 분석: 현지 연구의 확대

현실에서 교육에 참여하고 있는 사람들은 다양한 문화를 가지고 있다. 그중에는 바로 그 교육과 직접 맞물려 있는 문화가 있고, 이 문화는 교육의 문화라고 할 수 있다.[23] 교육의 문화는 교육과 밀착되어 있기 때문에 개념적 층위에 유념하면서 분석을 하지 않는다면 교육과 문화를 분별하고, 이에 대해 논의하는 것은 거의 불가능하다. 활동을 위한 표준의 체계와 활동은 구분된다. 이 점에서 교육과 교육의 문화도 구분된다. 연구하는 시점에서도 문화는 변화되고 있다고 보아야 할 것이다. 그러나 일정 시점에서 문화가 변하지 않는다고 전제하고 하나의 체계를 이루고 있는 문화의 구성요소들을 밝히는 연구를 진행해야 하며, 교육의 문화를 연구하는 경우에도 마찬가지다.

무엇을 교육이라고 보는가, 교육 활동의 시작과 끝을 어떻게 규정하는가, 무엇을 보고 교육이 이루어지고 있다고 또는 교육이 이루어졌다고 말하는가, 어떻게 교육하는 것이 더 낫다고 보는가, 교육은 어떻게 전개되는 것으로 세분화하는가 등 구디너프의 문화에 대한 규정을 따른다고 하더라도 연구를 통해 밝혀내야 할 것이 한두 가지가 아니다. 교육인류학자는 특정한 집단에 들어가서 그 구성원들이 하는 활동 중 교육에 주목하고, 그 교육의 문화를 드러내기 위해 연구한다. 인간이 참여하는 삶의 영역은 수없이 많고 각 영역에서 앎은 불가피하고, 앎의 수준 향상을 위한 교육도 불가피하기 때문에, 그 교육에 대한 문화도 반드시 존재한다고 보아야 할 것이다. 뿐만 아니라 각 영역에 관여하고 있는 사람들이 동일한 국적과 동일한 지역의 사람들이라고 하더라도 교육에 대한 하나 이상의 문화를 가지고 있을 가능성을 열어 놓아야 할 것이다.[24] 하나 이상의 문화를 밝혀내는 것은 물론 그 문화들을 종합하여 논의하는 것도 연구자의 몫이다.

교육인류학이라고 하더라도 인류학에서 접근하는 것과 교육학에서 접근하는 것은 다를 수밖에 없다. 학문으로서의 공통점도 있지만, 인류학과 교육학은 개념체계가 다르기 때문이다. 인류학에서는 교육의 문화를 인류학적으로 분석하고 해석하는 데 관심이 있으며, 교육학에서는 교육의 문화를 교육학적으로 분석하고 해석하는 데 관심이 있다.[25]

---

23) 내가 보기에, '교육의 문화'를 언급하면서 실제로는 '제도교육의 문화'에 대해 논의하는 경우가 많다. 이것은 교육의 특수한 양태인 '제도교육'과 '교육'을 개념적으로 구분하지 않아서 나타나는 현상이다.

24) 학교만 하더라도 교사의 문화가 있고 학생의 문화가 있으며, 학교급에 따라 문화가 다르고, 동일한 학교급이라고 해도 일반계 학교와 실업계 학교의 문화가 다르다. 각각에는 또 하위문화가 있다.

25) 문화를 드러내는 데 문화인류학의 개념체계가 동원되기 때문에 타 학문의 개념체계로 교육을 조망하는 것이 교육

동일하게 교육의 문화를 드러낸다고 하더라도, 이를 조망하는 개념체계가 다르기 때문에 후속되는 논의가 동일할 수 없다. 동일하게 인류학을 전공하는 학자나 동일하게 교육학을 전공하는 학자라고 하더라도 교육과 문화에 대한 개념 규정이 다를 수 있기 때문에 후속되는 논의의 양태는 다를 수 있다.

우리나라의 교육학은 초중등학교의 교육에 주안점을 두어 왔고, 점점 관심을 두는 교육의 영역을 확장해 왔다. 그러나 유아교육과, 청소년교육과, 각 교과교육과가 학과로 분화되면서 그 영역의 교육에 대한 사유를 유보하고 있고, 대학원 수준에서 유아교육학과, 청소년교육학과, 각 교과교육학과라는 명칭을 사용하지만 영역 간에 교육학에 대한 사유와 실천을 종합하는 사유를 활발하게 전개하지 않고 있다. 이 외에도 교육학의 주목을 받지 못하고 있는 수많은 영역이 있으며, 그 영역 중 일부가 개별학자의 특별한 노력을 통해 부각되고 있다. 노년교육과 같이 시대의 변화에 따라 점점 주목을 받는 영역이 있지만, 그 영역의 발전을 위해 필요한 학자군은 부족한 형편이다. 이 문제는 한편으로는 시대적인 상황 변화에 따라 다른 양태를 띠겠지만, 현재의 학과나 전공 영역 내에서 그동안 관심을 기울이지 못한 교육 현장도 드나들면서 현지 연구를 지속하고 확대할 필요가 있다는 점은 분명하다.

2007년 이종각 교육혁신위원회 상임위원장으로부터 한국교육문화에 대한 분석 연구를 의뢰받았다. 장기간 진행해야 하는 대규모 프로젝트 성격의 연구를 한 개인이 단기간에 수행해야 한다는 점이 부담스러웠지만 나는 거절할 수가 없었다. 무엇보다도 그런 연구라면 연구의 질적 수준을 문제 삼지는 않겠다는 생각이 들었다. 한 번은 다루어 보아야 할 주제인데 기회가 왔으니 이후에 논의를 심화시켜 나갈 초안 정도는 있으면 좋겠다는 생각도 들었다. 나는 일단 정책적 맥락에서 흔히 활용하는 SWOT 분석을 문제 삼는 것으로 논의를 풀어 나가기로 하였다(윤여각, 2007c).

SWOT 분석에서는 정책사업을 추진하는 조직의 강점과 약점을 분석하고, 정책사업과 관련된 기회요인과 위협요인을 분석한 후 강점을 발휘하여 기회요인을 최대한 활용하는 방안을 중심으로 사업계획을 수립하게 된다. 나는 그 자체로 강점이거나 약점인 것은 없다는 입장을 가지고 있다. 동일한 요인이 특정한 상황에서는 강점이 될 수도 있

학 본연의 과업이 아니라고 생각하는 입장에서는 이러한 언급에 이의를 제기할 것이다. 교육의 문화만이 아니라 문화 활동을 교육학의 개념체계로 분석하고 해석하는 것도 가능한데 조용환(1995: 40-43)은 이를 '문화의 교육학'이라는 교육학의 분과학문의 과제로 제시한 바 있다.

고, 약점이 될 수도 있다. 따라서 강점이나 약점은 상대적이며, 상황에 따라 다르다고 보아야 한다. SWOT 분석에서는 기회요인과 위협요인이 흔히 조직의 밖에서 작용하는 것으로 본다. 그러나 조직 차원에서 보면 기회요인이나 위협요인은 조직 내부에도 존재할 수 있다. 여기에는 어떤 것을 기회요인이나 위협요인으로 보는 판단의 문제가 개입되어 있다. 조직의 규모가 크기는 하지만 우리나라의 교육에 대해서도 동일하게 생각해 볼 수 있다. 우리나라 교육에서 그 자체로 강점이거나 약점인 것은 없다. 우리나라 교육에서 강점이나 약점으로 거론될 수 있는 것으로 교육의 문화가 있다. 그 문화는 물론 오랜 시간의 흐름 속에서 형성되고 변화되어 온 것이다. 우리나라 교육에 대해 기회요인과 위협요인이 되는 것에는 판단의 문제가 개입되어 있기 때문에 교육 활동 밖에서 뿐만 아니라 교육 활동 안에서도 찾아야 하며, 그것은 교육의 문화와 맞물려 있다.

우리나라의 문화에 대해 언급한 많은 글이 있다. 이 중에는 교육의 문화에 대한 언급도 있다. 교육에 대한 논의가 워낙 많기 때문에 그 논의에서 교육의 문화를 추론하는 것이 어려운 일은 아니다. 다만, 이 추론이 얼마나 체계적으로 이루어지고 설득력이 있는지는 검토의 대상이 될 수 있다. 그렇다고 이 추론을 주저하고 하지 않는 것보다는 과감하게 하고 공론에 붙이는 것도 좋겠다는 생각이 들었다.[26] 그래서 먼저 교육의 주체, 교육에 대한 인식, 교육에 대한 관심, 교육의 장, 교육의 방법, 교육에서의 평가를 구분하고, 이 각각에 대해 우리나라 사람들이 가지고 있는 문화를 추론하였다. 앞서 논의한 바에 따르면 각각에 하나의 문화가 있다는 것은 타당하지 않다. 다만, 사람들의 논의 속에서 지배적인 문화를 추론하는 것은 가능하다. 우리나라 교육에서 문제라고 생각하는 것에 대한 지적 속에서 그러한 문화에 대한 단서를 확보할 수 있다.

거친 수준에서 우리나라 교육의 문화요소들을 정리하고, 각 요소가 특정 기회요인을 만나 통상적으로 교육적이라고 언급되는 것에 맞추어 조정하는 과정을 거치게 되면 그것이 강점으로 작용하는 흐름을 그려 볼 수 있다. 다른 한편으로 각 요소가 특정 위협요인을 만나 통상적으로 비교육적이라고 언급되는 것에 따라 극단화하는 과정을 거치게 되면 그것이 약점으로 작용하는 흐름을 그려 볼 수 있다. 여기에는 많은 가정이 있고, 그래서 엄밀한 학문을 지향하는 입장에서는 문제가 많은 작업으로 보일 수 있다. 그러나 우리나라의 문화와 우리나라 교육의 문화에 대한 현지 연구가 수많은 장과 영역에서

---

26) 조용환(2001: 7-16)은 교육과 밀접하게 관련되어 있는 문화 담론으로 자원인구담론, 국가발전담론, 기능주의담론을 제시한 바 있다.

축적되고, 이에 대한 메타 분석이 가능해지면 좀 더 나은 결과를 기대해 볼 수 있을 것이다.[27] 그렇다고 그때까지 메타 분석을 시도하지 않는 것도 바람직하지 않다. 항상 현재의 시점에서 확보할 수 있는 자료를 토대로 상상력을 발휘하여 최대한 분석을 시도해 보는 것은 공론화를 위해서도 필요하고, 한 단계 더 나아갈 수 있는 디딤돌을 놓는다는 점에서도 필요하다.

---

27) 메타교육은 교육 활동 그 자체를 소재로 다루는 교육으로서, 이는 교육이 자체적으로 발전을 시도하는 기제가 되고 있다. 현지 연구는 현지에 직접 가서 현지인들이 연구참여자로 참여하는 동의를 얻어 함께 진행하는 연구로서 현지의 맥락을 중시한다.

참고문헌

권영민(2018). 인간의 자아는 어떻게 형성되는가: 듀이의 자아개념과 질성적 사고 개념을 중심으로. 교육학연구, 56(1), 25-46.

김영철(1998). 문화개념의 교육학적 해석. 교육인류학연구, 1(1), 1-19.

김한미(2011). 교육을 억압하는 문화에 관한 질적 연구: 햇살테니스회를 중심으로. 교육인류학연구, 14(2). 1-26.

서근원(2007). 교육학으로서의 교육인류학 탐색. 교육인류학연구, 10(2), 1-40.

서덕희(2009). 문화와 교육 개념의 실존성: '살아 있는' 교육인류학을 위한 소고. 교육인류학연구, 12(2), 1-44.

윤여각(1998). 교육인류학과 문화교육학: 문화와 교육의 관계에 대한 두 가지 탐구 양식. 1998년 동계워크숍 발표자료.

윤여각(1999). 교육인류학에서의 문화 연구. 교육인류학연구, 2(1), 63-89.

윤여각(2001). 교육과 문화의 관계: 갈등에서 상생으로. 교육인류학연구, 4(2). 33-39.

윤여각(2007a). 문화와 교육의 관계. 지상강좌. 서울: 한국방통신대학교출판부.

윤여각(2007b). 교육과 메타교육. 지상강좌. 서울: 한국방송통신대학교출판부.

윤여각(2007c). 한국교육문화의 SWOT 분석. 교육혁신위원회 한국교육문화분석및대응방안협의회 제출 보고서.

윤여각(2008). 문화의 교육적 측면. 학보특강. 서울: 한국방송통신대학교출판부.

윤여각(2018). 교육인류학에서 교육과 문화의 관계. 한국교육인류학회 제178차 월례발표회 자료집. 33-50.

정상호(2009). 학문과 교육(중Ⅲ): 교육연구의 새 지평, 서울: 서울대학교출판문화원.

정향진(2008). 문화적 과정으로서의 교육: 교육인류학을 위한 비판적 고찰. 교육인류학연구, 11(1), 73-105.

조용환(1995). 교육학에서의 문화연구. 문화에 대한 다학문적 접근. 서울대학교 사회과학대학 비교문화연구소 제4회 학술 심포지움 자료집, 29-43.

조용환(1997). 사회화와 교육: 부족사회 문화전승 과정의 교육학적 재검토. 서울: 교육과학사.

조용환(2001). 문화와 교육의 갈등-상생 관계. 교육인류학연구, 4(2), 1-27.

조용환, 윤여각, 이혁규(2006). 문화와 교육. 서울: 한국방송통신대학교출판부.

Goodenough, W. H. (1963). *Cooperation in Ghange*. New York: Russell Sage Foundation.

Goodenough, W. H. (1981). *Culture, language, and society*. Menlo Park, California: The Benjamin/Cummings Publishing Company, Inc.

제2장

아이의 눈으로 회인(誨人)탐구[1)]
교육인류학의 교육 탐구와 실천

1. 탈공정의 교육

오늘날 한국 사회에서 교육의 주류를 차지하고 있는 것은 학교교육이다. 한국 사람이라면 거의 모두 적어도 12년 동안 학교에서 배운다. 학원에서도 교육이 이루어지지만 대부분 그것은 학교교육을 보완하기 위한 목적으로 학교와 유사한 방식으로 이루어진다. 한때 대안학교가 유행하기도 했지만 그 역시 학교교육의 형태를 크게 벗어나지 않는다. 가정에서도 일터에서도 놀이터에서도 교육이 이루어지지만 그곳에서의 교육은 학교처럼 명시적이지도 않고 체계적이지도 않다. 그런 이유에서 대부분의 사람들은 교육은 학교에서 주로 이루어진다고 믿는다.

그러한 현대 학교교육이 가지는 중요한 특징 가운데 하나는 공장의 공정(工程)과 같은 방식으로 이루어진다는 것이다. 학교에서는 교원의 지도 활동과 학생의 학습 활동이 교육과정의 계획에 따라서 이루어진다. 교원은 교육 활동을 수행하기에 앞서 미리 교육과정을 편성하고 그 교육과정의 계획에 따라서 학생들을 지도하고 평가한다. 교육과정에는 학년별로 학생들이 한 해 동안 도달해야 하는 목표와 그 목표에 도달하는 데 필요한 학습의 내용과 방법과 시간과 시기 등이 명시되어 있다. 그 교육과정의 계획에 따

---

*서근원(대구가톨릭대학교 사범대학 교수)

1) 이 글은 기오(奇傲) 조용환 교수 정년 퇴임 기념 학술대회(2022년 2월 5일, 서울대학교 사범대학 12동 401)에서 발표한 글 「교육인류학의 교육 탐구와 실천: 아이의 눈으로 회인(誨人)탐구」를 수정하고 보완한 것으로서 교육인류학연구 제25권 제2호(2022년)에 실렸다.

라서 교원은 학생들을 지도하고, 학생들은 교원이 지도하는 대로 학습하고 평가받는다. 그것은 공장에서 공정을 미리 설계하고 제작하여 설치한 다음에 재료를 그 공정에 투입하여 물건을 대량으로 생산하는 과정과 동일하다. 교육과정이 공정이라면 교원은 공정을 운영하는 노동자이고, 학생은 그 공정에 투입하는 재료와 같다. 평가는 생산된 물건의 품질을 검사하는 일에 해당한다.

그런데 이러한 공정과 같은 방식으로 이루어지는 학교의 교육은 한 가지 치명적인 결함을 안고 있다. 그것은 학교의 교육을 통해서 일부 학생은 공정이 정해 놓은 목표에 도달하기도 하지만, 나머지 일부 학생은 그렇지 못하다는 것이다. 그럼에도 불구하고 학교의 교육은 이른바 '진도'라고 불리는 교육과정의 계획에 따라서 기계적으로 진행된다. 그 결과 일부 학생들은 학습의 과정에서 낙오되고 마침내 제외된다. 그것은 마치 공장에서 불량품을 폐기하는 것과 닮아 있다.

학교에서 이와 같은 일이 발생하는 것은 학생들의 특성이 서로 다르기 때문이다. 학생마다 학습의 수준, 속도, 관심, 조건 등이 서로 다르다. 그럼에도 불구하고 학교의 교육과정은 한 가지로 획일화되어 있다. 그러므로 획일화된 교육과정에 부합하지 않는 학생들은 학교의 교육으로부터 제외될 수밖에 없다.

우리나라 정부는 이러한 문제를 해결하기 위해서 지금까지 여러 가지 시도를 해 왔다. 1992년에 고시한 제6차 교육과정에 이르러서는 각 학교로 하여금 학생과 학교와 지역사회의 여건을 고려하여 학교별로 교육과정을 편성하여 운영하도록 지시하였고, 1997년에 고시한 제7차 교육과정에서는 학생의 수준에 따라서 교육과정을 다르게 편성하여 운영하도록 지시했다. 그리고 2007년과 2009년의 개정 교육과정에서는 학생의 능력과 적성과 진로를 고려하여 수준별 수업을 할 것을 권장하였다. 2015 개정 교육과정에서는 "학생의 능력과 적성과 진로를 고려하여 교육 내용과 방법을 다양화하고, 학교의 여건과 학생의 특성에 따라 다양한 학습 집단을 구성하여 학생 맞춤형 수업을 하도록 한다."라고 지시했다(교육부, 2015: 31). 그리고 2022 개정 교육과정에서는 각 학교가 학생과 학부모와 교원과 지역주민의 관심과 필요를 반영하여 학교교육과정을 맞춤형으로 개발하여 운영할 수 있도록 교원들의 교육과정 편성과 운영의 자율권을 확대하고자 한다(교육부, 2021).

우리나라 정부의 이러한 학교교육 정책의 변화는 적어도 문서상으로는 기존의 학교교육 제도를 근본적으로 전환하고자 하는 것을 의미한다. 특히 기존의 학교 제도가 공장의 공정을 모델로 삼아서 만들어지고 운영되었다면, 최근에 추진되고 있는 맞춤형 교육은 공장의 공정을 탈피하고자 한다는 점에서 탈공정의 교육을 추구하고 있다고 볼 수 있다.

이와 같은 전환적 시도는 학교 현장에서 교원들의 역할을 크게 변화시키고 있다. 그동안 학교 현장의 교원들은 정부가 고시한 교육과정과 교육학자들이 연구하여 제공한 일반적인 교육의 이론과 방법에 따라서 학생들을 지도해 왔다. 이런 상황에서 정부는 교원들에게 학생 각각의 서로 다른 특성을 고려하여 교육의 내용과 수준과 속도와 방법 등을 달리하여 학생 맞춤형 교육을 하도록 요구하고 있다. 이것은 지금까지 교육학자들이 해 왔던 일을 학교 현장의 교원들에게 하도록 요구하고 있는 것이다.

그런데 이러한 상황의 변화는 두 가지 새로운 과제를 우리에게 제시한다. 하나는 그동안 정부가 고시한 교육과정과 교육학자들이 제공하는 교육의 이론과 방법에 따라서 교육 활동을 해오던 교원들로 하여금 학생의 서로 다른 특성을 고려하여 맞춤형 교육을 할 수 있도록 하려면 어떻게 해야 하는가 하는 점이다. 다른 하나는 지금까지 교원들에게 일반적인 교육의 이론과 방법을 제공해 오던 교육학자들은 그 일 대신 무슨 역할을 해야 하는가 하는 점이다. 이 장에서는 다음 세 가지 질문을 중심으로 앞의 과제에 대한 해답을 찾아보고자 한다.

첫째, 학교 현장의 교원들이 탈공정의 교육을 실현하고자 할 때 당면할 수밖에 없는 문제는 무엇인가?

둘째, 학교 현장의 교원들이 탈공정의 교육을 실현하고자 할 때 당면할 수밖에 없는 역설을 어떻게 해결할 수 있는가?

셋째, 학교 현장의 교원들이 탈공정의 교육을 실현하는 데에 교육인류학은 어떻게 기여할 수 있는가?

2. 교육의 역설

1) 교민(敎民)에서 회인(誨人)으로[2]

최근에 정부에 의해서 추진되고 있는 학교와 교원의 자율을 기반으로 하는 맞춤형 교육은 맞춤형 공정이어서는 안 된다. 만약 그렇다면 그것은 기존의 공정으로서의 교육을 더욱 강화하는 일이 된다. 공정으로서의 교육에서 학생은 사물로서 간주된다. 공장에서 재료는 언제 어떻게 무엇으로 만들어져야 할지 결정할 수 없는 것처럼 공정으로서의 학교에서 학생은 무엇을 위해서 무엇을 언제 어떻게 얼마 동안 배워야 하는지 결정하지 못한다. 학교가 정한 목표를 위해서 학교가 정한 내용을 학교가 정한 방법과 시간 동안 배운다. 그리고 학교의 시간은 공장의 작업 시간과 같은 방식으로 기계적으로 진행된다. 그 안에서 학생들은 각 교과의 내용을 정보의 형태로 저장하거나 단순 기능을 숙달하는 방식으로 학습할 수밖에 없다. 서로 다른 다양한 학생이 교과의 내용을 의미의 차원에서 깊이 이해하고자 한다면 학생에게는 더 많은 시간이 필요하고, 필요한 시간은 학생마다 서로 다르기 때문이다.

이와 같은 형태의 교육을 우리 조상들은 교민(敎民)이라고 불러왔다. 교민은 논어(論語)에 등장하는 용어로서 백성(民)을 가르치는(敎) 일을 뜻한다. 여기서 백성을 뜻하는 민(民)은 먼 눈을 뜻하는 '구(口)'와 씨족을 뜻하는 '씨(氏)'가 위아래로 결합되어서 만들어진 글자다(민중서림편집국, 2009). 고대 사회에서는 부족 간에 전쟁이 발생하면 승리한 부족은 패배한 부족 사람들의 오른쪽 눈(目)을 바늘로 찔러서 멀게 한 다음에 노예로 삼았다. 그러므로 민(民)은 한쪽 눈이 먼 사람들, 즉 노예 또는 피지배자를 뜻한다. 교(敎)는 본받는 일을 뜻하는 '효(爻)'와 어린 아이 또는 아랫사람을 뜻하는 '자(子)', 그리고 오른손에 몽둥이를 들고 치는 모습을 뜻하는 '복(攵)'이 결합되어 만들어진 글자다. 그러므로 교(敎)는 상대를 강압적인 방법으로 따르고 본받도록 하는 일을 뜻한다. 이때 사용되는 도구가 교편(敎鞭)이다. 이 두 글자가 결합되어 만들어진 교민(敎民)은 윗사람이 아랫사람을 또는 지배자가 피지배자를 강압적인 방법으로 가르치는 일을 뜻한다. 이러한 교

---

[2] 교민(敎民)과 회인(誨人)에 관련된 좀 더 구체적인 내용은 『학교 혁신의 성찰적 실천: 탈공정과 탈문화식민주의』(서근원, 2021b)의 제1부 제2장과 「공자의 교육사상에 나타난 두 가지 교육: 회인(誨人)과 교민(敎民)」(이미종, 2009)을 참고하기 바란다.

민의 장면에서 피지배자인 민은 지배자가 가르치는 대로 수동적으로 따를 수밖에 없다. 근대의 공정형 학교교육은 이러한 교민의 방식으로 이루어져 왔다.

한편, 우리 조상들은 민(民)이 아닌 사람들을 대상으로 하는 교육[3]을 따로 회인(誨人)이라고 불렀다. 회인은 교민과 함께 논어에 등장하는 용어로서 백성이 아닌 사람(人), 즉 지배자를 깨우치는 일을 뜻한다. 그 일이 바로 회(誨)다. 회(誨)는 말을 뜻하는 '언(言)'과 항상 그러하다는 것을 뜻하는 '매(每)'가 결합된 글자다. 즉, 상대를 때리지 않고 항상 말을 통해서 깨닫도록 하는 일을 뜻한다. 내가 아무리 학식이 뛰어나다고 해도 상대가 막강한 권력을 가지고 있다면 그를 함부로 때려서 가르칠 수 없으므로 결국은 말에 의해서 상대로 하여금 스스로 깨닫도록 할 수밖에 없을 것이다. 그런 이유에서 우리 조상들은 조선 시대까지만 해도 왕족을 위한 교육 기관으로서 종인학교(宗人學校)를 별도로 운영하고, 그 학교에서 왕족의 선생님 역할을 하는 사람을 사회(司誨)라고 불렀다.

요컨대, 정부가 기존의 공정으로서의 학교교육이 가지는 문제점을 해결하기 위해서 맞춤형 교육을 시도하는 것은 맞춤형 공정으로서의 교육이 아니라 탈공정으로서의 교육을 추구하는 것이라고 말할 수 있다. 탈공정으로서의 교육을 추구한다는 것은 교민(教民)으로서의 교육으로부터 회인(誨人)으로서의 교육으로 전환하고자 하는 것이다. 그리고 그것이 궁극적으로 지향하는 것은 교원이 학생을 민(民)이 아닌 인(人)으로서 존중하는 가운데 학생이 스스로 주체적이고 능동적으로 학습하도록 하는 것이라고 말할 수 있다.

2) 메논의 역설

그런데 학교에서 교원이 사회(司誨)로서 회인(誨人)을 통해서 학생을 깨우치고자 할 때 한 가지 근본적으로 해결해야 하는 문제가 있다.[4] 그것은 학생이 기존에 가지고 있던 안목을 스스로 해체하고 재구성하도록 하는 것이다.

사람은 누구나 자기만의 안목으로 자기 주변의 세계를 해석하고 실천하면서 살아간다. 상인은 이윤의 관점에서 자신의 주변에서 벌어지는 일들을 살펴보고, 이윤을 남기

---

3) 엄밀하게 말하면 이것은 '교육'이 아니다. 지금은 다른 마땅한 다른 용어가 없어서 편의상 '교육'이라고 부른다.

4) 교원(教員)과 교육(教育)은 학교(學校)와 서로 어울리는 말이지만 사회(司誨)나 회인(誨人)은 그렇지 않다. 지금은 마땅한 다른 용어가 없어서 편의상 그대로 사용한다.

고자 하는 방식으로 살아간다. 정치인은 권력의 관점에서 주변의 일들을 바라보고, 권력을 얻거나 유지하고자 하는 방식으로 살아간다. 예술가는 아름다움의 관점에서 세계를 바라보고, 아름다움을 표현하거나 실현하고자 하는 방식으로 살아간다. 또한 상인과 정치인과 예술가마다 자기 주변의 세계를 해석하고 실천하는 안목이 각각 서로 다르기도 하다. 이러한 안목의 차이에 의해서 사람마다 살아가는 방향과 방식이 서로 다르다. 또한 같은 사람이라고 해도 그가 놓여 있는 장면에 따라서 서로 다른 안목에 의해서 주변의 세계를 해석하고 실천하면서 살아간다. 상인이라고 해도 음악회에 가서는 예술가의 안목으로 음악을 듣고, 운동 경기장에 가서는 체육인의 안목으로 경기에 참여한다. 그 점은 요리나 청소와 같은 집안일을 할 때도, 동무들과 놀이를 할 때도, 다른 사람을 만나고 교제할 때도, 자전거를 탈 때도 마찬가지다. 또한 교원이 학교에서 수업을 할 때도 거기에는 수업과 교육과 사회와 세계와 인생 등등에 관한 다양한 안목이 복합적으로 반영되어 있다. 사람은 살아가는 동안 항상 그 장면에 요구되는 크고 작은 안목을 동원하여 나름대로 사태를 해석하고 실천하면서 살아간다. 만일 누군가가 이러한 안목이 없다면 그는 사람으로서 살아간다고 말할 수 없다.

교원이 사회로서 학생을 회인한다는 것은 학생을 바로 이와 같은 사람(人)으로서 여긴다는 것이고, 학생을 사람(人)으로서 여긴다는 것은 학생이 자기 나름의 안목을 가지고 있다는 것을 인정하는 것이다. 학생도 사람이기 때문에 비록 제한적이라고 해도 자기만의 안목에 의해서 자기 주변에서 펼쳐지는 여러 가지 일을 스스로 해석하고 실천하면서 살아간다는 것을 인정하는 것이다. 그러므로 학생을 회인한다는 것은 학생이 기존에 가지고 있던 제한된 안목을 좀 더 심화하거나 확장하도록 함으로써 세상을 좀 더 깊고 넓게 해석하고 실천하면서 살아가도록 하는 것을 뜻한다.

그렇게 하기 위해서는 학생이 기존의 안목을 해체하고 재구성하도록 해야 한다. 그런데 학생은 자신의 안목이 옳다고 생각하기 때문에 스스로 그것을 바꾸려고 하지 않는다. 그렇다고 해서 그 일을 강압적인 방법으로 할 수 없으며, 타인이 대신해 줄 수도 없다. 그렇게 해서는 안목이 형성될 수 없다. 설령 안목을 형성한 것처럼 보인다고 해도 그것은 학생이 세상을 해석하고 실천하는 데 적절하게 쓰이지 않게 된다. 그러므로 기존의 안목을 해체하고 재구성하는 일은 자신만이 할 수 있고 자신이 해야 한다. 회인이 강압적인 방법이 아니라 언어를 통해서 이루어지는 까닭이 여기에 있다.

그런데 여기에는 역설이 존재한다. 학교에서 학생은 제한된 안목을 가지고 있고, 교원은 학생보다 심화되거나 확장된 안목을 가지고 있다. 교원이 해야 하는 일은 학생의 제한된 안목이 교원의 안목과 마찬가지로 심화되거나 확장되도록 하는 것이다. 그러기 위해서 교원은 심화되거나 확장된 안목을 학생에게 언어로 전달한다. 그런데 학생은 제한된 안목을 가지고 있으므로 제한된 안목에 의해서 교원의 언어를 해석한다. 그러므로 교원의 심화되거나 확장된 안목은 제한된 안목을 가지고 있는 학생에게 언어적으로는 전달이 불가능하다.

우리는 그런 예를 주변에서 쉽게 찾아볼 수 있다. 그 가운데 하나가 질적 탐구가 무엇인지 모르는 사람에게 질적 탐구를 언어로 설명하는 경우다. 특히 양적 연구만이 연구라고 알고 있는 사람에게 질적 탐구를 설명하면, 질적 탐구는 객관적이지도 않고 신뢰성도 의심스러우며 일반화도 할 수 없기 때문에 연구가 아니라 소설이라고 주장한다. 또한 질적 탐구를 수용한다고 해도 양적 연구의 논리에 따라서 무늬만 질적 탐구를 수행한다. 일반화를 위해서 사례의 숫자를 늘린다거나, 연구의 결과로서 제보자의 말을 사실적인 수준에서 나열해 놓는다거나, 자신의 주관적인 관점에 의해서 자료를 해석하거나 분석하는 것 등이 그 예다. 이 밖에도 문화기술지 또는 자문화기술지 탐구라고 하지만 집단의 문화는 기술하지 않는 경우, 현상학적 탐구라고 말하지만 현상은 드러나 있지 않는 경우, 생애사 연구를 표방하면서 역사는 보이지 않는 경우, 내러티브 탐구라고 하지만 성장으로서의 경험은 탐구하지 않는 경우 등도 연구에 대한 기존의 안목으로 질적 탐구에 관한 설명을 해석하고 실천함으로써 발생하는 결과다.

이와 같이 제한된 안목을 가지고 있는 사람에게 심화되거나 확장된 안목을 아무리 설명해도 그 사람이 기존의 안목을 해체하고 재구성하기보다는 기존의 제한된 안목으로 축소하여 해석하게 됨으로써 기존의 안목을 고수하게 되는 것을 메논의 역설이라고 부른다. 이것은 플라톤의 대화편 메논(Meno)에 등장하는 것으로서 소크라테스가 메논이 제기한 '덕은 가르칠 수 있는가?'라는 질문에 대한 해답을 모색하는 과정에서 메논이 제기한 주장이다. 소크라테스는 메논과의 대화를 통해서 서로가 덕이 무엇인지 모른다는 것을 알게 되었으므로 이제부터 덕이 무엇인지 함께 탐구해 보자고 제안한다. 그러자 메논이 다음과 같이 대답하고, 소크라테스는 메논의 대답이 무엇을 의미하는지 다시 명확히 밝힌다.

메논: 소크라테스, 당신은 그것이 무엇인지 전혀 알지 못하는 것을 무슨 수로 찾을 겁니까? 도대체 알지

못하는 것을 찾을 수 있는 것이 가능한 일입니까? 설령 그것에 마주치더라도, 그것이 당신이 모르고 있던 그것인지 어떻게 알 수 있겠습니까?

소크라테스: 메논, 자네가 무슨 말을 하는지 알겠네. 자네가 지금 꺼낸 문제가 자기가 알고 있는 것도, 알고 있지 못한 것도 탐구할 수 없다는 '논쟁적인 논변'이라는 것을 알고 있겠지? 그는 알고 있는 것을 찾지 않을 것이네. 이미 알고 있으니까 탐구할 필요가 없지. 또 그는 모르는 것도 찾을 수 없을 것이네. 이 경우에는 무엇을 찾아야 할지 모르기 때문이지. (김광민, 2016: 35)

여기서 메논과 소크라테스가 한 말을 간략히 다시 말하면, '알고 있는 사람은 이미 알고 있기 때문에 탐구하려고 애쓸 필요가 없고, 모르는 사람은 모르기 때문에 무엇을 탐구해야 할지 모르므로 탐구할 수 없다.'는 것이다. 이 말을 교육의 장면에 적용하면 '알고 있는 사람은 이미 알고 있기 때문에 알려 줄 필요가 없고, 모르는 사람은 모르기 때문에 알려 주어도 소용없다.'라고 말할 수 있다. 좀 더 구체적으로 말하면 '질적 탐구가 무엇인지 아는 사람에게는 이미 알고 있기 때문에 알려 줄 필요가 없고, 모르는 사람에게는 말해 주어도 알 수 없기 때문에 알려 줄 수 없다.'라고 말할 수 있다.

이러한 역설은 회인의 장면에서는 필연적으로 발생할 수밖에 없다. 회인은 상대로 하여금 단순히 새로운 정보를 기억하도록 하는 것을 목적으로 하는 것이 아니라 그 정보를 해석하고 실천하는 기존의 안목을 해체하고 재구성하도록 하는 것을 목적으로 하기 때문에 그렇다. 엄밀하게 말하면 교민의 장면에서도 이러한 역설이 발생할 수밖에 없다. 교민의 대상인 민도 사람이고, 사람인 이상 안목을 가지고 있을 수밖에 없기 때문이다. 단지 권력에 의해서 그것을 무시하고 인정하지 않았을 뿐이다. 맞춤형 교육은 그러한 교민으로서의 관행을 극복하고자 하는 셈이다.

그러므로 맞춤형 교육이 맞춤형 공정으로서의 교육이 아니라 탈공정으로서의 교육을 추구하고, 그것은 학생에게 교민하지 않고 회인함으로써 학생이 스스로 깨닫도록 하는 것을 의미한다면 그동안 무시하고 인정하지 않았던 메논의 역설을 인식하고 인정할 수밖에 없다. 즉, 회인으로서의 맞춤형 교육을 하고자 하는 교원들은 학생들이 새로운 것을 학습하는 매 순간이 역설적이라는 것을 인식해야 하며, 학생이 정보의 저장으로서 학습이 아니라 안목의 형성으로서 학습을 할 수 있도록 하려면 그 역설의 문제를 해결해야만 한다.

3) 역설적 문제와 경험

회인을 말 그대로 언어에 의해서 이루어지는 교육이라고 생각한다면 회인의 과정에서 역설은 불가피하고 해결 불가능하다. 그런데 메논의 역설을 역설이라고 부르는 까닭은 그 말이 논리적으로는 타당하지만 실제적으로는 타당하지 않기 때문이다. 만일 메논의 말대로 모르는 사람은 모르기 때문에 모르는 것을 탐구할 수도 없고, 다른 누군가 일러 주어도 그 말의 의미를 알 수 없다면 모르는 사람은 영원히 모르는 채로 살아갈 수밖에 없다. 즉, 모든 사람은 백치 상태의 아이로서 이 세상에 태어나서 백치 상태의 노인으로서 이 세상을 떠나야 한다. 그러나 현실은 그렇지 않다. 백치 상태의 아이는 자라가면서 몸만 커 가는 것이 아니라 세상을 바라보는 안목도 함께 커 간다. 어린 아이일 때는 자기만을 생각하다가, 점점 자라가면서 가족과 이웃을 생각하고, 더 나아가서는 지역과 국가와 인류를 함께 돌볼 수 있게 된다. 아이가 자라감에 따라서 세상을 바라보는 안목이 깊어지고 넓어지는 것이다.

사람이 이 세상에 태어나서 자라감에 따라서 세상을 바라보는 그의 안목이 점점 더 깊어지고 넓어지는 것은 다른 누군가가 언어로 일러 주는 것을 듣거나 배우기 때문만은 아니다. 오히려 살아가는 동안 많은 새로운 일들을 보고 듣고 겪음으로써 그 과정에서 그 일들과 관련해서 새로운 안목을 스스로 형성해 간다. 그 일을 우리는 견문(見聞)을 넓힌다고 말한다. 그것은 세상을 바라보는 안목을 심화하거나 확장한다는 것을 뜻한다. 이러한 사실은 회인은 언어에 의해서만 이루어지지 않는다는 것을 보여 준다. 그러므로 메논의 역설에 대한 해답은 비언어적인 방법에서 찾을 가능성이 크다.

그 해답을 찾는 데는 우리가 일상에서 기존의 안목을 해체하고 재구성하는 장면을 분석하는 것이 도움이 될 수 있다. 그 예 가운데 하나가 아이가 자전거 타는 법을 익히는 장면이다. 아이는 주로 지면에서 생활하고, 균형을 잃고 넘어질 것 같으면 넘어지는 반대쪽으로 체중을 이동함으로써 균형을 회복한다. 그것을 언어로 설명하면 '넘어지려고 하면 반대쪽으로 체중을 이동한다.'일 것이다. 아이는 이러한 안목을 가지고 일상을 살아간다. 아이가 자전거를 처음 탈 때는 이러한 안목으로 자전거를 조작한다. 그러므로 자전거를 타다가 넘어지려고 하면 반대쪽으로 체중을 옮기거나 손잡이를 꺾어서 균형을 회복하려고 한다. 그렇지만 그것은 오히려 자전거를 더 잘 넘어지게 하는 일이 될 뿐이다. 그런 일을 몇 번 되풀이하다가 '넘어지려고 하면 반대쪽으로 체중을 이동한다.'라는 안목으로는 자전거를 탈 수 없다는 것을 깨닫게 된다. 그리고 그것과는 반대 방향으로 행위를 시도한다. 즉, 넘어지려는 쪽으로 손잡이를 꺾어 본다. 그렇게 해서 자전거의 균형이 회복되는 것을 체감한다. 그 경험을 통해서 '자전거를 탈 때 넘어지려고 하면 넘어지는 쪽으로 체중을 이동한다.'라는 안목을 새롭게 형성한다. 물론 이 과정은 혼자서 이루어지기도 하지만 부모나 언니 등의 도움을 받아서 이루어지기도 한다. 어느 경우이건 기존의 안목을 해체하고 재구성하는 과정은 동일하다.

이러한 자전거 타기를 통해서 아이는 '넘어지려고 하면 반대쪽으로 체중을 이동한다.'라는 안목을 해체하고, '넘어지려고 하면 반대쪽으로 체중을 이동해야 하지만, 자전거를 탈 때는 그렇지 않다.'라는 안목으로 재구성하게 된다. 아이가 그 안목을 새롭게 형성할 수 있게 된 것은 그동안 타 보지 못했던 자전거를 타 보았기 때문이다. 물론 아이는 자전거를 타 보지 않아도 "자전거를 탈 때 자전거가 넘어지려고 하면 넘어지려는 쪽으로 손잡이를 꺾는다."라는 말을 소리로서는 기억하고 있을 수 있다. 또는 시험 문제에도 정답을 적을 수는 있다. 그렇지만 실제로는 자전거를 타지 못한다. 따라서 그 말이 무슨 의미인지는 알지 못한다. 그 말의 의미는 오직 자전거를 타 봄으로써만 알 수 있다.

이와 같이 아이로 하여금 기존의 안목을 해체하고 새로운 안목으로 재구성하도록 하는 것이 역설적 문제 상황이다. 문제 상황이란 기존의 안목으로는 해석하고 실천할 수 없는 사태를 가리킨다. 아이는 기존의 안목으로는 해석하고 실천할 수 없는 새로운 사태, 즉 기존의 안목으로는 해결할 수 없는 새로운 문제를 해결함으로써 기존의 안목을 해체하고 새로운 안목을 형성할 수 있게 된다. 그러므로 아이가 새로운 안목을 형성하려면 기존의 안목으로는 해결할 수 없는 문제를 대면하고 해결해야 한다. 아이가 해결할 수 있는 문제만 해결하면 아이는 그 문제의 해결을 통해서 새로운 안목을 형성할 수 없다. 엄밀하게 말하면 그것은 문제가 아니다.

그런데 기존의 안목으로 해결할 수 없는 문제를 해결함으로써 새로운 안목을 형성한다는 말은 논리상 모순이다. 기존의 안목으로는 해결할 수 없는 문제라면 그 문제를 해결할 수 없어야 하고, 따라서 새로운 안목도 형성할 수 없어야 한다. 그럼에도 불구하고 앞의 자전거 타기의 예에서 볼 수 있는 것처럼 아이는 문제를 해결하고 새로운 안목을 형성한다.

그것을 가능하게 하는 것이 아이의 흥미나 필요다. 아이가 기존의 안목으로는 해결할 수 없음에도 불구하고 그것을 절실하게 해결하고 싶거나 해결해야 하는 상황에 놓이는 것이다. 즉, 문제가 아이에게 역설적이어야 한다. 해결할 수 없으면 해결하려고 시도하지 않아야 하고, 해결하려고 시도하려면 해결할 수 있어야 하는데, 해결할 수 없음에도 해결하려고 시도해야 하므로 역설적이다. 아이가 해결하고 싶지도 않고 해결해야 하는 필요도 없는데 그 아이 앞에 새로운 문제가 놓이면 아이는 스스로 그 문제를 해결하려고 노력하지 않는다. 그와 달리 아이가 현재의 안목으로는 그 문제를 해결할 수 없음에도 그 문제를 해결해야만 하는 상황에 놓이면 아이는 실패에 굴하지 않고 해결책을 찾는다. 아이는 이러한 역설적 문제 상황을 해결함으로써 새로운 안목을 형성한다.

아이가 새로운 안목을 형성하는 데에 역설적 문제 상황과 함께 필요한 것은 아이가 탐구하고 성찰할 수 있어야 한다는 것이다. 아이는 새로운 문제 상황에 놓이게 되면 처음에는 기존의 안목에 의해서 문제 상황을 해석하고 실천하게 된다. 그런데 그것은 반드시 실패로 귀결된다. 그 실패를 통해서 아이는 자신의 기존의 안목이 부적합하다는 것을 인식하게 된다. 그것이 성찰이다. 그리고 기존의 안목과는 다른 방안을 찾아서 시도하게 된다. 그것이 탐구다. 이런 시도와 성찰과 탐구로 이어지는 시행착오의 과정을 거쳐서 아이는 새로운 문제를 해결하고 새로운 문제를 해결하는 데 알맞은 새로운 안목을 형성하게 된다. 이러한 과정은 아이 혼자서 이루어지기도 하지만 대부분의 경우에는 부모나 선생님의 도움을 받아서 이루어진다. 여기에 교원의 특별한 역할이 필요하다.

듀이(Dewey, 1916)는 아이가 이러한 역설적 문제의 해결을 통해서 새로운 안목을 형성하는 과정을 경험이라고 불렀다. 듀이는 경험이 능동적 측면과 수동적 측면의 두 가지 요소로 구성된다고 보았다. 능동적 측면은 해 보는 것(doing)으로서 기대하는 결과를 얻기 위해 시도하는 것이고, 수동적 측면은 당하는 것(undergoing)으로서 해 본 것이 결과로 자신에게 되돌아오는 것이다. 경험이란 단순한 활동(mere activity)이 아니라 무엇인가를 해 봄으로써 그 결과를 겪고, 그것을 통해서 기존에 알지 못했던 양자 사이의 관련을 새롭게 알게 되는 것이다. 듀이는 그것을 해 봄으로써 알게 되는 것(learning by doing)[5]이라고 불렀다. 그런데 단순히 해 본다고 해서 새로운 것을 알게 되는 것은 아니다. 해 보는 일은 기대하는 목적을 가지고 이루어져야 하고, 그러기 위해서는 적절한 해 보기를 탐구해야 한다. 또한 해 본 결과를 겪는다고 해서 그것이 모두 새로운 앎으로 연결되지 않는다. 그것이 새로운 앎으로 이어지려면 새롭게 겪은 그것에 비추어서 기존에

---

5) 듀이의 생각을 정확히 표현하면 'learning by trying'이다.

알고 있는 것이 변화해야 한다. 즉, 탐구와 성찰의 과정이 있어야 한다. 듀이는 이것을 사고(thinking)라고 불렀다. 그러므로 경험을 경험이 되게 하는 것은 사고다.

듀이의 이러한 설명을 따르면, 회인의 방식으로 학생이 기존의 안목을 해체하고 새로운 안목을 형성하도록 하고자 한다면 학생으로 하여금 역설적 문제 상황에 놓이도록 하고, 역설적 문제 상황을 해결하는 과정에서 경험하도록 해야 한다고 말할 수 있을 것이다. 그것이 학생을 회인하고자 할 때 당면할 수밖에 없는 패러독스를 해결하는 길이고, 맞춤형 교육을 실현하는 길이라고 말할 수 있다.

3. 참여관찰과 실천탐구

1) 회인 실천가의 과제

이와 같이 학교 현장에서 교원이 회인의 과정을 통해서 학생으로 하여금 새로운 안목을 형성하도록 하려면 메논의 역설에 당면할 수밖에 없으며, 그 역설을 해결하기 위해서는 다음과 같은 몇 가지 과제를 해결해야 한다.

첫째는 교과를 안목의 차원에서 체득하고 있어야 한다. 학교에서 학생들이 배우는 교과는 단순한 정보나 기능의 집합체가 아니라 세상을 해석하고 실천하는 각 교과 고유의 안목의 결정체다. 그러므로 학생이 교과를 학습한다는 것은 교과의 안목을 학습하는 것이다. 교원 자신이 교과를 안목의 차원에서 체득하고 있을 때 학생의 현재 안목이 어느 수준인지 알 수 있을 뿐만 아니라 발전적으로 형성해야 하는 안목이 무엇인지, 학생이 그것을 형성하려면 어떤 역설적 문제가 적절한지를 판단할 수 있다.

둘째는 학생의 기존 안목이 무엇인지 알아야 한다. 학생이 스스로 기존의 안목을 해체하고 재구성하도록 하려면 학생이 역설적 문제 상황에 놓여야 하고, 학생에게 제시되는 역설적 문제는 지나치게 쉬워도 안 되고 지나치게 어려워도 안 된다. 지나치게 쉬우면 안목을 형성하는 데 도움이 되지 않고, 지나치게 어려우면 학생이 좌절하거나 포기하게 된다. 학생에게 적절한 역설적 문제가 무엇인지 알 수 있으려면 학생의 현재 안목이 무엇인지 어떤 수준인지 알아야 한다.

셋째는 학생의 관심이 무엇인지 알아야 한다. 학생이 현재의 안목으로는 해결 불가능함에도 불구하고 문제를 해결하기 위해서 스스로 애쓰도록 하려면 그 문제가 학생에게 흥미를 끌거나 학생이 필요를 느껴야 한다. 그럴 때 역설적 문제 상황이 성립한다. 그러므로 교원은 학생의 현재 흥미나 필요가 무엇인지 파악해야 한다.

넷째는 이상에서 파악한 것을 고려하여 학생이 역설적 문제 상황에 당면하게 해야 한다. 학생의 현재 안목으로는 해결할 수 없지만 해결하고 싶거나 해결해야만 하는 역설적 문제를 만나게 해야 한다. 그것은 학생이 스스로 선택한 것일 수도 있고 교원이 부과한 것일 수도 있다. 학생은 역설적 문제를 해결하는 과정을 통해서 새로운 안목을 형성하게 된다.

다섯째는 학생의 문제해결 과정을 살피고 상황에 적절한 행위를 찾아서 실천해야 한다. 학생은 역설적 문제를 해결하고자 시도하는 과정에서 시행착오를 범할 수밖에 없다. 이때 교원은 학생의 특성이나 상태를 고려하여 때로는 직접적으로 때로는 간접적으로 지원하거나 조력함으로써 학생이 포기하거나 오류에 머무르지 않게 해야 한다.

이와 같이 학교 현장에서 교원이 사회(司誨)로서 회인의 과정을 통해서 학생이 새로운 안목을 형성하도록 하고자 한다면 사전에 또는 도중에 이상과 같은 일들을 수행해야 한다. 그런데 그 일은 교육학자가 대신해 줄 수 없다. 지금까지 해 왔던 것처럼 교육학자가 연구를 통해서 일반적인 교육의 이론이나 방법을 개발하고 소개함으로써 교원들이 그 이론이나 방법에 따라서 학생을 지도하도록 하는 방식으로 도울 수도 없다. 교원 자신이 직접 해야 한다. 교원이 서로 다른 다양한 학생의 현재의 안목과 관심을 파악하고, 학생에게 적절한 역설적 문제를 만나게 하고, 학생의 문제해결 과정을 살피며 지원하고, 학생의 성장을 살펴가며 또 다른 역설적 문제를 만나도록 해야 한다. 교육학자가 할 수 있는 일은 교원들이 그 일을 해내는 데 필요한 방법을 안내하고 익히도록 하는 것뿐이다. 그것이 교육학자에게 부과된 새로운 과제다. 비유하자면 물고기를 잡아서 파는 사람에서 물고기 잡는 법을 알려 주는 사람이 되어야 한다.

그런데 여기에도 또 하나 해결해야 하는 문제가 있다. 그것은 기존의 학교의 교육을 이론적으로 또는 방법적으로 지원해 온 교육학, 예를 들면 교육과정이나 교육공학 등은 대체로 근대적인 학교에서 이루어지는 교육, 즉 교민으로서의 교육을 효율적으로 수행하기 위한 방안을 연구하는 데 집중되어 왔다는 사실이다. 그런 까닭에 기존의 교육학으로는 앞의 과제를 해결할 수 없다. 결국 앞의 과제를 해결하려면 기존과는 전혀 다른 새로운 교육학이 필요하다. 그것이 교육학자에게 부과된 근본적인 과제다. 비유하자면 물고기를 그물로 잡는 방법 대신 낚시로 잡는 방법을 새롭게 모색해야 한다.

2) 참여관찰

교육학이 위와 같은 과제를 해결하기 위해서는 교육을 탐구하는 새로운 방법이 필요하다. 그 방법 가운데 일부는 문화인류학의 문화 탐구 방법에서 찾을 수 있다. 문화인류학은 타문화권 사람들의 낯선 행동을 이해하는 것을 일차적인 목적으로 삼는다. 이때 낯선 행동을 이해한다는 것은 그것을 자신의 주관적인 관점에서 해석하거나 판단하지 않고 타문화권 사람들의 관점에서 해석하거나 판단하는 것을 뜻한다. 달리 말하면 나의 안목이 아니라 상대의 안목으로 상대의 행동을 해석하고 실천하는 것이다. 이렇게 하는 것을 내부자적 관점에서 본다고 말한다.

문화인류학자가 타문화권 사람들의 낯선 행동을 이해하고자 한다면 타문화권 사람들이 자신의 행동을 해석하고 판단하는 내부자적 관점이 무엇인지를 먼저 이해해야 한다. 그런데 그 내부자적 관점은 대부분 직접 밖으로 드러나지 않는다. 그러므로 타문화권 사람들의 낯선 행동들을 단서로 삼아서 추론을 통해서 찾아내야 한다. 그런데 여기에 중요한 난점이 있다. 그것은 문화인류학자 자신도 한 문화권에 속해 있는 사람이기 때문에 자신의 관점으로 낯선 행동을 보게 된다는 것이다. 그러므로 문화인류학자가 타문화권 사람들의 낯선 행동을 그들의 관점에서 이해하려면 무엇보다도 먼저 자신의 관점을 유보해야 한다. 그렇지만 그 일은 의지대로 되지 않는다.

문화인류학자들은 이 난점을 참여관찰의 방법으로 해결했다. 즉, 문화인류학자가 타문화권 사람들의 세계로 직접 들어가서 그들의 풍습대로 살아 보는 것이다. 그렇게 할 경우에 문화인류학자의 기존의 습관이나 사고는 쓸모없게 된다. 즉, 자신의 의지와 관계없이 자신의 관점이 유보될 수밖에 없다. 그리고 그 안에서 살아가려면 그들의 생활 습관뿐만 아니라 그들의 관점을 배워야 한다. 그것은 마치 타문화권에 어린아이로서 태어나서 자라는 것과 유사하다. 다른 점이 있다면 어린아이는 선입견에 해당하는 기존의 관점이 없는 데 비해서 문화인류학자에게 그것이 있어서 걸림돌이 된다는 점이다. 그리고 어린아이는 그들의 관점을 우연적으로 학습하는 데 비해서 문화인류학자는 관찰과 면담과 분석과 추론 등의 과정을 통해서 체계적으로 학습한다는 점이다.

이러한 참여관찰의 방법은 두 가지 점에서 회인의 장면에서 겪는 역설의 문제를 해결하는 데 도움이 될 수 있다. 하나는 학생의 기존의 안목이 무엇인지 알아 가는 데에 쓰일 수 있다. 문화인류학자가 참여관찰을 통해서 먼저 이해하고자 하는 것이 한 문화권 사람들이 공유하고 있는 관점이다. 그리고 문화인류학자는 구체적인 한 사람을 참여자로 삼아서 그 사람의 관점을 이해함으로써 그 문화권 사람들의 관점을 이해한다. 그것은 결국 회인의 과정에서 교원이 사회로서 학생의 기존 안목을 이해하는 장면과 동일하다. 다른 하나는 문화인류학자가 타문화권 사람들의 관점을 이해하는 과정은 학생이 기존의 안목을 해체하고 재구성하도록 지원하고 조력하는 데에 쓰일 수 있다. 문화인류학자가 타문화권 사람들의 관점을 이해하는 과정은 그들의 관점을 탐구하는 과정이면서 동시에 그들의 관점을 학습하는 과정이다. 그러므로 교원이 사회로서 이러한 탐구의 과정을 학생들에게 안내하거나 조력함으로써 학생이 스스로 새로운 안목을 형성하도록 도울 수 있다.

3) 실천탐구

학교 현장에서 교원이 회인의 과정을 통해서 학생이 새로운 안목을 형성하도록 하려면 학생의 기존 안목이 무엇인지 이해하는 것만으로는 충분하지 않다. 그것에 더해서 학생에게 적절한 역설적 문제 상황을 제시해야 할 뿐만 아니라 학생이 역설적 문제 상황을 해결하는 과정을 통해서 기존의 안목을 스스로 해체하고 재구성할 수 있도록 지원하고 조력해야 한다. 즉, 교원이 사회로서 적극적인 역할을 수행해야 한다.

그런데 학생이 기존의 안목을 해체하고 재구성하는 일은 손바닥 뒤집듯이 손쉽게 이루어지지 않는다. 학생은 기존의 안목에 의해서 자기 주변의 사물이나 현상을 해석하고 실천하면서 살아왔기 때문에 그것을 해체하는 일은 기존의 자신의 삶과 자신을 해체하는 것과 다름이 없다. 학생이 기존의 자신의 안목을 해체하고 재구성하려면 먼저 기존의 안목을 부정해야 하지만, 학생에게 그것은 자신과 다름이 없기 때문에 그것을 부정하기가 쉽지 않다. 그런 까닭에 학생은 그 과정에서 자신의 내면에서뿐만 아니라 외부의 문제 상황이나 교원을 상대로 하여 갈등하거나 역동할 수밖에 없다. 그것은 정상적인 과정이다. 그 과정이 없이는 새로운 안목을 형성할 수 없다. 그러므로 교원은 학생이 역설적 문제 상황에서 새로운 안목을 형성하도록 하려면 학생의 갈등과 역동을 억제하거나 제거하는 대신 생산적인 방향으로 나아가도록 조심스럽게 안내해야 한다.

현장의 교원이 위와 같은 사회로서의 역할을 적절히 수행하는 데는 사회심리학자 레빈(Kurt Lewin)이 시도한 실천탐구가 큰 도움이 될 수 있다. 레빈은 1940년을 전후로 하여 미국 내에서 사회적인 문제가 되고 있던 인종 간의 갈등 문제를 자신의 장이론(field theory)을 적용하여 해결하고자 했다. 그에 따르면 장(field)이란 한 개인이 놓여 있는 물리적인 환경과 그 물리적인 환경을 인식하는 사고나 정서가 결합되어서 구성된 일종의 심리적인 공간이다. 한 개인의 행동은 이러한 장의 영향에 의해서 결정된다. 예를 들면, 한 인종이 다른 인종에 대해서 멸시하거나 학대하는 것은 장(field)의 영향 때문이다. 그는 이와 같이 장의 영향에 의해서 타성적으로 대응하는 것을 행동(behavior)이라고 불렀다. 그러므로 그는 인종 간의 갈등을 해결하려면 행동이 변화하게 해야 하지만, 그 행동이 변화하도록 하려면 먼저 당사자의 장이 변화하도록 해야 한다고 보았다. 그런데 장은 당사자가 놓여 있는 물리적 환경과 당사자의 사고가 결합되어 만들어진다. 그러므로 행동이 변화하도록 하려면 당사자가 놓여 있는 물리적인 환경을 변화시키거나 당사자의 사고가 변화되도록 해야 한다. 특히 물리적인 환경을 변화할 수 없을 때는 사고가 변화되도록 해야 한다. 이때 당사자의 장이 변화하도록 외부에서 영향을 가하는 일이 행위(action)다.

그는 이러한 행위에 의해서 인종 간 갈등과 같은 사회적인 문제를 해결하기 위한 노력을 사회적 실천(social practice)이라고 부르고, 사회적 실천에 적합한 행위를 찾아서 실천하는 일을 실천적 탐구(practical studies)라고 불렀다. 이러한 사회적 실천을 위한 탐구에는 다음 두 가지가 포함되어야 한다. 하나는 문제를 당사자의 관점에서 이해하는 것이다. 특히 당사자로 하여금 문제적 행동을 하도록 하는 장을 구성하는 사고가 무엇인지를 이해하는 것이다. 다른 하나는 당사자의 장, 특히 당사자의 사고를 변화하도록 하는 데 적합한 행위가 무엇인지를 찾는 일이다.

그는 이러한 실천적 탐구를 반영하여 당시 미국 사회의 인종 갈등과 같은 사회적인 문제를 다음과 같은 절차로 해결하고자 했다. 먼저 아직 막연하고 모호한 수준에서 문제를 인식한다. 다음으로 문제 사태를 당사자의 관점에서 봄으로써 문제를 명확히 인식한다. 그리고 그 문제 인식을 바탕으로 전반적인 문제해결의 방향과 계획을 수립한다. 이어서 전반적인 문제해결의 계획을 토대로 첫째 단계의 행위 계획을 수립하고, 그 계획을 실행에 옮긴다. 그리고 행위가 기대한 결과를 낳는지를 당사자의 관점에서 확인한다. 그리고 확인한 결과를 바탕으로 다음 단계의 행위 계획을 수립하고 실행하는 일을

4. 교육의 탐구와 실천

나선적으로 수행한다.

그는 이러한 일련의 과정을 '행위-연구(action-research)'라고 불렀지만, 그가 실제로 수행한 과정은 탐구를 기반으로 하는 사회적 실천이다. 그는 인종갈등과 같은 사회적인 문제를 해결하기 위해서 기존의 이론에 의해서 살펴보고 해결책을 제시하지 않았다. 그 대신 문제에 놓여 있는 당사자의 관점이 무엇인지 찾아내고, 그 관점에 의해서 문제를 바라보고 해결책을 새롭게 모색했다. 즉, 연구(research)하지 않고 탐구(inquiry)했다.[6] 그런 이유에서 레빈이 시도한 사회적 실천은 탐구적 실천이며, 간단히 줄여서 실천탐구라고 부르는 것이 적합하다(서근원, 2021a: 8).

이와 같이 레빈이 당시에 실천탐구의 과정을 통해서 해결하고자 한 문제는 회인의 장면에서 교원이 해결해야 하는 문제와 성격상 동일하다. 레빈이 실천탐구의 과정을 통해서 해결해야 하는 핵심적인 문제는 문제 행동을 하는 당사자의 사고가 변화하도록 하는 것이다. 그와 마찬가지로 회인의 장면에서 교원이 해결해야 하는 핵심적인 문제는 아직 제한적인 학생의 안목이 성장하도록 하는 것이다. 그 문제를 해결하기 위해서 레빈은 먼저 문제를 당사자의 관점에서 볼 것을 강조했다. 그것은 학생의 안목이 성장하도록 하려면 학생의 현재 안목이 무엇인지를 이해하는 것이기도 하다. 또한 레빈은 당사자의 사고가 변화하도록 하는 데 적합한 행위를 모색하여 실행하고, 그 결과를 당사자의 관점에서 검토했다. 이것은 교원이 학생에게 적절한 역설적 문제 상황을 제시하고, 학생의 문제해결 과정을 학생의 관점에서 살펴보고 지원하거나 조력하는 과정에 해당한다.

이런 점들을 고려하면 레빈이 사회적 실천을 위해서 시도했던 실천탐구는 그 범위를 좁힌다면 학교에서 교원이 사회로서 회인을 시도할 때 겪을 수밖에 없는 역설적 문제를 해결하는 방안으로서 유용하게 사용될 수 있을 것이다.

4. 교육의 탐구와 실천

1) 문제 상황의 특수성

이와 같은 문화인류학의 문화 탐구 방법인 참여관찰법과 레빈의 사회적 실천 방법인

---

6) '연구'와 '탐구'의 좀 더 자세한 구분은 「실천탐구: 의미, 방법, 사례」(서근원, 2022a)를 참고하기 바란다.

실천탐구 방법은 회인의 장면에서 발생하는 역설의 문제를 해결하는 데 상호보완적으로 사용될 수 있다. 문화인류학의 참여관찰 방법은 학생의 기존의 안목을 이해하는 방법으로서 유용하게 사용될 수 있다. 그렇지만 문화인류학은 타문화권 사람들의 낯선 행동을 이해하는 것을 주요한 과제로 삼기 때문에 타문화권 사람들의 변화를 위해서 적극적인 시도를 하지 않는다. 일부 실천인류학(action anthropology)을 지향하는 문화인류학자들은 저개발이나 가난의 문제 등을 해결하기 위해서 실천적인 시도를 하기도 하지만, 그러한 변화를 위한 방법적 절차를 체계적으로 구체화하지는 않았다. 이와 달리 실천탐구는 문제적 행동의 변화를 위해서 적극적으로 시도하고, 거기에 필요한 절차를 체계화했다. 그렇지만 실천탐구의 과정에서 중요한 절차 가운데 하나가 문제 행동을 당사자의 관점에서 이해하는 것임에도 불구하고, 그와 관련된 구체적인 방법은 제시하지 않았다. 이 점은 문화인류학의 참여관찰 방법에 의해서 보완될 필요가 있다. 즉, 회인 장면에서 발생하는 역설의 문제를 해결하는 데는 참여관찰법과 실천탐구 방법이 상호보완적으로 사용될 필요가 있다.

그런데 회인 장면에서의 역설을 해결하는 데에 문화인류학의 참여관찰법과 사회적 실천을 위한 실천탐구 방법이 상호보완적으로 사용될 수 있다고 해서 그것을 직접적으로 적용하는 것은 타당하지 않다. 회인의 장면에서 당면하는 역설적인 문제의 상황은 문화인류학자가 타문화권 사람들의 행동을 이해하고자 할 때나, 사회적 실천가가 사람들의 문제적인 행동을 변화시키고자 할 때의 문제 상황과 유사한 점도 있지만 차이점도 있기 때문이다.

그 차이점 가운데 하나는 학교의 교실은 교원이 이미 주도적인 구성원으로서 참여하고 있는 장소라는 점이다. 일반적으로 실천인류학자는 그 집단의 외부인인 경우가 많다. 그러므로 그 집단의 문제에 실천인류학자는 연관되어 있지 않다. 따라서 그는 외부자의 위치에서 비교적 객관적으로 그 집단의 문제를 파악하고 대안을 모색하여 실천할 수 있다. 그에 따라서 참여관찰법 역시 외부자의 위치에 적합한 형태로 모색되었다.

그러나 학교의 교실에서 교원은 자신이 해결하고자 하는 학생의 문제에 연관되어 있다. 학교의 교실에서 교원은 학생의 장을 구성하는 중요한 요소이기 때문이다. 그러므로 교실에서 교원은 문화인류학자가 타문화권 사람들의 문화를 이해할 때와 동일한 방법으로 학생의 세계를 참여관찰할 수 없다. 설령 그와 같이 참여관찰한다고 해도 문화인류학자가 타문화권에 가서 생활할 때와 같은 관점의 유보와 새로운 관점의 학습과 같은 효과를 얻기가 매우 어렵다. 이 문제를 해결하기 위해서는 참여관찰하지 않고도 참여관찰의 효과를 얻고 학생의 기존 안목을 이해할 수 있는 방법을 찾아야 한다.

다른 하나는 회인의 장면에서 교원은 학생에게 역설적 문제 상황을 의도적으로 구성한다는 점이다. 그리고 교원은 학생이 역설적 문제를 해결하기 위해서 노력하는 과정에서 스스로 기존의 안목을 해체하고 새로운 안목을 형성하도록 지원하거나 조력한다. 그 결과로서 학생이 자발적으로 행동을 변화하고 성장해 가도록 한다. 이와 달리 실천인류학자나 사회적 실천가는 집단의 구성원들이 이미 겪고 있는 문제를 해결하고자 한다. 그 일을 위해서 실천인류학자는 타문화의 이해를 바탕으로 그들의 문화에 적합한 변화의 대안을 직접 제시하기도 한다(Ember & Ember, 2011: 393-394). 사회적 실천가는 문제의 당사자로 하여금 사실-발견(fact-finding)을 통해서 문제를 새롭게 인식하고 그것을 토대로 행동의 변화를 추구하도록 하기도 한다(서근원, 2020a, 2021a). 그리고 문제가 해결되면 실천은 종결된다.

그러나 회인의 장면에서 교원은 의도적으로 학생이 역설적인 문제 상황에 연속적으로 놓이게 하고, 학생이 역설적 문제를 해결하는 과정에서 새로운 안목을 형성하면서 동시에 탐구와 실천의 방법을 익히도록 한다. 그렇게 함으로써 학생이 스스로 지속적으로 성장해 갈 수 있도록 한다. 그러므로 학생의 회인을 추구하는 교원들에게는 실천인류학자나 사회적 실천가와는 다른 역할이 요구되고, 그 역할을 수행하는 데 적합한 탐구와 실천 방법이 필요하다.

2) 아이의 눈으로 회인(誨人)탐구

그러므로 회인의 장면에서 발생하는 역설의 문제를 해결하기 위해서는 이와 같은 차이점을 고려하여 문화인류학의 참여관찰법과 사회적 실천의 실천탐구 방법을 변형하거나 구체화할 필요가 있다.

앞서 '회인 실천가의 과제'에서 확인한 바와 같이 회인의 장면에서 발생하는 역설을 해결하기 위해서 사회로서의 교원은 다섯 가지 과제를 수행해야 한다. 학생의 기존 안목을 이해하고, 학생의 관심을 파악하며, 학생의 기존 안목과 관심을 고려하여 적절한 역설적 문제를 제시하고, 학생의 문제해결 과정을 지원하거나 조력하며, 교과를 안목의 차원에서 체득해야 한다. 이러한 과제를 수행하기 위해서는 기본적으로 두 가지 탐구가 필요하다.

하나는 학생의 안목을 학생의 관점에서 이해하는 일이다. 이 탐구를 위해서 교원이 참여관찰을 대신하여 할 수 있는 것은 학생의 현재 안목을 추론하는 단서가 되는 행동을 관찰하는 것이다. 이때의 관찰은 교원의 선입견이 배제되어야 하지만 교원은 자신이 어떤 선입견을 가지고 있는지도 모를 수가 있다. 그렇다면 그것을 배제하는 일도 불가능하다. 그런 이유에서 학생을 관찰하기에 앞서 자신이 어떤 선입견을 가지고 있는지를 스스로 확인하는 작업을 해야 한다. 교육이나 학교, 교과, 수업 등에 관하여 자신이 어떤 생각을 가지고 있는지 정리해 보는 것이다. 그와 함께 회인하고자 하는 학생에 대해서 자신이 어떤 선입견을 가지고 있는지도 정리해 보는 것이다. 교원은 선입견을 정리하는 과정에서, 그리고 정리한 선입견을 다시 검토하는 과정에서 부분적으로나마 자신이 어떤 선입견을 가지고 있는지를 객관적으로 볼 수 있게 된다.

그렇지만 교원이 자신이 어떤 선입견을 가지고 있는지를 확인했다고 해서 관찰의 장면에서 바로 선입견을 배제할 수 있는 것은 아니다. 이 문제를 해결하기 위해서는 의도적으로 선입견의 범위를 벗어난 사항들을 관찰하여 기록해야 한다. 자신의 현재 선입견에 의해서 중요하지 않다고 생각하는 것들을 의도적으로 관찰하여 기록하는 것이다. 학생의 행동의 맥락을 풍부하게 관찰하여 기록함으로써 맥락 속에 선입견 밖의 사실들이 포착되도록 하는 것이 기본적인 방법이다. 그 밖에 사소하거나 예외적이거나 특수하거나 당연하다고 생각되는 것을 기록할 수도 있다. 이러한 관찰과 기록은 학생의 기존의 안목을 파악하는 데 필요한 단서들을 모으는 작업이다. 그 다음에 할 일은 단서들을 분석하고 추론함으로써 그 이면에 전제되어 있는 안목을 찾아내야 한다. 그리고 그 안목에 의해서 학생의 기존 행동을 재해석해야 한다. 그렇게 함으로써 교원은 학생의 관심이 무엇인지도 함께 알 수 있고, 동시에 자신이 어떤 선입견을 가지고 있는지도 좀 더 분명히 알 수 있다.

또 다른 탐구는 학생의 현재 안목에 적합한 역설적 문제가 무엇인지를 찾는 일이다. 역설적 문제는 학생의 현재 수준에서 해결할 수 없는 것이어야 하지만 그 수준이 지나치게 높거나 낮아서는 안 된다. 그리고 그것은 교과의 안목을 형성하는 일과 연관되어야 한다. 그러므로 학생에게 적합한 역설적 문제를 찾는 일은 학생의 현재 안목과 교과의 안목 사이에서 학생에게 가까운 쪽으로 적당한 거리에 징검돌을 놓는 일과 유사하다. 또한 역설적 문제는 학생 주변의 현실적 조건의 범위 내에서 해결 가능한 것이어야 한다. 그러므로 동일한 역설적 문제라고 해도 학생에 따라서, 학생이 놓여 있는 현실적 조건에 따라서 역설적 문제가 될 수도 있고 그렇지 않을 수도 있다. 사회로서의 교원은 이런 점들을 다각도로 다양하게 고려하여 역설적 문제를 설정해야 한다.

이와 같은 두 가지 탐구가 충실하게 이루어졌을 때 사회로서의 교원은 회인의 장면에서 발생하는 역설을 해결할 수 있다. 즉, 학생이 역설적 문제를 해결하는 과정을 통해서 스스로 기존의 안목을 해체하고 새로운 안목을 형성하도록 할 수 있다. 그런데 이와 같은 탐구가 회인의 장면에서 발생하는 역설을 해결하는 데 중요하긴 하지만 그것만으로는 충분하지 않다. 교원이 이와 같은 점들을 고루 신중하게 고려하여 역설적 문제를 설정했다고 해도 그것이 적절한지 여부는 학생이 실지로 그 문제를 해결해 보아야만 할 수 있다. 또한 그 과정에서 교원이 어떻게 지원하고 조력하는가에 따라서 역설적 문제가 될 수도 있고 그렇지 않을 수도 있다. 그러므로 역설의 최종적인 해결은 교원의 적절한 실천에 의해서 완성될 수 있다.

요컨대, 회인의 장면에서 발생하는 역설은 탐구와 실천이 적절히 결합될 때만이 해결 가능하다. 즉, 실천탐구가 요구되는 것이다. 그리고 이때의 실천탐구는 학생의 관점에서 이루어져야 한다. 사회로서의 교원이 학생의 관점에서 기존의 안목을 이해하고, 적절한 역설적 문제를 설정하며, 학생의 문제해결 과정을 살펴보고 지원하거나 조력할 때 학생이 적절히 역설적인 문제를 해결하고 새로운 안목을 형성할 수 있다. 그런 까닭에 이러한 회인의 장면에서 이루어지는 실천탐구를 '아이의 눈으로 회인(誨人)탐구'라고 부른다.[7]

3) 그랭이 수업

앞서 살펴본 바와 같이 학교 현장에서 교원이 사회로서 회인을 수행하고자 한다면 그

---

[7] '아이의 눈으로 회인(誨人)탐구'는 학생의 일상을 학생의 관점에서 이해하는 '아이의 눈으로 세상 보기', 수업 속에서 학생의 경험을 이해하는 '아이의 눈으로 수업 보기', 역설적 문제를 통해서 학생의 경험을 지원하는 '아이의 눈으로 수업하기' 등의 방법으로 구성되어 있다. 이 각각의 방법에 대한 설명과 예시는 『수업, 어떻게 볼까?: 아이의 눈을 찾아서』 (서근원, 2013b), 『나를 비운 그 자리에 아이들을』(서근원 편, 2012), 「한 초등학교 교사의 사회과 수업의 성찰적 이해: 아이의 눈으로 수업 보기 방법을 적용하여」(서근원, 송하인, 2018), 「아이의 눈으로 수업 보기 방법을 적용한 일본의 치료 놀이 방안 탐색 연구」(서근원, 다카이미와, 2020) 등에 부분적으로 소개되어 있다. 이들 방법에 관한 체계적이고 구체적인 내용은 추후에 다른 글에서 소개하고자 한다.

과정에서 필연적으로 발생하는 메논의 역설을 해결해야만 하며, 그 역설을 해결하기 위해서는 아이의 눈으로 회인탐구를 할 수밖에 없다. 그리고 아이의 눈으로 회인탐구를 통해서 회인을 수행할 경우에 그 교육 활동은 공장의 공정과 같은 방식으로 이루어질 수 없다. 기존의 교민의 교육 활동이 그러했던 것처럼 학생이 도달해야 하는 목표와 목표에 도달하기 위한 계획을 수립하고, 그 계획에 따라서 교육 활동을 수행하는 일이 불가능하다. 그 대신 학생의 현재에 대한 이해를 바탕으로 다음의 학습의 방향과 내용과 방법 등이 결정된다.

이러한 회인을 수행하는 구체적인 과정의 모습은 우리 조상들이 집을 짓거나 돌담을 쌓을 때 그랭이질하는 것과 닮았다. 그랭이질은 집을 짓거나 돌담을 쌓을 때 설계에 맞추어서 나무나 돌을 다듬는 것이 아니라, 먼저 놓인 나무나 돌에 맞추어서 그 다음의 나무나 돌을 다듬는 것을 가리킨다. 그러므로 최종적인 집의 모양이나 돌담의 구체적인 모양은 미리 알 수 없다. 그렇지만 최종적으로 완성된 집의 모양이나 돌담의 모양은 자연스러우면서 예술적인 모습을 띈다. 무엇보다도 각 재료들의 이가 서로 맞물려 튼튼하다(서근원, 2021a, 19).

이처럼 아이의 눈으로 회인탐구의 방법에 의해서 이루어지는 회인의 과정은 이와 같은 그랭이질하는 과정과 닮았다. 그 회인의 과정은 사전에 계획하고, 그 계획대로 이루어질 수 없기 때문이다. 따라서 아이의 눈으로 회인탐구 방법을 적용하여 이루어지는 구체적인 수업의 모습은 그랭이질과 닮았다는 점에서 '그랭이 수업'이라고 부를 수 있다. 아이의 눈으로 회인탐구를 하게 되면 그러한 그랭이 수업을 하게 되고, 그랭이 수업을 하고자 하면 아이의 눈으로 회인탐구를 할 수밖에 없다. 아이의 눈으로 회인탐구는 그랭이 수업을 하는 방법인 셈이다. 그리고 이러한 그랭이 수업은 맞춤형이 될 수밖에 없다. 그러한 수업의 예를 들면 다음과 같다.[8]

나는 초등학교 2학년을 담임하고 있다. 우리 반에는 은이라는 여자 아이가 있었다. 그 아이는 항상 조용하고 다소곳해서 정물과 같았다. 은이는 항상 조용하고 내 지시에 순순히 잘 따라서 나무랄 데 없는 착한 학생이었다. 그런데 수업 시간에는 항상 주저하고 자신 없어 하거나, 다른 아이들이 하는 것을 힐끗거리는 경우가 많았다. 나는 이 점이 마음에 걸려서 은이가 좀 더 자신 있고 활동적으로 수업

---

8) 이 글은 『열쇠는 아이에게』(강유미, 2014)를 간략히 요약한 것이다. 이 글의 전문은 『아이의 눈으로 회인(誨人)탐구: 그랭이 수업과 맞춤형 교육』(서근원, 강유미, 2022)에 '은이의 눈으로 그랭이 수업하기'라는 제목으로 수록되었다.

에 참여하기를 바랐다.

　나는 은이가 시 읽어 주기를 좋아한다는 점을 고려하여 다음 달 생일잔치에서 시 낭송회를 할 예정이라고 밝히고 국어 수업 시간에 시 낭송 연습을 하기로 했다. 〈내 똥꼬〉, 〈딱지 따먹기〉, 〈햇볕〉과 같이 아이들이 좋아할 만한 시를 골라서 아이들에게 주고 모둠의 친구들과 함께 낭송 연습을 하게 했다. 그리고 시를 읽은 느낌, 시가 무엇이라고 생각하는지 등을 질문지에 자유롭게 적게 했다. 그런데 은이는 수업 시간 내내 자주 두리번거리거나 손가락을 빨고 있었다. 그리고 질문지에도 제대로 대답을 적지 못했다. 나중에 알고 보니 은이는 질문지에 적힌 질문의 의미를 제대로 알지 못했다. 그리고 내가 제시한 시는 주로 활동적인 아이들이 좋아할 만한 내용이었다. 거기다 다른 아이들과 함께 시를 낭송하는 일이 은이에게는 속도가 맞지 않았다.

　그래서 나는 시를 〈가을아침〉, 〈비오는 날〉, 〈시험〉, 〈김밥〉 등과 같이 정적이면서 생생한 표현을 담고 있는 것으로 바꾸었다. 그리고 모둠의 친구들도 바꾸었다. 낭송 연습할 때는 각자 하게 했다. 그리고 질문지의 내용을 은이가 쉽게 이해할 수 있는 용어로 바꾸고 은이 곁에서 그 의미를 설명해 주었다. 그러자 적극적이고 활발하게 낭송 연습을 하고, 다른 아이들에게 들려주었다. 나중에는 다른 아이들에게 지시하기도 했다. 질문지에는 고심하면서도 자신 있게 시를 읽은 느낌과 시에 대한 자신의 생각을 적었다.

　나는 은이의 이런 모습을 보면서 다음 시간에는 모둠 아이들과 함께 시를 써 보도록 했다. 각 모둠별로 시의 소재를 정하고, 그 소재에 따라 한 사람이 한 행씩 써서 한 편의 시가 되도록 했다. 그러자 은이네 모둠 아이들은 비를 소재로 정한 다음 비와 관련된 이미지를 컴퓨터로 출력하고 그 이미지와 관련된 문장을 돌아가면서 적었다. 은이는 자신이 무지개 색칠을 하겠다고 나섰다. 그리고 마지막에는 자신이 그린 시화를 들고 칠판 앞에 나와서 수줍게 낭송했다.

　그런데 이 수업을 마치고 나자 현수가 시로 수학 수업을 하자고 제안했다. 각 모둠이 지은 시 가운데 어느 시를 아이들이 가장 좋아하는지를 조사해서 그래프로 만들어 보자는 것이었다. 나는 현수의 제안을 받아들여서 그렇게 하도록 했다. 그리고 얼마 후 학예회에서는 우리 반 아이들 가운데 여러 아이들이 자청해서 시 낭송을 발표했다. 그 뒤로 은이와 아이들은 쉬는 시간에 교실 뒤편에서 시화를 그리고 시 낭송을 하면서 놀기도 했다.

　이 수업에서 강 교원은 처음에는 시행착오가 있었지만, 은이를 이해한 것을 바탕으로 은이에게 적절한 역설적 문제를 제시하고, 은이가 그 문제를 스스로 해결할 수 있도록 지원하고 조력했다. 그리고 나중에는 아이들이 스스로 문제를 설정해서 해결하도록 했다. 그 결과 은이는 초보적인 수준이기는 하지만 나름대로 시에 관한 안목을 형성하고, 그것을 바탕으로 시를 쓰고 낭송하고 놀이를 즐겼다. 은이는 그 수업을 통해서 강 교원이 전혀 예상하지 못한 기대 이상의 것을 학습한 것이다. 그 점은 다른 아이들 또한 마찬가지였다.

5. 교육인류학의 교육 탐구와 실천

교육인류학은 교육을 문화와의 관계 속에서 해명하는 것을 과제로 삼는다. 그 과제를 수행하기 위해서 교육인류학은 문화권에 따라서 서로 다른 모습으로 이루어지는 다양한 교육의 모습을 기술하는 것을 일차적인 과제로 삼는다. 이때 교육인류학이 교육을 기술한다는 것은 인간이 다양한 삶의 장면 속에서 인간으로서 형성되어 가는 모습을 기술하는 것이고, 인간으로서 형성되어 간다는 것은 각 문화권마다 서로 다른 안목을 형성하는 것을 뜻한다. 결국 교육인류학이 문화권에 따라서 서로 다른 모습으로 이루어지는 교육의 모습을 기술한다는 것은 인간이 다양한 삶의 장면 속에서 살아가는 동안 안목이 변화해 가는 모습을 기술하는 것이다. 달리 말하면 안목의 형성 과정을 기술하는 것이다.

교육인류학자가 이러한 안목의 형성 과정을 기술하기 위해서는 당사자가 자기 주변의 세상을 해석하고 실천하는 안목이 무엇인지를 먼저 이해해야 한다. 즉, 당사자의 눈으로 당사자 주변의 세상을 해석하고 실천할 수 있어야 한다. 그 목적을 위해서 교육인류학자는 참여관찰의 방법을 적용해 왔다. 그 방법에 의해서 당사자가 어떤 안목에 의해서 자기 주변의 세상을 어떻게 해석하고 실천하는지, 그것이 어떻게 변화해 가는지, 왜 그런지 등을 탐구하여 기술해 왔다. 예를 들면, 서근원(2004, 2005, 2013b)은 산들초등학교의 사람들이 공동체에 관한 기존의 안목을 바탕으로 교육공동체를 형성하려고 노력하다가, 구성원들 사이의 갈등의 과정을 통해서 그 안목이 타당하지 않다는 것을 깨닫고, 공동체에 관한 안목을 수정함으로써 새로운 의미의 교육공동체를 구성해 간다는 점을 기술했다.

이와 같이 교육인류학자가 다양한 삶의 장면에서 나타나는 교육의 모습을 기술하는 까닭은 명시적이건 암묵적이건 또 다른 교육의 장면에서 살아가는 사람들에게 시사를 제공하기 위해서다. 그 다른 사람들 중에는 학교 현장의 교원들도 포함되어 있다. 그러나 이러한 교육의 기술은 교육의 의미나 방향 등에 관해서는 시사해 주는 바가 있지만, 그 기술의 장면과는 상이한 상황에 놓인 사람들이 교육적으로 살아가려면 구체적으로 무엇을 어떻게 해야 하는지 등에 관해서는 아무런 말도 해 줄 수가 없다. 특히 학교 현장의 교원들에게는 구체적인 교육적 실천의 방안을 제시해 주는 데는 한계가 있다.

이런 이유에서 일부 교육학자들은 학교 현장의 교원들에게 프로젝트 수업, 배움의 공동체 수업, 거꾸로 수업, 하브루타 수업 등과 같은 구체적인 실천의 방안을 제시했다. 또한 교육과정이나 학교교과목 등을 개발하는 방법을 안내했다. 학교 현장의 교원들은 그것을 받아들여서 자신의 교실의 아이들에게 적용했다. 그렇지만 각각 서로 다른 학생의 특성을 이해하지 않는 가운데 그런 일반적인 방법들을 획일적으로 적용해서 학생들이 교과의 안목을 형성하기를 기대하는 것은 무리다. 그것은 탈공정 교육의 바다로 나아가는 배가 될 수 없다. 그렇다고 해서 교육학자가 모든 학교 현장의 교원을 대신해서 아이의 눈으로 회인탐구를 할 수도 없는 노릇이다. 그것은 마치 의과대학 교수가 각 병원의 의사를 대신해서 환자를 진단하고 치료하는 꼴이다. 그것은 현실적으로 가능하지도 않고 바람직하지도 않다.

아마도 이런 문제를 해결하는 유일한 길은 교원들에게 아이의 눈으로 회인탐구 방법을 안내하는 것밖에 없다. 앞의 강 교원의 사례와 마찬가지로 교원들에게 아이의 눈으로 회인탐구 방법을 안내함으로써 교원들이 각각 아이의 눈으로 회인탐구의 방법으로 각각의 학생들을 회인하도록 하는 것이다. 그것은 결국 교원들에게 교육인류학의 교육 탐구와 실천의 방법을 안내하는 것이며, 교원들이 교육인류학자가 되도록 하는 것이다.

그런데 그 일은 언어적 과정에 의해서는 이루어질 수 없다. 적어도 지금까지의 교원들은 대부분 양성 과정에서부터 교민을 위한 학교 체제에 알맞도록 길러졌고, 교민을 위한 학교 체제 속에서 적응하면서 살아왔다. 그 과정에서 대부분의 교원은 교민의 체제에 알맞은 안목을 형성하게 되었다(서근원, 2016). 그리고 교원들은 그 안목에 의해서 기존의 수업을 개혁하기 위해서 도입된 새로운 수업의 방법 등을 해석하여 실천해 왔다. 1990년대 후반에 정부에 의해서 추진된 열린교육이 그러하고(성일제 외, 1998), 2000년대 후반에 경기도교육청을 비롯한 일부 시도교육청에 의해서 추진된 배움 중심 수업이 그러했다(길현주 외, 2013; 민윤, 2013). 열린교육은 학생의 특성에 따라서 학습의 내용과 수준과 방법과 속도를 유연하게 하는 것을 추구하였지만, 학교 현장에서는 여전히 미리 편성된 교육과정을 효율적으로 실행하기 위한 수업 방법의 하나로서 받아들여졌다. 배움 중심 수업은 학생의 실질적인 학습을 중심에 둔 수업으로의 변화를 추구하였지만, 학교 현장에서는 이름의 유사성에 주목해서 '배움의 공동체 수업'을 하는 것이 배움 중심 수업을 실천하는 것으로서 받아들여졌다(서근원, 2020b).

그와 마찬가지로 기존의 현장 교원들에게 교육인류학의 교육 탐구와 실천의 방법을 언어로 설명할 경우에 그 안목에 의해서 교민을 위한 방법으로 환원시킬 가능성이 크다. 이런 역설을 해결하기 위해서는 교원이 학생을 회인하기 위해서 아이의 눈으로 회인탐구를 하듯이 교육인류학자가 교원의 눈으로 회인탐구를 수행함으로써 교원들을 회인해야 한다. 그것은 교원들로 하여금 기존의 교민의 안목으로는 해결할 수 없는 역설적 문제 상황을 해결하도록 함으로써 교민의 안목을 해체하고 회인의 안목을 형성하도록 하는 것을 의미한다. 그 구체적인 방안은 교육인류학자가 워크숍의 과정을 통해서 교원들에게 아이의 눈으로 회인탐구 방법을 안내하는 것이다. 그것이 탈공정의 교육을 실현하는 길이고, 교육인류학만이 할 수 있는 교육적 실천이다. 그리고 이런 이유에서 유아교육학으로부터 시작해서 특수교육학과 각 교과교육학, 그리고 평생교육학에 이르기까지 탈공정의 교육을 탐구하고 실현하고자 하는 모든 교육학은 교육인류학을 기반으로 할 수밖에 없다.

📖 **참고문헌**

강유미(2014). 열쇠는 아이에게. 서근원 편. 질적교육의 이해와 실천: 아이의 눈으로 수업하기. 전국 심포지움 연수 자료집, 158-192. 전라북도교육연수원.

교육부(2015). 초·중등학교 교육과정 총론. 교육부 고시 제2015-74호[별책 1].

교육부(2021). 더 나은 미래, 모두를 위한 교육 2022 개정 교육과정 총론 주요 사항(시안).

길현주, 오춘옥, 노시구, 남미자(2013). 교사들의 배움중심수업 실천 경험에 관한 이해. 경기도교육연구원.

김광민(2016). 메논의 파라독스: 성리학적 관점. 도덕교육연구, 28(3), 33-53.

민윤(2013). 사회과 교육에서 혁신 교육 운동의 적용과 문제: 경기도교육청의 창의지성교육을 중심으로. 사회과교육연구, 20(4), 13-25.

민중서림편집국(2009). 漢韓大字典. 경기: 민중서림.

서근원 편저(2012). 나를 비운 그 자리에 아이들을. 경기: 교육과학사.

서근원(2004). 산들초등학교의 교육공동체 형성에 관한 교육인류학적 연구. 서울대학교 대학원 박사학위논문.

서근원(2005). 교육공동체의 교육인류학적 재해석: 산들초등학교 사례를 중심으로. **교육인류학연구**, 8(2), 127-179.

서근원(2013a). 공동체는 어디에 있을까?: 우리 시대의 삶과 문화와 교육, 그리고 질적 연구. 경기: 교육과학사.

서근원(2013b). **수업, 어떻게 볼까?: 아이의 눈을 찾아서**. 경기: 교육과학사.

서근원(2016). **풀뿌리 교육론: 교육과정과 수업, 그리고**. 경기: 교육과학사.

서근원(2020a). 실행연구(Action Research)의 새로운 과거: 쿠르트 레빈의 'action-research'를 중심으로. **교육인류학연구**, 23(3), 1-46.

서근원(2020b). **학교혁신 다르게 보기: 오류와 대안**. 경기: 교육과학사.

서근원(2021a). 맞춤형 교육의 대안적 해석과 실천: 그랭이 교육과 실천탐구. **교육인류학연구**, 24(4), 1-38.

서근원(2021b). **학교 혁신의 성찰적 실천: 탈공정과 탈문화식민주의**. 경기: 교육과학사.

서근원(2022a). 실천탐구: 의미, 방법, 사례. 조용환 외 공저. **질적 연구, 전통별 접근**. 서울: 학지사.

서근원(2022b). 교육인류학의 교육 탐구와 실천: 아이의 눈으로 회인(誨人)탐구. **교육인류학연구**, 25(2), 155-179.

서근원, 강유미(2022). **아이의 눈으로 회인(誨人)탐구: 그랭이 수업과 맞춤형 교육**. 경기: 교육과학사. (출간 예정)

서근원, 다카이미와(2020). 아이의 눈으로 수업 보기 방법을 적용한 일본의 치료놀이 방안 탐색 연구. **학습자중심교과교육연구**, 20(8), 1111-1141.

서근원, 송하인(2018). 한 초등학교 교사의 사회과 수업의 성찰적 이해: 아이의 눈으로 수업 보기 방법을 적용하여. **교육인류학연구**, 21(4), 43-92.

성일제, 이종태, 강태중, 류방란(1998). **학교 개혁의 실현을 위한 전략 탐색** (CR98-10). 서울: 한국교육개발원.

이미종(2009). 공자의 교육사상에 나타난 두 가지 교육: 회인(誨人)과 교민(教民). **초등교육연구**, 22(2), 1-25.

Dewey, J. (1916). *Democracy and Education*. 이홍우 역(2007). 존 듀이 민주주의와 교육. 경기: 교육과학사.

Ember, C., & Ember, M. (2011). *Cultural Anthropology* (13th ed.). 양영균 역(2013). 문화인류학

(제13판). 서울: 피어슨에듀케이션코리아.

Lewin, K. (1946). Action research and minority problems. *Journal of Social Issues, 2*(4), 34-46.

제3장

교육인류학의 미래를 위한 철학적 토대
바스카의 비판적 실재론

이 장에서는 인류와 한국사회가 처한 다중 위기를 발현시키는 실재들을 해명하고 해결해야 한다는 사회과학계에 대한 외적 요청과 교육인류학의 발전을 위한 내적 요청에 근거하여 교육인류학의 철학적 토대로서 바스카(Bhaskar)를 중심으로 한 비판적 실재론을 조명해 보고자 한다.

실증주의와 해석주의 사회과학이 그 존재론적 근간을 인식론으로 환원하면서 발생한 오류를 지적하면서 바스카는 "과학이 가능하다면 도대체 세계는 어떠해야 하는가?"라는 질문을 던지며 과학의 철학적 토대를 논증하였다. 이 논증을 통해 사회과학이 가능하다면 그 심층적 조건으로 사회적 실재를 상정할 수 있으며, 인간의 구체적인 경험으로부터 출발하되 층위가 다른 존재의 영역으로 '도약'하는 사유의 과정을 통해 그 실재의 요소들 혹은 인과적 기제들을 추론할 수 있다고 보았다. 더 나아가 이 원형적 실재론에 근거하여 과학은 그 자체가 부재(不在)를 없애기 위한 변증법적 활동이라는 점에서 변증법적 비판 실재론으로 나아가며, 그러한 이원적 세계의 존재론적 토대가 되는 열린 총체성으로서의 메타실재까지 논증한다. 즉, 인간은 세계와 비이원성의 기저상태를 공유하며 그 기저상태로서의 자유와 사랑, 그리고 창조성을 되찾기 위한 소극적 자유와 결국 타인과 다른 생명의 자유가 내 자유의 조건임을 깨치고 적극적 행복을 위한 실천으로 나아가게 된다는 점을 강조한다.

바스카의 이러한 원형적 · 변증법적 메타실재철학은 실증주의 비판과 해석주의 사회과학의 의의를 수용하면서도 포스트모던적 사회과학이 놓치기 쉬운, 연구의 과학적 성

*서덕희(조선대학교 사범대학 교수)

격을 되살리는 토대를 마련한다. 비판적 실재론은 사회적 실재에 대한 다층적·학제적 접근을 가능하게 하는 사회과학의 존재론적 토대다. 더 중요한 것은 '상심'에 근거하여 '찾고 또 찾기'를 하는 과정을 연구로 규정짓고 이러한 연구의 과정이 또한 질적 '교육'과 동근원성을 가진다는 점을 강조한 조용환의 문제의식[1]과 상통한다는 점이다. 이 점에서 이 글은 조용환을 중심으로 한 한국의 교육인류학의 학문적 성과를 드러내고 새로운 가능성을 명료하게 펼쳐 보일 수 있는 한 가지 방편이자 계기가 될 것이다.

1. 왜 다시 철학인가

전 세계를 불안으로 몰아넣었던 코로나19, 산불과 폭염 등 코앞에 당도한 기후 위기, 인간이 버린 폐기물의 역습으로 더 이상 도망갈 곳이 없어진 생태계, 사용가치를 창출하는 성실한 배움과 노동보다 성적, 등급, 주식이나 부동산 등 교환가치만을 높이려는 계산적 합리성이 지배하는 사회, 입시제도와 정책의 변화로도 끄떡도 않아 보이는 학벌주의와 왜곡된 교육열로 인한 피폐한 삶, 무엇보다 아이들의 의지와 노력으로 미래를 기획하고 오늘을 열심히 살아가는 일이 부질없어 보이는 현재. "이러다 우리 다 죽어", 한 TV 시리즈의 등장인물이 내뱉은 대사는 이제 허구가 아니라 일상에 당도한 깨달음이 되었다. 내가 그렇게 보지 않아도, 그렇게 살고 싶지 않아도, 인류 혹은 나 개인이 알든 모르든 우리의 삶을 휘두르고 있는 무언가 거대한 실재(reality)가 있다는 사실을 이제는 상식적으로도, 학문적으로도 거부할 수 없게 되었다.

세상에 진정으로 존재하는 것은 무엇인가? 그것을 우리는 어떻게 알 수 있는가? 우리

---

1) 조용환(2004)은 질적 연구와 질적 교육의 공통점을 부재와 결핍에 대한 상심과 낯선 것에 대한 호기심에 근거한 '찾고 또 찾기'라고 본다. 내가 보기에 조용환이 말하는 질적 연구와 질적 교육에서 '질적'이라는 표현은 연구와 교육의 바탕(質)을 지향하는 연구와 교육의 속성을 가리킨다. 즉, 기존의 상식과 고정관념 등 '무늬(문, 文)'를 해체하고 그 바탕인 '질(質)'로 나아가 새로운 '찾기'를 하고 다시 '문(文)'을 재구성하는 과정을 질적 연구이자 질적 교육의 바탕(質)이라고 본 것이다. 이를 조용환(2004)은 한 마디로 '문질빈빈(文質彬彬)'으로 표현한다. 같은 맥락에서 조용환(2012)은 교육인류학과 질적 연구의 동근성 역시 '문질빈빈'에서 찾고 이를 위해서는 타자의 생활세계에 장기간 참여관찰하면서 온전히 그들의 문화를 '발견'하고 이해하려고 노력할 때에야 비로소 연구자의 '문'을 깨고 '사태 그 자체'에 가까이 갈 수 있음을 강조하며, 교육인류학이야말로 질적 연구의 '질'적 성격을 잘 보여 준다고 본다. 이 글은 '상심'으로부터 시작한 "찾고 또 찾기"로서의 질적 연구와 질적 교육이 또한 바스카의 비판적 실재론에서 드러내 보이고자 한 과학철학적 토대이자 연구자의 자유와 해방을 위한 자기교육적 토대임을 주장한다. 그 점에서 이 글의 문제의식은 조용환의 근원적 문제의식과 상통한다.

는 어떻게 살아야 하는가? 이 세 가지 질문은 인간이 자신과 자신을 둘러싼 세계 속에서 '자유'로운 삶을 살기 위해 답하지 않으면 안 되는 오랜 철학적 질문들이었다. 이 질문에 대한 답을 찾아 나간 인류의 노력들이 존재론, 인식론, 가치론이다. 유물론과 관념론, 유명론과 실재론이 오랜 논쟁을 해 온 존재론들이었다면, 실증주의와 구성주의 등은 인식론, 공리주의를 비롯한 다양한 윤리학 등이 가치론에 해당한다. 고대와 중세 인간의 주요 질문이 존재론과 가치론이었다면 흥미롭게도 근대 인간의 질문은 압도적으로 인식론적이었다.

근대철학은 흔들리지 않는 절대 앎의 정초(foundation)를 찾기 위한 노력으로 볼 수 있다(장상호, 1998; Rorty, 1979). 그 노력은 데카르트(Descartes, 1637)의 코기토(Cogito, ergo sum)에서 비롯한 합리론, 흄의 경험론을 거쳐 칸트 철학에서 종합된다. 코기토가 합리론의 정초가 되었던 것에 비하여 경험론에선 경험만이 유일한 정초였다. 그러나 합리론은 코기토로부터 연역된 지식들만을, 경험론은 경험의 다발 그 이상의 것을 알 수 없다는 한계에 봉착했다. "내용 없는 사고는 공허하며, 개념 없는 직관은 맹목이다."라는 비판이 그것이다. 이를 해결한 것이 칸트였다. 칸트(Kant, 1781)는 시간과 공간 등의 직관의 형식뿐만 아니라 원인과 결과 등 오성의 범주를 인간 이성에 주어진 것으로 보고 그것을 통해 세계를 무관계한 다발로 경험하는 것이 아니라 유의미한 것으로 '인식' 할 수 있게 된다고 보았다. 인간 이성이 지닌 직관의 형식과 오성의 범주가 세계를 인식 가능하게 하는 것이다. 이것이 바로 철학에서의 '코페르니쿠스적 전회'이다.

문제는 이 코페르니쿠스적 전회 이후 인식 혹은 경험할 수 없는 존재에 대한 논의는 의미 없는 것으로 치부되었다는 점이다. 칸트(Kant, 1781)는 '물 자체(Ding an sich, Noumenon)'를 '아프리오리(a priori)한 것', 즉 경험 이전에 존재하는 것으로 논리적으로 상정할 뿐 그 자체의 속성이나 그것과 인간 경험과의 관계 등에 대해서 논의하지 않았다. 초기 비트겐슈타인(Wittgenstein, 1922)은 "말하지 못하는 것에 대해서는 침묵하라." 라고 인식을 넘어선 존재에 대해 함구령을 내렸다. 아닌 게 아니라 칸트 이후의 철학은 과학적 지식의 생산을 엄밀하게 할 수 있도록 어떻게 하면 경험을 반영하는 언어를 명료히 쓰도록 할 것인가에 초점을 두었다. "과학의 시녀"라고 하는 논리실증주의, 더 나아가 초기 비트겐슈타인을 포함한, 영미권의 분석철학이 그것이다. 이러한 철학적 흐름에 힘입어 논리실증주의는 그 자체로는 정교하지 않은 논리에도 불구하고 경험과 일대일로 대응하는 언어를 찾을 수 있고, 그 언어를 가지고 사물을 관찰 가능한 방식의 조작적 정의를 할 수 있다고 보았다. 바로 이러한 실증주의는 그 정의에 입각하여 가설을 세우고 실험과 관찰을 통해 그것을 검증하는 과학의 인식론적 토대가 되었다(이기홍, 2014: 45-90).

안타까운 것은 이러한 실증주의에 근거한 자연(과학)주의가 학문을 위기로 몰아넣고 생활세계적 삶을 피폐하게 했다는 점을 비판하며 등장한 현상학(Husserl, 1937)도 메를로-퐁티를 제외하고는 인간의 인식 혹은 지각 자체를 가능하게 하는 존재에 대해 본격적으로 거론하지 않았다는 점이다. "사태 그 자체로 돌아가라."라는 후설(Husserl, 1937)의 슬로건은 인간 의식이나 지각을 가능하게 하는 실재로 돌아갈 가능성을 열어 놓았다. 그러나 초기 후설의 관심은 '의식의 지향성' 즉 인식작용과 인식대상과의 상관작용에 초점이 있었기 때문에 그 지향성을 불러일으키는 인과적 힘을 지닌 실재에 대해서는 본격적인 논의를 하지 않았다. 후설을 이은 현상학자들인 하이데거(Heidegger, 1926)와 사르트르(Sartre, 1943)의 '존재' 물음은 그 물음을 묻는 인간 현존재에 제한되는 인간중심적 경향이 있었다. 인간 현존재에 초점이 쏠린 후 가다머(Gadamer, 1960)의 해석학은 세계의 모든 의미 있는 것을 해석해야 할 언어적 경험으로 환원하였다. 이제 모든 차이는 해석의 차이이지 실재의 차이가 아니었다.

메를로-퐁티(Merleau-Ponty, 1964)의 후기에 와서야 비로소 후설의 존재론적 가능성은 '살'의 존재론으로 현실화된다. 주체의 타자에 대한 지각은 상호신체성에 근거한 '교차'를 통해 가능하다. 즉, 세계의 살의 일부로 나는 너를 통해서 나 자신을 인식할 수 있으며 내 몸이 인식하지 못한다 하더라도 나는 거대한 살이라는 세계의 표면에 혹은 살의 내부에 존재한다(주성호, 2003). 메를로-퐁티 철학의 '애매성'을 지적한 철학자들(김형효, 1996; 조광제, 2004)의 의견과 마찬가지로 몸과 살이라는 존재의 애매성은 지각이 이루어지는 과정을 '사태 그 자체로' 드러낸 결과였으며 이후 많은 새로운 논의의 여지를 두었다. 그러나 바로 그 애매성으로 인해 지각과 존재의 관계를 명료히 논의하기에는 어려운 점이 없지 않았다. 결과적으로 사회과학계의 포스트모던적 경향에 대한 안티테제가 되기는 어려웠다.

현상학의 영향과는 별도로 교육인류학은 전통적으로 문화인류학의 중요한 성과인 연구에 대한 '자연적 관점'과 '문화상대주의' 그리고 '총체적 접근'을 지향점으로 삼아 교육과 문화의 다양한 양상이 드러나는 상황과 현장, 정책과 제도 등을 이해하려는 노력을 기울여 왔다. 특히 문화상대주의는 서구 중심의 절대적 앎의 정초들을 비판함으로써 다양한 인식체계와 삶의 방식으로서의 '문화'가 존재한다는 점을 생생하게 보여 주었다. 이를 통해 사회과학계가 수용할 수밖에 없는 인식론적 상대주의의 토대가 되었다. 그러나 이러한 인식론적 상대주의가 '실재' 자체에 대한 부정이 아님에도 불구하고 사회과학계에서의 '재현의 위기(crisis of representation)' 논쟁은 연구자에 따른 해석의 자의성에 주목하는 결과를 낳았다. '재현의 위기'는 문화기술지를 통해 연구자는 자신이 연구한 '문화'를 글자 그대로 '재현'하지 못한다는 것이지 연구자가 자의적으로 구성할 수 있다는 뜻은 아니다. 문화인류학에서의 '문화상대주의', 더 나아가 '인식론적 상대주의'는 자신이 연구하고자 하는 세계에 대한 과학자로서의 겸손함을 표현하는 것이지 더 나은 지식을 판단할 수 없다는 뜻이라고 봐서는 안 된다. 그럼에도 불구하고 조용환(2006)의 표현을 빌면, 해석의 차이를 '차이'로만 봄으로써 '횡적 상대성'에 머물고 연구하고자 하는 세계에 대한 서로 다른 인식들 간에 '더 나음'을 판단할 수 있음을 뜻하는 '종적 상대성'에는 주목하지 않았다.[2]

문화기술적(ethnographic) 연구라는 이름 자체가 드러내는 바와 같이 인류학적 연구의 방법론적 장점을 특수한 맥락에서의 총체적 '기술(description)'에 있다고 보는 보아즈(Boaz)적인 연구 전통(Moore, 1997: 71-86)으로 인하여 교육인류학은 전통적으로 기술을 강조한다. 그러나 교육인류학 역시 교육이라는 현상을 그것이 놓인 생활세계와의 관계 속에서 탐구하는 것을 목표로 하며 그 궁극적인 목적은 교육과 문화의 관계를 드러내는 이론이다. 이것을 목표로 하지 않을 때 교육인류학도의 연구들은 비교사례적 노력은 등한시한 채 모자이크적인 분절적인 이해에 머물 가능성이 있다. 특히 그것이 발현되는 상황에 대한 체계적 이해가 없다면 더 나은 교육을 위한 정책적·실천적 노력에 무기력할 수 있다(서덕희, 2015). 하나의 사례에 대한 연구라 하더라도 하나의 사회, 혹은 세계 전체를 품는 보편적 이해와 공유의 노력을 추구할 필요가 있다(서덕희, 2020b).

이런 맥락에서 교육인류학적 연구에 대한 조용환(2022)의 비판적 검토는 주목할 필요가 있다. 첫째, 장기간의 현장 체류를 통해 그 세계의 'what', 'how', 'why'를 충분히 이해하기 위해 필수적인 참여관찰과 심층면담, 현지문헌 조사 등 3E(Experience, Enquiry,

---

2) 비판적 실재론은 해석학을 비롯한 구성주의 패러다임과 마찬가지로 인식론적 상대주의를 인정한다. 다만 비판적 실재론은 실재를 가정함으로써 연구자 자신의 체험을 넘어선 더 나은 이해를 위한 노력을 가능하게 하며, 자신의 의견과 다른 이들의 목소리에 경청하는 비판적이며 자기교육적 노력을 기울이게 한다. 그 점에서 비판적 실재론자들은 실재에 무관심한 포스트모던적 접근의 비윤리성을 비판하며 비판적 실재론의 윤리적 성격을 강조하기도 한다(Porpora, 2019).

Examimantion)의 과정이 부족하다는 것, 둘째, 기존의 틀을 해체하기 위한 충분한 노력의 과정으로 기존의 틀에 의하여 억압되기 쉬운 '소수자'들에 대한 관심, 즉 연구참여자의 몸이 체험하는 실존적 시간과 공간, 관계 등에 대한 깊이 있는 관심이 요구된다는 것, 셋째, 문화와 교육에 대한 연구자의 개념이 불충분하며, 특히 집단적 성격을 가질 수밖에 없는 '문화'에 대한 충분한 이해가 부족하다는 것, 넷째, 비교사례적 대조, 비교문화적 대조 없이 섣불리 결론의 일반화를 꾀해서는 안 된다는 것, 다섯째, "생태계-하위생태계, 문화-하위문화 식의 중층적 체제와 대상황-(매개상황)-소상황 연관"을 체계적으로 살펴보는 연구가 부족하다는 것 등이 그것이다.

내가 보기에 조용환이 지적한 문제점의 공통점은 최근 많은 교육인류학적 연구가 연구자 자신 혹은 연구참여자의 주관적 경험을 드러내는 데 만족하고 그것을 가능하게 하는 의미, 가치, 욕망, 힘, 상황, 맥락 등을 밝히는 데 관심이 없다는 데에 있다. 그것은 연구자와 연구참여자의 경험을 가능하게 하는 인과적 맥락이나 상황에 대한 관심의 부재를 뜻한다. 이 연구의 문제의식과 연결지어 말하자면, 연구참여자의 주관적 경험을 넘어서 그것을 가능하게 하는 다층적 맥락, 즉 인과적 메커니즘에 관심이 없다는 것이다. 그렇기 때문에 자신이 연구한 그 경험이 다른 사례들과는 어떤 공통점과 차이점이 있으며 그것은 어떤 인과적 혹은 생태학적 맥락의 차이로 발생한 것인지 등을 연구하지 않는다. 그리하여 조용환이 지적한 바와 같이 집단적 성격을 갖는 문화에 대한 생태학적 이해나 비교사례적 분석, 중층적 이해 등이 부족한 것이다. 그렇다면 왜 많은 연구는 연구참여자들의 경험을 드러내는 데 만족하는가? 거칠게 말하자면, 포스트모던적 관점에서는 그 이상을 연구해야 할 필요성이 제기되지 않기 때문이다. 우여곡절을 겪으며 사람들을 만나 심층면담을 하고 현장에 나아가 참여관찰을 하며 문헌들을 모으면서 "찾고자 하는 바로 그것"이 상정되어 있지 않기 때문이다.

이 글에서 나는 사회과학계의 새로운 요청과 교육인류학의 발전을 위한 내적인 요청에 근거하여 교육인류학의 철학적 토대로서 비판적 실재론을 조명해 보고자 한다. 근대적인 인간중심주의의 한계를 지적하며 철학계에서 다양한 신실재론이 등장하고 있지만(岩內章太郎, 2019), 로이 바스카(Bhaskar, 2017)의 비판적 실재론은 다른 실재론들과 달리 "과학이 가능하기 위해서는 세계는 어떠해야 하는가?"라는 질문에 대한 답을 찾고자 했다는 점에서 처음부터 자연과학, 더 나아가 사회과학의 철학적 토대를 마련하려는 "기초작업(underlabouring)"의 역할을 자처하고 있다. 그런 까닭에 한국 학계에서도 철학자들(고창택, 2008; 서민규, 2010, 2019, 2020)뿐만 아니라 이미 다양한 분과학문의 적지 않은 사회과학도들(김명희, 2015a, 2015b, 2016; 신희영, 2017; 우아영, 김기덕, 2013; 이기홍, 2014, 2021; 이영철, 2006, 2010; 홍민기, 2021)이 비판적 실재론을 자신들의 연구방법적 정당화와 방향 설정을 위해 소개하고 구체적인 연구에 적용하는 노력을 기울이고 있다. 교육학계(곽태진, 2019; 변기용 외, 2022; 이성회, 2021)에서도 그런 움직임이 부족하나마 일어나고 있다.

그런데 이런 동향 속에서 확인한 한 가지 아쉬운 점은, 철학적으로 접근하는 서민규의 연구들이나 과학철학적인 접근을 하는 이기홍의 연구들을 제외하고는 사회과학의 방법론적 토대로 비판적 실재론을 수용한 선행연구들이 주로 '원형적' 혹은 '기초적' 비판 실재론에만 국한되는 경향이 있다는 점이다. 그러나 다음에서 확인할 수 있는 바와 같이 바스카의 비판적 실재론은 초기 이론인 원형적 혹은 기초적 비판 실재론을 시작으로 하여 변증법적 비판 실재론과 메타실재철학으로까지 발전하였다. 물론, 바스카의 관점을 따르는 사회과학도들 중 여전히 형식논리로는 이해하기 어려운 변증법적 실재론과 메타실재철학을 수용하지 않고 비판하는 경향이 없지 않다. 또한 수용의 과정에서 질적 연구와 양적 연구의 관계 설정이나 특히 해석적 성격을 지닐 수밖에 없는 질적 연구에 대한 바스카의 견해를 오해하는 경우(곽태진, 2019)도 발견된다.

다음에서 확인하게 되겠지만, 나는 이와 같은 바스카의 이론적 발전이 "과학이 가능하기 위해서 세계란 어떠해야 하는가?"라는 질문에 대하여 집요하게 답하고자 노력한 결과라고 생각한다. 뿐만 아니라 비판적 실재론에 근거한 진정한 연구, 즉 자유를 억압하는 '부재'로부터 출발한 연구가 필연적으로 자신의 자유 혹은 해방뿐만 아니라 타자의 자유 혹은 해방을 지향하는 사랑과 창조의 과정이라고 보는 변증법적 실재론과 메타실재에 대한 철학(Scott & Bhaskar, 2015)은 내가 보기에 '위기지학(爲己之學)'으로서의 학문의 자기교육적 성격을 바스카식의 논증에 의하여 드러낸 결과다. 그의 이론적 발전은 그 자신이 연구자로서 체험한 학문활동에 근거한 것으로, 한국의 교육인류학에서 이미 조용환(2004)이 질적 연구와 질적 교육의 상호보완적인 유기적 관계를, 서덕희(2018)가 교육인류학의 '위기지학(爲己之學)'으로서의 성격을 강조해 온 맥락과 일맥상통한다. 이러한 바스카의 이론적 발전을 총체적으로 이해하려는 노력 없이 원형적 비판 실재론만을 도구적으로 받아들일 때 과학 혹은 연구라는 행위의 의미와 가치를 보지 못함으로써 과학을 과학답게 하고, 연구를 연구답게 하는 본질, '바탕'을 잃을 가능성이 있다.

그런 점에서 이 글은 비판적 실재론을 기존의 사회과학계에서 수용한 방식뿐만 아니라 그 이후의 발전까지 함께 다룸으로써 조용환을 중심으로 한 한국의 교육인류학의 학문적 성과를 드러내는 한 가지 방편으로 소개하는 것이기도 하다. 조용환(1999)은 질적 연구와 양적 연구를 패러다임으로 구분하는 데에서 질적 연구에 대한 이해를 시작하였으나 질적 연구에 대한 탐구를 심화하는 과정에서 '질'과 '문'의 대비를 강조하며 '문질빈빈(文質彬彬)'을 질적 연구의 핵심 원리로 세웠다(조용환, 2012). 무엇보다 '상심(傷心)'으로부터 출발한 질적 연구(조용환, 2004)야말로 질적 교육과의 상호보완적 성격을 지니고 있으며, 결과적으로 니체가 말하는 초인(超人)과 같은 자유를 지향하고 있다는 점을(조용환, 2014) 글을 통해 보여 주었다. 바스카의 변증법적 비판 실재론과 메타실재철학이 드러내는 연구의 자기교육적 성격은 조용환(2021)이 정리한 교육의 '변증법적 성격'이나 '존재론적 지향'과 일맥상통한다. 또한 교육인류학에서 소개하고 적용하고 발전시켜 온 다양한 연구방법적 전통과 그것을 통해 드러낸 '사태'들은 이후 확인하게 될 바와 같이 바스카가 논의한 층화된 혹은 분화된 실재들과 그것을 연구하는 다양한 방법의 실제 사례가 될 가능성이 크다.

다음에서는 바스카의 비판적 실재론의 과학철학적 성격을 드러내는 핵심 개념들을 중심으로 소개하고 그것이 교육인류학의 미래를 위하여 어떤 방향타의 역할을 할 수 있을지를 논의하고자 한다. 특히 인과적 힘을 지닌 실재에 대한 올바른 이해를 통해 층화된(stratified) 실재, 즉 실재와 사건, 경험과의 발현적 관계, 그리고 분화된(differentiated) 실재들의 총체로서의 열린 체계의 성격 등을 소개하고자 한다. 이를 통해 교육인류학의 오랜 '총체적' 접근이 지향해야 할 방향을 좀 더 명확히 정리하고, 이에 근거한 현대사회의 다양한 교육과 문화 현상을 해명하고 해결하는 학제적 접근의 방향을 제시하고자 한다. 마지막으로 주어진 가설에 대한 검증이 아니라 가설추론(abduction)과 역행추론(retroduction) 등의 '추상화'의 과정을 통해 어떻게 인과적 힘을 발휘하는 실재를 '상상'을 통해 추론해 내고 그것을 밝히는 것이 어떤 의미가 있는지를 드러냄으로써 교육인류학을 포함한 질적 연구에서 '기술'뿐만 아니라 '분석'과 '해석'의 중요성을 강조하고자 한다. 이를 통해 교육학계에 한 측면만 소개된 바스카의 비판적 실재론의 포괄적인 이해를 도모할 뿐만 아니라 교육인류학의 새로운 가능성을 방법론적으로 펼쳐 보일 계기가 될 것이다.

2. 바스카의 비판적 실재론

최근 등장하는 과학철학, 나아가 사회과학에서의 존재론적 전회는 칸트의 코페르니쿠스적 전회 이후 발전한 실증주의와 구성주의 인식론이 근거하고 있는 인간중심주의를 비판하며, 인간을 포함한, 하지만 인간의 인식 너머에 '실재(reality)'가 있음을 주장한다.[3] 과학철학이 아니어도 신실재론자들은 '포스트휴머니즘(post-humanism)'에 입각하여 인간 인식을 초월하여 존재하는 '실재'로 우리의 관심을 돌려야 함을 강조한다. 이러한 '실재'로의 관심은 현재 우리가 체험하고 있는 생태계적 실재의 역습(逆襲)에 대한 때늦은 반응만은 아니다. 말 그대로 땅에 발을 붙이고 인간을 둘러싼 비인간들과의 관계 속에서 살아가는 인간의 삶이 자연을 포함한 비인간, 그리고 타자로서의 인간과 더불어 희망을 갖고 의미있게 살아갈 수 있도록 새로운 지평을 열어 밝힐 가능성을 제시하는 것이다(서민규, 2019; 岩內章太郞, 2019).

그중에서도 로이 바스카(Roy Bhaskar)는 사회과학 내에서 과학철학으로서의 비판적 실재론을 정립하여 포스트모더니즘 이후 반실재론에 근거한 횡적 상대주의에 머무르기 쉬운 사회과학계에 '진리 추구'의 토대를 구축한 것으로 평가받고 있다. 더 나아가 바스카는 과학철학이라고 할 수 있는 원형적 비판 실재론뿐만 아니라 변증법적 비판 실재론, 나아가 메타실재철학에까지 자신의 논의를 심화시켰다. 즉, 인과적 설명을 목적으로 하는 과학의 성격을 실재에 대한 총체적 이해 속에서 밝혔을 뿐만 아니라 그 총체성을 이루는 층화된 실재와 그 실재들을 가능하게 하는 변증법적인 형성의 과정, 그리고 그 과정에서 드러나는 '자유'와 '사랑', 그리고 '창조'를 추구하는 인간의 '자연적 필연성의 질서'와 그러한 인간을 포함하는 세계라는 열린 총체를 '초월적으로' 논증하고자 하였다. 소위 '변증법적 전회'와 '영성적 전회'로 불리는 비판적 실재론의 심화와 확장은 사

---

3) 기존의 존재론적 논쟁은 앞서도 언급한 바와 같이 유물론과 관념론, 유명론과 실재론의 논쟁이 주류를 이루었다. 이 연구에서 주목하는 '실재론'은 관념론과 유명론을 모두 비판한다. 즉, 관념론을 비판하면서 관념이라는 주관적 울타리 너머 경험되지 않은 실체에 대한 존재론적 확신과 탐구를 강조하고, 보편적 개념을 순수 언어적 도구로만 보는 유명론을 비판하면서 특수한 개별자를 넘어서는 보편적 추상체가 실재함을 가정한다(서민규, 2019: 378). 그 점에서 내가 보기에 인간과 비인간의 행위주체로서의 평등성을 강조하는, 들뢰즈에 근거한 신물질주의는 하나의 존재론으로 비판적 실재론의 특정한 존재론적 층위 내에서 유의미한 위치를 찾을 수 있을 것으로 생각된다. 나와 마찬가지로 들뢰즈와 바스카의 동근성을 확인하려는 연구도 있다(Routzou, 2017). 다만 사회과학의 목적을 무엇으로 보느냐에 따라 최근에 등장하는 다양한 포스트휴먼적 관점과 비판적 실재론의 관계가 설정될 수 있을 것이라고 생각된다. 개별 사례와 보편적 개념 사이의 관계를 사례 연구와의 관계 속에서 논의한 것은 나의 졸고(서덕희, 2020b) 참조.

회과학이 인간 사회에서의 진리와 자유의 추구, 즉 '인간의 자기 해방 기획'에 기여할 수 있도록 바스카가 일관되게 노력한 과정의 결과라고 할 수 있다(이기홍, 2017: xii).

다음에서는 바스카의 비판적 실재론의 과학철학으로서의 문제의식으로부터 시작하여 층화된 실재와 사회과학의 대상으로서의 사회적 실재의 성격, 그리고 비판적 실재론에 입각한 과학활동의 성격 등을 제시함으로써 비판적 실재론에 입각한 교육인류학의 오래된 미래에 대하여 논의할 토대를 마련하고자 한다.

1) '인식적 오류'에서 벗어나 '존재론'으로

바스카의 비판적 실재론은 "과학이 가능하기 위하여 세계는 어떠해야 하는가?"라는 질문에 대한 답이다. "x가 가능하기 위해서는 무엇이 참이어야 하는가?"를 묻고 이에 답하는 방식을 '초월적 논증(transcendental arguments)'이라고 하는데, 이러한 논증은 칸트가 3대 이성비판(순수이성비판, 실천이성비판, 판단력비판)을 할 때에 취했던 방식과 동일하다. 다만 그 방향은 반대여서 즉, 칸트는 "종합적인 선험적 지식(synthetic a priori knowledge)이 어떻게 가능한가?"라는 질문을 통해 인간의 경험적 인식이 가능하기 위해서 존재할 수밖에 없는 선험적으로 주어진 직관의 형식과 오성의 범주를 논리적으로 증명했다면, 바스카는 과학이라고 하는 인간의 활동을 주어진 것으로 보고 그것을 가능하게 하는 '구조'를 찾아 나가는 형식을 취한다.[4] 그리하여 정신이나 인간뿐만 아니라 세계가 어떠해야 하는가에 관한 결론으로 나아간다. 바스카는 이러한 논증으로 드러낸 자신의 실재론을 '초월적 실재론'이라고 불렀다(Collier, 1994: 43-44).

이와 같은 논증을 통해 바스카는 존재론에 관해, 첫째, 과학의 두 가지 차원과 층화된 실재, 둘째, 개방체계로서의 사회 세계, 셋째, 존재론적 깊이(ontological depth)가 있는 실재가 있음을 주장한다(Scott & Bhaskar, 2015: 35).

(1) 과학이 가능하기 위한 세계의 두 가지 차원
'과학이라는 인간의 활동이 가능하기 위해서 세계는 어떠해야 하는가'라는 질문에 대

---

4) 이러한 '초월적 논증' 방식을 바스카는 이후 살펴볼 비판적 실재론의 특징적인 추론 방식인 '역행추론(retroductive)적 논증'의 일종이라고 본다(Collier, 1994: 46). 즉 과학이라는 인간의 경험으로부터 그 경험을 가능하게 하는 인간 밖의 인과적 기제와 실재를 논증하고자 하는 것이다.

해 바스카는 과학이 가능하기 위해서는 과학이라는 인간의 인식 활동이 없어도 그 자체로 존재하는 '자동적(intransitive) 차원'의 실재가 있어야 함을 주장한다. 그리고 그것을 '자동적 차원'의 세계에 대한 인간의 지식, 즉 인간이 사유를 통해 구성해 낸, '지식의 타동적(transitive) 차원'과 구별한다(이기홍, 2014: 148). 기후위기에서 확인할 수 있는 바와 같이 자연과학에 있어서 자동적 차원의 세계는 우리의 지식과 무관하게 존재하는 독립적 실재들이며, 사물들, 구조, 메커니즘, 과정, 사건들로서 사람들의 과학적 탐구와 무관하게 존재하고 작동하는 어떤 것이다. 반면, 인간이 생산해 낸 타동적 세계로서의 지식은 발견과 탐구를 통해 이후에도 지속적으로 수정되고 변경될 가능성이 있다는 점에서 가설적이고 상대적이다. 요컨대, 자동적 차원의 실재는 타동적 차원의 지식을 가능하게 하는 존재론적 토대다.

그런데 이제까지 실증주의와 구성주의 혹은 해석주의는 자동적 차원의 실재와 타동적 차원의 인식이 아니라 '경험'과 '이론'을 이분법적으로 봄으로써 인간의 경험을 과학적 탐구의 유일한 토대로 보았다. 칸트가 잘 보여 주듯이 혹 경험을 가능하게 하는 실재가 있다고 하더라도 그것은 불가지(不可知)한 것으로 논의할 여지가 없다고 본다. 그리하여 인간의 경험이 인간 과학의 유일한 토대가 된다. 바스카는 그 점에서 실증주의도 해석주의도 존재론을 인식론으로 환원하는 '인식적 오류(epistemic fallacy)'를 범하고 있다(이기홍, 2014: 151)고 비판한다. 물론 실증주의에서의 경험과 구성주의에서의 경험이 동일한 것은 아니지만 실재와의 관계에서 볼 때 둘 다 인간의 인식 혹은 지각에 속한다는 점에서는 다르지 않다.

가령, 우리가 책상을 본다고 할 때 '책상이 있다'는 인간의 인식은 인간의 경험에 근거한 것이기는 하지만 그러한 인간의 경험을 가능하게 하는 무언가 내 밖의 물질적 실체와 그것을 비추는 빛, 그리고 그것을 볼 수 있는 인간의 시신경 등이 존재하고 그것들이 지닌 인과적 힘이 특정한 조건에서 함께 발현됨으로써 가능한 것임을 우리는 부인할 수 없다. 나와 관계없이 이미 존재하는 실재들의 다양한 인과적 힘의 발현을 통해서 나는 책상이 있음을 지각할 수 있다. 그 책상이 나에게 '어떻게' 체험되는가는, 해석학적으로 말하면 나의 영향사적 체험의 흐름 속에서 달라질 수 있지만 말이다. 과학이 가능하기 위해서 세계는 어떠해야 하는가라는 첫 번째 질문에 대해 바스카가 논증한 최초의 답은 인간의 경험적 세계와 별개로 존재하는 실재가 존재한다는 것이다. 이것이 바로 바스카가 뜻하는 '존재론적 전회(ontological turn)'다.

(2) 발현적(emergent) 관계를 맺고 있는 층화된 실재

그렇다면 존재론의 관점에서 세계는 어떻게 구성되어 있는가? 바스카는 존재에 세 영역이 있음을 말한다. 첫째, 존재하면서 조건에 따라 문제의 사건을 발생시키는 인과적 힘을 지닌, 고유한 성질을 지닌 실재(the real)의 영역, 둘째, 그 실재의 인과적 힘들이 다른 실재들과 만나면서 발현(emergent)되어 발생하는 사건(the actual)의 영역, 셋째, 그 사건들을 인간이 경험적으로 지각하게 되는 영역(the empirical)이 그것이다. 세계에 존재하는 실재들은 고유한 속성과 인과적 힘의 작동에 의해 움직이지만, 다른 실재들과의 상호작용과 간섭으로 인하여 그 움직임이 촉진되기도 하고 저지되기도 하면서 특정 상태나 사건을 발생시키며, 그 상태나 사건의 일부를 인간이 경험하게 된다는 것이다(이기홍, 2014: 153-154).

그렇다면 인간의 경험은 그 자체로는 의미가 없으며 그것을 가능하게 한 사건의 영역과 실재의 영역만을 연구의 대상으로 해야 하는 것인가? 그렇지 않다는 것을 바스카는 존재의 이 세 영역 간의 '발현적(emergent)' 관계를 통해 설명한다. 바스카(Bhaskar, 2017: 47-48)는 몸과 마음의 발현적 관계를 빌어 이를 설명한다. 첫째, 마음은 존재론적으로 몸이라는 실재에 의해 발현된다. 즉, 몸이 없으면 마음도 없다. 그러나 둘째, 마음은 몸으로 환원되지 않고 동기, 의도, 이성, 계획, 목적 등으로 작동하여 그 자체의 인과적 힘을 가질 수 있다. 셋째, 이제 마음은 그 인과적 힘의 차원에서 볼 때 몸과 동등한 중요성을 지니며 몸의 영역에 거꾸로 그 힘을 발휘할 수 있다. 이것이 발현적 힘의 중요한 특징이며 그것으로 인하여 층화된 실재들이 존재하게 된다. 그리하여 가령, 물리학적 실재들은 화학적 실재들을 발현하고 화학적 실재들은 생물학적 실재들을 발현하며, 인간 세계에서 생물학적 실재들은 문화적 실재들과 사회적 실재들을 발현하지만, 후자는 전자로 환원되지 않는 그 자체의 인과적 힘을 가지고 전자에 힘을 발휘할 수 있는 그 자체의 실재가 된다. 즉, 인간의 경험이란 그것을 통해 그것을 불러일으키는 사건의 영역과 실재의 영역을 추론하는 중요한 인식적 통로이면서 동시에 그 자체가 이후 인과적 힘을 발휘할 수 있는 층위가 될 수 있다.

(3) 개방된 체계로서의 사회적 실재와 그 존재론적 깊이

"과학이 가능하기 위해서 세계는 어떠해야 하는가?"라는 질문에 대하여 초월적 논증을 통해 이와 같은 존재론을 정립하고 바스카는 이를 '초월적 존재론'이라고 불렀다. 그런데 문제는 목하 우리가 관심을 갖고 있는 사회과학의 경우 이와 같은 존재론적 구분이 글자 그대로 적용되는 것은 아니라는 점이다. 다시 말해 사회과학에서 세계는 '자동적 차원'과 '타동적 차원'으로 완전히 이분화되지 않는다. 사회과학에서 다루는 세계는 인간의 인식과 무관하게 존재하는 '자동적 차원'이란 없으며, '타동적 차원'만 있기 때문이다. 그럼에도 불구하고 바스카는 이렇게 질문한다. "사회들과 사람들이 어떤 속성들을 가지고 있기에 우리의 지식의 대상이 될 수 있는가?"(Bhaskar, 1989: 13: Collier, 1994: 204에서 재인용)라고. 그리고 바스카는 사회과학 역시 자연과학과 완전히 동일한 방식은 아니지만 '진리 추구'라는 동일한 목적을 가진 학문이라면 그것이 가능하기 위해서는 자연적 실재와 마찬가지로 '사회적 실재'를 상정하는 것이 가능하다고 보았다.[5]

사회적 실재로서의 구조로 교육인류학의 탐구 대상인 '문화'를 생각해 보자. 그것은 집합적인 인간의 인식이나 지식과 불가분의 관계에 있지만 개인 차원의 행위자들에게는 일종의 '자동적 차원'처럼 작동할 수 있다. 가령, 한국사회의 지배적 문화 중 하나인 학벌주의는 그것을 비판하는 사람이든 추종하는 사람이든 그 문화적 자장에서 완전히 자유로울 수 없다.[6] 학벌주의라는 사회적 실재 자체는 인간의 인식이나 경험에 의존하여 재생산되지만 행위자가 행위를 할 때에는 이미 주어진, 즉 상대적으로 '자동적 차원'의 구조로 존재한다. 그런 점에서 바스카는 자연과학에 적용된 초월적 존재론의 관점을 사회과학에 적용하는 '비판적 자연주의'가 사회과학의 오랜 이원론을 해결하는 데 중요하다고 강조하였다.[7] 구조와 행위주체, 사회와 개인, 몸와 마음, 이유와 원인, 사실과 가치, 이론과 실천의 이원론 등이 그것이다(Bhaskar, 2017: 56-57).

대표적으로 바스카가 보기에 구조와 행위주체는 구별되지만 서로에게로 환원할 수 없는 서로 다른 층위의 실재다. 기존의 사회과학에서 베버는 행위주체의 자발성을 통해 즉각적인 사회구성 가능성을 말했다면, 뒤르켐은 사회를 물상화하고 그것의 인과적

---

5) 바스카(Bhaskar, 2017: 56)는 자신의 관점을 사회과학에 처음 적용한 것은 자신이 아니라는 점을 밝히고 있다. 그와 함께 활동한 아처(Archer)나 콜리어(Collier) 등이 사회과학에서의 비판적 실재론의 적용을 주도한 것으로 보이며 한국의 교육사회학계에서는 주로 아처의 형태발생(morphogenetic) 모델이 소개되어 활용되고 있다(이성회, 2021; 이성회, 정바울, 2015).

6) 학벌주의가 서울대생이라는 구체적인 행위자들의 행위에 '구조'로서 인과적 힘을 발휘하는 미시적 상황에 대한 내러티브적 분석은 전은희(2017) 참조.

7) 바스카의 '비판적 실재론'이라는 이름은 '초월적 존재론'과 '비판적 자연주의'를 종합하여 바스카의 과학철학이 사회과학의 과학철학으로 재구조화된 것이다(이기홍, 2017: xiii).

힘을 강조하였다. 그러나 바스카가 보기에 행위주체와 구조는 서로 '시간'의 차원을 두고 서로에게 상호의존적이면서 상호변형적인 관계에 있다. 구조는 행위주체에게 늘 필요하고, 행위주체는 구조를 재생산하거나 변형시킨다. 사회적 실재로서의 문화는 앞서 언급한 바와 같이 하나의 구조로 행위자의 행위를 가능하게 하는 인과적 힘으로서 일정 정도 지속성을 가지고 있다. 그리고 행위자가 행위를 하는 조건으로 항상 시간적으로 먼저 존재한다. 반면, 개인 행위자들의 지속적인 인과적 힘의 발현을 통해 구조는 새롭게 생산 가능하다. 그러나 그 역시 '시간'이 요구된다. 아무리 개별 행위자가 구조에 저항하는 행위를 한다고 해도 한 순간에 바뀌지 않고 '시간'이 요구된다. 이 때문에 바스카는 구조를 행위주체 밖에 있는 실재로 받아들여져야 한다고 보았다.[8] 이러한 둘 간의 발현적 관계를 중시하여 바스카는 구조의 사전 존재성과 행위주체의 재생산 또는 변형을 통한 구조의 필연적 지속성을 '변형적 사회 행위 모델(transformative model of social activity)'로 정의하였다.

그럼에도 불구하고 사회과학과 자연과학이 다른 점이 있다면, 그것은 사회적 세계가 자연의 세계와 다르기 때문이다. 바스카는 실재론적 측면에서 사회적 실재를 이해하기 위해서는 사회적 존재의 네 평면(4-plane)을 고려하는 것이 필요하다고 제안하였다(Bhaskar, 2008; Hartwig, 2007: 243-244). 바스카(Bhaskar, 2008)가 보기에 사회적 삶은 자연과의 물적 거래(material transaction with nature)의 면, 사람들 사이의 인격적 상호작용(inter personal action)의 면, 사회적 관계(social relations)의 면, 그리고 체화된 내적 주체성(intra-subjectivity)의 면에서 변증법적으로 상호의존적으로 이루어진다고 하였다. 그에 따르면 어떤 사회적 사건이나 현상을 연구할 때 이 네 평면에서 발생되는 과정을 총체적으로 탐구할 필요가 있다. 가령, 코로나19 이후 초·중학생의 또래 관계를 연구한다고 할 때 그 관계 양상에는 코로나19로 인한 비대면적 수업 상황의 지속으로 인한 디지털 매체 중심의 상호작용과 SNS를 통한 또래 관계 형성의 중요성 증대 등 물적 거래의 측면과 학급과 학교를 중심으로 한 10대 또래들 사이의 집단 역동, 그리고 사회적 구조로서의 능력주의 이데올로기와 입시중심의 사교육체제, 그리고 '각자도생'의 시장의 논리가 체화된 신자유주의적 주체 등, 이 네 가지 면의 총체적 관계를 살펴보아야 한다.

---

8) 문화 역시 사회적 관계와 마찬가지로 하나의 사회적 실재라고 볼 수 있으며 이 문화의 변화 역시 개별 행위자의 노력으로 변화하는 데에는 한계가 있다. 서덕희(2022)는 코로나19 상황에서 학부모의 자녀교육의 다양성을 통해 기존의 지배적 학부모문화에 개별 행위자가 대안적인 방식으로 저항하는 일이 쉽지 않은 일임을 잘 보여 준다.

이처럼 비판적 실재론은 물질과 관념, 방법론적 집단주의나 방법론적 개인주의, 구조결정론이나 자원론(voluntarism), 사회와 개인의 이분법에 근거한 일방향으로의 환원주의를 비판한다.

더 나아가 바스카(Bhaskar, 2017: 62)는 자연과의 물질적 거래의 면을 제외한(혹은 모두 포함한) 사회적 상호작용, 사회적 구조, 체화된 인격의 층화된 측면들을 좀 더 세분화하여 사회적 현상이 일어나는 수준을 일곱 가지로 제안함으로써 서로 환원되지는 않지만 발현적 관계를 맺고 있는 사회적 실재의 층화들과 이에 접근했던 기존의 학문적 성과들의 관계를 좀 더 세밀하게 보여 주고자 하였다. ① 하위-개인수준: 무의식과 동기, ② 개인수준: 사르트르의 실존적 차원, ③ 미시적 사회세계: 가핑클과 고프만 등의 민속방법론, ④ 고전사회학의 중간적(meso) 세계: 사회적 역할과 기능적 유형, ⑤ 거시적 사회 세계: 특정 사회 전체의 특정 영역에 대한 탐구, ⑥ 초거시적(mega) 수준의 세계: 이슬람의 발전이나 봉건제 등, ⑦ 행성 혹은 태양계 전체를 아우르는 행성적 수준이 그것이다. 내가 보기에 연구문제 혹은 연구해야 할 현상에 따라 자연과의 물적 거래의 면과 더불어 이 일곱 가지 수준에서의 접근을 고려할 수 있을 것이다.

여기서 오해해서는 안 되는 것은 이 수준이 앞서도 언급한 바 있듯이 수직적으로 인과적 힘을 일방적으로 받는 관계도 아니고 순서대로 반드시 연구가 이루어져야 하는 관계도 아니라는 점이다. 이 층위들은 서로에 대하여 인과적 힘을 발휘할 수 있지만 하나의 층위로 환원할 수 없다. 즉, 특정 층위가 근원적이며 더 우위에 있다고 말할 수 없다는 것이다. 사건의 영역(the actual)은 이러한 서로 다른 층위의 실재들이 인과적 힘을 발휘하는 가운데 발현(emergence)되는 것이고 그 실재(the real)들과 사건들은 특정 개인의 경험(the empirical) 여부와 관계없이 존재할 수 있다. 이렇듯 바스카의 사회적 실재는 경험을 가능하게 하는, 물질, 관념, 무의식, 언어, 가치 무엇이든 '인과적 힘'을 발휘하는 모든 것을 포괄한다. 그런 점에서 기존의 해석적 접근이 중시해 온 인간 행위를 이해하기 위한 의미와 가치에 대한 이해는 당연히 존중될 수밖에 없다. 또한 인간중심주의를 비판하며 새롭게 부각되는 신물질주의적 관점에서 물질의 인과적 힘의 중요성 역시 존중된다.

오히려 사회적 실재를 연구하는 사회과학에서 중요한 것은 바스카가 강조하는 바와 같이 다양한 층위의 실재가 우연적인 조건 속에서 인과적 힘을 발현하여 사건들을 일으키기 때문에 실재는 폐쇄적 체계가 아니라 '개방적 체계(open system)'라는 점을 이해하는 것이다. 즉, 사회적 실재의 경우 여러 층위의 실재가 특정한 시공간에서 하나의 '별자리(constellation)'처럼 하나의 총체(totality)로서 동시에 인과적 힘을 발현하며 특정한 사건을 일으키는 것이기 때문에 자연과학의 실험적 상황처럼 폐쇄 체계로 완전히 예측하거나 완전히 동일한 방식으로 반복되지 않는다. 다만 유사한 방식으로 인과적 힘들이 동시 발현되는 상황이 전혀 없는 것은 아니며 그렇기 때문에 '반(半)-규칙성(demi-regularity)'들을 찾아내고 이를 일으키는 인과적 힘을 발휘하는 실재들 간의 '준-폐쇄적 구조(quasi-closure)'를 추론해 낼 수 있으며 이를 위해 양적 연구와 질적 연구가 통합적으로 활용될 수도 있다(Zachariadis, Scott, & Barret, 2013).

따라서 이에 대한 탐구는 어떤 층위들이 어떤 조건 속에서 어떻게 배열될 때 그러한 사회적 현상을 불러일으키는지를 개방 체계의 관점에서 그 인과적 기제들의 작동 과정을 밝히는 것이 중요하다(이기홍, 2014: 164). 가령, 직시하고 싶지 않지만 직시해야 하는 10.29 참사와 관련하여 그 사건에 대한 개인적이며 주관적인 경험은 다 다르지만 그 사건을 일으킨 다양한 층위의 사회적 실재를 바스카의 사회적 현상에 접근하는 네 평면을 고려하여 다음과 같이 추론해 볼 수 있다. 오랜 코로나19 상황으로 인한 축제에 대한 갈구(체화된 내적 주체성의 면), 쉽게 연쇄적으로 넘어질 수 있는 좁은 경사로에 천여 명이 순간 모였던 물리적 상황(자연과의 물질적 거래의 면)과 그 상황에서 군중 심리의 위험성을 감지하고 거기에 모인 사람들 사이에서 우측통행이나 질서를 요청할 수 있었던 기성세대(경찰을 포함한)의 부재와 잘못된 신호에 따른 모방 행동의 상황(사회적 상호작용의 면), 그 위험 상황을 예측할 수 있었고 심지어 여러 시간 전에 다양한 경로로 들어왔던 신고가 있었음에도 불구하고 이에 신속하고 체계적으로 대응하지 못한 행정 시스템의 부재(사회적 관계의 면) 등의 사회적 실재들이 2022년 10월 29일 이태원의 한 골목에서 함께 작동하여 압사라는 참사로 발현된 것으로 추론 가능하다.[9] 즉, 이와 같은 사건은 세월호사건과 마찬가지로 유사한 사회적 실재들이 중첩되는 순간 언제라도 또 발생할 수 있다. 이처럼 이기홍(2014: 172)은 비판적 실재론에서 보는 실제 사건이란 여러 인과 기제가 함께 작동하는 '다중결정관계(multiple-determination)' 혹은 '중층결정관계(over-

---

9) 김명희(2015a)가 세월호참사를 이 비판적 실재론에 근거하여 인과적으로 설명하고자 했던 것은 우연이 아니다. 실증주의 혹은 해석주의적 사회과학으로는 그 참사에 대한 인식이나 경험을 기술할 수는 있어도 그 원인을 규명할 수는 없었기 때문이다. 또한 그 원인의 규명 없이 유가족에 대한 진정한 위로와 그 장면을 공유한 시민들의 집단적 트라우마로부터의 자유도 불가능하기 때문이다.

determination)'의 결과라고 본다. 10)

2) 과학이라는 활동: 경험과 실재 사이의 변증법적 순환과 설명적 비판

앞서 몇 가지 예시에서 확인할 수 있는 바와 같이 실재에 대한 이와 같은 논증에 근거하여 바스카는 과학이라는 인간의 활동이 가지는 특징을 이렇게 정의한다. "인간의 경험이라는 우연적 계기를 매개로 하여 '은폐되어 있는' 실재의 발현적 인과적 힘과 기제를 통해 그 경험을 설명하는 일"이라고(이기홍, 2014: 166). 실증주의와 해석주의와 마찬가지로 바스카도 인간의 경험을 통해서만 과학이라는 활동을 시작할 수 있다고 본다. 즉, 경험을 통해서만 자동적 객체로서의 실재와 관계를 맺을 수 있다고 본다는 점에서 경험의 인식론적 중요성을 인정한다. 다만, 실재를 중심에 놓고 보면 인간의 경험이란 실재가 존재하는 총체적 방식이나 작동하는 과정의 우연적이며 부분적인 영역일 뿐이다. '과학'은 경험을 '매개'로 하여 그 경험을 가능하게 하는 실재 영역(the real)의 실체들(entities)과 그것들 간의 발현적 관계들을 사유를 통해 재구성하는 활동이다(이기홍, 2014).

따라서 비판적 실재론에 근거해 볼 때, 과학의 핵심은 이제까지 실증주의에 근거한 사회과학이 해 왔던 것처럼 다양한 설문조사나 검사도구를 활용하여 경험적 현상들의 일정한 유형 또는 규칙적 연쇄를 확인하고 일반화하는 것이 아니다. 마찬가지로 해석주의 혹은 구성주의적 사회과학에서 중시해 온 현상에 대한 기술(description)에 그치지 않는다. 실증주의와 해석주의를 통해 드러나는 인간의 경험은 과학이 알고자 하는 '무엇이(what)'와 '어떻게(how)'를 탐색하고 확인할 수 있는 단서다. 그러나 이것만으로는 그것 자체가 '왜(why)' 일어나는가는 설명하지는 못한다(Haare, 1986: 226: 이기홍, 2014: 156에서 재인용).

그렇다면, 과학의 관점에서 주목해야 하는 것은 어떻게 구체적 경험으로부터 인과적 설명이 가능한 이론을 추론하는가다. '추론(inference)'에 있어서 합리론은 연역

---

10) '중층결정관계'의 개념은 알튀세가 마르크스주의를 과학화하면서 주장했던 개념의 영향이기도 하다(Boyle & Mcdonough, 2015). 조용환(2009)은 소상황-매개상황-대상황의 상황분석을 제안한 바 있으며, 나(서덕희, 2011a, 서덕희, 테레사 편, 2017)는 부족하나마 국제결혼가정 자녀들의 학교생활, 진로 등이 어떻게 다차원적 맥락 속에서 형성되는지를 일종의 중층결정의 관점에서 바라볼 필요성을 제기한 바 있다.

(deduction)에, 경험론은 귀납(induction)에 의존하였다. 그러나 실질적으로 수학이 아닌 이상 순수한 연역적 추론은 불가능하며, 귀납으로는, 흄이 '닭이 울면 새벽이 온다'라는 두 현상의 상관관계를 통해 잘 보여 주고 있는 바와 같이 경험들 간의 관계에 대한 확률적 경향성만을 확인할 수 있을 뿐이다.[11] 비판적 실재론에 근거한 과학 활동에서는 심층으로 내려가 그러한 경험을 가능하게 하는 사건과 그 사건을 인과적으로 발현시키는 실재들을 추론할 수 있어야 한다. 경험과 다른 층위에 있는 실재들이 어떤 인과적 기제를 통해 그러한 경험을 발현하였는지를 설명해야 한다. 바스카가 보기에 과학자는 '창조적', '이론적' 사유를 통해 그 경험을 일으킨 사건과 그 사건을 불러일으킨 실재 혹은 구조의 속성과 힘을 추론하고 재구성한다(이기홍, 2014: 174).

(1) 추상화(abstraction), 가설추론(abduction)과 역행추론(retroduction)

그렇다면 비판적 실재론에 근거해 볼 때 이러한 창조적이며 이론적 사유는 어떻게 이루어지는가? 가령, 초중학생의 또래 관계 양상과 그 인과기제에 관한 연구(서덕희 외, 2022)에서 연구진들은 코로나19를 2년간 경험한 초중학생들의 특징적 또래 관계를 '기술'하는 데 그치지 않고, 그 특징들이 왜 발생하게 되었는가를 밝히고자 하였다. 인과기제를 밝히기 위해 제일 먼저 했던 일은 면담자료, 관찰자료, 문헌자료들을 두루 살피며 그 구체적이고 주관적이며 파편적인 자료들로부터 그들의 또래 관계 경험에 인과적 힘을 발휘할 것으로 생각되는 다양한 수준의 실재를 '추상화'하는 작업이었다.[12] 가령, 코로나19로 인해 달라진 학교의 물리적 조건, 학교폭력 등과 관련된 제도적 조건, 성과를 강조하는 자아에 대한 이데올로기적 조건, 모방과 배제 등과 관련된 집단역동에 관한 사회심리적 조건 등, 즉 개방적 체계에서 일어난 경험적 현상이 여러 인과 기제가 결합되거나 간섭하여 발현된 결과라고 볼 때, 일단 그 상호작용하는 인과 기제들을 사유 속에서 분리하여 각각의 작용을 추론하는 것에서 시작된다. 이것이 '추상화'다(이기홍,

---

11) '닭이 운다'라는 경험과 '새벽이 온다'는 경험은 확률적으로 매우 높은 상관관계를 보일 수 있다. 그러나 둘 간의 관계가 그렇다고 인과관계라고 말할 수는 없다. 닭의 목을 비틀어도 새벽은 오기 때문이다. 경험을 통해 반복적으로 확인되는 이런 확률적 경향성은 비판적 실재론에 따르면, 경험의 반(半)-규칙성(demi-regularity)은 보여 줄지언정 그 자체가 무엇을 설명하지는 못한다. 즉, 그것은 설명의 대상이지 설명이 아니다. 이런 한계에도 불구하고 실증주의는 경험의 규칙성이 마치 인과적 법칙인 것처럼 받아들인다.

12) 이를 이 연구(서덕희 외, 2022)에서 소상황-대상황-매개상황의 '상황분석'을 통해 수행하였다. 비판적 실재론에 근거한 추상화와 역행추론의 과정을 어떻게 '상황분석(situational analysis)'의 방법으로 구체화할 수 있는지와 관련해서는 별도의 연구를 통해 논의할 예정이다.

2014: 182).

　이러한 '추상화'가 중요한 까닭은 자연과학에서는 사건의 자연적 경과를 조작하면서 인과적 기제를 구별해 볼 수 있지만 사회과학에서는 그런 실험이 불가능하므로 사유 속에서 그러한 과정들을 분리해 보는 것이다. 가령, 자연과학에서 기압, 밀도, 에너지 등을 구별하듯이 사회과학에서는 계층, 젠더, 역할, 규범 등을 구분해 볼 수 있어야 한다. 즉, 추상화는 "세계의 발생들과 현상들을 서로 개념적으로 구분"하여 "연구 대상의 성질, 그것의 구성요소적 속성"을 판별해 내는 것이다(Danermark et al., 1997: 83). 이러한 속성들을 추상화하는 작업은 가령, 다양한 실재의 인과적 힘이 뒤얽혀 발현되는 구체적인 경험적 양상으로부터 그것을 불러일으킨 사건의 영역, 실재의 영역으로 '도약(jumping)'을 하기 위해서 제일 먼저 해야 하는 작업이다.[13]

　앞서 바스카가 사회적 실재의 다층위성에 대해 언급한 바와 같이 하나의 경험을 가능하게 하는 실재들을 물리적·생물학적·심리적·사회심리적·사회구조적·문화적·제도적·이데올로기적 측면에서 드러낼 수 있으려면 이를 구분해서 볼 수 있는 개념망이 요구된다. 이 개념망은 각각 '구조'적 성격을 띠는데, 여기서 '구조'는 "일련의 내적으로 관계된 객체들"로 정의 가능하다(Danermark et al., 1997: 87). 예를 들어 생물학적 구조와 마찬가지로 사회과학에서는 조직구조, 의사소통구조, 사회구조, 문화구조 등을 분별해 볼 수 있다. 이런 맥락에서 비판적 실재론이 말하는 실재들이 인과적 기제를 발현하는 과정과 결과의 총체성을 드러내기 위해서는 학제적 접근을 할 필요가 있다.[14] 이러한 '추상화'의 과정을 통해 '구조적 분석'이 가능해진다.

　그러나 비판적 실재론에 근거한 사회과학은 구조적 분석을 넘어서 인과적 분석으로

---

13) 이 '추상화'의 과정은 이후 본격적인 논의가 필요하겠지만 질적 연구에서 자료에 대한 '코딩(coding)'의 과정과 다르지 않다. 질적 연구에서 '코딩'은 이미 선행연구와 이론적 배경에서 추출된 '에틱한(혹은 학문적) 코딩'도 있지만 자료로부터 혹은 연구참여자들의 내부자적 관점에서 도출한 '에믹한(내부자적) 코딩'도 있다. 질적 연구에서는 '에믹한 코딩'을 중시하며 기존의 연구가 드러내지 못한 새로운 발견을 중시한다. 비판적 실재론에서 연구자의 상상력을 중시하는 것은 '추상화'가 기존의 이론을 적용하는 것에 그치지 않고 새로운 인과기제를 발견하는 것에 있기 때문에 '에믹한 코딩' 역시 추상화에서 중요한 역할을 할 것이다.
14) 복잡한 사회현상에 대한 학제적 접근을 중시하는 바스카는 바람직한 학제 간 연구를 위해 세 가지를 강조한다. 메타이론적 통일성, 방법론적 특수성, 그리고 이론적 다원주의다(Bhaskar, 2017: 74). 즉, 서로 다른 학문 간 연계가 이루어진다고 할 때 전체를 아우를 수 있는 비판적 실재론이라는 존재론적 관점에 근거하되, 그 문제 현상을 총체적으로 접근할 때 어떤 한 가지 보편적 방법이 존재하지 않으며 필요에 따라 다양한 방법이 활용될 수 있다는 점, 그리고 인과적 기제를 설명하는 다학문적 이론들을 검토하는 반환원주의가 그것일 것이다.

나아간다(Danermark et al., 1997: 95). 구조적 분석은 '지금 여기'에 초점이 있기 때문에, 과정과 변동에 대해서는 말할 수 없다. 어떤 일이 왜 발생했는지 설명하기 위해서는 인과적 분석이 요구된다. 즉, 일련의 경험적 현상을 기술하여 서로 다른 수준의 실재들을 판별해 내는 것이 '추상화'의 초점이라면, 복잡한 총체로서의 구체적인 경험들로부터 서로 다른 실재들 '간'의 발현적 과정으로서의 인과적 기제를 밝히는 일이 인과적 분석이다. 이를 위해서는 연역이나 귀납과는 다른 추론이 요구된다. 비판적 실재론에서 주목하는 추론은 '역행추론(retroduction)'(이하 역추)이다(Danermark et al., 1997: 161-178). 그런데 역추는 '가설추론(abduction)'(이하 가추)과의 관계에서 더 잘 이해될 수 있다.

가추와 역추는 실용주의 철학의 창시자인 퍼스(Charles Sanders Peirce)에 의해서 처음으로 개념화되었는데 일상적으로 인간이 자신이 놓인 문제적 상황을 이해하고 설명하기 위해 활용하는 추론의 방식을 가리키는 것으로 둘을 혼용했다(이기홍, 2014). 그러다가 비판적 실재론자들이 두 방식을 구분하려고 노력했고 그 결과 개념 정리가 이루어졌다(Danermark et al., 1997: 149-161). 이들에 따르면, '가추'는 구체적인 경험이 있다고 할 때 그것을 가능하게 하는 규칙을 발견적으로(heuristically) 혹은 상상적으로 추론하는 것이다. 만약 내가 사 놓은 빵이 사라졌다는 구체적인 경험이 있다고 할 때 그 경험을 인과적으로 설명하는 가설로, 가령 빵을 좋아하는 딸이 먹었다고 가설을 세우는 것이다. 이 가설을 세우기 위해서는 딸이 빵을 좋아한다는 사실, 전에도 딸이 먹은 적이 있다는 사실 등, 과거 현상들 간의 상호 연관을 고려해야 한다. 귀납이 통계적 분석을 할 수 있는 능력을 요구하고 연역이 엄격한 논리적 추론 능력을 요구한다면 '가추'는 대안적 이론, 현상들 간 상호 연관에 대해 새로운 착상을 하고 새로운 맥락에서 그 현상을 볼 수 있는 능력을 요구한다. 즉, 이 '가추'라는 추론은 구체적인 경험이나 사례로부터 새로운 가설을 상상적으로 창안하거나 특정한 사례를 더 일반적인 맥락과 구조들로 연결지어 재서술하고 재맥락화할 수 있는 능력으로 볼 수 있다. 가추를 통해 우리는 구체적인 현상이 어떻게 그것이 구조와 내적 관계들의 부분인지에 대해 새로운 생각을 가질 수 있게 되며, 그 점에서 퍼스는 '가추'를 모든 인식에 대해 절대적으로 요구되는 '해석적' 요소로 보았다(Danermark et al., 1997: 160-162).

그렇다면 비판적 실재론의 핵심 사고 과정이라고 할 수 있는 '역행추론(retroduction)'은 무엇인가? 역행추론은 "사건들에 대한 경험적 관찰"로부터 나아가 "초사실적 조건에 대한 개념화"에 도달하는 것과 관련된 사유작용으로, 앞서 "과학이라는 인간의 활동이 가능하게 위해서 세계는 어떠해야 하는가?"라는 질문에 대한 초월적 논증과 같은 것이다(Danermark et al., 1997: 162-164). 구체적으로 이 역행추론을 위한 질문을 'X가 존재하고 그것이 바로 X이려면 무슨 속성이 존재해야 하는가?'로 정식화할 수 있다(Danermark et al., 1997: 162-164). 이 초월적 논증을 통해, 첫째, '초사실적 조건', 즉 그것 없이는 어떤 실재가 존재할 수 없는 상황을 밝히고자 하며, 둘째, 우연적 상황과 필수적인 조건을 구분하기 위한 것이다. 앞서도 언급한 바와 같이 칸트의 선험철학의 방식과 동일한 논증 방식이지만 차이가 있다면 칸트는 초월적 조건을 우리의 정신에서 찾지만 바스카는 실재에서 찾으며, 둘째, 칸트와 달리 실재에 대한 보편적이며 불변적인 지식을 서술한다고 주장하지 않고 인식론적 상대주의를 받아들인다는 것이다.

다네마르크 등(Danermark et al., 1997: 165-168)은 역행추론의 예시로 하버마스(Jürgen Habermas)의 보편적 화용론과 바우만(Zygmunt Bauman)의 '정원 가꾸기 문화', 콜린스(Randall Collins)의 '의례론' 등을 들고 있다. 예를 들어, 바우만은 『근대성과 유대인 대학살』(1989)에서 '무엇이 유대인 대학살을 가능하게 만들었는가'라는 질문을 제기하고 그 질문에 대한 답으로 근대의 '정원 가꾸기 문화(gardening culture)'를 제시하였다. 이 문화는 인종주의와 관료주의에 모두 공통적으로 작동하는 사회적 실재로서 정해진 규칙에 어긋나는 것을 배제한다. 바우만은 히틀러를 비롯한 나치즘 자체가 유대인 학살을 처음부터 계획했다기보다는 그들의 인종주의가 구체적으로 관료조직, 과학기술의 성취, 수많은 기술관료적 수단에 의하여 "규칙에 어긋나는 것을 배제"하는 과정에서 대학살이 벌어질 수밖에 없었다고 보았다. 한편, 서덕희(2021a)는 코로나19 상황에서 온라인수업을 들을 수밖에 없었던 학생들이 무기력함과 게으름 등을 체험하며 "이게 학교냐"는 반문을 하는 것에 상심을 갖고 그들이 '학교'라고 보는 무언가가 실재한다면 '학교'를 학교답게 하는 속성은 무엇이어야 하는가라는 질문을 하고 그에 대한 답을 찾으려는 노력을 하였다. 학교를 학교답게 하는 것은 인간 정신 속에 관념으로 미리 주어져 있는 것도 아니고, 그렇다고 학교와 관련된 모든 구체적인 경험을 일반화한다고 해서 도출되는 것도 아니다. 시대와 장소에 따라 학교의 모습은 우연적으로 드러나기도 하지만 그러한 우연적 경험과 관계없이 학교를 학교라고 부를 수 있으려면 반드시 갖추어야 할 필요 조건을 추론하는 것이 바로 역행추론의 과정이다.[15]

---

15) 나는 이 역행추론의 과정이 현상학적 연구의 '환원'과 '자유변경'의 과정과 유사하다고 생각한다. 실제로 나는 이 연구를 '현상학적 연구'로 규정하였다. 학교라는 '현상'을 그것답게 하는 것을 발견하고자 노력한 것이다.

자연적 실재와 달리 사회적 실재는 항상 특수한 상황 속에서 하나의 기제가 다른 기제들과 상호작용하면서 복잡한 양상으로 드러나는 개방적 성격을 띠고 있기 때문에 전통적인 실험이 불가능하다. 따라서 많은 사회과학자는 비판적 실재론에 근거한 연구이든 아니든 다양한 방식의 직·간접적인 사례 연구들을 통해 그 복잡성 속에서 구조와 기제들을 식별하는 데 도움을 얻는다. 이 점에서 질적 사례 연구는 중요한 의미를 갖는다. 그 까닭은 모든 사례 연구는 선택되는 사례의 특성에 따라 다양한 방식의 '비교'가 필연적이기 때문이다(서덕희, 2020b). 비교는 우연적인 차이를 식별할 수 있도록 함으로써 공통적이고 더 보편적인 것을 추론할 수 있는 경험적 자료를 제공한다. 이를 위해 비판적 실재론을 따르는 다네마르크와 동료들(Danermark et al., 1997: 165-168)은 역행추론을 위한 6개 전략을 제시하는데, 반대사실적 사유(counterfactual thinking), 사유실험(thought experiments), 사회적 실험(social experiments), 병리적 사례에 대한 연구(studies of pathological cases), 극단적 사례에 대한 연구(studies of extreme cases), 비교사례연구(comparative case studies)가 그것이다. 앞서 조용환(2022)이 비교사례적·비교문화적 검토를 강조하는 까닭 역시 비교가 자연적 상황에서의 일종의 '사유 실험'을 가능하게 하기 때문이다.

'가추'와 '역추'의 관계를 바라보는 입장은 다양하지만 이기홍(2014)이 정리하고 있는 바와 같이 상호보완적 관계로 보는 입장이 지배적이다. 구체적인 연구 과정으로 볼 때 추상화의 과정을 통해 판별된 다양한 수준의 사회적 실재가 어떻게 함께 작동하며 구체적인 사회적 현상을 발현시키는가에 대한 가설을 세우는 '가추'가 이루어지고, 그 '가추'를 통해 세워진 다양한 가설을 구체적인 사례들에 비추어 검토하면서 우연적인 것들을 제거해 나가면서 필연적인 조건만을 남겨 놓는 일종의 검증의 과정을 거친다. 요컨대, '역추'의 과정은 마치 탐정이 주어진 경험으로부터 모든 다양한 수준의 가능한 인과적 기제들을 '추상화'하고 그 기제들 간의 관계를 상상력을 통해 가설들을 만든 후(가추) 그 가설들을 다른 구체적인 사례들에 비추어 검증해 나가면서 필연적 조건들을 찾아 나가 설명력이 높은 가설로 정교화하는 과정에 다름 아니다. 즉, 구체적인 경험의 기술과 확인의 단계, 그 경험으로부터 그것을 인과적으로 설명하는 가설들을 상상적으로 구성해 보는 '가추'의 단계, 거꾸로 구체적인 경험들로 돌아가 이 가설로 그 경험들을 설명하거나 구체적 실천의 과정을 통해 가설을 수정하거나 대안적 가설들 중 적합하지 않은 가설들을 소거하는 방식으로 가설을 정교화하는 단계까지를 포괄한다.

이처럼 '역추'의 마지막 단계는 '설명적 검증'의 단계다(Hanson, 2007). 실재의 영역에서 경험의 영역으로 나아가면서 관찰이나 자신이 경험한 결과가 가설적으로 설정한 실재의 인과적 힘의 발현, 즉 메카니즘에 의한 필연적인 결과인지를 검토하는 것이다. 이러한 과정을 통해 구체적인 경험이 '자연적 필연성'의 결과라는 것을 확인하게 되면 연구자는 가추의 과정을 통해 상상한 가설의 개연성과 타당성을 신뢰하게 된다. 이러한 가설의 검증과정은 실증주의에서처럼 실험에 따른 검증이 아니라 자신이 세운 가설로 자연적 상황에서의 구체적인 경험들이 '설명' 가능한가로 검증한다. 결과적으로 과학자는 구체적인 경험의 영역과 실재의 영역으로 도약하며 가설을 세우고 다시 경험의 영역으로 내려와 그 가설을 구체적인 경험에 대한 설명을 통해 입증하는 '순환적 과정'을 통해 탐구를 진행하게 된다. 이러한 순환적 과정은 마치 해석주의에 근거한 질적 연구가 부분과 전체, 구체적인 체험과 이론 사이의 '해석학적 순환(hermeneutic circle)'을 강조하는 것과 다르지 않다.

가추와 역추는 단순히 개별사례들의 유사성과 상이성을 판별하는 데 그치는 귀납의 형식으로는 불가능하다. 귀납은 서로 다른 존재의 영역으로 '도약'을 하는 추론이 아니라 구체적인 경험들의 층위에서 공통점을 모아 이름을 붙이는 일반화(generalization)일 뿐이다. 그에 반하여 역추는 존재론적 깊이를 꿰뚫는 '통찰'에 의한 것이면서 끊임없이 구체적인 경험들과 가설과의 관계를 오고 가는 '자기점검적(self-monitoring)'이고 '자기교정적(self-corrective)'이라는 특징을 갖는 추리의 과정으로 형식논리에 지배를 받지 않는 논리적 추론(이기홍, 2014: 202)이다. 그래서 바스카는 이를 경험과 이론 사이의 변증법적 과정이라고 보고 경험과 이론 사이, 이론과 실천 사이의 이분법을 벗어날 수 있다고 본다.

이러한 역추의 방식은 앞서도 언급한 바와 같이 구체적인 경험으로부터 그 이면에 숨어있는 존재론적 깊이를 드러내는 '도약'이라는 점에서 질적 연구에서의 '해석'과 매우 유사하다. 아닌 게 아니라 이기홍(2014: 184)은 비판적 실재론에 비추어 볼 때 경험적으로 확인한 결과로부터 실재하는 원인을 추론하는 과정에서 '비유'와 '유추'와 '모형' 등의 논리를 활용한다고 말한다. 이들은 모두 우리가 알아내고자 하는 실재의 구조와 속성을 이미 알고 있는 것들과 연관시켜 추정하는 방법인데, 먼저 비유는 가설적으로 추정하는 실재의 속성을 더 친숙한 다른 실재나 기제에 대한 지식으로 치환하여 그 추정된 실재를 개괄적으로 이해하도록 해 주는 것이다. 그에 반하여 유추는 알아내려는 실재가 이미 알고 있는 어떤 다른 실재와 유사하다고 가정한 후 그것에 대한 지식을 토대로 알아 내려는 실재의 구조와 속성을 추정하는 사유다. 마지막으로 모형은 우리가 이미 알고 있는 것을 근거로 알아내려는 것의 일부 측면을 재구성한다는 점에서 유추와 결합되어 있는 추론이다. 그런데 이 '비유'와 '유추' 그리고 '모형'은 구체적인 경험에 근거한 이론 화를 통해 학문공동체와 대화하기 위한 해석의 도구로 이미 조용환(1999: 65-68)이 일찍 이 제시하였던 것들이다.

이러한 추론의 과정을 통해 부분적인 경험으로부터 출발하지만 이를 벗어나 실재에 대한 총체적 추론과 재구성을 통해 실재의 영역으로 '도약'한다는 점에서 비판적 실재론 에서는 과학을 일종의 '발견의 뜀뛰기' 과정(Haare, 1986: 227: 이기홍, 2014: 175에서 재인 용) 혹은 '창조적 도약'의 과정(Wuisman, 2005: 이기홍, 2014: 207에서 재인용)이라고 본다. 과학의 핵심은 실증주의에서 주장하는 바와 같이 관찰과 실험 혹은 다양한 자료수집에 근거한 규칙성의 확인에 있는 것이 아니라 그 과정에서 확인한 경험의 우연적이고 개 별적인 속성이 이론을 통해 실재의 속성, 운동의 필연성과 일반성의 표현으로 드러나게 되는 과정이라고 본다(이기홍, 2014: 179). 실지로 갈릴레오 갈릴레이, 뉴튼, 아인슈타인 등 위대한 과학자들은 바로 이러한 '창조적 도약'을 통해 경험의 '구체적 보편성'을 드러 낸 사람들이었다. 이는 뒤르켐이나 마르크스, 베버와 같은 위대한 사회과학자들도 마찬 가지였다.

(2) '사회적인 것'의 이해/설명

비판적 실재론에서의 '역추'가 해석주의적 사회과학에서의 '해석'과 방법론적으로 유 사한 측면이 많다는 점에서 이미 '설명'과 '이해'를 대립적으로 보는 것은 문제가 있다. 아닌 게 아니라 바스카를 따르는 비판적 실재론자들은 이와 같이 이루어지는 자연과학 의 추상화와 추론의 과정과 그 결과로서의 '설명'은 사회과학에도 적용 가능하다고 본 다. 다만 사회과학에서는 순수하게 독립적인 객체가 연구의 대상이 아니며 행위자들의 행위를 이끄는 '이유'가 중요한 인과적 힘을 발휘한다는 점에서 '이유'를 '원인'으로 볼 수 있다고 본다. 다시 말해 이유를 '이해'하는 것이 결국 그 이유에 따라 행동한 결과로 드 러난 사회적 현상을 '설명'하는 셈이 되는 것이다. 그리하여 비판적 실재론에서는 이해 와 설명, 이유와 원인의 이분법 역시 해체된다.

이러한 비판적 실재론의 관점은 이해를 인간의 가장 근본적인 존재론적 조건으로 보는 리쾨르(Paul Ricoeur)의 견해와 다른 것이 아니다. 리쾨르는 몸의 체험주의의 자연주의적 관점에서 설명과 이해는 배타적인 것이 아니라 상호보완적 관계에 있다고 본다. 리쾨르는 몸이 몸 밖의 실재에 대한 체험을 '영상도식'을 통해 '은유적 투사'를 하며 이를 '상(像)'으로 만드는 과정, 즉 상상력이라고 본다(서명원, 2019: 226). 이러한 상상력에 의해 문화가 형성된 것이므로 리쾨르가 보기에 몸은 자연과 문화의 매개이며, 그 때문에 또한 문화에 따른 의미의 상대성이 제약을 받는다. 즉, 몸에 의한 체험으로 인하여 문화는 완전히 자의적이지 않으며 서로 다른 문화들 간에도 일정 정도 소통 가능한 상대성 내에 머문다는 것이다.[16] 이렇게 리쾨르는 몸이 자연(설명)의 존재 양식과 마음(이해)의 존재 양식의 궁극적인 차이를 완화시키면서도 동시에 제약하는 도구라고 본다. 이 때문에 설명과 이해는 대립하지 않으며 상호보완적이다(이기홍, 2014: 251). 의미 혹은 이유를 사회적 행위의 원인으로 보고 사회적 현상을 설명하고자 한 베버와 마찬가지로, 행위주체가 자신의 행위에 부여하는 의미는 이미 '몸'을 매개로 의미화된 것이며, 거꾸로 그 '몸'을 통해 그 행위의 원인이 된다.

이러한 관점에서 비판적 실재론을 적극적으로 사회과학에 적용하고자 한 오스웨이트 (Outhwaite, 1987: 85)는 사회과학자에게 '사회적인 것'은 그것이 비록 의미나 개념 의존적이라 하더라도, 연구자의 개념과 구별되어 존재하는 것이라는 점에서 '자동적 객체'로 볼 수 있다고 본다. 즉, 사회과학의 대상이 되는 '사회적인 것'은 의도나 목적을 가지고 의식적으로 행위하는 행위자들이 오랜 시간의 두께 속에서 구성한 세계다. 그러나 그러한 사회적인 것들은 연구자를 포함한 행위자들에게 물질적 효과를 발휘하는 인과적 힘을 가지고 있다. 그 점에서 사회과학에서 의미는 핵심적이다. 의미는 단순 기록이나 측정이 아닌 '이해'를 해야 한다는 해석주의자들의 주장은 비판적 실재론자들에게도 동일하게 적용된다.

그 점에서 비판적 실재론에 입각한 사회과학자인 김명희(2017)는 비판적 실재론의 관점에서 '사회적인 것'에 대한 설명을 하고자 한 사례로 근대 사회과학의 아버지라고 할 수 있는 뒤르켐과 마르크스를 든다. 이들은 해석주의 사회과학자들에 의하여 인간 현상에 대해 자연과학적으로 접근하여 인간의 의지와 행위자의 주체성을 간과했다는 비판

---

16) 세계화로 인하여 서로 다른 사회의 문화에 대한 이해가 높아짐에 따라 문화 간 차이보다 문화 간 공통점이 적지 않다는 사실을 상식적으로도, 연구를 통해서도 확인하게 되는 것은 우리 인간의 몸이 자연과 문화를 매개하고 있기 때문이다. 좀 더 논의할 필요가 있겠지만 리쾨르의 이러한 관점은 메를로-퐁티의 몸의 관점과 다르지 않다.

을 받았지만, 김명희(2017)에 따르면 이들의 연구는 경험적 영역 이면에 숨은 사회적 실재를 드러내려고 했다는 점에서 실증주의적 자연주의와는 전혀 다르다. 마르크스의 '역사과학'과 '인간적 자연주의'와 뒤르켐의 '도덕과학'과 '사회학적 자연주의'는 비판적 실재론에 비추어 볼 때 비로소 그 연구방법론적 토대가 제대로 드러난다는 것이다. 이들은 가령, 소외, 혁명 그리고 자살과 같이 개별 인간이 구체적으로 경험하는 것 이면에 존재하는 '사회적인 것'의 인과적 작동 과정으로 그 현상을 설명하고자 하였다. 그 '사회적인 것'이 각각 유물론적(생산양식)이며 관념론적(집합의식)이라는 점에서 큰 차이가 있는 듯 보이지만 이들의 연구는 앞서 정리한 바와 같이 비판적 실재론에서 추구하는 구체적인 경험으로부터 실재로의 '도약'을 통해 가설을 창출하고 그것을 다른 사례들을 통해 검증하는 방식의 '역추'의 과정을 거쳤다. 심지어 이들의 과학 활동은 각각 자본주의비판에 근거한 국제사회주의 운동과 아노미론과 사회화이론에 따른 국가교육체제를 통한 실제적 변화를 주장하며 이론적 타당성을 검증하는 데에까지 나아가고자 하였다.

앞서 바스카가 제안한 바와 같이 사회적 실재를 연구하기 위해서는 4차원의 평면을 모두 고려해야 한다. 사회적 현상을 제대로 설명하기 위해서는 마르크스가 해 온 것과 같이 자연과의 물질적 거래의 면과 사회적 관계를 포함한 사회적 구조의 면을 살펴야 한다. 동시에 뒤르켐과 같이 사회적 상호작용과 체화된 인격의 면에서 드러나는 의례(ritual)나 집합의식(collective consciousness) 등을 고려해야 한다. 이들은 모두 개념 의존적이다. 그러나 리쾨르가 지적하고 있듯이 인간이 '몸'을 가지고 있는 이상 그 개념은 '절대적으로' 상대적이지는 않다. 그 점에서 비판적 실재론에 근거한 연구자들 역시 사회구성원으로서 행위자들의 해석을 일정 정도 공유하고 있으므로 사회적 실재로서의 구조에 대한 자신의 상식적 사유로부터 직관적 이해를 할 수 있다(이기홍, 2014: 264). 해석주의 혹은 현상학적 관점에서도 연구자는 같은 생활세계에 있는 다른 행위자들의 체험과 그 체험을 가능하게 하는 의미체계를 상호주관적으로 공유하고 있기 때문에 다른 행위자들의 체험에 대한 해석이 가능한 것과 마찬가지다.

이처럼 비판적 실재론을 통해 부활한 '사회적인 것', 즉 사회적 실재는 신물질주의에서 강조하는 물질적 배치(혹은 거래)를 포함하여 인간 행위의 이유, 즉 의미 체계, 언어와 담론의 체계 등 다양한 수준의 사회적 실재를 인정한다. 또한 이 사회적 실재를 상대적이기는 하지만 자연적 실재와 마찬가지로 행위자의 경험과 무관하게 일정 정도 '자동적 차원'으로 존재한다고 가정하고 이 실재들의 인과적 힘의 발현으로 사회적 현상을

'설명'하려고 한다. 그 점에서 비판적 실재론은 '비판적 자연주의'에 근거하고 있다.

(3) 과학적 상상력, 방법적 다원주의, 판단의 합리성

앞서 언급한 '추상화', '가추', 그리고 '역추' 등은 실증주의적 자연과학을 모방한 사회과학에서 주장하는 절차화되고 체계화된 방법에 의하여 따라할 수 있는 사유 방식이 아니다. 그렇다면 이러한 사유를 잘 하기 위하여 연구자에게 필요한 것은 무엇인가? 바스카는 비판적 실재론의 관점에서 과학자에게 필요한 것은 '과학적 상상력'이라고 본다. 이는 1959년 찰스 라이트 밀스(C. Wright Mills)가 『사회학적 상상력(Sociological Imagination)』에서 어떤 '사회현상'에 대하여 원인 규명을 하거나 그 현상 이면의 다양하고 중층적인 관계 특성들을 조망할 수 있어야 하며, 이를 위해 그것과 관련된 수많은 연관 요소를 다양하게 모색하는 학문적 상상을 하는 창의력이 필요하다고 말한 그것과 다르지 않다. '타당하고(plausible)' '합리적이며(reasonable)' '존재 가능한(possible)' 인과기제를 추정해 내야 하는 것으로 이는 기존의 선행연구를 통한 학습을 통해 통제되면서도 그것을 넘어서는 자유로운 과정이 되어야 한다.

그래서 바스카가 보기에 비판적 실재론에 근거한 과학적 방법이란 특정 방법에 제한되지 않고 과학적 상상력의 운동을 안내하는 원리나 지침 전체를 가리킨다(이기홍, 2014: 180) 비판적 실재론은 특정한 방법을 배제하지 않으며 우리가 알아내고자 하는 바로 그것, 즉 탐구 대상에 따라 연구방법이 달라져야 한다고 본다. 소위 '방법론적 다원주의'라고 부르는 것이 이것이다. 중요한 것은 비판적 실재론의 관점에서 어떤 현상을 연구한다고 할 때 각 연구방법이 지닌 장단점을 알고 판단할 수 있는 능력을 지니는 것이다. 이를 위해서는 전체 연구 문제에 비추어 다양한 연구방법을 활용할 수 있고 그것이 지닌 장단점과 한계를 인식할 수 있어야 한다. 한편, 사회적 실재가 있다는 것을 가정하고 그것을 드러내려는 노력을 기울인다고 하더라도 연구자가 밝힌 의미는 하나의 사회적 생산물로서 그 실재를 절대적으로 드러내는 데에는 한계가 있다는 점을 인식한다는 점에서 해석주의 사회과학과 같은 입장을 취한다. 비판적 실재론에 근거한 과학활동의 결과라 하더라도 상대적이며 주관적일 수밖에 없다는 '인식론적 상대주의'를 인정하는 것이다(이기홍, 2014: 187).

그럼에도 불구하고 비판적 실재론이 해석주의와 다른 것은 과학적 지식의 타당성을 판단할 때 그 지식을 통해 상상한 가설적인 실재가 존재할 개연성의 정도, 그 실재의 존재와 운동에 의해 나타날 결과들을 경험적으로 확인할 수 있는 정도, 그리고 그 실재들에 입각한 설명이나 진술이 세계의 실재들을 얼마나 정확히 설명할 수 있는가의 기준에 따라 이론을 평가할 수 있다고 보았다는 점이다. 이러한 평가가 가능한 것은 인식론적 상대주의를 받아들이지만 그 안에서의 종적 상대성을 평가할 외적인 기준인 '실재'를 가정하고 있기 때문이다. 소위 구체적인 경험들로부터 그것을 가능하게 하는 사건과 실재의 영역을 '추상화'의 과정을 통해 세운 가설이 연구의 대상이 된 구체적인 경험들뿐만 아니라 유사한 조건에 놓인 다른 경험들을 설명하는 데에도 힘을 발휘한다면, 더 나아가 그러한 가설에 근거한 실천이 실지로 예측한 결과를 낳는다면 그 가설이 다른 가설들보다 더 나은 가설이라는 점을 합리적으로 판단할 수 있다고 보는 것이다. 바스카에게 있어서 과학은 부분적 진리 또는 상대적 진리를 갖고 있으며 이는 진리의 절대적 성격과 모순되지 않는다. 상대적 진리 속에 포함된 절대적 진리들의 축적 속에서 과학은 진보한다고 보기 때문이다(이기홍, 2014: 189).[17)]

실증주의에서는 과학에서 가치판단을 배제해야 한다고 주장하지만 비판적 실재론에서는 해석주의에서와 마찬가지로 가치판단의 배제 자체가 불가하다고 본다. 왜냐하면 과학을 통한 진리에 대한 추구 자체가 가치 함축적 활동이기 때문이다. 연구과정과 그 결과로 얻어 낸 자료들을 왜곡하지 않고 자신과 견해가 다르더라도 진지하게 고려하며 고정관념을 버리고 세계를 이해하려는 노력을 기울여야 한다. 즉, 과학은 거짓, 사기, 오류 등을 거부하는 가치부과적 활동이다(Beuton & Craib, 2014: 81; 이기홍, 2014: 279에서 재인용). 또한 이러한 과학이 가능하기 위해서는 "자유, 존엄, 공정, 정직, 개방, 비판" 등 "인식적 가치 추구를 보호하거나 촉진하는 사회적 가치"가 성립되어야 한다(이봉재, 2003: 32-35).

---

17) 질적 연구에서의 타당성 논의는 이혁규(2004)에 따르면, 실증주의적 타당성, 약한 구성주의적 타당성, 강한 구성주의적 타당성으로 크게 분류해 볼 수 있다. 비판적 실재론에 입장에서 볼 때 이 타당성 논의는 모두 인간의 경험과 그것에 대한 앎의 관계에 대한 타당성 논의이기 때문에 '실재'와의 관계에서 새롭게 정립될 필요가 있다. 그러나 더 정교한 타당성 논의가 필요함에도 불구하고 강한 구성주의 입장에 있는 리차드슨(Richardson, 1997)의 '크리스탈'의 비유는 비판적 실재론에서 경험의 영역과 사건의 영역이 다른 층위에 있다는 것을 은유로 보여 주고 있음을 말해두고자 한다. 리차드슨은 포스트모던적 관점에서 크리스탈에 의해 드러나는 빛의 각도와 색깔의 다양성에 방점을 두었지만, 거꾸로 보면 빛을 비추는 각도와 색깔에 따라 반사를 하고 있는 크리스탈의 존재를 상정하고 있다. 그 크리스탈이 없다면 아무리 빛을 비추어도 반사할 것이 없게 된다. 실재들의 인과적 기제들이 우연적으로 결합하여 발현된 사건의 영역(크리스탈)이 존재하고 그 사건의 영역에 대한 인간의 경험의 영역(반사된 빛)은 상대적이며 주관적이라고 보는 비판적 실재론의 존재론적 관점을 이 '크리스탈'의 은유는 잘 보여 주고 있다.

3) 나와 너의 자유와 사랑, 그리고 해방을 위한 끝이 없는 창조로서의 과학

앞서 원형적 비판 실재론에 근거하여 존재론과 그에 따른 사회적 실재와 그 실재에 대한 과학활동으로서의 사회과학의 방법적 특징까지 살펴보았다. 이는 처음 제기한 바 대로 "과학이 가능하려면 세계는 어떠해야 하는가?"에 대한 초월적 논증으로서, 그 답으로서 세계는 자동적 실재와 타동적 실재의 영역, 즉 폐쇄 체계와 개방 체계로 분화되어 있고, 인과기제와 구조들로 충화되어 있으며 존재는 실재의 영역과 사건의 영역, 경험의 영역으로 충화되어 있다는 것이다. 그리고 실재가 위와 같다고 할 때 우리가 하는 과학이라는 활동은 어떻게 이루어지고 있는지 그것이 의미하는 바는 무엇인지를 위에서 살펴보았다.

그런데 앞서 살펴본 바와 같이 타동적 실재의 영역은 우리의 실재에 대한 지식에 의하여 변화 가능한 영역이다. 지금 우리의 관심인 사회과학의 대상으로 '사회적인 것'은 타동적 실재의 영역인 인간의 지식에 따라 변화 가능하다. 실지로 바스카(Bhaskar, 2007: 179)는 과학적 설명이라는 것은 관련된 행위주체로 하여금 '자유롭게 됨', 즉 해방을 인과적으로 예상하도록 하고 실천을 통해 달성될 수 있도록 한다고 말한다. 즉, 해방은 구조의 결정 관계에서 벗어나는 마법적 탈출이 아니라 행위주체를 억압하는 결정 관계로부터 "필요하고 원하고 힘을 부여하는 결정 관계로 운동 혹은 이행"하는 것을 뜻한다(이기홍, 2017: 153). 그 점에서 비판적 실재론은 '이론'과 '실천', '앎'과 '함'의 이분법을 극복한다. 바스카가 바로 이 부분에 천착하여 사회과학이 인간 해방에 기여하도록 원형적 비판 실재론을 발전시킨 것이 변증법적 비판 실재론이다(이기홍, 2017: xv).

(1) 변증법적 비판 실재론: '부재'로부터 시작된 자연의 필연적 질서로서의 과학

인간에게 '과학'이란 무엇인가? '과학'을 경험을 가능하게 하는 현상 이면에서 작동하고 있는 인과적 기제를 설명하고자 하는 인간의 활동이라고 할 때 왜 인간은 이러한 활동을 과거로부터 이제까지 수행해 왔을까? 레비-스트로스(Lévi-Strauss)가 "신화는 원시인의 과학이요, 과학은 현대인의 신화다."라고 말한 바와 같이 왜 이러한 현상이 벌어지는가에 대한 답을 찾고자 하는 노력은 근대 과학에서만 이루어진 것이 아니다. 인간은 언제 어디서나 자신을 둘러싸고 있는 세계가 어떻게 돌아가는지, 왜 이러한 일들이 벌어지는지 이해하고 설명하고 싶어 했다. 왜일까?

바스카는 과학이 지향하는 가치는 인간 삶의 진보에 기여하는 것이며, 따라서 실천과 불가분의 관계에 있다고 본다. 이를 이기홍(2014; 297)은 인간의 행위적 특성, 즉 '합목적 적 행위'와 '합법칙적 행위'의 구분을 통해 이론과 실천의 구분이 무의미함을 지적하며 설명한다. 즉, 인간은 이미 앞서 주어진 구조가 있기 때문에 자신이 행하는 행위의 결과 가 어떠할지 일정 정도 예측이 가능하고 그 예측에 따라 자신의 목적을 달성하기 위하 여 행위를 한다. 즉, 합목적적 행위를 한다. 그러나 그 행위가 실지로 자신이 목적한 결 과의 달성에 이르도록 하기 위해서는 어떤 행위의 대상이 되는 실재의 속성과 인과적 힘에 대해서 알아야 한다. 즉, 합법칙적 행위를 해야 한다. 그러려면 법칙을 알아야 한 다. '진리가 자유케 하리라'는 금언은 여기에 해당한다.

인간이 그냥 사는 것이 아니라 어떤 목적을 추구하며 산다면 자신의 합목적적 행위를 하기 위하여 합법칙적 행위를 하려는 노력을 기울여야 한다. 그러한 합법칙적 행위를 위해서 인간은 실재가 작동하는 방식을 알아야 한다. 그것을 알지 못할 때 인간은 학습 을 하고자 한다. 인간의 앎의 부재에 대한 인식, 그리고 그 부재를 없애고자 하는 노력 으로서의 앎의 추구, 그 추구의 과정이자 결과로 일어나는 변화를 설명하는 것이 바로 바스카의 '변증법적 비판 실재론'이다. 기본적인 비판 실재론에서 실재는 부재와 부정이 개입할 수 없는 현재로서만 존재한다. 그러나 실재는 끊임없는 변화의 과정 중에 있으 며 특히 사회적 실재는 인간의 앎과 직접적인 관계를 맺으며 변화한다. 바로 그러한 사 회적 실재의 변화를 초월적으로 논증하는 것이 '변증법적 비판 실재론'이다.

바스카는 이를 서구 존재론에 대한 비판에서 시작한다. 그에 따르면, 서구 주류 형이 상학의 가장 큰 오류는 존재론적 일가성(ontological monovalence)으로 '순전한 있음'만 을 실재하는 것으로 보았다는 점에서 '없음'을 결여한 '있음'이라고 보았다. 그 점에서 바 스카는 변증법의 핵심은 '부재를 없앰(absenting of absence)'이라고 보았다(이기홍, 2017: xvi). 인간 자유의 핵심은 바로 '부재를 없앰'으로 그것이 변동을 추동한다고 보았다. 원 형적 실재론이 실재에 대한 정태적·공간적 논증이었다면 변증법적 실재론은 역동적이 며 시간적인 과정을 강조한다(이기홍, 2017: xvii). 인간의 과학활동은 바로 이러한 인간 자유를 위한 해방적 실천에 다름 아니다. 그 점에서 이는 명백히 무엇인가 부재하고 결 핍되고 잃어버렸다는 느낌, 즉 '상심(喪心)'으로부터 잃어버린 무언가를 '찾고 찾고 또 찾 는' 과정으로 연구(research)를 개념화하는 조용환(2004)의 관점과 상통한다.

바스카(Bhaskar, 2017: 84-85)에 따르면, 변증법적 비판 실재론의 수준은 네 가지다. 첫 번째 수준은 그 자체로서의 존재와 비동일성으로서의 존재를 생각하고 이해하는 수준이며 이는 기본적 비판 실재론의 결과로 서로 환원 불가능한 다층적 존재의 영역, 즉 실재의 영역, 사건의 영역, 경험의 영역 등을 이해하는 것을 뜻한다. 여기에는 오류와 오해까지 포괄하는 데 그것 역시 인과적 힘을 발휘하기 때문이다. 그런데 이들 존재는 불변의 것이 아니라 변화한다. 그리하여 두 번째 수준은 과정으로서의 존재, 부정성, 변화 그리고 부재(absence)를 수반하는 것으로서 존재를 탐구하는 수준이다. 토마스 쿤이 '정상 과학'이었던 패러다임이 어느 순간 설명하지 못하는 현상들을 마주치게 되고 결과적으로 급진적인 변형을 통해 새로운 지식, 즉 '혁명 과학'에 의해 패러다임이 변화되는 그 과정을 탐구하는 것과 유사하다(Bhaskar, 2017: 103) 세 번째는 내적으로 관계되어 있고 전체적으로 함께하는 것으로서의 존재를 탐구하는 것이며, 마지막 수준은 변형적 실천을 통합하는 것으로서의 존재를 이해하는 것이다.

　변증법적 실재론에 근거할 때 과학이란 세계에 대한 지식에서 부재하는 것이 무엇인지 인간이 인식하게 될 때 그러한 부재의 상황을 부정하기 위하여 일어나며 그 결과 억압과 해악으로부터 벗어날 수 있다(Bhaskar, 2017: 22). 바스카(Bhaskar, 2015: 39)에 따르면, 바로 이 과정을 탐구하는 것이 변증법적 비판 실재론으로 여기서 변증법이란 인간 존재 조건에 영향을 미치고 변화를 일으킬 수 있는 장애물, 즉 '부재'를 없애도록 하기 때문에 인간이 번성할 수 있도록 하는 실질적 과정이다. 가령, 자연현상 혹은 사회현상뿐만 아니라 과학 내에서 불완전성은 불일치와 모순을 발생시키고 그것은 무언가가 부재한다는 신호로 나타나게 된다(Bhaskar, 2017: 104). 그 부재를 없애기 위한 노력으로 과학 활동을 하고 존재론적 차원에서 실재의 한 수준에서의 진리를 발견하게 되면 그 진리는 실재의 더 높은 단계를 만들어 내는 구조가 된다(Bhaskar, 2017: 93-94). 마치 바스카가 원형적 비판 실재론을 정립한 후 그것에 기반하여 다음 수준의 변증법적 비판 실재론을 논증, 즉 '역행추론'할 수 있게 된 것과 마찬가지다. 이처럼 과학이라는 인간의 노력은 자신의 '해방'이라는 목적을 제대로 달성하기 위하여 필연적으로 할 수밖에 없으며 이를 통해 발견하게 되는 진리는 더 높은 단계로의 상승을 가능하게 한다.

　인간이 자신을 사랑하여 자신의 자유를 위하여 노력하는 한 그 목적을 달성하는 데 필요한 무언가, 자신이 모르는 것을 알고자 노력할 수밖에 없게 된다. 공자가 '위기지학'을 말한 것을 정확히 바스카는 변증법적 비판 실재론에서 과학의 성격으로 논증한 것이나 다름없다. 바스카는 이를 '자연의 필연적 질서'라고 명명하였다. 이 말은 모든 인간은 누가 시키지 않아도 자신의 '해방'을 위해 자신에게 부재하는 앎을 알고자 노력할 수밖에 없다는 뜻이다. 이처럼, 바스카는 모든 인간의 자연적 필연성의 질서의 핵심을 '해방'이라고 보며, 그 해방이라는 보편적 프로젝트를 펼쳐 나가는 과정(Bhaskar, 2017: 16)에서 이러한 과학이라는 창조적 활동을 수행하게 된다고 보았다.

문제는 실재란 실험실과 같이 예측 가능한 인과적 힘의 발현만이 일어나는 폐쇄된 체계가 아니라는 점이다. 즉, 인간이 완전히 인과적 기제를 통제 가능한 상태로 만들어 놓지 않은 상황에서는 물리적 실재조차도 인과적 기제가 완전히 예측 가능한 방식으로 작동하지 않을 수 있다. 즉, 통제하지 못한 다른 실재들의 인과적 힘의 발현으로 인하여 예기치 못한 결과들이 속출하는 개방적 체계다. 특히 사회적 실재는 행위자가 합목적적이며 합법칙적 행위들을 한다고 해도 그 행위들이 불러일으키는 인과적 힘이 그 행위자 밖의 인과적 힘들의 발현으로 인하여 전혀 예기치 않은 결과를 낳기도 한다. 가령, 서로 다른 층위의 실재의 인과적 힘들이 부딪히면서 예기치 않은 결과를 낳을 수 있다. 그런 점에서 실재는 자동적 영역과 타동적 영역을 포함하여 총체성을 띠지만 그 총체성은 헤겔식의 폐쇄적 총체가 아니라 별자리(constellation)와 같은 총체, 혹은 복잡계(complex system)처럼 외부로 끊임없이 열려 나가는 총체라고 본다. 그럼에도 불구하고 바스카는 그 모든 것은 개별적인 차원에서 보면 "자연의 필연적 질서"에 따라 움직인다고 본다 (Bhaskar, 2017).

(2) 메타실재: 존재의 기저로서의 자유, 사랑, 창조

바스카(Scott & Bhaskar, 2015: 40)에 따르면, 변증법적 비판 실재론의 논리는 '존재함을 생각함(thinking being)이다'. 그 논증의 결과 '비동일성으로서의 존재', '구조로서의 존재', '차이로서의 존재'를 이해하게 된다(바스카와 호크, 2017: 142). 이는 여전히 생각하는 주체와 생각의 대상으로서의 객체의 이분법을 가정하고, 부재(不在)라는, 존재의 비동일성을 강조하며 실재의 변화를 논증하였다. 그러나 존재와 부재, 존재와 생각이라는 이 이원론을 극복하고자 하는 인간 해방의 변증법적 노력이 실재한다고 볼 때, 그렇다면 그것이 존재하려면 세계는 어떠해야 하는가라는 질문을 또 할 수 있다.[18] 이 질문의 답으로 인간 해방의 노력이 실재한다는 것은 이 이원론과 소외, 분열을 극복하려는 궁극적

---

18) 바스카의 비판적 실재론은 앞서 언급한 대로 모두 칸트가 행한 바와 같이 추월적 논증으로 이루어지는데 메타실재 철학론 역시 예외가 아니다.

본성이 실재에 있음을 초월적으로 논증할 수 있다고 본다. 이를 통해 바스카는 '존재함을 생각함', 즉 변증법적 비판 실재론에서 더 나아가 '존재함을 존재함(being being)'으로 나아가야 한다는 점을 강조한다. 원형적 비판 실재론에서 변증법적 비판 실재론을 논증하였듯이 변증법적 비판 실재론에 근거하여 한 단계 더 높은 수준으로 '도약'한 것이 '메타실재'다.[19]

'메타실재(being being, 존재함을 존재함)'의 구성요소로 바스카가 논증한 것은 '비이원성(non-duality)'과 '초월(transcendence)'이다(이기홍, 2017: xxi). 부재를 없애고자 하는 변증법적 노력이 가능하기 위해서 실재는 어떠해야 하는가? 바스카는 바로 실재가 더 높은 수준의 실재에서는 '비이원성'을 속성으로 하며 끊임없이 그 자신으로부터 '초월'하고 있다고 논증한다. 바스카는 초월성이 드러나는 네 가지 형식을 각각 '의식의 초월적 동일화', '초월적 행위주체', '초월적 전체론', 그리고 '초월적 자아'로 구분해 보고 있다(Bhaskar, 2017: 150). 각각에 대한 설명은 지면 관계상 줄여야 하지만, 그 내용의 핵심은 인간은 일상생활에서 이미 실재의 일부로 세계와의 결합 속에서 '비이원적으로' 살아가고 있다는 점이다. 구체적으로 바스카(Bhaskar, 2017: 162)는 동일화의 기제로 '상호의존', '의식의 초월적 동일화', '공동현존'을 말한다. 타인을 통해서 나의 존재를 지각하는 '상호의존', 상대방의 말에 완전히 몰두할 때의 '의식의 초월적 동일화', 그리고 사실상 오케스트라의 일부로 연주하며 완전한 조화와 통일 속에서 타인이 내 안의 일부임을 자각할 때의 '공동현존' 등이 그것이다. 이와 같은 맥락에서 바스카는 '영성(spirituality)'이 어디에나 존재하는 '기저 상태(ground states)'라는 점, 즉 일상적 삶의 필수적 조건이라는 것을 논증한다(이기홍, 2017: xxi).

이와 같은 '역행추론'을 통해 메타실재론에서 바스카(Bhaskar, 20171: 143)는 변증법적 비판 실재론에서 발견한 존재론의 네 수준에서 더 나아가 세 수준을 제시한다. 다섯 번째 수준은 영성과 성찰성으로 사유하는 존재를, 여섯 번째 수준은 (재)마법화(re-enchantment)로 우리가 의미와 가치를 인간이 주관적으로 부과하는 것이 아니라 그 자체로 실재하는 것으로 이해하게 되는 것이며, 그리고 일곱 번째 수준은 깨침

---

19) 이기홍(2017: xix)에 따르면, 메타실재론으로의 전환은 바스카가 2000년 『동에서 서로: 영혼의 모험(From East to West: Odyssey of a Soul)』을 출판하면서 '영성적 전환'을 하면서 이행되었다고 본다. 이후 2002년 『과학에서 해방으로(From Science to Emancipation)』, 『메타실재에 대한 성찰: 초월, 해방 그리고 일상생활(Reflection on Meta-Reality: Transcendence, Emancipation and Everydaylife)』, 『메타실재: 창조성, 사랑 그리고 자유(meta-Reality: Creativity, Love and Freedom)』의 세 저서에서 그 입장을 '메타실재의 철학'으로 심화시켰다고 본다.

(awakening)으로 '있음'은 차이보다 비이원성을, 분열보다 통일이 우위에 있다는 것을 깨닫게 되는 수준이다. 바스카는 이러한 존재의 더 높은 수준으로 도약함으로써 인간의 본래 본성적인 '기저상태'는 사랑과 자유, 창의성이며, 이 기저에 근거하여 타율적 수행과 억압 역시 가능하다는 것을 논증한다. 즉, 사회문화적으로 구성된 껍질을 깨고 인간 본유의 힘인 자유와 사랑, 창의성을 누리는 것이 가장 높은 일곱 번째 수준의 깨침이라는 것이다.

바스카(Bhaskar, 2017: 162-164)는 이 메타실재에 대한 논의에서 변증법적 비판 실재론에서 논의된 자유의 변증법을 더 확장하고 급진화시킨다. 즉, 사랑과 자유, 창의성이라는 '기저상태'에 일치하지 않는 체화된 인격의 요소가 있다면 우리의 의도성은 분열을 일으키게 된다는 것이다. 분열의 결과 자신이 이루는 바를 달성하지 못할 것이기 때문에 우선 자신을 그 기저상태에 일치시키려고 노력하는 것이 중요한 목표가 된다. 바스카는 이를 '소극적 자유'의 이상(ideal)이라고 본다. 그러나 앞서 메타실재에 관해 언급했듯이 우리는 타인, 다른 생명과 상호의존하고 공동현존하는 존재이므로 자신의 목표를 달성하고자 하는 '적극적 행복'의 상태를 만들어 내기 위해서 필연적으로 성취해야 하는 조건이 있다. "각자의 자유로운 번영이 모두의 자유로운 번영의 조건이 되는 사회"다. 대부분의 사람은 타율적 구조의 방해로 인하여 실재의 기저상태를 깨닫지 못한 채 절반의 실재에서만 살아간다. 바스카가 보기에 반(半)실재론은 타율적 삶을 강요하는 주인과 노예 형태의 억압적 구조가 반영된 사회적 실재의 네 평면에서 살아가는 것이다(이기홍, 2017: xxi). 그리하여 진정으로 자유롭고자 한다면 아래 수준으로 내려가 사회적 존재의 네 평면에서 억압된 구조를 변화시켜 나가려고 하는 노력을 하게 된다. 이것이 '자연의 필연적 질서'다.

메를로-퐁티(Merleau-Ponty, 1945)가 주장한 바와 같이 주체인 몸과 그 인식의 대상인 객체, 즉 세계는 분리되어 있지 않다. 개념이 몸의 태도인 것처럼 앎은 그 자체가 세상을 살아감이다(서덕희, 2009). 또한, 너와 나는 '살'이라는 하나의 세계의 일부다. 바스카 역시 존재와 앎이 구분된 것이 아니며 실재는 분리된 주체에게서 의미를 부여받는 것이 아니라 그 자체로 의미다. 바스카는 메타실재에 관한 철학을 통해 평화, 사랑, 창조성과 같은 가치 역시 마음이 혹은 인간이 세계에 부여한 의미가 아니라 그 자체로 실재의 구성요소라는 것을 밝힌다. 결국 심층존재론인 '메타실재'를 논하면서 내가 자유롭기 위한 인과적 조건이란 나를 제외한 모든 이의 자유라는 점, 그리하여 인간은 자신의 '기저상태'를 찾으려는 자기 사랑의 노력에서 나아가 다른 생명에 대한 사랑을 통해 자기 자신을 자유롭게 할 수 있다는 자연의 필연적 질서가 있다고 논증한다. 소위 과학이 가능하기 위하여 세계란 어떠해야 하는가를 논증하는 과정에서 바스카는 궁극적으로 인간의 자유와 해방, 그리고 창조와 사랑이 자연의 필연적 질서임을 논증하게 된 것이다.

3. 비판적 실재론에 비추어 본 교육인류학의 오래된 미래

바스카의 비판적 실재론은 기존의 사회과학을 지배하였던 실증주의와 해석주의가 인간의 경험만을 유일한 과학의 토대로 보는 '인식적 오류'를 통해 그 경험을 가능하게 하는 실재를 은폐하는 인간중심주의적 한계를 노정했다고 비판하며, "과학이라는 인간의 활동이 가능하다면, 세계는 어떠해야 하는가?"라는 질문에 대한 초월적 논증, 즉 역행추론의 과정을 통해 실재의 구성요소들을 밝혀 나갔다. 이 과정은 사회를 바라보는 비판적 자연주의에 근거한 기초적 · 원형적 비판 실재론으로부터 '부재의 없앰', 즉 비동일성에 근거하여 변화를 설명하는 변증법적 비판 실재론, 그리고 비이원성에 근거한 메타실재까지 발전해 나갔다. 사회과학계에서는 주로 바스카의 초기 작업인 기초적 비판 실재론에 근거하여 사회과학의 존재론적 토대를 마련하는 데 그쳤지만 이 연구에서는 바스카의 일관된 논증이 변증법적 실재론과 메타실재로까지 나아감을 소개함으로써 세계라는 실재뿐만 아니라 과학이라는 활동 자체의 성격과 그러한 활동을 가능하게 하는 기저 상태(ground state)까지 밝혀 연구 대상으로서의 세계뿐만 아니라 그 세계의 일부로서의 연구활동의 존재론적 토대를 총체적으로 마련해 주고 있다. 다음에서는 앞에서 소개한 바스카의 비판적 실재론에 비추어 이미 오랫동안 강조되어 왔으나 그 철학적 토대를 갖추지 못했던 교육인류학의 핵심 방향을 정리하고 비전을 제시해 보고자 한다.

1) '기저 상태'의 깨어짐에 대한 '상심'으로부터 한 단계 높은 '기저 상태'로 도약하는 과정으로서의 연구

첫째, 교육인류학은 조용환(2004)의 오랜 주장과 마찬가지로 연구자의 '상심'으로부터 시작해야 한다. 이것은 단순히 연구의 질적 수준을 높이기 위한 하나의 '전략'이 아니라 필수조건이다. 자신이 직접 체험한 '상심'으로부터 출발하지 않고서는 연구의 '과학적 성격'을 상실한다. 바스카의 메타실재와 변증법적 실재론에 비추어 보면 연구자가 세계와 자신이 비이원성을 유지하는 '기저 상태'가 깨어질 때 '부재'를 체험하고 그 '부재'를 없애기 위한 변증법적인 노력으로서 연구를 시작하게 된다. 만약 연구자가 직접 체험한 부재가 아니고서는 그 부재를 없애기 위한, 즉 그것이 무엇인지 알 수 없더라도 무언가를 잃은 마음, 즉 '상심(喪心)'을 갖지 않고서는 그 무언가를 '찾고 찾으려는' 노력을 시작할 수 없다. 상심으로부터 시작될 때에야 비로소 그 연구는 그 잃어버린 무언가, 즉 '실재'를 밝히려는 지속적인 노력으로 이어지고 그 노력의 결과는 연구자로 하여금 한 단계 '도약'된 깨침을 갖고 다시 '기저 상태'로 돌아오도록 한다. 이 점에서 바스카의 비판적 실재론은 '위기지학'으로서의 교육인류학(서덕희, 2018)을 존재론적으로 논증하고 있는 셈이다. 교육인류학과 질적 연구의 질과 수준은 이 '상심'의 정도와 성격에 따라 결정되고, 그 '상심'을 해결하고 해명하는 정도에 의하여 '위기지학'으로서의 '과학'적 성격이 명확해진다.

물론 모든 연구는 연구자의 '문제의식'에서 출발한다. 그러나 교육인류학에서 강조하는 '상심'은 그 내용상 문화와 교육의 관계에 대한 상심이고 문화와 교육의 개념상 인간의 일상적 삶에서의 자유과 불가분의 관계에 있다(서덕희, 2009). 따라서 교육인류학에서의 상심은 특정 분야에 한정된 단편적이고 파편적인 '호기심'에 근거한 문제의식과는 차별화된다. 교육인류학에서의 '상심'은 인간의 일상의 억압적 질서에 대한 자각과 그것으로부터 더 넓고 높은 세계로서의 자유를 추구하는 '존재론적 지향'(조용환, 2021)으로부터 발생한다. 그리하여 연구의 과정과 그 결과 자체가 일상의 구조적 억압을 '비판적으로 설명'하고 그것으로부터 자유를 누리려는 해방적 노력이며 그것을 독자로 하여금 촉발하고자 한다. 이는 후기구조주의를 대표한 질적 연구자인 래더(Lather, 1986)가 질적 연구의 타당성으로 촉매적 타당성 등을 주장하는 것과 다르지 않다.

최근에 절차에 따른 연구방법과 방법론을 비판하는 '후기 질적 연구(post-qualitative research)'의 흐름(St. Pierre, 2021)은 이러한 맥락에서 이해할 필요가 있다. 이들 주장의 핵심은 질적 연구가 명시적 절차에 따라 관행적으로 이루어지는 것을 비판하고, 들뢰즈의 관점에 따라 세계를 바라보는 기존의 관점에서 벗어나 연구자들로 하여금 존재 자체가 드러내는 낯섦에 마음이 이끄는 대로 창발적으로 자료를 구성하고 연구를 수행할 것을 요청하는 것이라고 볼 수 있다.[20] 즉, 질적 연구가 정상과학이 되면서 이와 같은 '상심'에 근거한 연구가 이루어지지 않았기 때문에 이 잃어버린 것을 다시 찾기 위한 연구자들의 변증법적 노력이 가시화된 것이다. 비판적 실재론에 근거해 본다면, 연구자의 진정한 '상심'은 인과적 힘을 가지고 연구를 수행하도록 하는 '실재'로서 이를 통해 자신의 세계와의 비이원성이 회복된 '기저 상태'를 찾아 나가는 '자연의 필연적 질서' (Bhaskar, 2017)라고 할 수 있다.

2) 구조와 행위자의 변증법적 상호작용 모델로서 문화와 교육의 개념

둘째, 교육인류학에서 오랫동안 논의한 문화와 교육의 관계는 이미 바스카의 '변형적 사회 행위 모델'을 시사하고 있었다. 조용환(1997)은 '사회화'와 '교육'의 개념화를 통해, 서덕희(2009)는 '문화'와 '교육'의 개념화를 통해 바스카가 드러내 보여 주고자 한 '변형적 사회 행위 모델'을 간접적으로 시사한 바 있다. 바스카의 표현을 빌면, 사회적 실재로서의 구조가 자신의 인과적 힘을 개인 행위주체에게 발휘하는 과정으로서의 '사회화' 혹은 '문화'는 개인 행위주체의 해방을 지향하는 '교육'에 앞서 존재한다. 모든 인간은 '이미' 주어진 생활세계 속에 태어나 자라기 때문이다. 마찬가지로, 행위자의 '사회화'가 이루어지지 않는다면 그 사회구조는 지속될 수 없다. 반면, 교육은 개인 차원에서 가르침과 배움의 상호작용을 통해 변증법적으로 자신의 존재를 향상시키고자 하는 행위자의 존재적 발현이라고 볼 수 있다. 비슷한 맥락에서 '살아 있는' 개념을 지향하는 서덕희(2009)는 '문화'를 드러냄과 길들임의 과정, 즉 '틀(文)'을 만들어 내는 '과정(化)'으로 동시화함으로써 시간의 차원이 내재된 '과정'으로 개념화하고자 하였다. 마찬가지로, 교육은 이러한 길들여진 틀을 해체하고 재구성하여 더 자유로운 세계로 나아가고자 하는 인간 행위주체의 의지적 행동으로 개념화함으로써 세계를 변화시킬 수 있는 인과적 힘을 지닌 실재로 행위주체를 개념화하였다.

인간은 생물학적으로 후천적 학습이 없이는 살아갈 수 없도록 진화되었다. 선천적으로 주어진 그 '부재를 없애기' 위한 노력이 학습의 과정이며 이를 지원함으로써 어린 세

---

20) 다만 이들 역시 '상심'의 부재에 대한 문제의식에 초점을 두지 않고 기존의 방법론들이 밝힌 층위의 실재들을 무의미한 것으로 비판하는 데에만 그친다면, 기존의 질적 연구자들이 연구활동을 통해 밝힌 실재들을 드러낼 수 있는 다양한 방법론적 유산(遺産)을 무효화할 위험성이 없지 않다.

대와 인격적 관계 속에서 상호성장하며 초월적 비이원화를 이루려는 실천적 노력이 가르침이라고 할 수 있다. 다만 이 개인적인 노력은 관계 속에서 오랜 시간의 두께 속에서 지속적으로 이루어지지 않으면 개인 내적이든 사회적 구조든 그 변화를 가져오기 힘들다. 교육인류학의 이러한 개념적 틀은 바스카의 비판적 실재론에 근거하여 인간이 놓인 구조(사회적 관계와 문화)와 인간 행위자의 해방적 노력의 관계를 '과정'적으로 보여줄 수 있는 가능성을 보여 준다. 특히 교육인류학은 이와 같은 개념적 틀뿐만 아니라 그 '과정'을 드러내어 밝힐 수 있는 풍부한 연구방법론적 토대를 갖추고 있다.

가령, 서덕희(2009)는 특정한 틀로 '길들이는' 과정을 '문화(文化)'로 개념화하였으며 이는 바스카의 관점에서 보면, 행위자의 실천에 인과적 힘을 발휘하여 구조를 재생산하도록 만드는 작동과정에 다름 아니다. 교육인류학에서는 이 '문화'라는 과정의 담론적·비담론적 측면 모두를 다양한 연구방법론을 통해 드러내고자 하였다. 가령, 전통적으로 총체적 접근을 해온 인류학적 전통 속에서 참여관찰을 통해 문화적 과정의 담론적·비담론적 측면을 모두 드러내고자 했던 문화기술적 연구(서덕희, 2008; 강진아, 2022), 그 문화적 과정 중 담론적 측면에 초점을 두어 인간 사회의 언어적 상호작용을 틀 짓는 담론의 질서 등을 비판적으로 드러내고자 하는 비판적 담론 분석(서덕희, 2003, 2006, 2019), '홈패인 공간'으로 인간 행위자들을 길들이려는, 즉 '영토화'하려는 비담론적 측면, 즉 물질적 배치의 측면을 비판적으로 드러낼 가능성을 지닌 들뢰즈와 바라드 등의 신물질주의적 접근 등이 이루어졌다.

이러한 문화를 주어진 구조로 하여 이루어지는 행위자들의 교육적 과정 역시 다양한 방법론적 접근을 통해 이루어질 수 있다. '사태 그 자체로 돌아가라'는 현상학의 슬로건은 연구자로 하여금 이원론적인 구분에서 벗어나 연구자가 연구하고자 하는 연구참여자가 자신과 불일이불이(不一而不二) 관계에 있는 세계를 '있는 그대로' 이해하려는 노력의 과정, 즉 환원의 과정을 통해 그 실재를 드러낼 것을 요구하는 것이다. 바스카가 말하는 메타실재에서의 '초월적 동일화'의 과정은 현상학을 통해서만이 아니라 후기구조주의와 신물질주의에 근거한 후기 질적 탐구의 과정을 통해서도 드러날 수 있다. 가령, 들뢰즈와 가타리(Deleuze & Guattari, 1980)의 표현을 빌면, 연구참여자와 연구자는 모두 자신이 놓인 세계의 '홈패인 공간'에서 벗어나, 즉 세계를 이원성에서 벗어나 있는 그대로 향유하고 그 일부이고자 한다. 그 과정은 바스카가 말하는 그 자체로 자유, '기저 상태'가 된다.

다만 문화와 교육의 관계에 대한 탐구는 연구의 목적에 따라 때로는 문화가 전경에 혹은 교육이 전경에 놓이고 다른 하나가 배경이 될 수 있다. 그러나 교육인류학 연구는 어떤 경우라도 '문화' 혹은 '교육'의 과정만 드러내는 연구는 적절하지 않다. 바스카의 메타실재에 비추어 볼 때 세계 자체의 모습이 그러한 이원성의 세계와 그것을 극복하기 위한 비이원적 실천이 상존하는 세계이기 때문이다. 다시 말해 이원성의 세계가 없이 비이원적 실천은 존재할 수 없는 것처럼, 문화의 배경없이 교육만을, 교육적 실천을 전혀 발견할 수 없는 문화만을 드러내는 것은 교육인류학의 근원적 문제의식에서 벗어나는 것이라고 볼 수 있다. 바스카의 존재론에 근거해 볼 때 그러한 접근은 '실재'의 모습을 왜곡하는 것이 된다.

3) 사회적 실재에 대한 다층적·다면적 접근의 필요성과 방법론적 다원주의

셋째, 이와 같은 문화와 교육이 이루어지는 과정은 바스카가 제안한 바와 같이 다층적이며 다면적으로 접근할 때라야 비로소 제대로 이해 혹은 설명 가능하다. 이미 신물질주의에서 주장하는 바와 같이 비인간 역시 인과적 힘을 발휘하는 행위자라고 볼 수 있다. 신물질주의와 반인간중심주의를 공유하고 있는 비판적 실재론인 바스카 역시 인간의 사회적 실재를 연구한다고 하더라도 물질적 거래(material transaction with nature)의 측면이 항상 작동하고 있다는 점을 강조하고 있다. 인간은 이미 하나의 몸으로 다른 물질과 '이미' '언제나' 얽혀 있으며 인간의 문화 역시 자연과 분리되어 있지 않으며 자연을 길들이는 과정이나 그 결과로 존재한다. 인간 자체에 대한 총체적 이해에 근거하여 인간, 문화, 그리고 교육을 연구하고자 하는 교육인류학은 인간과 인간 사이의 현상에만 몰두할 수도 있는 교육연구를 어떤 다른 분야보다 앞장서서 반인간중심주의적 실재론에 근거하여 이끌 필요가 있다. 이러한 인간의 노력은 다른 생명의 자유 없이 자신의 자유 역시 불가하다는 깨침 속에서(서덕희, 2020a) 더 높은 수준의 '기저 상태'를 '찾고 또 찾는' 인간의 존재론적 특이성을 인정한 상태에서 이루어지는 것으로, 자연스러운 필연적 질서를 찾아가는 과정이다. 그런 관점에서 물질적 배치 혹은 비인간 생명이나 AI 등의 기계가 인간의 문화와 교육에 어떤 의미 혹은 힘을 발휘하는지에 대한 분석 등이 다양하게 이루어질 필요가 있다. 신물질주의의 관점에서 이루어지는 일련의 연구들(김은아, 2020; 이연선, 정혜영, 2018; 전가일, 2018) 역시 인간과 비인간의 비이원성을 추구하는 메타실재적 과정의 일면이라고 볼 수 있다.

포스트휴먼적 관점에 대한 강조가 인간의 사회적 실재에 대한 연구가 필요하지 않다는 것은 더더욱 아니다. '인류세'라고 말하고 있는 바와 같이 인간은 이미 지구생태계 자체의 생존 자체를 좌지우지하는 존재가 되고 있음은 말할 필요도 없다(서덕희, 2021b). 인간과, 인간과 이미 뒤얽혀 있는 비인간의 생존과 자유를 불가능하게 하는 사회적 실재의 작동 과정에 대한 더 철저하고 과학적인 연구를 통해 '설명적 비판'을 수행하고 이를 통해 사회적 변화의 가능성을 현실화해야 할 필요가 있다. 이를 위해서는 바스카가 제안한 사회적 실재가 작동하는 네 개의 평면과 일곱 개의 층위를 고려한 학제적이며 총체적인 연구가 요구된다. 즉, 앞서 언급한 자연과의 물질적 거래 외에도 사회적 상호작용, 사회적 관계와 문화라는 구조, 그리고 체화된 인격이라는 네 평면을 고려해야 한다.[21] 더 나아가 바스카는 일곱 가지 층위에서 사회적 실재를 보도록 함으로써, 가령 학교교육과 관련된 다양한 문제 현상과 그 정책적·제도적 제언 등을 할 수 있는 가능성을 제시한다. 즉, 인과적 힘을 발현하는 층위의 실재들을 지구적 경향, 역사–지리적 궤적, 사회 전체를 보는 거시적 층위뿐만 아니라 사회적 관계와 미시적 상호작용을 드러내는 미시적 층위, 인간의 심리와 그 생물학적 토대에 관한 체화된 인격의 층위 등을 살필 것으로 요구한다.

아닌 게 아니라 조용환(2009)은 특정 집단의 문화를 이해하기 위하여 소상황, 매개상황, 대상황의 상황분석을 제안한 바 있으며 서덕희(2011b)는 문화의 차원을 법과 전통, 그리고 성향으로 구분함으로써 인간을 길들이려는 힘이 다차원적으로 작동하고 있음을 주장한 바 있다. 사회적 실재에 대한 이러한 다면적·다층적 접근은 인간이 놓인 상황 혹은 힘을 발휘하는 구조적 실재를 총체적으로 볼 수 있는 가능성을 제시함으로써 인간 이해의 총체성, 더 나아가 세계의 총체성이 작동하는 방식에 대해 이해할 수 있는 가능성을 제시한다. 조용환의 상황분석이나 서덕희의 문화의 다차원성은 비판적 실재론에 의하여 그 존재론적 토대를 마련할 때 서로 다른 층위들 간의 관계가 제대로 드러날 수 있다. 가령, 비판적 실재론에 근거해 볼 때 인과적 힘에 의한 발현으로 볼 때에 선후적 성격이 있다고 하더라도 다른 층위의 존재를 하나의 층위로 환원하여 설명할 수 없

---

21) 일종의 사후적 판단이지만 2021년에 연구자가 수행한 코로나19로 인한 비대면수업 경험을 토대로 '학교'라는 사회적 실재를 드러내어 보고자 했던 연구(서덕희, 2021a)가 이 네 평면에 대한 고려가 이루어진 연구의 실례가 될 수 있다고 판단된다.

으며, 각 층위는 서로에게 인과적 힘을 미치게 되는 것이다.

비판적 실재론에 근거한 다양한 층위의 사회적 실재를 연구하기 위하여 교육인류학은 질적 연구의 다양한 방법론적 전통들을 활용해 왔으며 앞으로 더 적극적으로 활용할 필요가 있다. 비판적 실재론에서 과학을 가능하게 하는 대상으로서의 실재(the real)는 인과적 힘을 발휘하여 사건들(the actual)을 발현할 수 있는 것, 즉 인과적 기제와 구조 등 모든 것을 뜻한다. 인간의 생물학적·심리적·사회심리적 욕구나 욕망도 실재일 뿐만 아니라 어떤 '장(場)' 속에서 특정 행위를 하도록 하는 사회적 관계나 전통처럼 그 속에서 형성되어 힘을 발휘하는 어떤 행동과 가치와 의미의 총체적 체계로서의 문화, 일차적 사회의 사회경제적·물질적 조건 속에서 체화되어 특정 상황에서 특정한 행동을 자동적으로 하도록 하는 성향 등 역시 실재라고 말할 수 있다. 가령, 최근 뇌과학의 발달을 통해 나타나는 인간 신경망의 작동과정에 대한 이해는 인간의 무의식적 행위와 의식적 행위 간의 관계 등을 이해하는 데에도 중요한 기여를 할 수 있다(Elder-Vass, 2007). 이처럼, 이 각각에 대해 접근하는 연구방법론은 다양할 수 있기 때문에 바스카는 방법론적 개인주의나 방법론적 집단주의의 이원론을 넘어선 방법론적 다원주의를 주장한다.

더 나아가 국가와 시장 등 체계화된 구조적 실재가 지속적으로 행위자들에게 인과적 힘을 발휘하여 유사한 경험을 하도록 하는 경우 양적 연구를 통해 그 경험적 규칙성을 확인할 수 있으며 그러한 규칙성이 확인된 경험들이 생겨나도록 하는 다양한 인과적 힘들의 작동 과정은 기존의 다양한 질적 연구방법을 통해 인과적 추론을 해나갈 수 있다. 다만, 질적 연구방법 중 현재의 코빈과 스트로스(Corbin & Strass, 2014)가 제안한 근거이론연구는 인과적 추론을 위한 패러다임 분석 등을 제안하고 있는 것처럼 보이지만 여전히 연구참여자들의 '경험'에 근거한(grounded) 것만을 분석하는 데 그침으로써 바스카가 요구하는 가설추론과 역행추론의 '도약'적 사유의 중요성을 간과하는 측면이 있다. 오히려 그들이 제안한 근거이론연구의 패러다임 분석을 비판적 실재론에 근거하여 재전유하여 재구조화할 필요성이 있다. 그 점에서 오히려 현상학적 연구는 아래에서 확인할 바와 같이 기존의 태도에서 새로운 태도로의 변경을 가져오는 '초월'적 사유라고 할 수 있는 '환원(reduction)'을 통해 '도약'을 가능하게 한다는 점에서 좀 더 주목할 필요가 있다.

4) 사유의 진지한 놀이, 존재론적 깊이를 성실히 오르내리는 창의적 도약의 필요성

비판적 실재론에 근거한 연구의 핵심은 존재의 경험적 영역으로부터 사건의 영역을, 사건의 영역으로부터 실재의 영역으로 거꾸로 논증해 나가는 '역행추론(retroduction)'이다. 특히 경험적 영역의 경향성을 확인하는 데에는 양적 자료가 중요하게 활용될 수 있지만 인과적 가설을 세우고 더 적합한 가설을 정교화해 나가는 가설추론과 역행추론의 과정에서는 질적 연구의 과정이 요구된다. 심층면담과 참여관찰을 통해 자연과의 물질적 거래의 면, 사회적 상호작용의 면, 사회적 구조의 면, 체화된 인격의 면 등에 관한 자료들을 수집할 수 있고, 그 자료들을 통해서 경험을 가능하게 한 사건을 불러일으킨 실재들을 추상화하고 그 실재들 간의 인과적 관계들, 즉 인과적 기제를 가설적으로 세우고 다시 그 가설들의 적합성을 다른 가설들과 비교하여 다른 구체적인 경험들에 적용하면서 그 설명력을 검증해 나갈 수 있다. 그러기 위해서는 구체적인 경험을 가능하게 한 맥락들에 대한 포괄적인 자료 수집과 거기서 작동하고 있는 인과적 기제들을 분석하여 구체적인 경험을 설명할 수 있어야 한다.

구체적인 경험으로부터 사건의 영역, 실재의 영역을 오르내리는 이러한 작업은 연구자로 하여금 존재의 서로 다른 층위를 도약하는 사유 능력을 요구한다. 조용환(1999: 45)이 '기술'의 중요성을 강조하면서 월코트(Harry Wolcott)가 말한 "탐정소설(mystery story)"과 같은 형식을 강조한 것은 구체적인 경험들을 '단서'로 삼아 그것을 불러일으킨 사건들과 그 사건들을 불러일으킨 실재들을 찾아 나가는 질적 연구의 과정을 은유적으로 나타낸 것과 다르지 않다. 이러한 사유는 마치 퍼즐을 맞추게 되었을 때 "유레카"를 외치게 하는 '놀이'적 성격을 띠고 있지만 동시에 구체적인 경험들에 적용하고 다른 가설들을 비교하면서 그 엄밀성을 확보해야 하는 '과학'의 핵심이다. 아닌 게 아니라 현상학적 연구(이남인, 2014)의 사유적 핵심이라고 할 수 있는 '환원' 혹은 '태도 변경' 역시 그 점에서 유사하다. 현상학적 연구에서는 그 유형에 따라 자연주의적 태도에서 자연적 태도(생활세계적 태도)로의 환원으로, 더 나아가 자연적 태도에서 초월적 태도로의 형상적 환원 등을 요구하기도 한다. 현상학에서의 '환원'과 비판적 실재론에서의 '역행추론'의 관계는 좀 더 논의가 필요할 것이지만 두 사유 활동의 핵심은 존재의 다른 층위로 '도약'한다는 데에 있다.

다만 이러한 사유의 과정과 결과가 구체적인 경험을 설명하는 데 충분히 적합하기 위해서는 바스카가 지적한 바와 같이 다면적이고 다층적인 수준을 제대로 고려해야 한다. 이 다면적·다층적 수준이 고려되지 않고 구체적인 경험을 인간의 사회적 실재에 영향을 미치는 가장 추상화된 인과적 기제로 바로 설명하게 될 때, 이러한 설명적 비판은 사회적 변화를 모색하는 실천가들에게 탁상공론식의 무기력한 비판으로 그치게 될 위험이 있다. 가령, 현재 초중학생의 또래 관계의 특정한 양상을 불러일으키는 인과적 기제로 신자유주의 혹은 개인주의 등의 이데올로기를 제시하여 설명할 수는 있지만 그것을 매개하는 구체적인 학교현장의 인과적 기제가 드러나지 않으면 학교현장의 교사들과 관련 실천가들이 학생들의 또래 관계를 개선하기 위해서 구체적으로 어떤 변화를 위한 노력을 기울여야 할지 알 수 없게 된다. 그 점에서 바스카가 제안하는 사회적 실재의 일곱 수준의 층위나 네 개의 평면 등에 근거하여 다양한 층위에서 작동하는 인과적 기제를 밝힘으로써 각 층위마다 모색할 수 있는 실천들을 제시할 수 있고 이를 통해 학교현장의 교사, 교육청의 장학사, 지역사회 혹은 학부모들이 자신이 놓인 자리에서 실천할 수 있고 더 나아가 이에 힘입어 이를 둘러싼 더 큰 범위의 사회구조와 이데올로기를 변화시키고자 하는 노력을 기울일 수 있을 것이다.

물론 교육인류학도들의 상심, 관심과 역량에 따라 단일한 층위에 초점을 두고 연구를 할 수도 있다. 그러나 바스카의 '구체적 보편성'이라는 관점에서 확인할 수 있듯이 하나의 경험 혹은 사건이라도 온전한 설명을 통한 비판과 동시에 부재로부터의 해방을 위해 최대한 관여하는 모든 인과적 기제들을 모두 드러내어 그것들 간의 관계를 밝히려는 노력을 시도할 필요가 있다. 그러한 해명의 과정을 통해서 우리는 교육을 억압하는 문제적 문화를 변화시킨다고 할 때 주목해야 할 고리가 어디인지 확인할 수 있으며 구조적 변화를 위한 실천을 모색할 수 있기 때문이다. 이 점에서 비판적 실재론에 근거한 교육인류학과 질적 연구는 다층적 층위의 실재들과 그 실재들 간의 인과적 기제를 드러내는 엄밀하고 창의적인 사유의 도약이 그 핵심이 될 때에야 비로소 연구자 자신의 소극적 자유뿐만 아니라 더 자유로운 세계를 위한 적극적 노력을 위한 토대가 될 것이다.

4. 나의 자유가 곧 너의 자유가 되는 과정으로서의 교육인류학

나는 2015년 「한국 교육인류학의 특징에 관한 일 고찰」이라는 글에서 교육인류학의 미래를 위한 비전으로 세 가지를 제시한 바 있다. 첫째, 교육인류학의 기원과 전통에 대한 존중과 학습의 필요성, 둘째, 문화의 거시적이고 제도적 맥락들을 체계적으로 분석할 틀의 형성과 이를 해석할 이론적 관점의 제시, 셋째, 교육과 문화의 개념화와 그에 근거한 질적 연구방법론의 체계화가 그것이다(서덕희, 2015: 45-47). 이 글은 한국 교육인류학의 시조라고 할 수 있는 김영찬(1980: 5: 서덕희, 2015: 46에서 재인용)의 "교육을 보다 넓은 사회·문화적 맥락에서 보아야 한다"는 문제의식에 근거하되 조용환과 그 제자들, 그리고 한국교육인류학회를 중심으로 이후 교육인류학의 양적 확대와 질적 심화의 성과를 비판적 실재론이라는 철학적 토대 위에 정리함으로써 세 가지 비전을 실현해 나갈 체계적이되 실존적인 방향타를 제시한 것이라고 볼 수 있다.

교육은 인간 자신이 통제할 수 없는 인과적 힘들에 대한 설명적 이해와 이에 근거한 실천을 통해 그 힘으로부터 혹은 힘을 이용하여 자신을 자유롭게, 즉 해방시키고자 하는 노력과 무관할 수 없다. 그것은 아주 갓 태어난 아이로부터 죽음을 앞둔 노인에 이르기까지 소극적 자유로서 내 밖의 세계와 나를 비이원화한 상태로서의 '기저 상태'에 놓이기 위한 노력의 과정에서부터 더 많은 타자의 자유를 위해, 다시 말하여 더 적극적인 행복을 추구하기 위해서 사회적 실재를 변화시키고자 하는 실천적 노력을 기울이기 위해서도 그러하다. 바스카의 메타실재에 관한 관점에 따르면 나 개인의 자유를 위한 실천적 노력은 필연적으로 타인의 자유를 위한 노력으로 이어질 수밖에 없다. 인간은 관계적 존재로서 내 밖의 타자와 비이원적이 되고자 하기 때문이다. 이 관점에서 볼 때 위기지학적 성격의 교육인류학은 관계적 존재로서의 인간의 존재론적 위상으로 인하여 위인지학(爲人之學)적 성격을 종국적으로 띨 수밖에 없다.

이와 같은 교육인류학의 미래는 십여 년 전 '살아 있는 교육인류학'(서덕희, 2009)을 제안하며 내가 지향하고자 했던 방향과 다르지 않다. 또한 '물러섬 없는 위기지학으로서 교육인류학'(서덕희, 2018)을 밟아 오고자 한 내 연구가 그려 온 궤적의 필연적 방향이기도 하다. 나 자신의 '상심'을 해명하고 해결하는 과정으로 출발한 교육인류학은 내가 놓인 생활세계를 이해하고 나에게 벌어지는 이해할 수 없는 현상들을 설명하며 이를 통해 나 자신을 자유롭게 하려는 노력이기 때문이다. 바스카가 '부재'로부터 변증법적 비판 실재론을 설명했고 자신의 자유를 위해서는 결국 타자의 자유를 위한 사랑이 필연적이라는 점을 강조한 것처럼 나 자신을 위한 교육인류학은 결국 '나이기도 한 너'를 위한 교육인류학이기도 하다는 사실을 오래된 미래처럼 다시금 깨닫는다.

📖 참고문헌

강진아(2022). 초등교사 수업준비에 대한 자문화기술적 사례연구. 서울대학교 대학원 박사학위논문.

고창택(2008). 메타비판적 변증법에서 비판실재론적 변증법으로: 바스카의 헤겔·마르크스 변증법의 변형과 그 적용에 관한 연구. 철학연구, 108, 1-33.

곽태진(2019). 교육과학을 위한 기초작업자로서의 교육철학: 비판적 실재론에 근거한 교육과학과 교육철학의 관계 설정. 교육철학연구, 41(1), 1-23.

김명희(2015a). 고통의 의료화: 세월호 트라우마 담론에 대한 실재론적 검토. 보건과 사회과학, 38, 225-245.

김명희(2015b). 뒤르케임의 사회과학철학: 반환원주의적 통섭의 가능성. 한국사회학, 49(5), 267-307.

김명희(2016). 사회연구에서 발견의 논리와 개념적 추상화: 맑스와 뒤르케임의 과학적 방법. 사회연구, 30, 143-183.

김명희(2017). 통합적 인간과학의 가능성: 맑스와 뒤르케임의 실재론적 귀환. 서울: 한울아카데미.

김은아(2020). 물질적 전회를 통해 본 나무와 인간의 얽힘, 그리고 상황적 지식. 교육인류학연구 23(2), 1-37.

김형효(1996). 메를로 뽕띠와 애매성의 철학. 서울: 철학과현실사.

박찬종(2012). 사회학에서 인과성의 문제: 분석사회학과 비판적 실재론. 경제와사회, 155, 218-227.

변기용, 이현주, 이승희, 손다운(2022). 비판적 실재론의 교육행정학 연구방법론에 대한 함의와 연구의 실제. 교육행정학연구, 40(1), 691-720.

서덕희(2003). "교실붕괴" 기사에 대한 비판적 담론 분석: 조선일보를 중심으로. 교육인류학연구, 6(2), 55-89.

서덕희(2006). "교실붕괴" 이후 신자유주의 교육담론의 형성과 그 저항. 교육사회학연구, 16(1), 77-105.

서덕희(2008). 홈스쿨링을 만나다. 서울: 교육과학사.

서덕희(2009). 문화와 교육 개념의 실존성: "살아 있는" 교육인류학을 위한 소고. 교육인류학연구, 12(2), 1-44.

서덕희(2011a). 농촌 국제결혼가정 아동들의 학교생활에 대한 맥락적 이해: 전남 소규모 초등학교에 대한 질적 사례 연구. 교육사회학연구, 21(2), 87-120.

서덕희(2011b). 문화 없는 다문화교육을 넘어서: 문화의 과정성과 다차원성에 근거한 다문화교육 재개념화. 교육학연구, 49(4), 231-264.

서덕희(2015). 한국 교육인류학의 특징에 관한 일 고찰. 교육인류학연구, 18(2), 1-56.

서덕희, 테레사 편(2017). 한국태생 국제결혼가정 청소년의 진로 형성 과정에 관한 종단적 사례 연구. 교육사회학연구, 27(3), 57-98.

서덕희(2018). 물러섬 없는 위기지학(爲己之學): 한 교육인류학도의 연구궤적을 통해 본 교육인류학과 질적 연구. 교육인류학연구, 21(4), 1-41.

서덕희(2019). "적정규모 학교"라는 담론의 질서: 농촌 교육정책에 대한 비판적 담론분석. 교육사회학연구, 29(2), 195-233.

서덕희(2020a). 교육인류학과 질적 연구의 포스트휴머니즘과의 접속과 생성. 교육인류학연구, 23(1), 1-43.

서덕희(2020b). 질적 연구의 '원형'으로서 사례 연구의 방법론적 성격: 사례와 연구자의 대칭적-되기. 교육인류학연구, 23(4), 1-29.

서덕희(2021a). "이게 학교야?": 코로나 팬데믹 상황, 온라인학교 체험을 통해 본 학교의 의미. 교육인류학연구, 24(4), 39-89.

서덕희(2021b). 1장. 우리는 어떻게 현재의 인간이 되었는가. 윤여각 외(2021). 문화와 교육 개정판. (pp. 1-22) 서울: 한국방송통신대학출판원.

서덕희(2022). 코로나19 상황에서의 중산층 학부모의 자녀교육 양상의 다양성과 그 의미. 교육사회학연구, 32(3), 99-141.

서덕희, 강진아, 김은아, 최유림, 이진주(2022). 초·중학생의 또래 관계의 특징과 교육적 대응방안. 한국교육개발원 위탁과제 결과보고 발표자료.

서명원(2019). 설명과 이해의 자연주의적 해석: 리쾨르 해석학에서의 몸의 문제. 철학연구, 149, 213-242.

서민규(2010). 비판적 실재론의 변증법적 이행. 철학탐구, 27, 57-81.

서민규(2017). 한국사회의 현실에 대한 비판적 실재론의 개입. 경제와사회, 218-227.

서민규(2019). 21세기 유럽의 실재론자들. 동서철학연구, 91, 377-401.

서민규(2020). 반인간주의 실재론의 가능성: 로이 바스카의 메타실재. 문화와 융합, 42(4), 163-183.

신희영(2017). 행정학의 주류 연구방법인 '과학적' 연구방법의 메타이론에 대한 비판적 고찰: 비판적 실재론적 접근. 정부학연구, 23(2), 59-93.

우아영, 김기덕(2013). 사회복지 패러다임으로서 비판적 실재론의 가능성에 대한 탐색적 연구. 사회복지연구, 44(2), 465-497.

이기홍(2014). 사회과학의 철학적 기초: 비판적 실재론의 접근. 경기: 한울.

이기홍(2017). 로이 바스카. 서울: 커뮤니케이션북스.

이기홍(2021). 비판적 실재론이 상기시키는 사회과학의 가능성. 담론201, 24(1), 73-121.

이남인(2014). 현상학과 질적 연구: 응용현상학의 한 지평. 경기: 한길사.

이봉재(2003). 과학과 가치. 과학철학, 6(2), 29-55.

이성회, 정바울(2015). 아처의 형태발생론적 접근(Morphogenetic Approach)에 대한 탐색적 연구: '성찰'의 재개념화를 중심으로. 교육사회학연구, 25(1), 189-210.

이성회(2021). 생태학적 "교사 행위주체성"의 한계와 대안: 비판적 실재론에 기반한 '관계적 교사 행위자성' 개념모델 탐색. 교육사회학연구, 31(1), 129-154.

이연선, 정혜영(2018). 회절과 회절분석으로 예비유아교사교육을 실험하기. 교육인류학연구, 21(1), 193-224.

이영철(2006). 사회과학에서 사례연구의 이론적 지위: 비판적 실재론을 바탕으로. 한국행정학보, 40(1), 71-90.

이영철(2010). 패러다임에서 실재로: 구성주의 과학관에서 실재론적 과학관으로. 정부학연구, 16(1), 155-179.

이혁규(2004). 질적 연구의 타당성 문제에 대한 고찰. 교육인류학연구, 7(1), 175-210.

장상호(1998). 교육활동으로서의 언어소통: 그 한계와 새로운 가능성의 탐색. 교육원리연구, 3(1), 77-128. 교육원리연구회.

전가일(2018). 한 호주 놀이터의 물질성을 통해 본 놀이의 의미에 대한 포토에세이 연구. 교육인류학연구, 21(4), 121-166.

전은희(2017). 학벌주의 정체성에 대한 내러티브적 이해: 서울대생의 사례를 중심으로. 교육인류학연구, 20(3), 103-148.

조광제(2004). 몸의 세계, 세계의 몸 메를로 퐁티의 『지각의 현상학』에 대한 강해. 서울: 이학사.

조용환(1997). 사회화와 교육. 서울: 서울대학교출판부.

조용환(1999). 질적 연구: 방법과 사례. 서울: 교육과학사.

조용환(2004). 질적 연구와 질적 교육. 교육인류학연구, 7(2), 55-75.

조용환(2009). 고등학생의 학업생활과 문화 연구. 한국교육개발원 연구보고서, RR2009-08-2.

조용환(2012). 교육인류학과 질적 연구. 교육인류학연구, 15(2), 1-21.

조용환(2014). 차라투스트라는 이렇게 수업했다: 교육인류학의 눈으로. 교육인류학연구, 17(4), 35-74.

조용환(2021). 교육다운 교육. 경기: 바른북스.

조용환(2022). 교육인류학과 질적 연구. 조용환 외, 질적 연구 분야별 접근. 서울: 학지사.

주성호(2003). 왜 메를로-퐁티는 신체의 현상학에서 살의 존재론으로 이행하는가?. 철학과 현상학 연구, 20, 115-136.

홍민기(2021). 비판적 실재론과 사회과학철학에서 인과성의 구조와 정책연구에의 함의. 사회적경제와 정책연구, 11(4), 125-159.

岩內章太郎(2019). 이신철 역(2020). 새로운 철학 교과서: 현대 실재론 입문. 서울: 도서출판 b.

Bhaskar, R. (1989). *Reclaiming Reality: A Critical Introduction to Contemporary Philosophy*. London: Verso. 이기홍 역(2007). 비판적 실재론과 해방의 사회과학. 서울: 후마니타스.

Bhaskar, R. (2008). *Dialectic: The Pulse of Freedom*. London: Routledge.

Bhaskar, R. Danermark, B., & Price, L. (2018). *Interdisciplinarity and Wellbeing: A Critical Realist General Theory of Interdisciplinarity*. Abingdon & NewYork: Routledge.

Bhaskar, R. (2017). *The Order of Natural Necessity: A Kind of Introduction to Critical Realism*. 김훈태 역(2021). 자연적 필연성의 질서: 친절한 비판적 실재론 입문. 경기: 두 번째테제.

Boyle, B., & Mcdonough, T. (2015). Critical Realism and the Althusserian Legacy. *Journal for the Theory of Social Behaviour, 46*(2), 143-164.

Collier, A. (1994). *Critical realism : an introduction to Roy Bhaskar's philosophy*. 이기홍, 최대용 역(201). 비판적 실재론: 로이 바스카의 과학철학. 서울: 후마니타스.

Corbin, J., & Strass, A. (2014). *Basics of Qualitative Research: Techniques and Procedures for Developing Grounded Theory*. NewYork: Sage Pub.

Danermark, B. Ekström, M. Jakobson, L., & Karlsson, J. C. (1997). *Explaining Society: Critical realism in the social sciences*. Sweden: Studentlitteratur. 이기홍 역(2004). 새로운 사회과학방법론. 서울: 한울아카데미.

Descartes, R. (1637). *Discours de la méthode*. 이현복 역(1997). 방법서설 정신지도를 위한 규칙들. 서울: 문예출판사.

Deleuze, G., & Guattari, F. (1980). *Mille plateaux : capitalisme et schizophrenie.* 김재인 역 (2001). 천 개의 고원. 서울: 새물결출판사.

Denzin, N. (1994). The Art and Politics of Interpretation. In N. Denzin & Y. Lincoln (Eds.), *Handbook of Qualitative Research*, pp. 500-515. London & NewYork: Sage.

Elder-Vass, D. (2007). Reconciling Archer and Bourdieu in an Emergentist Theory of Action. *Sociological Theory, 25*(4), 325-346.

Gadamer, H. (1960). *Wahrheit und Methode.* Weinsheimer, J. & D. G. Marshall (trans.)(1975) *Truth and Method.* London. NewYork: Continuum.

Geertz, C. (1973). *The Interpretation of Cultures.* NewYork: Basic Books

Greene, J. C. (2008). Is Mixed Methods Social Inquiry a Distinctive Methodology? *Journal of Mixed Methods Research, 2*(1), 7-22.

Hartwig, M. (Eds.)(2007). *Dictionary of Critical Realism.* London & NewYork: Routledge.

Heideggar, M. (1926). *Sein und zeit.* 이기상, 구연상 역(1998). 존재와 시간. 서울: 까치.

Husserl, E. (1937). *Die krisis der europaischen wissenschaften und die transzendentale phnomenologie.* 이종훈 역(1993). 유럽학문의 위기와 선험적 현상학. 서울: 이론과실천.

Lather, P. (1986). Issues of validity in openly ideological research: Between a rock and a soft place. *Interchange, 17*(4), 63-84. doi: 10.1007/bf01807017

Maxwell, J. A., & Mittapalli, K. (2010). Realism as a stance for Mixed Methods Research. In A. Tashakkori & C. Teddie (Eds.), *Sage Handbook of Mixed Methods in Social & Behavioral Research.* (pp. 145-167). Sage Pub.

Merleau-Ponty, M. (1945). *Phénoménologie de la perception.* 류의근 역(2002). 지각의 현상학. 서울: 문학과지성사.

Merleau-Ponty, M. (1964). *Le visible et l'invisible.* 남수인, 최의영 역(2004). 보이는 것과 보이지 않는 것. 서울: 동문선.

Moore, J. D. (1997). *Visions of Culture.* 김우영 역(2002). 인류학의 거장들: 인물로 읽는 인류학의 역사와 이론. 경기: 한길사.

Mukumbang, F. C. (2021). Retroductive Theorizing: A Contribution of Critical Realism to Mixed Methods Research. *Journal of Mixed Methods Research, 0*(0), 1-22. First published online December 6, 2021 .

Kant, I. (1781) *Kritik der reinen Vernunft.* 최재희 역(2019). 순수이성비판. 서울: 박영사.

Outhwaite. W. (1987). *New philosophies of social science.* 이기홍 역(1995). 새로운 사회과학철학.

서울: 한울.

Porpora, D. V. (2019). A reflection on critical realism and ethics. *Journal of Critical Realism,* *18*(3), 274-284.

Richardson, L. (1997). *Fields of Play: Constructing an Academic Life.* New Brunswick, NJ: Rutgers University Press.

Ritz, B. (2020) Comparing abduction and retroduction in Peircean pragmatism and critical realism. *Journal of Critical Realism, 19*(5), 456-465

Rorty, R. (1979). *Philosophy and the Mirror of Nature.* New Jersey: Princeton University Press.

Routzou, T. (2017). Finding Bhaskar in all the wrong places? Causation, process, and structure in Bhaskar and Deleuze. *Journal for the Theory of Social Behaviour. 47.* 10.1111/ jtsb.12138.

Sartre, J. P. (1943). *L'Être et le néant: Essai d'ontologie phénoménologique.* 정소성 역(2009). 존재와 무. 서울: 동서문화사.

Scott, D., & Bhaskar, R. (2015). *Roy Bhaskar: A Theory of Education.* Springer. 이기홍 역(2020). 로이 바스카, 비판적 실재론과 교육을 말하다. 서울: 한울아카데미.

St. Pierre, E. A. (2021). Why Post Qualitative Inquiry? *Qualitative Inquiry, 27*(2), 163-166.

Teddie, C., & Tashakkori, A. (2010). Overview of Contemporary Issues in Mixed Methods Research. In A. Tashakkori & C. Teddie (Eds.), *Sage Handbook of Mixed Methods in Social & Behavioral Research* (pp. 1-41). Sage Pub.

Wittgenstein, L. (1922). *Tractatus Logico-Philosophicus.* New York: Harcourt, Brace & Company. 이영철 역(2006). 논리-철학 논고: 비트겐슈타인 선집 1. 서울: 책세상.

Zachariadis, M., Scott, S., & Barret, M. (2013). Methodological Implications of Critical Realism for Mixed Method Research. *MIS Quarterly, 37*(3), 855-879.

제4장

긍정의 교육[1)]
교육인류학은 어떻게 현실화될 수 있는가

1. 긍정의 교육에 대한 상상

먼지 나니 뛰지 마라, 떠들지 마라, 다른 사람 마스크 만지지 마라, 이렇게 풀면 안 된다, 그렇게 쓰면 안 된다, 이건 틀렸으니 다시 해라……. 내가 아이들을 지도하면서 나도 모르게 지금껏 계속해서 써 왔던 말들이다. 어쩌다 시간이 나 하루 일과를 돌아볼 때면 하루 동안 해 왔던 내 언행에 흠칫 놀랄 때가 한두 번이 아니다. 왜 이렇게 하지 말라는 말이 많은지 말이다. 이러다 학생들은 학교에서 온통 하지 말아야 할 것들만 배우게 되는 것은 아닐까? 그렇다면 창의니 인성이니 꿈이니 끼니 하면서 무엇을 할 수 있는지, 또 무엇을 해야 하는지 학생들에게 자신이 가진 무한한 가능성을 펼쳐 갈, 또 펼쳐 낼 기회를 주고자 노력하는 현재 한국 교육 정책에 정면으로 배치되는 일을 내가 하고 있다는 건가? 또한 나는 내가 만나는 학생들에게 이 세상을 '할 수 있는 것', '해야 할 것'으로 가득 찬 세계가 아닌 '하지 말아야 할 것'들만 득시글거리는 세계로 보여 주며, 또한 그러한 세계로 파악하고 이해하게끔 하고 있다는 건가? 생각을 이어 가다 보니 작년 언젠가 우리 반 3학년 학생 하나가 내게 따지듯 던진 한 마디가 불현듯 떠오른다. "선생님은 왜 하지 말라고만 해요?"

그렇다면 이처럼 '부정적' 낱말로 점철된 나의 지도 방식을 이끌어 낸, 그동안 내가 학

---

*전현욱(양지초등학교 교사)

1) 이 글은 한국교육인류학회의 학술지 〈교육인류학연구〉 제25권 2호 1~27쪽에 실린 글(전현욱, 2022)을 소폭 수정한 것이다.

생으로, 교사로서, 그리고 교육 연구자로서 익혀 온 교육학, 그래서 일부나마 내 몸에 각인된 내 교육학은 '부정의 교육학'인가?

　　교육은 학습자에게 모르는 것을 알게 하고 할 수 없는 것을 할 수 있게 함으로써 그들을 '사람'으로 '만들고' '기르는' 일이기 때문에, 따라서 그 '만듦'과 '기름'의 방향은 '긍정적'이어야 한다. 다른 한편으로, 자연적으로 발생한 학습에 문화적으로 발명된 교수가 더해지면서, 그리고 자연스러운 학습이 학교제도에 포섭되고, 이를 통해 그 자연성이 국가와 사회에 의해 호명되고 국가제도와 봉합되면서 학습의 자연성은 인위성으로 대체되었다(조용환, 2021). 따라서 학교제도하에서 자연스러운 삶의 장면에서 인위적인 학습의 장면으로 전환할 것을 학습자는 하루도 거르지 않고 요구 받고, 교수자는 이를 날마다 요구한다. 그리고 여기서 학교와 학습을 거부하는 학습자와 어떻게든 그들을 학교와 학습에 참여케 하려는 교수자 사이의 안타까운 힘겨루기가 반복된다(조한혜정, 1996). 달리 말해 교수자에게는 '이제 그만 놀고 공부하자'며 학습자를 살살 꼬드겨야 할 책임이 있다. 그러나 학습자는 그 꾀에 쉽게 넘어가지 않는다.

　　교육, 특히 학교교육이 처한 이와 같은 상황에서 '부정'의 교육, 그리고 이를 뒷받침하는 '부정의 교육학'은 명시적으로든 암묵적으로든 금기시된다. 특히 그 방법적 측면에서 더욱 '긍정적'이어야 함을 가정하고 전제하고 있는 듯 보인다. 가령 수업 초반에 학생들을 수업에 끌어들이기 위해, 또는 학습 문제에 초대하기 위해 실시하는 동기유발의 경우 대체로 이 수업에서 다루는 내용은 학생들의 삶에 유용할 거라는, 그리고 배움의 과정은 재미있을 것이며 배우면 삶에 도움이 될 거라는 신념, 믿음을 불러일으키는 내용을 제시한다. 재미는 '없을' 수 있지만 그래도 배워 두면 분명 좋을 거라는 식으로 실시하는 동기유발은 본 적도 들은 적도 없다. 뿐만 아니라 피그말리온 효과는 학생에 대한 '긍정적' 기대의 결정체나 마찬가지다. 이로 인해 '너희는 못할 거야.'라는, 부정적 표현이 들어간 일종의 반어적 표현을 통해 학생들의 도전 정신과 승부욕을 자극하는 방식은 되도록 회피해야 할 것으로 여겨진다. 교사의 '긍정적' 기대가 학생들의 '긍정적' 행위와 성취를 이끌어 낸다는 것이 이 효과가 시사하는 바이기 때문이다. 뿐만 아니라 학습목표는 '~을 할 수 있다', '알 수 있다'는 식으로 기술되며, 2015 개정 교육과정에서 제시한 '성취 기준'들 또한 '긍정적' 표현 일색이다. '이것을 배우면 ~을 하지 않게 된다', '이걸 못하면 ~을 할 수 없다'는 식의 학습목표는 본 적이 없다. 사람은 꼭 '할 수 있게', 또는 '알 수 있게' 되면서만 되어 가는 것인가? 하지 '않게' 되면서는 사람으로 되어 갈 수 없는가? 무엇보다 가령 학교폭력 예방교육처럼 '하지 말아야' 할 것을 다루는 교육에서조차 '긍정'의 언어로써 교육의 목표와 과정을 설정하고 조직해야 하는가? 또한 학습의 동기는 '긍정적' 자극을 통해서만 유발되고 형성되는가?

여기서 의문이 든다. 이처럼 교육 행위가 '하지 마라'가 아니라 '해라', '할 수 있다', '알 수 있다' 등 통상적으로 '긍정'으로 인식되는 형태로 표현되고 이루어지면 그것은 내 경우와는 반대되는 '긍정의 교육'이며, 이를 이끌어 내고 그 필요성과 중요성을 뒷받침하는 교육학은 '긍정의 교육학'인가? 거기에는 어쩌면 '할 수 없으면 안 된다', '알 수 없으면 안 된다', '이렇게 하지 않으면 안 된다', '인사를 잘하지 않으면 안 된다' 등의 '아님', 즉 지양되어야 할 '부정'의 상태가 전제되어 있는 것은 아닌가? 그런 점에서 '해라', '할 수 있다', '알 수 있다'의 형태로 표현되고 이루어지는 교육과 이를 요구하는 교육학 역시 부정의 교육이고 부정의 교육학 아닌가?

우리의 생활세계가 교육을 기본적으로 '긍정적'이어야 함을 암묵적으로 가정하고 동의해서인지는 몰라도 교육 행위가, 그리고 그러한 행위를 이끌어 내고 뒷받침하는 교육학이 긍정적인가 부정적인가, 어떤 것이 교육과 교육학이 지향해야 할 방향인가에 관한 논의는 거의 없는 듯하다. 긍정과 교육을 주제어로 해서 찾아 본 연구들은 이 둘 간의 관계를 탐색하기보다는 10여 년 전부터 유행하기 시작한 '긍정심리학'을 그 배경으로 하는 교육 방식과 그 적용 효과에 관심을 두고 있다. 하지만 안타깝게도 이 연구들은 긍정심리학의 수용을 미리 전제한 채 연구를 수행하고 그 결과를 보고하다 보니 긍정심리학이 말하는 '긍정'이 대체 무엇인지, 어떤 점에서 긍정적인지 꼼꼼하게 살펴보고 검토하지 않는다. 우리 생활세계의 가정이 그렇듯 교육이, 그리고 교육학이 긍정의 방향을 지향하는 게 부정의 방향으로 나아가는 것보다 낫다면 대체 '긍정'이라는 것이 무엇이기에 그러해야 하는가? 예컨대 '긍정적' 태도는 '부정적' 태도보다 대체 무엇이 낫기에 우리는 긍정적 태도를 길러야 하고, 후대들에게 그러한 태도를 가르쳐야 하는가?[2] '너는 할 수 있어', '나는 너를 믿어'와 같은 식으로 이야기하면 다 긍정의 언어인가?

이 지점에서 나는 상심을 갖는다. 우리가 흔히 쓰는 '긍정'이라는 말이 의미하는 것은 과연 무엇인가? 황희처럼 너도 옳고 나도 옳고, 너도 잘했고 나도 잘했다 말하면 그게 긍정인가? 그렇게 서로 다 잘했다고 인정하는 것, 그것이 교육이 추구하는 바인가?

---

2) 가령, 2015 개정 도덕과 교육과정 중 '가. 내용 체계'에 제시된 5~6학년군 내용 요소 중 하나는 '긍정적 태도'다(교육부, 2015: 195).

'하지 말라', '하면 안 된다'는 '부정'의 언어는 말 그대로 부정의 언어일 뿐 긍정의 우회적 표현은 될 수 없으며, 임시방편일 뿐 떳떳하면서도 바람직한 표현은 될 수 없는가? 그리고 우리 생활세계의 전제대로 교육이 '긍정적'이어야 한다면 그때의 교육의 모습은 어떠해야 하는가?

나는 이 글에서 앞의 질문에 대한 답을 그동안 내가 공부해 온 교육인류학의 도움을 받아 찾아갈 예정이다. 다음에서 상세히 밝히겠지만 교육인류학은 문화와 교육의 상호 얽힘과 상호작용, 그에 대한 검토를 통해 더 나은 삶의 가능성을 모색하는 것을 주된 연구 과제로 삼는다. 그 연구의 과정에서 '문질빈빈(文質彬彬)'이라는, 관심을 가진 어떤 것의 본질을 찾고자 문화적으로 덧씌워진 의미를 비판적으로 검토하고, 새롭게 의미화하고자 숙고에 숙고를 거듭하는 것을 요체로 하는 독특한 방법론과 자세를 취한다. 이러한 교육인류학적 관점에서의 교육은 문화에 대한 이해와 비판을 통해 더 나은 삶을 창조해 가는 행위다.

그리고 긍정은 한 시대, 한 사회를 지배하는 문화의 이해와 비판, 나아가 이를 바탕으로 한 새로운 생성 및 가치 창조와 관련되며, 긍정의 교육은 이를 통한 차이 자체의 생성을 강조한다. 이렇게 긍정과 긍정의 교육은 그것이 내포하고 있는 문화, 이해, 비판, 생성과 창조의 개념을 교육인류학과 공유한다. 내가 다른 학문도 아닌 교육인류학을 이 글의 길잡이로 삼은 까닭은 이 글을 쓰는 과정에서 내가 정리하게 된 긍정의 개념과 이를 통한 긍정의 교육이 이처럼 그동안 내가 공부해 온 교육인류학의 정신 및 자세와 맞닿아 있음을 알게 되었기 때문이다. 서덕희(2009)는 '살아 있는' 교육인류학을 말했다. 나는 이 글에서 '긍정'의 교육인류학을 말하려 한다. 아울러 교육은 긍정적이어야 함을, 즉 '긍정의 교육'의 의미를 내 나름대로 밝혀 보려 한다.

2. 교육인류학? 긍정?

1) 교육인류학에 대한 이해

'교육인류학'이라는 기표를 갖는 이 기호는 두 가지 기의를 갖는다. 하나는 주로 북미권에서 연구, 논의되었으며, 문화인류학의 분과학문으로서의 특성을 가지고 다양한 교육 현상의 문화적 측면을 다루는 교육인류학이다. 이 교육인류학은 모든 문화는 가치 우열을 가릴 수 없으며 그 자체로 소중하다는 문화상대주의, 문화는 어느 하나의 부분적 현상이나 측면을 통해서가 아니라 한 문화를 구성하는 모든 구성 요소의 전체적 맥락과 관계 속에서 이해해야 한다는 총체주의, 그리고 문화는 인간이 환경에 적응하는 과정에서 구성되었으며 또한 여전히 구성되는 과정에 있는 산물이라는 구성주의를 주요 사상적 준거로 삼으며, 3E를 활용한 현지 연구를 통해 교육 현상을 연구한다. 이는 장상호(1997)가 강하게 비판한바 다른 학문 분과의 방법론을 빌려 교육을 연구하려는 '용병 학문'에 해당하는, 요컨대 인류학적 관점에서의 교육인류학, 문화인류학의 하위 분과학문으로서의 교육인류학이라고 이해할 수 있을 것이다.

한편에는 또 다른 교육인류학이 있다. 한국의 선배 교육인류학자들이 그 정체성 형성을 위해 치열하게 고투해 온 한국적 교육인류학이 그것이다. 이는 교육과 교육학의 관점에서 문화와 교육의 상생과 갈등적 상호작용을 탐구하고, 그것과 우리 일상적 삶과의 관계를 이해하며, 여기에 더해 다양한 문화에 대한 비교 연구와 교육을 통해 더 나은 문화를 구성, 생성하고 창조하고자 하는 교육인류학이다. 말하자면 문화를 교육학적 관점에서 다루는, "교육에 중심을 둔 교육학적인 교육인류학"(조용환, 2011: 4)이며, 따라서 이 교육인류학은 교육학이다. 내가 이 절에서 정리하고자 하는 것은 이 한국의 교육인류학, 즉 교육학으로서의 교육인류학이다.

교육인류학의 주요 관심사는 문화와 교육[3]의 상호작용이다. 이에 대한 연구는 내가 보기에 크게 세 가지 과제 속에서 이루어진다. 하나는 상생적 상호작용 양상에 대한 이해를 통해 이 관계를 지속하는 동시에 더 나은 관계 맺음의 방향과 방식을 모색하는 것이다. 가령 '지역교육생태계' 구축을 통한 지역사회의 교육 참여 유도(충청북도교육청,

3) 조용환(2004, 2021)에 따르면 문화와 교육은 각각 다음과 같은 세 가지 속성을 갖는다. 우선 문화는, 첫째, 자연의 길들임(domestication), 둘째, 어떤 일을 하는 방식(way of doing something), 셋째, 의미 만들기(signification, making sense and sense making)의 속성을 갖는다. 실제로 우리는 어떤 식물을 '나물'이라는 이름으로 살짝 데치거나 또는 날 것으로 해서 양념에 무쳐 먹거나 초고추장에 찍어 먹는다. 때로 국이나 죽을 끓여 먹기도 한다. 그렇게 어떤 식물은 우리 한국인에게 식재료로 길들여져 의미화되고, 이러저러한 방식의 조리법을 낳는다. 그러나 내 옆의 미국 출신 원어민 교사는 그런 나물을 알지도 못하고, 먹지도 않거니와 설사 먹는다 하더라도 샐러드에 넣어 먹을 뿐 다른 조리 방식은 알지 못한다고 했다. 문화가 다르기 때문이다. 다음 교육은, 첫째, 학습과 교수의 상징적·해석적 상호작용, 둘째, 더 나은 인간 형성의 존재론적 지향, 셋째, 변증법적 대화의 속성을 갖는다. 더 자세한 내용은 조용환(2006, 2021)을 참조하기 바란다. 중요한 것은 문화와 교육에 관한 이와 같은 개념 정의가 결코 '관념적'이거나 '유명론적'인 것이 아닌 사실이다. 서덕희(2009)는 이 두 개념이 자신의 체험 속에 생생하게 '살아 있는' 실존적 개념임을 잘 보여 준다.

2021)가 바람직한 교육의 문화, 방향이라면 그것이 무엇인지, 현재 어떤 상태, 상황에 놓여 있는지, 그 속에서 사람들은 어떤 관계를 맺고 어떤 방식으로 이를 수행하는지, 어떻게 하면 이를 이룰 수 있는지 등을 면밀하고 치밀하게 탐구하는 것이 그 예가 될 수 있다. 어떤 직장에서 상사와 부하 직원 간의 관계가 직무 수행과 관련하여 서로의 성장에 발전적 영향을 미친다면 그 관계가 어떤 관계인지, 그러한 관계는 어떻게 형성되고 어떤 언행이 오가는지, 어떻게 하면 그 관계를 더욱 발전시킬 수 있는지 탐구하는 것도 또 다른 예가 될 수 있을 것이다.

다른 하나는 문화와 교육의 갈등적 상호작용의 양상에 대한 탐구를 통해 바람직한 교육을 저해하고 해치는 문화를 좀 더 나은 방향으로 개선, 나아가 새로운 교육문화를 구성할 수 있는 방법을 찾는 것이다. 예컨대, 우리 사회에는 어떤 행위에 대한 문서만 잘 작성돼 있으면 실제로 그 행위를 하지 않았다 하더라도 마치 한 것처럼 인정하는 분위기가 전반적으로 형성되어 있는데, 이런 분위기는 이른바 '교육현장'이라 불리는 학교에서도 마찬가지다. 어떤 교육행위를 실제로 하지 않았어도 문서, 가령 학교교육과정이나 결과 보고서 등에 기재 또는 언급돼 있으면 그 '어떤 교육행위'는 학교교육의 방편으로 수행된 것으로 본다. 이에 해당되는 사례는 부지기수라 일일이 거론할 수가 없지만, 적어도 이러한 문화가 바람직한 교육의 수행과 갈등을 일으키는 것은 분명하다. 아무튼 교육인류학은 이와 같은 문화와 교육의 갈등적 상호작용 양상에 대한 연구를 통해 좀 더 바람직한 상호작용 방식과 방법을 찾는 데 관심을 갖는다.

마지막 과제는 다양한 문화 간의 비교를 통해 더 나은 문화의 가능성과 방법을 찾는 것이다. 사회 사이에서는 물론이고 한 사회 내에서도 단일한 문화란 있을 수 없으며, 따라서 다양한 문화가 작동하는 것이 사실이다. 한국 사회의 문화와 아마존 유역의 피다한족 사회의 문화가 다르고, 한국 사회 내에서도 고등학생의 학업 문화(한국교육개발원, 2009)와 성인들의 평생학습 문화(박지연, 이병준, 박신영, 2012)가 다른 것처럼 말이다.

문화상대주의의 입장에서라면 그 어떤 문화도 우열을 가릴 수 없으며, 각각의 문화가 자연과 환경에 적응하는 과정에서 형성된 산물인 만큼 모두가 소중하다. 그러나 교육의 목적인 '더 나은 삶의 지향'의 입장을 취한다면 내가 속한 집단과 사회의 문화를 비롯해 여타의 다른 문화들은 비판적 검토와 비교의 대상이 된다. 더 나은 삶은 현재 나를 둘러싸고 있는 문화에 대한 성찰에 다른 문화들에 대한 비판적 검토의 결과를 더할 때, 즉 타문화와 소통하며 따라서 타문화와 상생하고자 노력할 때(조용환, 2012a) 비로소 가능해지기 때문이다. 이와 관련한 예로 교육과정의 개선과 개발을 위해 현재 교육과정의 운영 및 실행 양상을 검토하고, 장차 추구하는 교육과정과 유사한 지향 속에서 교육과정을 개발·운영하고 있는 다른 나라의 교육과정과 비교해 보는 일을 들 수 있을 것이다. 또 좀 더 나은 지역교육생태계 구축 정책 수립을 위해 현재 지역사회와 학교의 교육과정 협력 상황을 점검하고, 청주와 충주, 보은의 지역교육생태계 구축 사례를 조사하여 비교한 충청북도교육청의 연구(충청북도교육청, 2021)도 또 다른 예가 될 수 있을 것이다.

문화와 교육의 상호작용과 관련한 이 세 영역에서의 교육인류학적 연구는 모두 문화의 횡적 상대성과 교육의 종적 상대성의 조화 속에서 이루어진다. 문화상대주의의 입장에 따라 모든 문화는 그 가치와 우열을 매길 수 없지만, '더 나은 삶'을 지향하는 교육의 관점에서라면 모든 문화는 비교 우위와 가치 경중을 따지고 비교하는 대상이 될 수밖에 없다. 요컨대 교육인류학은 우리 삶을 구성하는 다양한 문화에 대한 '있는 그대로'의 이해와 더불어 그 문화가 과연 바람직한 문화인지, 좀 더 나은 삶을 가능케 하려면 그 문화를 어떻게 재구성해 나가야 할지 등 양자 모두에 관심을 갖는다. 그렇다면 이 두 종류의 상대성의 조화가 이루어지는 방식은 어떠한가? 이 두 상대성의 조화를 추구하는 교육인류학적 연구는 어떤 과정으로 이루어지는가?

'교육 문화'를 예로 들어 보자. 우선 한 사회에서 일어나는, 상식적으로 이미 교육임을 전제한 학교제도와 관련된 현상을 포함하여 그 외의 다양한 문화적 현상에서 '교육'으로 의미화될 수 있는 각종 양상들을 이해하는 일이 선행되어야 할 것이고, 다음으로 이미 교육으로 여겨지거나 또는 연구자에 의해 '교육'으로 밝혀진 행위들의 이면을 성찰하고 탐구함으로써 그 행위들의 의미를 밝히는 일이 이어져야 할 것이다. 이러한 연구들이 문화의 횡적 상대성 관점에서의 교육인류학 연구라고 할 수 있다. 이어서는 교육의 종적 상대성 관점에서의 연구가 후속되어야 할 것이다. 아마도 그와 같은 성격의 연구는 이제껏 밝혀진 다양한 교육 관련 행위와 제도 등을 '교육'의 눈으로 성찰하고, 타문화권의 교육 문화와 비교·검토하여 더 나은 교육의 모습과 문화를 탐색하고 구성하고자 노력하는 모습을 띠게 될 것이다. 그렇다면 문화의 횡적 상대성과 교육의 종적 상대성의 입장에서 문화와 교육의 상호작용을 연구하고자 할 때 필요한 자세는 무엇인가?

조용환(2012a)이 체계적으로 정리하고 있다시피 이와 같은 연구에 필요한 자세는 '문질빈빈'이다. 어떤 문화는 선택과 배제를 통해 구성된 것임을, 따라서 문화는 항상-이미 인간적이고 인격적인 것임을 이해하고, 선택의 과정에서 배제된 것과 비인격적인 것들에 애써 주목함으로써 더 나은 구성의 방향과 방식을 찾으려는 태도가 문화와 교육의 상호작용을 연구할 때 필요하다. 달리 말해 구성과 해체, 재구성의 과정이 필연적임을 이해하고 실천하려는 태도, 문화적 표현태와 그 이면의 생성태의 조화를 추구하되, 표현태 이면의 생성태에 주목하려는 태도가 필요하다. 이와 같은 자세로 문화와 교육의 상호작용에 주목할 때 비로소 좀 더 온당한 교육인류학 연구가 될 수 있을 것이다. 그리고 그럴 때 교육인류학 연구의 주된 방법론인 질적 연구는 교육인류학과 매끈하게 통합될 수 있다(조용환, 2012a). 모든 질적 연구가 교육인류학 연구는 아니지만 모든 교육인류학 연구가 질적 연구여야 하는 이유가 바로 여기서 드러난다 할 것이다.

이제껏 나는 교육인류학을 탐구 과제와 대상, 방법 및 태도와 관련하여 검토, 정리하였다. 몇 가지 이상이 한 연구에서 드러나야 교육인류학 연구이고 그렇지 않으면 교육인류학 연구가 아니라고 잘라 말할 수는 없다. 그러나 교육인류학 연구라면 적어도 이에 대한 관심 속에서 수행되어야 할 것이다. 또한 교육인류학을 공부하고 연구하는 연구자라면 이에 대한 관심 속에서 나와 타인, 세상을 바라보고 연구를 수행해야 할 것이다. 그 속에서 형성된 공부와 연구의 과정과 산물, 이것이 이제껏 내가 배워 온 교육인류학이다. 이어서는 이 글에서 가장 문제이자 핵심이 되는 낱말인 긍정의 개념에 대해 살펴보도록 하자.

2) 긍정이란 무엇인가

'긍정적으로 생각해라', '긍정적으로 봐라', '긍정적으로 말해라'. 참으로 많이 듣는 말이고, 참으로 많이 요구되는 자세다. 그렇다면 우리가 흔히 듣고 요구받는 이와 같은 '긍정적이어야 한다'는 말과 태도는 대체 어떤 것일까? '긍정적으로 산다'는 것은 대체 어떤 의미일까? 나는 긍정의 개념을 이해하기 위해 우리가 알게 모르게 사용하는 통상적 용법, 긍정보다는 부정을 중시한 고대 그리스의 존재론, 긍정을 철학적으로 검토하여 그 의미를 생성과 변화, 차이의 관점에서 재발견한 스피노자, 니체, 그리고 들뢰즈의 논의를 고찰하였고, 그 결과를 서로 대질하고 종합하였다.[4] 이 고찰을 통해 내가 알게 된

---

4) 이에 대한 상세한 논의는 이 글의 원문인 전현욱(2022)을 참조하기 바란다.

것 하나는 긍정이란 내용, 즉 무엇 또는 어떤 것을 비판 없이 인정하고 수용하는 행위가 아니라 우리가 취해야 할 어떤 태도, 자세라는 점이다. 내 나름대로 검토해 본 뒤 얻게 된 긍정은 다음과 같은 두 가지 자세로 정리된다.

첫째, 긍정은 어떤 것에 대한 시선의 이동, 관점의 전환과 관련된다. 달리 말하면 무언가에 대해 새롭게 의미를 부여하려는, 그리고 새로운 가치를 발견하고 창조하려는 태도다. 어떤 사물/사건/사태/사유에 대해 시대가, 또는 사회가 부여하는 통속적이고 관행적인 의미를 그대로 수용하는 것이 아닌, 시대와 사회의 통속적이고 관행적인 의미 부여가 은폐하고 있는 다른 의미, 다른 가치를 찾고자 노력하는 것, 그럼으로써 그 무엇의 의미와 쓰임을 새롭게 하는 것, 그것이 내가 찾은 첫 번째 긍정의 의미다. 아마도 '브리콜뢰르(bricoleur)'가 그에 해당하는 적절한 예가 될 것이라고 나는 생각한다. 이는 레비-스트로스가 자신의 저서 『야생의 사고』에서 사용한 용어로, "아무것이나 주어진 도구를 써서 자기 손으로 무엇을 만드는 사람을 장인에 대비해서 가리키는 말이다"(Lévi-Strauss, 1962: 70). 브리콜뢰르는 자신이 가지고 있는 모든 재료를 활용해, 또는 "어느 때고 종전의 파손된 부품이나 만들다 남은 찌꺼기를 가지고 본래 모습을 재생시키는가 하면 완전히 새 것을 만들어 내기도 한다"(Lévi-Strauss, 1962: 71). 그들에게는 어떤 재료든 못 쓸 것, 버려야 할 것, 즉 부정적인 것은 없다. 무엇이든 새로운 의미 부여와 가치의 창조가 가능한 것이 된다. 스피노자는 신을 새로운 방식과 방향에서 이해했고, 니체는 삶에 대해 그렇게 했다. 들뢰즈 또한 기계와 욕망의 새로운 가치를 밝혔다.

누군가는 긍정이 갖는 이와 같은 의미에 관해 관념론적인 것이 아니냐 물을지도 모르겠다. 그러나 긍정은 단순히 생각을 바꾸는 것이 아니라 삶의 태도, 자세를 바꾼다는 점에서 관념론적인 것이 아니다. 삶의 태도, 자세는 결국 실천을 가져오기 때문이다. 비판적 실재론을 주창한 바스카(Collier, 1994; Scott & Bhaskar, 2015)의 말대로, 생각을 바꾸면 어둡던 세상이 밝은 세상으로 보일 수는 있을지 몰라도 실제 어두운 세상을 밝게 바꾸지는 못한다. 그러나 새로운 의미를 부여하고, 새로운 가치를 창조하려는 삶의 태도는 세상을 바꿀 수 있다. 그런 점에서 긍정은 관념론적이지 않다.

둘째, 긍정은 주어진 상황을 받아들이되, 관습과 관행에 따라 사물/사건/사태/상황, 또는 지식을 해석하지 않고, 또는 그에 갇히거나 매몰되지 않고 자신이 주인이 되어 적극적으로 사물/사건/사태/상황/지식을 이해·파악하고 그 상황을 타개하여 헤쳐 나가는 것이다. 스피노자와 니체, 들뢰즈는 자신이 속한 시대적 상황을 타개하고 헤쳐 나가려던 시도에서 긍정을 발견했고 긍정의 삶을 실천했다. 어떤 사물/사건/사태건, 또는 상황이나 지식이건 그것은 스피노자적 관점에서 무한한 속성들이 통합된 실체 같은 것이다. 달리 말해 어떤 속성을 통해 들여다보느냐에 따라 그것의 특성은 달리 드러난다. 마치 인간을 사유의 속성에서 보느냐, 연장의 속성에서 보느냐에 따라 다르게 파악할 수 있는 것처럼 말이다. 따라서 형식적으로, 실재적으로만 구분되는 속성들의 작용에 의해 어떤 사물/사건/사태/상황/지식을, 나아가 우리 인간의 삶을 천변만화하는 것으로, 그런 까닭에 매번 새로운 관점에서 새롭게 파악될 수 있다. 그에 따라 우리가 맞닥뜨리는 모든 것은 어느 하나의 관행이나 관점으로 환원·귀속될 수 없고 다양하게 변이되기 마련이다. 이러한 무한한 다양한 변이를 인정하고 받아들이는 것, 그러나 그와 같은 변이 속에 빠져 허우적대는 것이 아니라 어떠한 경우에서든 자신이 주인이 되는 것, 그럼으로써 어떤 경우에서든 주인으로서 참된 삶을 실천하는 것이 내가 발견한 긍정의 두 번째 의미다. 달리 말해 '수처작주 입처개진(隨處作主 入處皆眞)'(임제/김태완, 2015)[5]의 삶, 그것이 긍정이다. 현재의 교육학 분과학문을 다른 학문의 이름과 방법론을 등에 업은 '용병 학문'이라 폄하하며 통상적으로 쓰이던 교육(학) 용어를 완전히 다른 용어로 바꾸고자 한 장상호(2005)의 비판에 맞서, 조용환(2012a, 2012b)은 그가 맞이한 그 자리에서 교육인류학의 정체성을 찾고자 고투하였다. 달리 말해 그는 교육인류학을 긍정하였다.

앞서 정리한 긍정의 특징은 전통적 존재, 동일체, 실체, 이데아, 에이도스, 일자 등에 대한 저항이자 강력한 비판이요, 그 대척점인 '긍정'의 개념을 통한 새로운 가치 창조다. 이는 부분, 변화, 생성, 운동, 양태와 비분리, 현실, 차이, 즉 '임'과 생성을 통한 존재 규정으로 특징지을 수 있다. 이는 결국 부단히 생멸변화하는 자연과 그 삶의 모습에 대한 경외의 표현이자 새로운 의미 부여이고, 그 과정에서 개체들 간의 관계와 만남을 통해 일어나는 생성과 창조에 대한 찬미다.

---

5) 수처작주 입처개진(隨處作主 入處皆眞). "이르는 곳마다 주인공이 되고, 선 자리가 모두 진실해야 한다"(임제/김태완, 2015: 170)는 뜻이다. 지금-여기의 주인으로서 늘 진실되게 처신해야 한다, 그리고 서 있는 바로 그 자리에서 진리를 찾고 실천해야 한다는 뜻으로 나는 이해한다.

3. 긍정의 교육학, 긍정의 교육

1) 교육인류학과 긍정: 교육인류학은 어떻게 긍정의 교육학이 될 수 있는가

교육인류학과 긍정의 관계는 무엇인가? 그 관계가 어떻기에 교육인류학은 긍정의 교육학이 될 수 있는가? 그것은 무엇을 포착하는가?

문질빈빈을 주된 방법론과 자세로 삼는 교육인류학적 연구는 '주관(主觀)'을 중시한다. 설문지 같은 다른 도구, 즉 손님(客)의 눈으로 보는 것(觀)이 아니라 내가 주인이 되어(主) 내 힘으로 보는 것(觀), 그것이 곧 주관이다(조용환, 2011). 어떤 사건/사태/사건/지식을 통념과 상식, 관습에 따라 보는 것이 아니라 내 힘으로 보고 파악하고 이해하는 것, 그것이 주관이다. 앞서 말한 긍정의 두 번째 태도, '수처작주 입처개진'의 태도가 곧 주관이다. 교육인류학과 교육인류학적 연구가 강조하는 것은 바로 이러한 주관의 태도다.

교육인류학의 이러한 태도는 질적 연구의 철학적 근간을 이루는 현상학적 태도와 관계가 깊다. 현상학의 근본 태도를 상징적으로 표현하는 말은 '사태 자체'로다. 관습의 권위, 상식과 통념의 권위, 전문가의 권위, 학문적 담론의 권위에 의거하여 사태를 파악하고 이해하는 것이 아니라 내가 파악하고 이해하고자 하는 바로 그 사태에 집중함으로써 내 힘으로 그것이 무엇인지 직접 보라는, 내 힘으로 직접 뚜껑을 열어 봄으로써(discover) 그것의 의미와 가치를 새롭게 발견하라는 명령이다. 요컨대 그 무엇의 본질을 직관하라는 명령이다. 인간은 문화적 존재이기 때문에 문화에 젖은 눈으로 사물과 사태, 사건을 파악하고 이해할 수밖에 없다. 언어가 사고마저 지배한다는 워프–사피어 가설은 그와 같은 현상의 극단적인 형태라 할 수 있다. 그러나 다른 한편 인간은 그러한 사물과 사태, 사건이 왜, 어떻게 그와 같은 의미로 구성되었는지, 그렇게 이해되게 되었는지, 그것의 본래적 존재는 무엇인지 물을 수 있는 현존재(Heidegger, 1927)로서, 따라서 사유의 시원으로 돌아가 그것의 의미를 다시 묻고, 다시 파악함으로써 그 사물과 사태, 사건을 생생하게 고유화할 수 있다(Heidegger, 1989). 그렇게 한 개인이 맞닥뜨린 그 상황에서 주체가 됨으로써 자신의 힘으로 상황을 파악하고 이해하라는 것, 그러한 힘을 가지라는 것, 그러한 자세와 태도를 가지라는 점에서 교육인류학은 무엇보다 긍정의 태도를 갖는다.

이러한 태도를 잘 보여 주는 예가 조용환(2012b)이다. 앞에서도 잠시 언급했지만 장상호(2005)는 현재의 교육학 하위 학문들을 용병 학문이라 비판하면서 기존의 교육학과 차별화하기 위해 '2기 교육학'을 구성하고자 하였다. 이를 통해, 가령 교수, 학습 등의 용어를 버리고(부정하고) 불교 용어인 상구[上求菩提], 하화[下化衆生]⁶)로 대체고자 한 것처럼 '1기 교육학'이 사용한 개념과 용어들을 다른 개념과 용어로 바꾸고자 하였다. 그뿐만 아니라 '1기 교육학'이 교육 현상을 설명하는 과정에서 생산한 다양한 학문적 성과와 용어가 실은 용병 학문의 이론 및 개념 체계와 관련된 것이기 때문에 교육학 고유의 연구로 보기에는 무리가 있다는 주장을 폈다. 그러나 조용환(2012b)은 '1기 교육학'에 대한 장상호의 뼈아픈 성찰과 비판을 일부 수용하면서도 오히려 기존의 문화인류학적 관점에 가려진 교육인류학의 또 다른 가치를 찾고, 여기에 새로운 의미를 부여하고자 하였다. 이로써 다른 것들에 의해 의미 지어진 교육인류학이 아닌 자신의 눈과 힘으로 파악하고 이해한 교육학적 관점에서의 교육인류학을 주창하였다.

이는 한국 교육인류학의 주된 방법론이자 태도인 문질빈빈의 자세와 무관하지 않다. 우리가 일상에서 만나고 행하는 온갖 말과 행위, 담론 등은 실은 특정한 삶의 형식, 특정한 관심에 따라 형성된 구성물, 즉 '문(文)'적인 것으로 특정한 삶의 형식이나 관심 영역 이외의 것은 필수불가결하게 생략되고 감환된 것이다. 따라서 그것이 그러한 말과 행위, 담론 등을 낳은, 또는 그것들의 배경이 되는 '질(質)'적인 어떤 실체를 온전하게 표현하거나 대표하거나 대변할 수는 없다. 그렇기 때문에 우리가 관심을 갖는 그 어떤 것을 올바로 이해하기 위해서는 우리에게 드러난 현재 그 모습에 의해 가려지고 은폐되어 배경으로 물러난 것, 즉 배경 맥락과의 관계 속에서 전체적으로 파악할 필요가 있다. 달리 말해 우리가 관심 있어 하는, 우리가 궁금해하고 상심을 갖는 무언가에 대한 그동안의 이해는 어느 하나의 특정한 관심과 삶의 영역에 따른 특정한 방향에서의 이해임을 인정해야 한다. 아울러 그 무언가에 대한 좀 더 나은 파악과 이해는 그동안의 이해를 면밀히 살펴 왜 그러한 이해가 나왔는지, 그것이 놓친 것 또는 은폐하고 생략한 것은 무엇인지 꼼꼼하게 따져 봄으로써 그 바탕이 되는 실체의 새로운 측면에 대한 주목을 통해

---

6) 상구보리 하화중생. 위로는 보리의 배움을 추구하고, 아래로는 중생을 교화하고 가르치는 것을 기본 행위로 삼는 불교의 근본 목적을 이야기한다. 장상호(1997)는 배움, 또는 학습을 상구로, 가르침 또는 교수를 하화로 대체하자고 주장한다. 하지만 불교 입장에서의 위 아래는 방향을 나타내는 것으로 이해가 되지만, 장상호의 입장에서는 누가 더 낫고 못하고, 즉 위계를 나타내는 것으로 보인다. 절대적으로 더 나은 사람과 절대적으로 더 못난 사람이 과연 있기는 하며, 또한 어떻게 구분할 것인가?

새로운 이해의 방식과 그에 따른 결과를 구성하고자 할 때 가능함을 깨달을 필요가 있다. 한마디로 문질빈빈은 좀 더 나은 이해, 좀 더 나은 삶을 위해 신중에 신중을 거듭하는 숙고의 자세와 태도라 할 수 있다. 불교의 가르침처럼 법은 문자로 표현할 수 없다. 수많은 사람이 저마다의 문자로 법을 쓰고 말하고 가르치지만 법은 그에 아랑곳하지 않고 무심히 거기 있을 뿐이다. 저마다의 문자로 표현된 법에 대한 신중한 숙고와 검토를 통해 조금이나마 법에 다가갈 수 있을 것이다. 교육인류학은 이러한 문질빈빈의 태도를 통해 그것이 관심 있어 하는 문화와 교육을 긍정한다.

다문화교육에 대한 교육인류학의 이해와 주장은 그 한 가지 예가 될 수 있다. 조용환(2011)은 기존의 다문화교육에 대한 접근이 통합론과 교화론, 자원론, 인권론, 복지론적 관점과 측면에서 이루어졌다며 각각의 접근을 그가 주창해 온 교육인류학의 관점, 즉 "다자적 감성, 상호신체성, 상호주관성, 상호텍스트성"(조용환, 2011: 4)의 관점에서 조목조목 비판한다. 그러나 그는 이러한 접근이 잘못되었으니 버려야 할 것으로, 부정해야 할 것으로 상정하지 않는다. 그보다 이러한 현 상황을 인정·긍정하고 이와 같은 접근에 의해 은폐되어 있는 새로운 의미와 가치를 찾아 다문화교육에 부여하려 한다. 이러한 문질빈빈 끝에 그는 '존재론적 다문화교육'을, 그리고 시를 통한 접근을 그 하나의 방편으로 제안하였다. 요컨대 그는 그간 행해져 온 관행적이고 관습적이며 통념적인 다문화교육에 맞서 자신의 눈으로 다문화교육을 다시 이해했고, 자신의 힘으로 다문화교육에 필요한 접근을 제안했다. 달리 말해 그는 다문화교육을 긍정한다.

교육의 대표적 방편인 수업에 대한 서근원(2003, 2007)의 탐구도 긍정의 또 다른 예가 될 수 있을 것이다. 그는 '학생 중심 수업'이라고 지목된 수업들을 관찰하고 기술하면서 그러한 수업들이 사실은 '학생 중심'의 이름에 가려진 '교사 중심'의 수업이었음을 비판한다. 그에 대한 끈질긴 성찰 끝에 그가 발견한 것은 학생과 교사 모두 수업에서 소외를 경험한다는 것이다. 그러고는 그는 묻는다. 어떻게 하면 수업다운 수업이 이루어질 수 있을 것인가. 기존의 수업 이해와 실천에 대한 치열한 성찰과 비판 끝에 그가 스스로의 힘으로 찾은 것은 '아이의 눈'을 통한 수업이다(서근원, 2012, 2013). 그렇게 서근원에게서 수업은 긍정된다.

이 절에서는 교육인류학이 어떻게 긍정의 교육학이 될 수 있는지를 논의했고, 이어서 이를 뒷받침할 수 있는 사례를 짤막하게나마 살펴보았다. 그렇다면 이와 같은 긍정의 교육학이 앞으로의 교육의 방향에 주는 시사점은 무엇인가?

2) 긍정의 교육: 다르게 생각하고 표현하고 행동할 자유를 허하라

다른 급의 학교는 모르겠다. 우선 초등학교에 한해서 이야기를 시작해 보자. 내가 초등학교에 있으면서 아이들에게 가장 많이 듣는 말이 무엇일 것 같은가? "저는 이걸 이렇게 했어요. 봐 주세요." 아니다. "저는 이런 이유로 이렇게 생각했어요." 이것도 아니다. "저는 이런 생각으로 이런 행동을 했어요." 이런 말은 교직 평생 단 한 번도 못 들어 보았다. 그럼 무엇일까? 바로 "선생님, ~ 해도 돼요?"다. 겉보기에는 앞으로 할 말과 행동에 교사의 허락을 구하는 물음으로 보이지만 사실 아이들의 이 말을 곰곰이 곱씹어 보면 다른 의미가 있음을 알 수 있다. '지금 상황에서 이 행위가 맞는 또는 옳은 행위인가?' 하는 것, 달리 말해 '학교와 교실의 도덕에 합치되는 행위인가?' 하는 것이다. 이 물음은 아이들에게서 다양하게 변이된다. "이렇게 하는 게 맞아요?", "저렇게 하면 안 돼요?", "이거 해도 돼요?", "선생님, 이게 안 돼요.", "못하겠어요.", "다 했는데 뭐 해요?" 등등.

재미있는 것은 사실 아이들의 '올바른' 행위의 판단의 근거가 되는 교사들 또한 같은 물음에 시달린다는 점이다. 가령 전현욱(2017)은 사과초등학교의 특색교육 실행에 관한 연구에서 끊임없이 '이렇게 하는 것이 과연 옳은 것인가?'를 묻는 교사들의 모습을 잘 보여 준다. 그들은 렌줄리가 주창한 '3부심화학습모형[7]'을 이론적 배경으로 삼아 '재능교육'이라는 이름으로 특색교육을 운영했는데, 이를 도입한 교장부터 실제로 실행하는 교사들에 이르기까지 그와 같은 질문에 사로잡혀 벗어나지 못했다. 그는 교장과 교사들에게 끊임없이 불안을 심어 주는 동시에 옳고 그름에 대한 의식적·무의식적 판단을 강요하는 무언가를 "있을지도 모른다고 가정된 이데아"(전현욱, 2017: 56)라고 표현했다.

어쩌다 이렇게 된 걸까? 어쩌다 이렇게 있지도 않은 '있을지도 모른다고 가정된 이데아'를 무의식중에 가지고 있는 걸까. 물론 따르는 게 좋은 매뉴얼마저 부정하겠다는 것은 아니다. 어떤 일을 할 때 매뉴얼을 따르는 것이 그만큼 실패를 줄이고 일의 효과를 높일 수 있는 가능성을 크게 할 수 있음을 모르지 않는다. 그러나 같은 매뉴얼을 따르더라도 모든 사람이 정확히 같은 방식으로 일을 수행하지는 않는다. 사람은 기계가 아니

---

7) 렌줄리가 주창하였다. "개개 학생들의 잠재적 재능을 최대한 계발하기 위한 종합적인 학교 개선 프로그램"(Renzulli & Reis, 1997: 21)이며, 전체 1, 2, 3부 활동으로 구성돼 있다. 이 모형을 소개하는 것이 이 글의 주 목적이 아니므로 더 이상의 논의는 하지 않는다. 자세한 내용은 렌줄리와 레이스(Renzulli & Reis, 1997)를 참조할 것.

기 때문이며, 따라서 어떤 일의 수행에는 각자가 살아온 삶의 내력과 더불어 그들이 처한 '힉크 에트 눈크(hic et nunc)', 즉 '지금-여기'가 항상 개입하기 마련이다. 그런 까닭에 모든 사람에게 정확히 같은 방식으로 일을 수행할 것을 기대하는 것이 과연 가능할지 나는 늘 의문이다.

전현욱(2014)이 보여 주는 것이 바로 그와 같은 변이, 변형이다. 그는 이러한 변이와 변형을 현상학의 연구방법 중 하나인 '자유변경'을 빌려 같은 이름으로 명명하였다. 이 연구에는 이오덕의 사상을 공부하고 연구하며, 그와 신념을 같이하면서 그의 자취를 따라 학생들을 가르치는 햇살교육연구회 소속 교사 세 명이 등장하는데, 흥미롭게도 이 세 교사의 몸을 통과한 이오덕은 모두 다르고, 따라서 이들의 글쓰기 교육 실천의 양상 또한 '이게 같은 뿌리에서 나온 것인가?' 하는 의아함이 들 정도로 독특하고 고유하며 특이하다. 가령 고등학교 국어 교사인 강정훈은 국어과 교육과정의 적용과 교과서 집필의 측면에서 이오덕을 이어 글쓰기 교육을 실천한다. 초등학교 교사인 최민혁과 이영선이 같은 뿌리에서 양분을 받아 피워 낸 꽃은 각각 학습의 경험을 아이들 스스로 자신의 삶에 녹여 낼 수 있도록 기회를 주고 기다리는 기다림의 교육, 그리고 앎과 지식의 상대성과 평등성을 강조하며 학습한 지식을 아이들 고유의 말과 글, 행동으로 표현할 기회를 주기 위해 마련한 PBL(Problem Based Learning)이다. 더 재미있는 것은 이오덕에 대한 그와 같은 해석과, 글쓰기 교육의 실천에 관한 세 연구참여자의 확신에 찬 태도다. 글에 인용된 연구참여자들의 말에는 앞의 사과초등학교 교사들이 보여 준 일말의 불안감 같은 것, 즉 '있을지도 모른다고 가정된 이데아'를 따르지 못하는 것에 대한 일말의 두려움이나 의심, 또는 그 앞에서의 머뭇거림 같은 것이 보이지 않는다. 오히려 자신의 실천에 대한 당당함이 느껴진다.

전현욱(2021)은 이 연구에서 발견한 교육 실천의 자유변경을 좀 더 밀고 나가 교육과정 실행[8]의 세 관점 중 하나인 '교육과정 생성'의 의미와 방향에 관한 논의를 심도 있게

---

8) 교육과정의 실행은 크게 세 가지 관점에서 논의된다(소경희, 2017). 첫 번째는 충실도 관점으로서 교육과정 개발자의 본래 의도와 목적, 계획에 따라 교육과정이 실행되어야 함을 주장한다. 두 번째는 상호적응 관점으로, 교육과정 실행의 과정에서 교육의 조건과 환경, 학습자와 교수자가 처한 다양한 상황을 고려하여 적절한 조정을 통한 실천이 이루어져야 함을 강조한다. 끝으로 학습자의 역할을 교수자의 역할 못지않게 강조하며, 두 집단이 학습-교수에 필요한 다양한 활동을 공동으로 만들어 가는 경험 그 자체가 곧 교육과정이며, 따라서 이러한 경험을 만들어 가는 것이 곧 교육과정 실행이라는 교육과정 생성의 관점이 있다. 가령 최근 진보교육감 및 혁신학교를 중심으로 행해지고 있는 '만들어 가는 교육과정'이 이와 같은 교육과정 생성 관점의 한 가지 실현태라고 할 수 있을 것이다.

펼쳤다. 그는 들뢰즈의 기호론을 활용하여 교육 실천의 자유변경을 다시 검토하였고, 이것은 결국 교육과정을 '생성'하는 일이자 하나의 독특한 '교육 세계'를 창조하고 구성하는 일임을 드러냈다. 나아가 각각의 교사에게 고유하고 독특하며 특이한 교육과정의 생성은 결국 교사의 교육 실천을 통제하고 지배하는 어떤 사상적·실천적 원천, 즉 '전략'에 대한 '전술'의 형성과 실행으로 의미화하였고, 각기 다른 실천을 형성하고 실행하는 교육자들이 해야 할 일은 '결속'을 통해 '화음을 만드는 일'(Deluze, 1988), 레딩스(B. Reedings)의 용어를 빌면 '불일치의 공동체'를 형성하는 일이어야 함을 논의하였다. 이는 결국 교육자 한 사람 한 사람이 하나의 모나드로서 독특한 시선점을 갖는 개체임을, 따라서 가르치는 행위와 관련하여 '주체'가 되어야 함을, 달리 말해 '수처작주 입처개진'해야 함을 시사한다고 할 수 있겠다. 이러한 각각의 주체들이 교육과정의 독특한 해석을 통해 형성한 저마다의 교육 세계가 어떻게 같을 수 있겠는가. 이 세계를 구성하고 있을 요소인 언행과 실천이 어떻게 같을 수 있으며, 또한 같아질 수 있겠는가.

이러한 논의를 따라 도달할 수 있는 결론은 '있을지도 모른다고 가정된 이데아' 같은 것은 없다는 것이다. 달리 말해 모든 교육 실천이 모여야 할 '수렴점', 또는 반드시 따라야 하는 정답 같은 것은 없다는 것이다. 모두의 과정과 결과가 다를 수 있음을, 실제로 달라짐을 인정하고 받아들이는 일이다. 그러한 다름의 질과 크기를 확대하는 것이다.[9] 조용환(1997)이 집요하게 논의하듯 하나의 수렴점을 향하는 사회화와 '더 나은 삶'을 지향하는 교육은 서로 다른 삶의 형식으로서 그 목적도, 지향도, 필요성도, 특성과 속성도 각기 다 다르기 때문이다. 이는 우리 각자의 각기 다른 교육 실천이 부정되어야 할 모사물 같은 것이 아니라 오히려 긍정되어야 할 다양한 시뮬라크르임을 의미한다. 그럴 때 한국 사회는 더욱 열리고 풍요로워질 것이며, 다름이 넘실거리는 사회, 다름이 '당연한' 사회가 될 수 있을 거라 믿는다. 나는 모름지기 긍정의 교육이 나아가야 할 방향은 그

---

9) 이러한 논의와 주장이 '무정부주의적 해석'의 조장에 따른 극단적인 문화상대주의를 추구하는 것처럼 보인다는 점에서 어쩌면 '교육인류학은 문화의 횡적 상대성과 교육의 종적 상대성을 동시에 추구한다'는, 교육인류학에 대한 앞선 논의와 모순되는 것은 아닌가 하는 의문을 불러일으킬지도 모르겠다. 그러나 문화, 그리고 사회화는 인간의 되어 감을 제한하고 옭아매며, 때로 그 구성원을 소외시키고 배제하는, 그리고 자신에 대한 비판을 못 견디 하는 폐쇄적 성격을 갖는다. 반면 교육은 학습자와 교수자의 서로에 대한 해석, 그리고 학습, 교수해야 할 텍스트에 대한 각자의 해석, 나아가 변증법적 대화를 통한 그 사이에서의 생성을 본질적 속성으로 갖는 열린 행위다. 더불어 '더 나음'을 위한 성찰과 비판 또한 교육을 구성하는 본질적 속성 중 하나다(조용환, 2021). 비판과 성찰을 통한 '더 나음'이 의미하는 바는, 이하 83쪽에서 기술하는 것처럼 '버림'을 통한 부정이 아닌 생성, 새로운 가치의 발견과 창조, 구성이다.

래야 한다고 믿는다. 이러한 생각으로 그동안 내가 경험을 통해, 이런저런 문헌을 통해 파악한 기존의 교육의 모습과 긍정의 교육이 나아가야 할 방향이라고 생각하는 모습을 〈표 4-1〉과 같이 비교해 보았다.

〈표 4-1〉 기존의 교육, 긍정의 교육 비교

기존의 교육	긍정의 교육
학교 중심	학교의 탈중심화
교사 및 교수 중심	학습자 및 학습 중심
개발 중심	실행 중심
개인 중시	관계와 결속 중시
성장 중시	생성 중시
쌓기 공부 중심	허물기 공부, 다시 쌓기 공부
탈맥락적 · 분과적 · 파편적 접근	맥락적 · 총체적 접근
교육과정으로의 수렴	교육과정을 통한 확산
위계와 순서	차이의 생성과 확장
도덕적 사고: 목적론	윤리적 사고: 과정론

지난 10여 년간의 교육인류학 공부가 가르쳐 준 것의 정수가 이것, 즉 사람과 사람, 교실과 교실, 학교와 학교, 그리고 지역과 지역이 저마다 고유화(Heidegger, 1989), 특이화(Deleuze & Guattari, 1980)되어야 한다는 점이다. 교육인류학 공부를 통해 내가 보고 듣게 된 것이 그러한 다양한 문화를 간직한 사람들의 다양하고도 다채로운 삶의 모습이기 때문이다. 물론 그게 '표준화에 반대한다'는 말로 들리지는 않았으면 좋겠다. 가령 동일한 제품군의 스펙이나 규격, 또는 일의 공정, 각종 스포츠의 규칙처럼 표준화가 필요한 부분이 분명히 있다. 그러나 인간의 삶, 범위를 교육으로 좁히면 인간의 교육적 과정과 삶은 그래서는 안 된다는 것, 결코 그렇게 될 수 없다는 것이 그간 키워 온 내 생각이다. 지금 우리 사회의 용법으로 말하자면 '결국 그게 각 개체별로 차별화하자는 이야기 아니냐?' 하고 물을 수 있겠지만 고유화, 특이화와 차별화는 전혀 다르다. 고유화, 특이화는 '다름'을, 그래서 '존재'를 함축하지만 차별화는 다름이 아닌 '결핍'과 '과잉', 그리고 '소유'를 함축하기 때문이다(Fromm, 1976).

많은 사람과 많은 매체, 많은 단체가 '다름'과 '다양'을 이야기하지만 솔직히 나는 (적어도 지금까지는) 회의적이다. 김경근(2021)이 적절하게 지적했다시피, 한국인은 서열과 위계의 차별적 삶에서 벗어나 본 적이 없기 때문이다. 그런 한국인들이 교육을 통한 다름과 다양의 과정과 결과를 상상할 수 있을까. 괴델의 '불완전성의 정리'에 의거하면 지금의 한국 교육은 '저들이 무슨 짓을 저지르는지' 모르는 방향으로 나아가고 있는 것이 아닐까 싶다. 나는 그것을 고쳐 나가는 것이 현대 한국사회와 교육학이 떠안은 여러 과제 중 하나라고 믿고 있으며, 당장은 아니더라도 '긍정의 교육'에 대한 이 제안과 논의가 그러한 과정과 결과의 마중물 같은 것이 되었으면 하는 바람이다.

4. 나가며: 긍정의 교육을 위해 무엇을 할 수 있는가

학생의 말 한 마디가 쏘아 올린 화살이 결국 내게 긍정의 교육을 생각하게 해 주었으며, 이는 한 발 더 나아가 그동안 내가 공부해 온 교육인류학이 무엇이었는지, 교육인류학이 어떤 점에서 긍정의 교육을 낳는 산실이 될 수 있는지, 교육인류학 공부를 통해 무엇을 배웠는지 검토하고 정리하는 기회를 마련해 주었다. 나를 향해 내뱉는 타자의 말 한 마디가 이렇게 힘이 세다. 아마도 그렇기 때문에 많은 선현이 인간은 서로의 사이에 있기 때문에 인간이며, 따라서 타자와 함께할 때 비로소 인간이 될 수 있음을 서로 다른 표현과 방식으로 그렇게 주장을 했던 모양이다. 아마도 사르트르(Sartre, 1969)가 말한 '타인의 시선'이 이런 게 아닐까 싶다.

이 연구를 통해 내가 알게 된 것은 긍정이란 우리가 통념적으로 생각하듯 좋은 게 좋은 것이라든가 낙천적·낙관적인 것, 어떤 사건/사물/사태의 좋고 밝은 면만 보려는 것과는 하등 상관없다는 것이다. 긍정에 대한 이와 같은 통념과 스피노자, 니체, 들뢰즈 등 긍정을 주장하고 긍정을 긍정한 몇몇 철학자의 학술적 논의를 대질하고 종합하여 내 나름대로 문질빈빈해 본 결과, 긍정이란 어떤 태도, 시선점, 관점의 전환과 이를 통한 주체적 사고 및 상황 판단과 대처와 관련됨을 알 수 있었다. 달리 말하면 긍정에는 비판이 필수적이라는 말이다. 그리고 비판에는 그 어원(그리스어 'krinein')이 가르쳐 주듯 판단하기와 구분하기와 대안 제시가 포함된다. 요컨대 긍정이란 어떤 사건/사물/사태에 대한 주체적 판단을 통해 다른 이, 다른 것과 구분될 수 있는 나의 고유한 대안을 제시하는 것이다. 그리고 그 대안은 스피노자, 니체, 들뢰즈 등 긍정을 주장한 철학자, 또 조용환, 서근원 등 각자의 자리에서 각자가 상심을 가진 교육 행위를 긍정한 한국의 교육인류학자들이 보여 주었듯 새로운 가치 창조, 생성의 길을 보여 주는 대안, 즉 잘못됐다고 버릴 것이 아니라 그 쓰임을 바로잡기 위해 새롭게 상상하는 대안이 되어야 할 것이다. 그것이 비록 그 사건/사물/사태에 대한, 통상적 의미에서의 '부정'의 형태로 표현된다고 하더라도 말이다. 니체의 니힐리즘에 대한 긍정이 바로 이러한 형태의 긍정 아니었던가.

이 연구의 과정과 끝에서 얻게 된 또 다른 깨달음은 긍정의 교육학으로서의 교육인류학을 통해 생성된 긍정의 교육이 실제로 어떻게 작동할 수 있는가 하는 것이다. 이는 내 입장과 상황에서 나의 말을 줄이는 대신 아이들의 행동을 관찰하고, 그들의 이야기를 들으려는 자세로의 전환과 관련된다. 이러한 전환은 그동안 서로 다른 두 삶의 형식으로 내적 갈등 속에 있었던 교육인류학 연구자로서의 태도와 교수자로서의 태도가 비로소 통합되어 감을 의미한다.

"들으려면 침묵해야 한다."

요즘 내가 읽고 있는, 북미 원주민 후손 출신 식물학자로서 과학으로서의 식물학과 식물 생태에 관한 원주민의 전통적·토착적 지식을 어떻게 연결하고 관련지을 수 있을까 하는 고민의 과정과 결과를 기록한 책 『향모를 땋으며』(Kimmerer, 2013: 327)의 한 구절이다.

생각해 보면 그렇다. 한 사람, 또는 한 집단의 교육의 문화적 과정과 문화의 교육적 과정을 '있는 그대로' 이해하려는 교육인류학도에게 가장 필요한 것은 가능한 한 편견 없이 보고, 들으려는 자세다. 나는 교육인류학도로서 그동안 현지 연구를 수행하는 과정에서 되도록 이와 같은 자세를 취하고자 나름의 노력을 기울였다. 그리고 나는 성직자, 전문가, 노동자로서의 교사관에 더해 학생의 삶의 이해를 최우선 과제로 삼는 '봉사자'로서의 교사관을 주장했다(박공식, 전현욱, 2018).[10] 그러나 연구자로서의 그러한 노력과 주장이 교수자로서의 실천에 얼마나 되먹임되었는가 묻는다면 솔직히 대답을 못 하

---

10) 이 글에서 나는 '받들고 섬기는 일'을 뜻하는 봉사(奉仕)를 '아래에 설 때' 비로소 가능한 일임을 들어 영어 단어 'under-stand'로 번역했다. 요컨대 봉사란 상대를 '이해'하고자 할 때 그 의미가 온전히 살아나는 일이라는 것이 이 글의 핵심 주장이다. 따라서 봉사자로서의 교사관은 학생의 성장과 발달을 돕는 일을 하는 교사에게 가장 중요한 것은 학생을 이해하려는 태도임을 강조하는 관점이다. 자세한 사항은 박공식, 전현욱(2018)을 참조하기 바란다.

겠다. 어쩌면 주장은 주장이고 실천은 실천이었는지도 모를 일, 달리 말하면 '이론과 실천의 괴리'가 지금껏 내가 살아온 삶이었을지도 모른다. 듣고자 침묵하지 않았기 때문에, 아이들을 이해하는 대신 지금의 한국 사회가 요구하는 지식과 삶의 방식을 가르치려는 욕심 때문에 나는 더 많은 말을 하고, 그 과정에서 더 많은 '하지 말라'는 말을 내뱉었을지도 모르겠다. 그렇게 나의 연구자로서의 삶과 교사로서의 삶은 철저하게 분리되어 있었던 것은 아닌가 하는 생각이 든다.

하지만 '긍정의 교육'을 발견한 이후 나는 의도적으로 되도록 말을 줄이고 아이들이 하는 말에 귀를 기울이려고 한다. 이래라 저래라, 하지 말라, 해라, 말하기 전에 주변 상황부터, 그 아이 옆에 있던 친구가 누구였는지부터 살피려 한다. 어떤 이유에서 지금과 같은 언행을 하고 상황을 만들었는지 이해하고자 한다. 그리고 그것이 의미하는 바를 파악하고자 한다. 내가 연구의 과정에서 연구참여자의 언행에 눈을 두고 귀를 기울이는 것처럼 말이다. 동일한 대상과 과정에 대한 동일한 결과물의 생성은 사실상 불가능한 일임을 이제는 알고 있기 때문이고, 그 다양함을 인정하고 허락하는 것이 결국 내가 가고자 하는 길이자 방향임을 알게 되었기 때문이다. 그 출발점은 당연히 내 기준에 맞춰 아이들의 언행을 판단, 재단하고, 그 상황에 맞는 지시와 명령을 내리는 것이 아니라 아이들이 왜, 어떤 이유와 생각으로 그런 언행을 했는지 듣고 이해하는 일이다. 때론 격려로, 때론 건전한 야단과 비판으로 아이들이 저마다의 '바람직한' 생각과 행위를 생성할 수 있도록 돕는 일이다. 나는 교수자이고, 아이들의 삶을 이해하는 것을 우선 과제로 삼는 봉사자이기 때문이다.

만일 모든 사람이, 모든 학생과 교사가 긍정의 사고를 할 수 있게 된다면 거기에는 같은 사람, 같은 학생과 교사는 단 한 사람도 없을 것이다. 저마다의 세계를 창조하고 독특한 생활 세계를 구성한 각양각색의 사람들이 서로의 개성을 뽐내며 우글거릴 것이다. 들뢰즈가 말한 바, 차이가 아닌 '차이 자체'의 모나드들이 득실할 것이다. 사실 그게 현대 생물학의 발견, 즉 같은 종 내에서도 다양한 변이가 필연적이라는 발견에 합치하는 '자연스러운' 일이기도 하다. 예컨대 나와 내 아내, 그리고 내가 아는 주변 사람들, 심지어는 내 자식들까지도 같은 호모종이지만 생물학적으로 완전히 같지 않다. 우리 인간을 포함하여 자연의 그 어떤 종도 완전히 같은 개체를 만들어 내지 못한다. 일란성 쌍둥이마저 어딘가는 조금씩 다르다. 좋은 의미에서든 나쁜 의미에서든 유전자의 유전체 복제 오류는 너무나 '당연'하고 '일상적'인 것이기 때문이다. 마치 우주의 창조자가 안배라도 해 놓은 것처럼 말이다. 달리 말해 변이는 자연의 이치다.

어쩌면 그러한 변이 때문에 우리가 살아갈 수 있는 것일지도 모르고, 혹여나 '도플갱어'를 만나면 어느 한 쪽은 죽는다는 속설이 생겨났을지도 모르겠다. 요컨대 서로 다른 것들이 모여야 상생할 수 있다는 것이고, 따라서 이 세계는 서로 다른 것들로 구성되어 있다는 말이다. 설사 어떤 두 개체가 같은 종이라고 해도 말이다. 긍정이 긍정하는 것은 바로 그러한 무수한 차이 자체들이고 그것의 생성과 조화다. 그리고 긍정의 교육이 요구하는 바 또한 그와 같은 차이 자체들을 만드는 일이다. 그게 어떤 이름을 가진 교육이든 말이다.

들뢰즈는 존재의 의미는 오직 하나로 말해진다는 '존재의 일의성'을 주장했다. 사람과 진드기가 있을 때 이 둘은 같은 사유와 연장 속성을 가진, 그러나 발현된 형태와 변용을 위한 배치가 다른 각각의 양태일 뿐 오직 차이의 생성과 변용을 통해 존재한다는 점에서 같다는 것이다. 달리 말해 사람과 진드기는 같은 실체를 가진, 또는 '하나의 삶'을 사는 서로 다른 두 양태다.

마찬가지로 교육 역시 하나의 의미로 말해져야 하는 것은 아닌가 나는 생각한다. 가령 사회과 교육과 평생교육은 같은 속성을 가진, 그러나 그 구체적 대상과 현장, 방법이 다른 각각의 양태일 뿐, 교육을 감싸고 있다는 점에서 같다. 단지 교육이 다양한 형태로 발현하고 변이된 것뿐이다. 그렇다면 이러한 '교육의 일의성'에 대한 성근 주장이 주는 시사점은 무엇인가? 교사든 교수든 교육 연구자든, 학습자든 교수자든, 사회과 교육자든 수학과 교육자든, 교육인류학자든 교육행정학자든 각자의 자리에서 각자에게 분배된 "모든 역량을 다해, 역량의 끝까지 나아가는 것"(이찬웅, 2013), 그럼으로써 가능한 한 최대치의 차이를 실현해야 한다는 것 아닐까? 물론 그 과정에서 결속과 연대가 전제되어야 하겠지만…….

📖 **참고문헌**

교육부(2015). 초등학교 교육과정. 세종: 교육부.

김경근(2021). 한국사회의 서열 집착 문화: 연원, 실태 및 교육적 유산. 한국교육사회학회 편. 교육 양극화 현황과 진단(pp. 1-32). 한국교육사회학회 추계학술대회 자료집.

박공식, 전현욱(2018). M대학교 학생들의 볼리비아 해외교육봉사활동 전개 방식에 대한 비판적 고찰. 교육인류학연구, 21(1), 83-118.

박지연, 이병준, 박신영(2012). 연행이론의 관점에서 본 평생학습축제의 현상학. 공공사회연구, 10(4), 100-131.

서근원(2003). 수업을 왜 하지?. 경기: 교육과학사.

서근원(2007). 수업에서의 소외와 실존. 경기: 교육과학사.

서근원(2012). 나를 비운 그 자리에 아이들을. 경기: 교육과학사.

서근원(2013). 수업, 어떻게 볼까?. 서울: 교육과학사.

서덕희(2009). 문화와 교육 개념의 실존성: '살아 있는' 교육인류학을 위한 소고. 교육인류학연구, 12(2), 1-44.

소경희(2017). 교육과정의 이해. 경기: 교육과학사.

이찬웅(2013). 들뢰즈의 긍정의 윤리학. 철학논구, 31, 187-207.

임제/김태완 역주(2015). 임제어록: 일 없는 것이 좋다. 경기: 침묵의 향기.

장상호(1997). 학문과 교육(상): 학문이란 무엇인가. 서울: 서울대학교출판부.

장상호(2005). 학문과 교육(중1): 교육이란 무엇인가. 서울: 서울대학교출판부.

전현욱(2014). 교육운동 참여의 자유변경 과정과 구조에 관한 질적 사례연구. 교육인류학연구, 17(4), 135-176.

전현욱(2017). 초등학교의 특색교육 운영 과정에 관한 문화기술적 사례연구: 사과초등학교 '재능교육' 사례를 중심으로. 통합교육과정연구, 11(1), 37-68.

전현욱(2021). 교육과정 실행의 의미와 방향에 관한 소고. 교육학연구, 59(5), 83-105.

전현욱(2022). 긍정의 교육: 교육인류학을 통해 본 교육의 한 가지 가능성. 교육인류학연구, 25(2), 1-27.

조용환(1997). 사회화와 교육: 부족사회 문화전승 과정의 교육학적 재검토. 경기: 교육과학사.

조용환(2004). 질적 연구와 질적 교육. 교육인류학연구, 7(2), 55-75.

조용환(2011). 다문화교육의 교육인류학적 검토와 존재론적 모색. 교육인류학연구, 14(3), 1-29.

조용환(2012a). 교육인류학과 질적 연구. 교육인류학연구, 15(2), 1-21.

조용환(2012b). jyh20120327. 기오재공동학습자료.

조용환(2021). 교육다운 교육: 어떤 교육이 교육다운 교육인가?. 서울: 바른북스.

조용환, 윤여각, 이혁규(2006). 문화와 교육. 서울: 한국방송통신대학교출판부.

조한혜정(1996). 학교를 거부하는 아이 아이를 거부하는 사회: 입시문화의 정치경제학. 서울: 또하나의문화.

충청북도교육청(2021). 충북교육정책 수립을 위한 사회학적 연구. 발간등록번호 제2021-52호.

한국교육개발원(2009). 고등학생의 학업생활과 문화 분석. 연구보고 RR 2009-08-2.

Collier, A. (1994). *Critical realism: an introduction to Roy Bhaskar's philosophy*. 이기홍, 최대용 역(2010). 비판적 실재론: 로이바스카의 과학철학. 서울: 후마니타스.

Deleuze, G. (1988). *Le pli: Leibniz et baroque*. 이찬웅 역(2008). 주름, 라이프니츠와 바로크. 서울: 문학과지성사.

Deleuze, G., & Guattari, F. (1980). *Mille Plateaux : Capitalisme et schizophrérie 2*. 김재인 역(2003). 천 개의 고원. 서울: 새물결.

Fromm, E. (1976). *To have or to be*. 차경아 역(1996). 소유냐 존재냐. 서울: 까치.

Heidegger, M. (1927). *Sein und Zeit*. 이기상 역(1997). 존재와 시간. 서울: 까치글방.

Heidegger, M. (1989). *Beiträge zur Philosophie: vom Ereignis*. 이선일 역(2015). 철학에의 기여: 생생한 고유화로부터. 서울: 새물결.

Kimmerer, R. W. (2013). *Braiding sweetgrass: Indigenous wisdom, scientific knowledge and the teachings of plants*. 노승영 역(2020). 향모를 땋으며: 토박이 지혜와 과학 그리고 식물이 가르쳐준 것들. 경기: 에이도스.

Lévi-Strauss, C. (1962). *La Pensée sauvage*. 안정남 역(1999). 야생의 사고. 서울: 한길사.

Renzulli. J. S., & Reis. S. M. (1997). *The schoolwide enrichment model: A how-to guide for educational excellence*. 김홍원 역(2003). 학교전체 심화학습 모형: 교육의 수월성 추구를 위한 이론과 실제. 서울: 문음사.

Sartre, J-P. (1969). *L'Être et le néant*. 정소성 역(2009). 존재와 무. 서울: 동서문화사.

Scott, D., & Bhaskar, R. (2015). *Roy Bhaskar: A theory of education*. 이기홍 역(2020). 로이 바스카, 비판적 실재론과 교육을 말하다. 경기: 한울아카데미.

제 **2** 부

'살다'

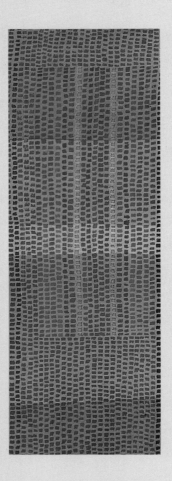

제2부에서는 교육인류학이 천착해 온 인간과 문화, 교육의 관계를 구체적인 사례를 중심으로 살펴보고자 한다.

　문화는 일상을 살아가는 사람들의 모습에 녹아들어 있으며, 어떤 삶이건 한 사회의 문화적 자장으로부터 자유롭기 어렵다. 특정한 문화는 누군가에게는 억압이 되기도 하는데, 그에 대한 저항을 통해 좀 더 나은 사회와 문화를 도모할 수 있다. 이때 저항은 교육적 의미를 띨 수 있다. '소수자'에서는 서울대생과 청소년 인권 활동가의 삶을 통해 문화적 억압 속에서 교육적 저항을 '사는' 모습을 나눈다.

　예술은 인간이 의미와 가치를 발견하는 실존적 삶의 영역이다. 예술을 한다는 것은 삶의 본연으로 한 걸음 더 나아가고자 하는 것이며, 교육은 언제나 그러한 예술적 의지의 길잡이가 되고자 한다. '예술'에서는 미술교사와 소리꾼의 삶을 통해 예술을 '산다'는 것이 무엇인지 드러내고자 한다.

　인간의 삶은 언제나 과거와 미래 그 '시간의 두께'와 더불어 진행된다. 그에 따라 문화도 변화한다. 교육은 그러한 변화를 때로는 추동하고 때로는 좇으며, 어떠한 삶을 살아야 할지, 어디로 나아가야 할지를 밝힌다. '미래'에서는 인간과 인간을 둘러싼 비인간을 다르게 봄으로써 교육과 문화가 어떻게 달라질 수 있는지 바둑 프로기사와 초등교사, 목공예가의 삶을 통해 살펴보고자 한다.

제 5 장

서울대생들의 학벌주의 정체성 형성과 변화[1]

1. 들어가며

1) 연구의 목적과 필요성

바야흐로 학벌사회다. 학벌사회는 서열화된 대학의 위계에 기초한 사회로서, 학벌이 권력과 권위가 되는 사회를 말한다. 학벌사회의 기원은 경성제대가 설립된 식민지기까지, 더 멀게는 조선시대까지 거슬러 올라갈 수 있다(김동춘, 1994; 손준종, 2003; 오욱환, 1999; 이정규, 2003). 그러나 본격적인 학벌사회의 형성은 해방 이후부터라 할 것인데, 1960~1970년대 압축적 근대화와 산업화의 과정 속에서 서울대를 정점으로 하는 일련의 대학 간 서열이 생겨났다(이종현, 2007). 이러한 대학 간 서열은 점점 격화되는 학벌경쟁과 더불어 1980년대 이후로 더욱 공고화되었으며(홍훈, 2010), 1990년대 '5 · 31 교육개혁'을 필두로 한 일련의 신자유주의적 교육개혁으로 한층 더 고착화되었다. 이 가운데 학벌은 한국사회의 불평등과 차별을 유지 강화하는 주요한 매개로써(김상봉, 2002, 2004; 이건만, 2007) 계급 간, 지역 간 격차를 가속화하는 데 기여하였다. 학벌소유자들[2]

*전은희(중앙대학교 강사)

1) 이 글은 교육인류학연구 제20권 제3호(2017년)에 실린 것을 축소 및 보완 수정한 것이다.

2) 이 글에서는 학벌소유자(혹은 우위자)와 학벌박탈자(혹은 열위자)를 구분하고자 한다. 즉, 학벌위계에서 높이 위치할수록 학벌소유자(우위자)에, 낮게 위치할수록 학벌박탈자(열위자)에 가깝다. 양자는 절대적 위치가 아니라 상대적 위치라 할 것으로, 만나는 사람이나 소속 집단, 처한 상황에 따라 그 위치가 달라질 수 있다. 달리 말하면 특정한 학벌을 가진 이가 누구를 만나느냐, 어느 집단에 소속되느냐, 어떤 상황에 있느냐에 따라 학벌소유자 혹은 학벌박탈자로서 달리 규정될 수 있다는 것이다.

은 각종 특혜와 특권, 기회를 독점하면서 파당과 패거리를 형성한 반면(박거용, 2004), 학벌박탈자들은 별다른 이익집단의 네트워크를 형성하지 못한 채 사회경제적 소외를 감내해야 했다. 이에 따라 한국사회는 사회적 전망이 사사화되고 시민사회의 성장이 억압되는 등 승자독식의 자리로 탈바꿈해 갔으며(손종현, 김부태, 2016), 그 과정에서 수도권중심주의와 지방의 소외 또한 가속화되었다(김부태, 2011; 이재훈, 2013: 109-112). 그 결과 작금의 한국은 계층 상승과 계층 간 이동이 둔화된(김상봉, 2002, 2004; 이건만, 2007), '더 이상 개천에서 용이 날 수 없는' 또 다른 신분제 사회가 되었다(이종현, 2007; 정용교, 이화경, 2012; 홍성태, 2002).

이런 사회에서는 학벌주의가 만연할 수밖에 없다. 학벌이 특정 학교들 간의 위계서열적 위치나 지위를 의미한다면, 학벌주의는 그에 따른 차별주의적 사고방식과 가치, 신념이라 할 것이다.[3] 이러한 사고방식이나 가치, 신념은 단순히 사고방식이나 가치, 신념으로 머무르지 않으며 일상적 태도와 감정, 행동으로 나타나게 된다. 이를테면 학벌사회의 사람들은 학벌을 능력 혹은 인격과 동일시하며(김부태, 2011; 손종현, 김부태, 2016) 학벌로 사람을 구분하거나 배제하고자 한다(홍훈, 2005: 424). 또 학벌이 모종의 실리와 이익, 효과를 가져다주리라 기대하는 것은 물론, 자신들에 대한 대우나 조직의 운영 역시 학벌에 따라 달라질 것으로 믿는다(김부태, 2011; 이종현, 2007). 이 때문에 학벌사회에서는 학벌에 대한 숭배와 열망이 만연하게 되는바(오욱환, 1999), 학벌소유자들은

---

3) 지금까지 학벌은 대개 특정 학벌을 소유한 집단으로 정의되며(김동훈, 2004; 김부태, 2011; 이건만, 2007; 이정규, 2003; 이종현, 2007)' 학벌주의 또한 이들의 권력 추구 이념 및 그에 따른 실천으로 정의되는 경우가 많았다(김부태, 2011, 2014; 김상봉, 2002, 2004; 박휴용, 2018; 손종현, 김부태, 2016). 곧 학연에 기초한 유사가족주의 속에서(김상봉, 2002, 2004) 자기들만의 패거리를 형성하여(홍성태, 2002) 특권을 추구하는 것(박휴용, 2018)이 학벌주의라는 것이다. 그러나 학벌과 학벌주의를 이렇게 정의하면, 학벌 권력을 추구하기 어려운 학벌박탈자들의 삶과 경험이 상당 부분 배제될 수 있다. 학벌사회에서 대부분의 사람은 학벌박탈자에 속하며 학벌주의는 학벌소유자들만의 사고방식이나 행태가 아니다. 학벌박탈자들 또한 상당 부분 학벌주의적 사고방식과 행태를 보이며, 따라서 학벌주의는 이들의 경험까지 포괄할 수 있도록 정의되어야 한다. 이와 관련 학벌의 의미에는 출신학교의 사회적 등급 및 그에 따른 출신자의 사회적 지위라는 의미도 있다(정치학대사전편찬위원회, 2002). 이러한 정의는 학벌의 상대적 위치를 강조하는바, 학벌주의 또한 이러한 상대적 위치에 따른 사고방식과 그에 따른 행태로 정의될 수 있다. 가령 정태화(2004: 94)는 학벌주의를 "일류 대학이나 엘리트 학교출신자를 다른 학교 출신자보다 높이 평가하는 사회적 이념"으로 규정한다. 또 이정규(2003)는 출신학교의 배경에 따라 개인의 사회적 위상이 결정되는 가치 및 이념체계로 정의한다. 혹은 이 글에서처럼 학벌주의는 학벌에 기초한 위계서열적 사고방식 및 그에 따른 차별적 가치와 신념으로 정의할 수 있다. 이로써 단순히 학벌소유자만이 아닌 학벌박탈자의 사고방식이나 가치, 신념까지 포괄하는 좀 더 넓은 의미의 학벌주의를 상정할 수 있을 것이다.

학벌로 인한 우월감이나 과시욕, 선민의식 등에 젖게 된다(이종현, 2007). 반대로 학벌박탈자들은 열등감과 좌절감, 무력감과 수치심을 느끼면서(문상석, 염유식, 2010; 엄기호, 2010; 이영호, 1998; 이종현, 2007; 최태룡, 이전, 2010) 자신보다 나은 학벌 '간판' 앞에서는 위축되게 된다(이건만, 2007). 이처럼 학벌주의는 일상 깊숙이 침투하여 사람들의 선택과 실천을 결정짓는바, 우리 삶에 직접적으로 작용하는 힘이자 동인이라 할 것이다. 따라서 학벌주의를 제대로 이해하기 위해서는 구체적인 개인들의 삶을 들여다보아야 할 것이다(조순경, 2005).

학벌주의 정체성에 주목하는 것은 이 때문이다. 학벌주의 정체성이란 학벌주의를 통해서, 학벌주의의 영향하에서 형성된 정체성이다. 학벌사회 한국에서는 학벌이 개인의 정체성에서 결정적인 변수가 되지 않을 수 없으며, 따라서 학벌주의 정체성은 학벌사회의 현실과 그 속에서 살아가는 사람들의 경험을 보여 주는 좋은 매개가 될 수 있다. 특히 대학생들의 정체성에서 학벌은 막대한 영향을 미치는 것으로 보고되고 있는바(김근영, 2013; 김부태, 2011; 정용교, 이화경, 2012), 서울대생들 역시 예외가 아닐 것이다. 그럼에도 지금까지 이루어진 연구들은 주로 지방대생들에 한정된 것이었다. 지방대생들은 학벌박탈감으로 인한 주변적 정체성을 형성하고 있었으며(엄기호, 2010; 정용교, 이화경, 2012) 지방캠퍼스 학생들 또한 지방대라는 자조 속에서 '본캠'과의 차이와 차별에 불만을 표하고 있었다(송지은, 이광호, 2017; 엄기호, 2010). 아울러 지방대생들은 학벌주의를 추종하는 동시에 비판적 태도를 취하는 등 학벌에 대한 모순적이고 양가적 태도를 보이고 있었으며(정용교, 이화경, 2012). 그러면서도 좋은 성적을 받고 자신의 삶에 의미를 부여하는 등 성취감과 자신감을 경험하고 있었다(양민옥 외, 2015). 이 외에도 지역에 따라 학벌주의 인식의 상이함 또한 발견되고 있었는데, 경기도의 대학생들이 서울의 대학생들에 비해 학벌의 문제점과 심각성을 더욱 크게 인식하고 있었다(이보미, 2007). 또 국외 연구로 미국 동부의 법학전문대학원의 노동자 계층 대학생들의 정체성에 대한 연구가 있다(Granfield, 1991). 이 연구에서 노동자 계층 법전원 학생들은 중산층 출신 학생들에 비해 훨씬 더 높은 학업적 스트레스를 겪고 있었다. 이들은 현실적으로 대학 성적이 우수함에도, 자신들이 학교의 기준에 부합하지 못하는 것은 아닌지 염려하고 있었다. 아울러 중산층 문화가 지배적인 캠퍼스에서 "자기 자리가 아닌 것 같은 느낌(feeling out of place)"에 시달리고 있었으며, 노동계급 출신이라는 것을 밝히지 않거나 중산층의 문화적 습속과 도덕적 가치들을 차용함으로써 계급적 배경을 위장(passing)하고자 하였다.

그러나 이 연구들은 본격적으로 학벌주의 정체성에 주목하는 연구가 아니다. 따라서 학벌주의 정체성의 구체적인 내용이라든가 변화에 대해서는 알기 어렵다. 또 국내 연구들의 경우 학벌박탈자에 한정된 연구이기에 학벌소유자들의 학벌주의 정체성 형성과 변화에 대해서는 함의하는 바가 많지 않다. 학벌주의 정체성은 학벌위계에서 차지하는 위치에 따라 현저히 달라질 것이며(이보미, 2007; 전은희, 2002) 학벌소유자의 경우 학벌박탈자의 학벌주의 정체성과는 여러모로 상이할 것이다. 그랜필드(Granfield, 1991)의 경우 학벌소유자에 대한 연구이기는 하나 미국 노동계층 학생들에 대한 연구라는 점에서 이 또한 시사하는 바가 제한적이다. 특정 집단의 학벌주의 정체성 형성과 변화는 해당 집단이 속한 사회문화적 맥락이나 계층 등과 깊은 관련이 있을 것으로, 국가 간, 계층 간 비교연구가 필요한 것은 이 때문이다. 서울대는 학벌사회 한국의 학벌위계 정점에 있으며 서울대생은 대표적인 학벌소유자다. 이들의 학벌주의 정체성은 학벌사회 한국의 학벌주의를 이해하는 데 적지 않은 시사를 줄 것으로, 이 연구에서는 서울대생들이 어떠한 학벌주의 정체성을 형성하며 그 위기와 변화는 어떠한지, 그 가운데 어떠한 정체성 관리전략을 차용하는지 살펴보기로 한다.

2) 이론적 배경

(1) 이야기로서의 내러티브 정체성

최근 일군의 사회학자들은 정체성을 내러티브로서 이해하고자 한다. 내러티브 정체성이란 경험에 기초하여 만들어가는 자기 이야기다(Chase, 2005; Ezzy, 1998; Giddens, 1992; MacIntyre, 1981; McAdams, 1996). 우리는 살아가면서 누구나 스스로에 대한 일관되고 생생한 이야기를 가지게 된다. 새로이 쌓이는 경험과 시간 속에서 나는 끊임없이 재구성되는바, 자신이 누구인지를 묻는 과정에서 끊임없이 '발견하고 재발견하는' 이야기가 바로 '자기'인 것이다(Ricoeur, 1985). 이러한 자기발견의 서사를 통해 개인은 자신을 하나의 계속적이고 동일한 존재로서 이해할 수 있게 된다. 즉, 내러티브를 통해 만들어지는 인물과 이야기는 곧 자신의 삶이자 역사로서, 이를 통해 스스로를 과거와 현재, 미래의 온전한 연속적 자아로서 지각하고 살아갈 수 있게 되는 것이다(Bruner, 1990; Squire, 2008). 이처럼 내러티브는 정체성을 불변의 본질이나 언어적 환상으로 환원하는 대신 한시적이나마 구체적이고 생생한 현실로서 정초함으로써(Rasmussen, 1995) 서구 근대철학이 견지해 왔던 자아중심주의와 탈신체성을 넘어 시간 안에서 끊임없이 변화해 가는 살아 있는 사람에 대해 물을 수 있게 한다(윤성우, 2004).

(2) 이야기, 담론을 넘어서[4]

정체성을 이야기로서 이해한다고 할 때 담론의 문제를 고려할 수밖에 없다. 이야기에는 언제나 담론이 개입하기 마련으로(Davies & Harre, 1990) 담론은 때로는 이데올로기로서, 때로는 문화로서, 때로는 과학으로서, 우리의 말과 행위를 규정짓고 구속한다. 우리는 각자가 속한 담론의 장으로부터 자유로울 수 없는바, 담론은 우리가 누구인가를 규정하고 우리가 말할 수 있는 위치를 부여한다(Foucault, 2000). 각자의 이야기를 만들어 내자면 우리는 먼저 담론이 규정하는 위치에 자신을 동일시해야 한다(Davies & Harre, 1990; Macdonell, 1986). 가령 학벌사회에서 우리는 열등생이나 우등생으로 구분되며, 바로 그 위치에서 자신과 자신의 삶을 이해하게 된다. 이러한 범주적 규정에 저항하고자 할 경우 도덕적 비난과 책임, 경우에 따라 제도적 제재까지 감수해야 한다. 곧 담론은 발화 위치를 규정하는 장이자 이야기에 개입하는 권력으로서(Holstein & Gubrium, 2000) 이야기가 한편으로 담론의 산물이 될 수밖에 없는 것은 이 때문이다.

그러나 동시에 이야기는 일방적인 담론의 산물이 아니다(Holstein & Gubrium, 2000: 103-104). 독버섯을 독버섯으로 규정하는 것은 사람의 논리일 뿐 버섯은 버섯의 이유를 가진다(신영복, 2015: 424-426). 인간은 담론이 규정하는 단일한 존재도, 전적으로 담론에 복속되는 일방적 존재도 아니다(Davies & Harre, 1990). 인간은 자신만의 목적과 지향, 취향과 선택, 의견과 이념을 가지며, 때로 담론을 초월하여 담론 밖에서 살고자 한다(Macdonell, 1986). 가령 많은 사람은 학벌사회의 압력과 무관한 자신만의 삶을 원할 것이며 그에 따른 자신만의 이야기를 써 내려 갈 것이다. 이러한 이야기들은 기존의 담론을 비틀고 파열시켜 새로운 담론을 만들어 낼 수 있을 것이며(Andrews, Squire & Tamboukou, 2008) 이를 통해 우리는 학벌사회를 지양하고 또 다른 현실로 나아갈 수 있다.

---

[4] 이 소절은 전은희(2022)의 일부를 발췌, 수정한 것이다.

3) 연구방법

(1) 연구참여자와 자료수집

이 연구의 연구참여자는 2013년도부터 2015년도 사이에 서울대 교직과목 '교육사회학' 강의를 수강한 학생들이다. 이 강의의 목적은 학교와 공교육, 학벌사회에 대한 비판적 이해였으며, 강의는 관련 주제에 대한 읽기와 쓰기, 토론이 중심이었다. 매 학기 수강생의 숫자는 10명에서 20명 사이였다. 교환학생과 학점교류생 등을 제외하고 대개는 사범대생이었으며 거의 언제나 여학생보다 남학생이 많았다. 학생들의 에세이에서 보건대, 대다수의 학생은 대졸자 부모를 둔, 경제적으로도 여유로운 중산층 출신이었다.

경험에 주목하는 내러티브 연구에서 자료는 연구참여자의 이야기뿐 아니라 관련된 글, 시각적 자료 등 다양한 미디어를 포괄한다(Bruner, 1990; Patton, 2002; Richardson, 1995; Squire, 2008). 이 연구의 자료는 강의에서 수집된 학생들의 자기성찰적 에세이다. 학기 중 학생들에게 이 강의에서 수집된 자료가 논문이나 저서 등 연구 자료로 사용될 수 있음을 공지하고 허락을 구하였다. 학생들은 흔쾌히 동의해 주었으며 연구결과에 대해서도 기대를 표해 주었다. 에세이의 반은 지정 도서에 대한 '논평문'이었으며[5] 나머지 반은 특정 주제에 대한 에세이였다. 에세이 주제는 '교육생애사: 나는 어떻게 서울대에 왔는가', '서울대에서 배운 것', '서울대에서 만난 사람들', '서울대생, 그 허와 실', '어떻게 살 것인가' 등이었다. 나는 이러한 에세이들을 통해 학생들이 자신들의 삶을 되돌아보기를 바랐으며, 그 가운데 자신이 누구인지, 누구이어야 하는지 이야기를 만들어 갈 수 있기를 바랐다. 성찰적 글쓰기는 기존 정체성에 대한 반성과 새로운 정체성의 형성을 촉진하는 매개가 된다는 것이 여러 연구에서 확인되어 오고 있는바(김종백, 김태희, 2014, 2016; Baddeley & Singer, 2007) 이야기는 우리를 유의미한 존재로 만들고 윤리적인 삶으로 나아가게 하는 매개가 된다(MacIntyre, 1981). 학생들의 글에서 나는 왜 그들이 지금의 삶과 정체성에 이르렀는지 이해할 수 있었으며 아울러 나를 통과한 학벌주의의 경험과 그 의미를 되돌아볼 수 있었다(Heidegger, 1927). 젊음의 한가운데를 통과한다는 공시성과 서로 다른 시대를 살아간다는 통시성 속에서 우리는 성장이라는 이름으로 대화

---

5) 학기에 따라 조금씩 달라지긴 했지만 학생들과 같이 읽었던 책은 다음과 같다.

노명식(2011), 서보명(2011), 엄기호(2009, 2010, 2011), 조영래(2003), 한윤형(2013), 古市憲壽(2011), 松本哉(2008), Bauman(2000, 2004, 2005), Beck(1986), Hobsbawm(1962), Iiiich(1971).

할 수 있었으니, 이는 언어 그리고 해석이 우리에게 허락한 드문 축복이었다(Gadamer, 1960; Riessman, 1993: 8).

(2) 자료분석과 해석

내러티브가 경험에 질서와 형태를 부여하는 의미 만들기라면(Chase, 2011: 421), 이는 일차적으로는 서술자 자신에 의해 이차적으로는 연구자에 의해 이루어진다. 근거이론이나 생애사 등 여타의 질적 연구와 비교하여, 내러티브 연구는 그 명확한 방법론을 말하기가 어렵다(Andrews, Squire & Tamboukou, 2008; Chase, 2011). 이는 무엇보다 내러티브의 정의 그 자체가 논쟁적이기 때문일 것이며, 따라서 자료분석과 해석에 대한 명확한 설명 역시 간단치 않다. 이 연구의 분석과 해석에서 내가 주안점을 두었던 것은 다음과 같다.

첫째, 반복적으로 이야기되는 의미, 사건과 주제의 분석을 통해(Phoenix, 2008; Squire, 2008) 학벌주의 정체성의 형성과 변화를 하나의 내러티브로서 구성하였다. 정체성이란 한편으로 자신의 삶에서 무엇을 가장 중요시하는가에 대한 질문이자 답이라고 할 것이다. 한 사람의 내러티브 속에는 필연적으로 그가 중요하다고 생각하는 것들이 되풀이해서 등장하기 마련이다. 학생들의 글 속에는 공통적으로 학교와 학벌, 경쟁과 능력주의, 사회적 보상과 성공 등에 관련된 의미범주가 반복적으로 나타났으며, 이러한 의미범주들이 '사건'의 형태로서 '플롯'을 형성할 수 있도록 배열하였다(Aristotle, 2005). 이는 또한 정체성 형성과 변화의 계기가 되는 '인과관계'(Ricoeur, 1985)를 포착하는 것이기도 하였다.

둘째, '규범적(canonical) 내러티브'와 '개인적 내러티브'의 갈등과 타협에 주목하였다(Bruner, 1990). 우리는 살아가면서 다양한 서사적 자원을 만나게 되며, 이 중 규범적 내러티브는 개인에게 일련의 사회문화적 기대로 작용하게 된다. 이를테면 이야기 속에 등장하는 위인의 삶은 누군가로 하여금 또 다른 위인의 삶을 살도록 추동할 것이다. 이와 달리 개인적 내러티브란 개인들이 다양한 서사적 자원과 갈등하고 타협하면서 만들어가는 또 다른 자기만의 내러티브다. 위인전을 읽고 자란 아이가 모두 위인이 되는 것은 아니며, 모든 위인의 이야기가 위인전의 것을 닮으란 법도 없다. 다음에서 보겠지만 서울대생들은 학벌주의 한국사회가 부과하는 출세와 성공 등 일련의 규범적 내러티브에 저항, 갈등하고 타협해 가는 가운데 자신만의 삶을 모색하고 있었다.

셋째, 이야기 속의 감정과 무의식에 유의하여 내러티브의 중층성과 복잡성을 드러내고자 하였다. 흔히 질적 연구 일반에서 연구자는 연구참여자에게 '있는 그대로' 말할 것을 요청한다. 그러나 그렇다고 해서 연구자가 연구참여자의 이야기를 곧이곧대로 믿고 수용하는 것은 아니다. 연구참여자는 일종의 '방어적 주체(defensive subject)'(Hollway & Jefferson, 2000)로서 그의 이야기는 우선적으로 그에 의해 해석된 것이다. 우리는 우리 자신과 우리의 삶을 인과관계에 따른 일관된 것으로 진술하고자 하며, 따라서 그러한 인과관계적 일관성으로 소환될 수 없는 모순적이고 비일관된 경험들은 내러티브에서 배제되기 마련이다. 이에 나는 연구참여자의 이야기에서 일관되지 않은 불협화음에 귀 기울이고자 하였으며, 그 속에서 이야기되지 않은 욕망과 갈등, 억압을 읽어 내고자 하였다. 그 결과 연구참여자들이 한편으로 학벌주의의 허상을 간파하고 이로부터 거리를 두고자 하면서도, 다른 한편으로 학벌주의를 옹호하면서 그를 전유하고자 한다는 것을 통찰할 수 있었다.

2. 서울대생의 학벌주의 정체성 형성과 변화

1) '샤부심'

(1) 후광효과(halo effect)

'샤부심'이라는 말이 있다. 서울대학교를 상징화한 정문의 '샤'와 자부심의 '부심'이 합쳐진 말이다. 많은 서울대생은 이 말을 다소 냉소적이거나 희화적인 어조로 사용하지만, 그럼에도 서울대라는 이름이 아주 자랑스럽지 않은 것은 아니다. 어찌되었건 서울대 학벌은 그간의 인생에서 거둔 주된 성취이며 그러기에 스스로가 '괜찮은 사람'이라고 느낄 수 있다. 덕분에 상대적으로 열등감에서도 자유롭거니와, 어디를 가건 누굴 만나건 여간해서는 위축될 일이 없다. 주류에 속한다는 것은 퍽이나 기분 좋은 일이어서 쓸 데없는 비교로 에너지를 소모할 일도 없다.

> 전반적으로 열등감이 조금 덜한 분위기 역시 우리가 서울대생이기 때문일 것이다. ……(중략)……
> 남녀 갈등, 수저 계급론, 온갖 '충'자로 끝나는 말들, 이렇게 열등감과 타자에 대한 혐오가 판을 치는

세상에서 우리는 서울대생이기 때문에 쉽게 타자화되지 않는다. ……(중략)…… 서울대에 합격한 우리를 '성공한 사람'이라고 낙인찍어 주기 때문에 상대적으로 열등감이 덜하다는 뜻이다. (국어교육과 12)

'샤부심'은 후광효과와 더불어 더욱 증폭된다. 곧 서울대생들은 대학에 입학한 후로 자신들에 관한 모든 것이 과대평가되고 우호적으로 해석되는 경험을 한다. 무엇보다 이른바 능력이라는 것부터가 그러하다. 서울대생이 되고 나니 어느 순간 자신은 굉장한 능력자가 되어 있다. 이를테면 과외 학생이나 그 부모들에게 서울대라는 이름은 하나의 보증수표다. 가르치는 실력이 뛰어나거나 교과지식이 풍부한 것도 아닌데, 학생이나 부모로부터 절대적인 신임을 받는다. 군대에서도 마찬가지다. 조금만 일을 잘 하면 '역시 서울대생'이라고 칭찬받고 좋다는 보직이나 업무 배치 역시 먼저 기회가 주어진다. 심지어 이러한 후광효과는 품성이나 인격에 대해서도 적용된다. 가령 서울대생이 된 후부터 지금까지의 평범했던 삶은 서울대에 오기 위한 위대한 전조로 가득 찬 것이 된다. 평범했던 유년 시절은 될성부른 떡잎의 연대기가 되고 '뻘짓'이나 '덕후스러움'으로 치부되기 쉬운 행동도 천재다운 예외성으로 이해된다. 서울대라는 이름하에서 자신의 모든 것이 미화되고 포장되거니와, 그 시절 '남들보다 공부를 좀 잘했을 뿐'인데 학벌이란 가히 날개옷이 따로 없다.

아무리 '뻘짓'을 하고 다녀도 주위 사람들은 나를 그럴 듯한 미사여구로 포장해 주었다. 고등학교 때 친구들에게 노트북에 저장되어 있던 60GB가 넘는 아이돌 영상 컬렉션을 들켰을 땐 "어휴, 뭐가 되려고." 혹은 "또라이"라는 낙인이 찍혔으나, 대학에 와서 그러한 행동에는 "서울대라 그런가? 하드디스크 정리도 잘하고 집요한 면이 있네. 역시 뭔가 달라."라는 엉뚱한 칭찬이 뒤따라왔다. (영어교육과 11)

(2) 특혜와 특권

'샤부심'은 특혜와 특권 속에서 더욱 견고해진다. 학벌주의 사회에서 학벌은 확실한 문화자본(cultural capital)이 되는바, 당사자들이 미처 의식하지 못하는 사이 특혜와 특권으로 돌아온다. 이를테면 서울대생들은 인간관계에서 종종 유리한 지형에 처한다. 서울대생들은 이른바 '알아 두면 좋을 사람'으로, 대부분의 사람이 먼저 다가오고 호감을 표시한다. 남학생들의 경우, 위계와 상하가 분명한 군대에서도 비슷한 경험을 한다. 나이가 많거나 계급이 높아도 함부로 자신을 함부로 대하지 않았으며, 덕분에 관료제적 규율이나 고참의 '군기잡기'에서도 조금은 자유로울 수 있다.

> 나는 서울대 학생이라는 이유로 군대에서 이런저런 대우를 받았다. ……(중략)…… 일단 윗사람들도 나를 함부로 대하지 않는 것을 느꼈다. 실제로 전역하고 나서 그랬다는 말도 들었다. ……(중략)…… 그와 비슷한 편애를 사회에서 받는 건 일단은 기분이 나빴지만, 곧 깨닫게 되었다. 아름다운 껍데기를 갖추면 사람들의 부러움을 사고 권위를 얻는다. 살아가는 데에 여러모로 유리하고 그것 때문에 인생이 바뀔 수도 있다. 그리고 나 자신도 그런 권위를 인식하고 이용하고 있었다. (물리교육과 10)

뿐만 아니라 학벌은 사회생활에서도 든든한 뒷배가 되어 준다. 학벌을 얻는다는 것은 남들보다 훨씬 유리한 출발지에 선다는 것을 의미하는바, 일단 서울대라는 간판을 달고 나가면 어디에서건 기회를 잡기에 유리하다. 고등학교 모교의 멘토링 섭외는 서울대생들을 중심으로 이루어지며, 심지어 끝나고 회식비를 따로 제공받는 것도 서울대생들에 한해서다. 전문 분야라면 어디건 선배들이 포진해 있어서 알음알음 도움을 얻기에도 유리하며, 인턴 하나를 뽑아도 같은 스펙이면 학벌이 좋은 쪽이 선택된다. 공모전이나 경진대회에 이름을 올리는 것도 대개 학벌소유자이며, 대학생으로서 대외활동을 할 때에도 서울대라는 배경을 밝히면 관심과 대우가 달라진다. 이처럼 학벌은 세상을 살아가기에 '비빌 언덕'이 되어 주는바, 사회생활의 윤활유가 따로 없다.

> 외부와의 관계에서는 '서울대'라는 것이 사회에서 단순한 학교 그 이상의 무언가를 가진다. 동아리 일로 인해 외부와 '컨택'를 할 때 '서울대'라는 가치는 굉장히 크다. 대학생이라면 무시하면서도 서울대생이라 그러면 뭔가 시선이 바뀌는 것을 많이 느낄 수 있었다. (영어교육과 12)

(3) 허영과 과시욕

이 때문에 학생들 사이에서 학벌은 일종의 '보험' 같은 것으로 인식된다. 세상을 살아가는 데 필요한 갑옷이자 보호막, 혹은 게임의 필살기라고나 할까. '학벌이 있는데 어디 가서 굶어 죽기야 할까' 마음 속 깊은 곳에서 안도감이 든다. 이러한 안도감은 때로는 과시욕과 허영으로 진화하기도 한다. 곧 '샤부심'에 취하다 보면 어느 순간 자신이 정말로 대단하고 능력 있는 존재라고 믿게 되는 것이다. '과연 그럴까' 하는 의구심이 들기도 하지만, 부러움과 감탄의 시선 앞에서 겸손과 이성은 쉽게 사라진다. 학벌소유자들의 일상이 곧잘 허영과 과시욕과의 싸움이 되는 것은 이 때문이다.

> 나에게 서울대에 다닌다는 것은 허영심과의 싸움이다. ……(중략)…… 서울대에 입학했을 때 나는 페이스북 학력란에 '서울대학교'를 입력하고 싶은 충동에 시달렸다. 그러나 그렇게 하지 않은 이유는, 그렇게 하지 않는 것이 더 겸손해 보이고 더 멋있어 보인다고 생각했기 때문이다. 그렇지만 이러한 충동은 페이스북을 그만둘 때까지 계속되었다. (국어교육과 11)

'과잠'[6]은 바로 이러한 허영과 과시욕을 직접적으로 표출할 수 있는 매개다. 2000년 대 들어서면서 대학생들 사이에 '과잠'이 일반화되었던바, 이 '과잠'이 특히 명문대생들 사이에 더욱 유행하는 것이 우연은 아닐 것이다. 그도 그럴 것이 '과잠'의 의미는 단순히 실용성이나 소속감에 있는 것이 아닌, 오늘날의 젊은이들이 챙겨야 할 가장 중요한 스펙이라 할 학벌을 과시하는 것에 있기 때문이다(오찬호, 2013). 모두가 상품이 되어 가는 후기근대의 사회에서 '과잠'은 학벌이라는 자신의 상품성을 알리는 일상적인 실천으로 서, '학벌이라는 브랜드'를 과시하는 꼬리표(tag)인 것이다. 이러한 과시적 실천은 단순히 '과잠'에 한정된 것만도 아니다. 이 즈음 대학가에서는 학교 로고가 찍힌 공책이라든가 펜, 티셔츠, 모자 등 홍보용 물품이 일반화되어 있다. 누군가는 그저 심상하게 사용하겠지만 어떤 학생들은 일부러 이러한 물건을 구매한다. 유치하고 속물적이라는 것은 알지만, 그만큼 학벌은 자랑하고 싶은 '브랜드'인 것이다.

> 나는 서울대라는 타이틀을 '은근히' 좋아한다. 티내지 않으려고 노력하지만 어떻게 보면 티를 못 내 안달이다. 편의점 알바가 괜찮다 싶으면 괜히 학생증으로 결제하고 싶고, 옷장에 걸린 많은 선택지 중에 '과잠'을 꺼내 들고, 서랍에 쌓인 무제 노트 대신 서울대 로고가 박힌 리포트 페이퍼를 구입하고, 스타벅스 다이어리 두고 굳이 서울대 로고가 박힌 수첩을 사서 쓴다. 서울대생이라면 자연스러운 모

---

6) "과잠"이란 '학과 잠바(jumper)'를 이르는 말로서, 대학에서 과 단위로 주문제작해서 입는 '야구 점퍼'를 말한다. 보통 등판에 대학의 로고가 새겨지고 그 아래에 학과 혹은 동아리 이름이 부기된다. 서울대생들 역시 과잠을 즐겨 입는다. 그러나 서울대생들의 경우 과잠을 즐겨입는 만큼 기피하기도 하는데, 왜냐하면 이들에게 과잠은 서울대라는 배경을 드러내는 매개가 될 수 있기 때문이다. 이에 대해서는 다음에서 다룰 것이다.

습이기도 하지만, 여전히 서울대 진학을 희망하는 고3 수험생마냥 로고에 집착한다. 대학 2년 동안 성숙함이라고는 한 톨도 배우지 못한 인간 ○○○의 유치한 밑바닥을 보는 것 같아 씁쓸하다. (체육교육과 13)

2) 서울대라는 꼬리표

(1) 토큰(token)과 낙인(stigma)

그러나 학벌소유자의 삶에 양지만 있는 것은 아니다. 남들은 잘 알지 못하는 학벌의 그늘이라고 할 것이 아주 없지는 않다. 가령 서울대생들은 서울대생이 되는 순간부터 토큰효과에 시달려야 한다. 토큰효과란 소수자들이 그 수적·사회적 소수성으로 인해 해당 집단을 대표하게 되는 현상을 말한다(Kanter, 1977). 한 집 건너 한 집이 대학생이라고는 하지만 여전히 서울대생은 드문 존재다. 이 때문에 서울대생들은 학벌 배경이 드러나게 되면 언제나 동물원 원숭이 신세를 면치 못한다. 소개팅을 나가도, 군대를 가도, 하다못해 버스를 타도 사람들의 시선을 받아야 한다. 주목받는 일이 좋을 때도 있겠지만 '연예인도 아닌데' 일거수일투족이 주시당하는 일은 여간 불편하지 않다.

> 군대에서 만난 서울대생들이나 전역한 친구들의 이야기를 들어 보면 군대에서 서울대생의 이미지는 동물원 속 만물박사라는 생각이 든다. 훈련소에서는 간부들이 구경을 오기도 하고, 이러한 의도치 않은 (학벌) '신상 털림'은 다른 동기들의 관심 또한 끌게 된다. (산업인력개발학과 10)

사태는 여기에서 그치지 않는다. 토큰효과는 낙인효과와 같이 가는데, 일반적으로 사람들은 서울대생에 대한 여러 가지 선입견이라든가 편견 등을 가진다. 곧 서울대생에 대한 어떤 자기 나름의 특정한 전형(stereotype)을 상정한다는 것인데, '뭐든지 잘 할 것 같다', '성실하고 고지식할 것 같다', '유머감각이 없을 것 같다', '자기밖에 모를 것 같다' 등이 대표적이다.[7] 이러한 낙인들은 좋은 쪽이건 그렇지 않은 쪽이건, 사실과는 부합되지 않는다는 점에서 마음이 편치 않다. 실제의 자신과는 다름에도 매번 상대의 오해를 마주해야 하는 일은 여러모로 부담스럽다. 사람인 이상 이러한 세간의 오해를 의식하

---

7) 여기서 유의할 것은 앞서의 후광효과 역시 낙인의 결과라는 것이다. 곧 낙인에는 긍정적인 방향과 부정적인 방향이 동시에 포함되며, 양자 모두 선입견과 편견에 기초하고 있다는 점에서 공통적이다.

면서 살아갈 수밖에 없기 때문이다. 서울대생이기에 매사 잘 해야 한다는 압박감에 시달리지 않을 수 없고, 가깝건 멀건 주변 사람들의 기대치가 신경 쓰인다. 설사 기대치에 미친다 해도 돌아오는 것은 당연하다는 반응뿐이고, 반면 기대치에 못 미친다면 더욱더 혹독한 실망과 비난에 직면해야 한다. 애초에 자신이 그러한 기대치에 부응해야 할 이유가 없지만 대놓고 무시하는 것 또한 쉬운 일은 아니다. 이래저래 서울대생으로 산다는 것이 '피곤하고 귀찮'기만 하다.

> 택시에 타고서 대뜸 기사분께서 하신 질문은 '학생들도 담배 피우나?'였다. 그래서 '예' 하고 답했더니, 기사분 하시는 말씀 '서울대학교 학생들이 담배도 태우나?'였다. ……(중략)…… 물론 기사분께서 악의를 가지고 말씀하신 것은 아니겠지만, 어떻게 보면 그 말씀 한마디가 서울대학교에 대한 사회의 시선을 상당 부분 압축해 놓은 것일 수도 있다. '공부 잘하고 올바르고 착한', 이 가치들은 '완벽'이라는 가치로 수렴하고, 서울대학교 학생들은 입학과 동시에 이 프레임에 갇힌 채 살아간다. 다들 서울대생들을 좋게 봐서 그런 거 아니냐는 반론에는 이렇게 이야기해 주고 싶다. 당신들의 그 잘난 논리가 우리를 옭아매는 족쇄가 된다고. (영어교육과 12)

(2) 이름의 상실과 출세의 강요

이름의 상실은 서울대생들이 겪어야 하는 또 다른 고충이다. 고유한 인격체로서 우리는 누구나 이름으로 불릴 권리가 있다. 이는 최소한의 인간적 존엄이라 할 것이나, 서울대생이 된다는 것은 바로 이를 잃는 것이기도 하다. 그도 그럴 것이 서울대생이 되고 나서부터는 자신의 이름 대신 '서울대'로 불리는 일이 빈번하다. 서울대라는 호명 속에서 고유한 '나'는 사라지고 서울대라는 보통명사만 남는다. 이러한 사태는 그 자체로 하나의 상징폭력이라 할 것으로 그 이면에는 범주로써 개인을 규정하고 호명하는 집단적 권력이 있다. 때로 사람을 만나고 대하는 일이 불편해지는 것은 이 때문이다. 상대의 눈에 비치는 것은 살과 피가 흐르는 아무개가 아닌 서울대라는 마크(mark)일 뿐이다. 그 결과 누구를 만나건 상대가 자신을 있는 그대로의 한 사람으로 대하는지 아니면 서울대생으로 대하는지 은연중 살피게 된다.

더해서 서울대생이라면 당연시되는 출세와 성공 또한 당사자들로서는 부담스럽기 짝이 없다. 서울대생이라고는 하지만, 작금의 엄혹해진 고용상황을 감안하면 출세와 성공은커녕 취직 자체가 바늘구멍이다. 그럼에도 자신의 삶은 너무도 당연히 성공과 출세의 신화를 써야 하는 것으로 간주되곤 한다. 서울대 정도 갔으면 고시는 물론이고 '하다못해' 공기업이나 대기업은 들어가 줘야 하지 않느냐는 식이다. 심지어 어떤 사람들은 무언가 사회적으로 의미 있고 '큰 일'을 해야 하지 않느냐고 채근한다. 내 코가 석 자인데 무슨 '큰 일' 씩이나, 그저 점수에 맞춰 들어온 학과일 뿐이고 아직 무엇을 해야 할지도 모르겠는데 말이다.

> 적어도 서울대 밖에서 바라보는 서울대생은 학벌사회의 정점에서 나름의 특권과 동시에 의무를 떠안은 존재인 것 같다. "좀 더 큰 일을 해야지."라는 말을 심심치 않게 들을 수 있다는 점은 사람들이 서울대생에게 기대하는 무언가 '큰 일'이 따로 있음을 시사한다. 무언가 유망하거나 고소득의 직업을 가져야 하고, 그 직업은 사회적인 영향력이 있어야 한다. ……(중략)…… 그러나 서울대생이더라도 나는 또한 평범한 대학생일 뿐이다. (국어교육과 11)

이 때문에 어떤 서울대생들은 자신이 하고 싶은 것이 분명히 있는 경우에도 분명히 밝히는 것을 꺼린다. 특히 그것이 이른바 '잘 나가는' 직업이 아닐 경우에는 더욱 그러하다. 왜 '서울대씩이나 나와서' 다른 선택을 하지 않느냐는 비난 아닌 비난을 들어야 하기 때문이다. 이러한 상황을 접할 때마다 어이가 없는 것이, 무슨 자격으로 남의 삶을 이래라저래라 하는 것인지 도무지 이해할 수가 없다. 아울러 그때마다 과연 자신의 선택이 옳은지 자문해야 하는 것은 또 다른 스트레스다.

> 서울대생은 왠지 위대한 직업을 가져야 할 것만 같고 돈을 많이 버는 직업, 신 분야의 지도자 등 개혁적이고 도전적이고 모든 사람들이 우러러 볼만한 직업을 가져야 당연한 것이다. 그 상황에서 "내 꿈은 체육교사예요."라고 말하면 나에 대해 실망을 하고 별 볼 일 없는 사람으로 인식하게 될까 봐 불안하였다. 즉, 주위 사람들이 "서울대생인데 그 정도 직업을 가져?"라고 생각할 것만 같아서. (체육교육과 13)

(3) 부정의 인정투쟁

이러한 일련의 상황으로 인해 어느 순간부터 서울대생들은 서울대라는 이름으로 한정될 수 없는 자신에 대해 질문하기 시작한다. 그렇다면 서울대생이 아닌 나는 누구인가? 일단 많은 서울대생이 자신에게 덧씌워진 다양한 낙인을 거부하고자 한다. 이를테면 자연스러운 자신의 여러 모습을 보여 주려 한다거나 자신의 평범함을 설명하면서 상대의 선입견이나 편견 등을 교정하고자 한다. 그런데 이러한 시도들은 대개는 번거로울 뿐더러 그 효과도 미미하다. 설사 가능하다 하더라도, 몇몇 가까운 사이에서 그것도 상당한 시간을 요한다. 더욱 나쁜 것은 부정하면 할수록 필요 이상으로 겸손한 사람이 되어 버린다는 점이다. 그래서 어떤 학생들은 몇 번인가 분위기만 어색해지는 일을 경험한 후로는 "에라, 모르겠다.", "될 대로 되라."라는 방조 전략을 취한다. 어차피 서울대라는 꼬리표를 달고 살아가는 이상 이러한 상황을 피하기는 어렵기에, 애써 상대의 오해를 교정하려 하는 대신 체념과 침묵을 택한다.

> 하지만 난 지금까지 단 한 번도 문제집에 있는 모든 문제를 맞힌 적이 없다. 학생들에게 아니라고, 내가 풀어도 다 맞지 못하는 문제들이라고 말해도 그 아이들은 믿지 않는다. 그러면 굳이 내 스스로 그 소중한 과외시간에 나도 틀리는 문제가 있다는 것을 설명하고 싶지 않아서 "에이, 장난이지. 당연히 이 정도야 다 맞겠지. 어서 수업하자."라며 대화를 끊지만, 이런 대화를 하고 나면 더 부담이 커지고 속으로는 뜨끔하다. (수학교육과 12)

간혹 냉소적인 기분이 들 때는 상대의 편견이나 선입견에 기꺼이 동조하기도 한다. 원만한 사회생활을 위해서는 차라리 상대의 기대치를 만족시켜 주는 것이 낫다는 것. 그래서 때로는 박학다식의 교양인을 연기하기도 하고 때로는 사회성 부족한 외골수의 공부벌레를 연기하기도 한다. 연기가 반복되다 보면 이는 일상화된 '가면(persona)'이 된다. 물론 일상은 누구에게나 그 자체로 하나의 연극 무대일 테지만(Goffman, 1959), 연극적 자아와 실제적 자아 사이에 과도한 괴리가 있다면 문제가 있다. 가면에 익숙해질수록 자기혐오와 환멸이 깊어지거니와 도대체 스스로가 누구인지 알 수가 없다. 더욱 두려운 것은 가면 뒤에서 한 번도 만나보지 못한 자신을 영영 잃어버릴 수도 있다는 공포다.

> 그리고 어느새 그 가면을 쓰고 익숙하게 행동하는 내 모습을 발견했다. 그 순간 불현듯 '허세 쩐다.'라는 생각이 들었다. 어느새 쓰고 있어서 자기는 어떻게 생겼는지도 모르고, 남들이 떠받들어 주니 좋다고 설쳐 대게 만드는 가면. ……(중략)…… 내가 너무 작아서 그 가면에 몸이 다 가려질 지경이다. ……(중략)…… 서울대학교에는 서울대 정문에 겁먹고 정체를 숨기는 나 같은 사람과 서울대학교

라는 가면을 자연스럽게 사용할 수 있는 사람들로 나뉘는 것 같다. ……(중략)…… 가면을 자연스럽게 사용한다고 생각하는 사람들 또한 그런 척하도록 만들어진 것일지도 모르겠다는 생각도 들지만, 그러면 너무 슬퍼지니 오늘은 이만큼만 생각해 보았다. (산업인력개발학과 10)

심지어 어떤 학생들은 서울대생이라는 사실을 적극적으로 감추고자 한다. 누군가를 처음 만나는 자리에서 불가피한 것이 아니라면 학벌 배경을 언급하지 않거나 아예 고졸이라고 말하기로 한다. 가급적 학교 밖으로 떠돌면서 서울대생이 아닌 사람들과 어울리려고하는 것 또한 같은 맥락이다. "그러면 적어도 잘나지는 않아도 떳떳한 내 모습을 보일 수 있으니까."(산업인력개발학과 10) 그래봤자 어느 순간 정체가 발각(outing)되기도 하고 자퇴라도 하지 않는 한 학교로 돌아올 수밖에 없지만 말이다.

3) 어느 학벌주의자의 탄생

(1) 학교에 대한 믿음과 지지

많은 서울대생에게 학교의 의미는 결코 작지 않다. 우등생으로 모범생으로 언제나 학교에서 인정받았으며 덕분에 "학교에 정을 붙이며"(영어교육과 11) 살아올 수 있었다. 무엇보다 서울대라는 학벌은 상당 부분 학교를 통해 이루어 왔거니와, 학교는 자신의 현재를 있게 한 소중한 바탕이다. 이처럼 학교를 빼놓고는 자신을 설명할 수 없기에 이들에게 학교는 존재론적으로 중요한 일부가 된다. 뿐만 아니라 이제 대학생이 되어 나름의 식견을 가지게 된 학생들은 학교라는 제도 그 자체에 대해서도 호의적이다. 교육기회의 평등이라든가 대중적 공교육의 이상은 오늘날에도 유효하며, 의무교육을 통한 계층 상승의 가능성을 열어 두는 것은 건강한 사회를 위한 중요할 방편일 수 있다. 요컨대, 학교는 많은 폐해와 심각한 맹점에도 여전히 유의미한 필요악일 수 있다는 것이다.

> 그러나 '학교'와 '의무교육'을 통해서 모든 사람이 교육의 기회를 얻는 것은 사실이며 이러한 의무교육이 없다면 계층 간 이동은 더욱더 어려워질 것이다. 따라서 이러한 '학교'와 '의무교육'의 특성은 교육의 가장 중요한 목표인 기회의 평등을 보장하는 역할을 한다고 생각한다. ……(중략)…… 그러한 측면에서 본다면 의무교육, 학교라는 제도는 인류의 역사적 경험을 통해서 보았을 때 현재 실정에 맞는 가장 좋은 제도라고 생각한다. (수학교육과 11)

그래서인지 어떤 학생들은 학교에 대한 문제제기 자체에 대해 회의적이다. 많은 서울대생이 중산층 출신이라는 것은 어제오늘의 일이 아니거니와(김광억 외, 2003), 이들에게 학교가 계층재생산의 기제가 되고 기득권의 지배를 정당화한다는 주장은 그다지 먹혀들지 않는다. 학교가 국가와 자본의 이해를 대리하는 '이데올로기적 억압기구'에 불과하며, 불평등한 사회구조를 강화한다는 강변은 "그래서 어쩌라는 것이냐."라는 냉소로 되돌아온다. 오히려 학생들은 학교를 폐지하려고 한다면 사회적 혼란만 가중될 뿐이며, 따라서 최대한 학교라는 제도를 선용해야 한다고 반박한다.

> 모든 제도에는 그 나름의 트레이드오프(trade-off)가 존재한다는 점을 인정할 때, 급진적으로 새로운 제도를 도입하는 노력보다 현존하는 제도를 정상화시키고 시스템을 수정·개선하는 작업이 선행되어야 한다. 교육기간이 지나치게 길어지고, 학벌이 새로운 불평등의 요소로 등장하는 것이 문제가 된다면, 또 그러한 변화 아래서 교육에 대한 그릇된 신념체계가 형성된다면, 그 해결책은 이를 근절하는 것이 아니라 사회적으로 용인 가능한 수준으로 최소화하는 것이다. (영어교육과 11)

(2) 경쟁과 능력주의에 대한 신봉

경쟁과 능력주의에 대한 신봉 역시 많은 학생에게서 발견된다. 이들에게 경쟁은 지금까지의 삶에 의미를 부여하는 주요한 근거로서, 경쟁을 부정하는 것은 이들의 노력과 성취, 나아가 존재 자체를 부정하는 것이 될 수 있다. 그래서인지 어떤 학생들은 경쟁과 능력주의에 대한 낭만적이고도 소박한 환상을 고수하고자 한다. 즉, 입시는 공정했으며 그 결과인 학벌 또한 능력의 증거가 되기에 부족함이 없다는 것이다. 이러한 생각은 특히 어려운 환경에서 역경을 거치며 서울대에 온 학생일수록 더욱 강하다. 고난이 클수록 그것을 이겨 낸 자신을 정당화하는 것은 자연스러운 인간심리이기 때문이다.

> 사실 나는 지독한 능력주의자였다. ……(중략)…… 아무리 가난해도 열심히 공부한다면 부유한 사람들을 뛰어넘을 수 있으며, 따라서 능력에 따른 평가가 가장 옳은 평가라고 믿었다. 생각해 보면 나 자신이 가장 엘리트적인 길을 걸어왔기에 이러한 생각을 가지고 있었던 것 같다. ……(중략)…… 나는 중학교 때 동네 학교에서 1등을 함으로써 외고를 들어갈 수 있었고 또 어찌어찌해 지원을 받으면서 학교를 다닐 수 있었기에 이러한 가치관은 더욱 굳어졌다. (영어교육과 12)

간혹 경쟁의 불공정함을 인식하는 학생들이 없는 것은 아니다. 대학에 와서 사회를 비판적으로 바라보게 되면서, 자신이 거쳐 온 경쟁의 모순을 간파하게 된다. 곧 부모의 경제적 지위나 가정환경 등의 요인이 없다면 입시경쟁에서 살아남기는 어려우며, 자신의 성취 또한 일정 부분 그에서 비롯되었다는 것이다. 그렇다고 해서 경쟁에 대한 의미부여가 전적으로 철회되는 것은 아니다. 누군가는 다소 유리한 고지에서 출발했다고 할지라도 비슷한 조건의 학생들이 모두 같은 결과에 이르는 것은 아니라면, 여전히 경쟁은 딱 그만큼의 가치가 있다는 것이다. 결정적으로 어찌되었건 '내가 1등을 했고 노력했다는 사실이 달라지는 것은 아니'기에, 불공정한 경쟁과는 별개로 경쟁의 모든 순간에서 자신이 치러야 했던 눈물과 땀방울까지 부정하고 싶지는 않다.

> 나는 1등만 기억하는 현 교육체제의 수혜를 받고 서울대학교에 들어왔다. ……(중략)…… 모든 사람이 1등이 될 수는 없는데도 1등만 엉덩이 두들겨 가며 극진히 보살펴 주는 학교를 생각해 보면 1등이라는 자리를 차지한 내가 학교의 수혜를 받았음에는 틀림없다. ……(중략)…… 가끔 이러한 사실을 망각한 채 살고 있는 이기적이고 재수 없는 나를 발견한다. ……(중략)…… 아직도 서울대는 나의 노력에 대한 대가라고 생각하며, 이 대가를 휘두르고 싶어 한다. ……(중략)…… 보잘것없고 무의미한 상징임에도 불구하고 말이다. "나는 1등 해서 서울대에 왔다." (불어교육과 10)

마찬가지로 학벌은 더도 말고 덜도 말고 학벌만큼의 능력이기도 하다. 장기간 공교육의 세례를 받은 이들은 학교를 벗어난 교육을 상상하지 못하는바(장상호, 2005; Illich, 1971), 곧 학력을 배움으로 학벌을 능력으로 간주하게 된다. 여기서 능력이란 물론 일차적으로는 점수 그 자체다. 그러나 동시에 능력이란 점수가 함의하는 다른 것들, 이를테면 입시라는 담금질의 과정에서 필요한 노력과 헌신, 인내이기도 하다. 어쩌면 이것이야말로 사회가 학벌로부터 기대하는 좀 더 본질적이고 결정적인 능력이라 할 것이며, 이 점에서 학벌은 여전히 능력이라는 것이다.

(3) 학벌주의의 부정과 유혹

경쟁을 정당화하고 능력주의를 신봉하다 보면, 학벌에 따른 차등적 보상이라는 생각 역시 자연스럽게 따라나온다. 능력주의는 개인의 능력과 사회적 보상 사이에 비례적 관계를 가정하는바(Young, 1958), 학벌은 종종 출세와 성공을 위한 보증수표로 인식되곤 한다. 고된 입시경쟁을 거치고 학벌을 거머쥔 이들이 이러한 신념을 받아들이게 되는 것은, 옳다는 의미에서가 아니라 불가피하다는 의미에서 한편으로 자연스럽다. 그렇다고 대놓고 이를 옹호할 수는 없는 것은 학벌주의를 옹호하는 것이 정치적으로 올바르지 못함을 알기 때문이다. 그래서일까 학벌주의에 대한 학생들의 태도에서는 적지 않은 자가당착이 발견된다. 어떤 학생들은 소박한 경험주의에 기초하여 학벌주의의 존재를 부정하는바, 서울대생이라고는 하지만 특별히 이렇다 하게 누려 온 것이 없으며 학벌의 특혜를 체감하기도 어렵다는 것이다. 기득권자들이 흔히 그러하듯 이들 또한 '특혜를 인식하지 못하는 것이 바로 특혜의 한 측면일 수 있다(Johnson, 2006: 21)'는 것을 알지 못한다.

> 결국 나는 학벌주의가 나쁘다고 생각은 하지만 솔직히 그 실체와 폐단에 대해 공감할 수 없다. 학벌주의가 심한 한국사회라고 한다면 그 정점에 있는 서울대생인 내가 수혜를 받아야 하지 않겠는가. 하지만 내가 받은 수혜라고는 겨우 듣기 좋은 달콤한 말들이나 사소한 일탈에 대한 면죄부, 또는 부담스러울 정도의 기대 정도다. 흔히 학벌주의의 폐단으로서 공정한 기회의 박탈이나 학벌이 기준으로서 절대화되는 것 등을 말하는데, 난 그 어느 것도 실감하지 못했다. (영어교육과 11)

나아가 어떤 학생들은 학벌주의에 대해 소극적 방어 자세를 취한다. 학벌주의가 문제인 것에는 동의하나, 서울대생인 자신들이 그 표적이 되어야 하는 사태는 마뜩찮다는 것이다. 애초에 학벌사회를 만든 것은 자신들이 아니었으며 원해서 경쟁을 선택했던 것도 아니다. 그런데 이제 와서 자신들을 학벌주의의 수혜자라고 비난하는 것은 기성세대의 무책임을 은폐하는 손쉬운 도덕적 면죄부에 지나지 않는다는 것이다.

이 때문인지 서울대생으로 살아가는 일은 학벌주의의 유혹과 저항 사이에서 끊임없이 길항하는 윤리적 줄타기가 된다. 대학에 들어와서 잠시나마 학벌사회의 억압과 불평등을 고민하지 않은 것은 아니다. 그러나 학벌기득권을 포기하는 일은 쉽지가 않은 것이, 졸업이 다가올수록 자꾸만 학벌에 기대고 싶어진다. 당장 목구멍이 포도청이거니와 어차피 작금의 사회에서 경쟁이 불가피하다면 살아남기 위해서는 학벌주의와 타협할 수밖에 없다. 결국 학벌은 또 한 번 기회주의의 이름이 되고 만다.

> 우리 엄마는 가끔 말한다. 내가 대학 가기 전에 여러 매체를 통해 서울대 폐지론이 나오면, '우리나

라 서울대 때문에 생긴 문제 많지. 폐지해야지.'라고 생각하셨다고. 그러나 내가 입학하고 난 뒤에는 '우리 아들이 어떻게 들어간 서울대인데, 폐지를 해?'라고 생각이 바뀌셨다고 한다. ……(중략)…… 말은 하지 않았지만, 항상 거기에 격하게 동의했다. 어떻게 들어간 서울대인데. 내 기득권만 생각했다. (국어교육과 11)

4) 학벌을 넘어

(1) 능력과 학벌주의 질문하기

이와는 조금 다르게 어떤 학생들은 좀 더 적극적으로 자기 안의 학벌주의를 성찰하고자 한다. 무엇보다 학벌주의가 가정하는 능력주의에 대해 다시 생각해 본다. 학벌소유자라고는 하지만 과연 자신부터가 능력 있는 사람이라고 할 수 있을까. 학년이 올라가고 여러 사람을 만나면서 좀 더 객관적으로 자신을 바라보게 되는바, 일단 주변에 대단한 사람들이 너무 많다. 이곳에는 단순히 시험 점수가 높다 정도가 아니라 어떻게 이런 생각을 할 수 있을까, 이런 일을 해낼 수 있을까 싶은 이들이 한둘이 아니다. 흔하디흔한 서울대생들 사이에서 옆자리의 '내 친구 서울대생'은 또 다른 신세계거니와, 태어나 처음으로 자신의 평범함을 절감할 수밖에 없다. 이제 처음의 당당하던 '샤부심'은 급속도로 위축되는데, '나에 비해 학교가 너무 좋다', '남의 옷을 빌려 입고 있는 듯하다'는 고백은 이런 맥락에서다.

> 2학년이 되고 전공 공부를 시작하면서 과 동기들에 대해 지난 20년간 내가 느껴 보지 못한 새로운 기분을 느낀다. 중고등학교 때도 친구들을 보며 '머리가 좋다'라는 생각을 가끔씩 하기는 했지만 '얘는 천재가 아닐까?', '어떻게 사람 머리에서 저런 아이디어가 떠오를까?'라는 생각이 든 것은 대학 와서 처음이었다. (수학교육과 12)

반대의 경우 또한 적지 않다. 능력이 무엇이건 간에, 수능 점수를 잘 받는다는 것이 모종의 탁월함을 보증하는 것 같지는 않다. 가령 공부만 해도 그렇다. 서울대생이라면 다 공부를 잘 하리라 생각하겠지만 이는 어디까지나 대학 이전까지의 이야기다. 대학의 공부는 많은 경우 분석적·종합적 사고를 요하거니와, 특히 인문사회과학의 경우 자신만의 관점에 기초한 비판적 이해가 필수다. 무조건 외우기만 해서는 능사가 아니라는 것인데, 이런 식으로는 그럭저럭 학점은 받을 수 있겠지만 해당 분야에 대한 깊이 있는 이해는 어렵다. 그러나 놀랍게도 서울대에는 '어떻게 이런 사람이 서울대에?' 싶을 정도로 생각 자체가 안 되거나 '생각의 회로가 꼬인' 사람들이 적지 않다. 이런 서울대생들은 확실히 대학의 공부에 적합한 것 같지 않을뿐더러 능력과도 거리가 먼 듯하다.

> 사람들은 서울대생이라고 하면 다들 명석하다고 생각하는데 생각보다 그렇지 않다. '정말 어떻게 이런 사람이 우리 학교 학생인가?'라는 생각이 절로 드는 학생들이 많다. 일단 조 발표가 이런 생각을 시작하게 하는 계기가 되었고, 수업에서 하는 토론에서 이런 생각이 심화되었다. 외울 것을 주고 5지 선다의 문제를 풀게 하면 아주 잘할 것 같은 사람은 많지만, 생각의 회로가 꼬이거나 이상하게 되어 있는 사람도 많다. 입시교육에는 들어맞지만 대학교육에는 별로 들어맞지 않는다고나 할까. (국어교육과 11)

더해서 학교 안팎의 여러 경험을 통해 학생들은 과연 능력이 무엇인지 근본적으로 숙고하게 된다. 남학생들의 경우 특히 군대라는 조직을 경험하면서부터 그러하다. 군 생활이 요구하는 대부분의 능력은 학벌과는 상관이 없으며 학벌이 좋다고 해서 업무처리나 인간관계가 능숙한 것도 아니다. "고졸병사들 중에도 일을 잘하는 사람은 많았고 육사 출신 중에서도 병사들의 비웃음을 사는 장교들이 많았다(국어교육과 11)." 학력이나 학벌과는 상관없이 일 잘하고 원만한 사람을 보면서 그간의 엘리트 의식은 산산이 부서져 나간다. 사람의 능력이라는 것은 무지개 빛깔처럼 다양하다는 것을 비로소 이해하거니와, 학벌과 능력이 결코 동의어가 아님을 절감한다. 나아가 능력이라는 것은 타인과의 비교나 경쟁에서가 아니라 개인의 고유함과 독특함 속에서 발견할 수 있는 무엇으로서, 결코 대학 이름에 갇히지 않는다는 것을 깨닫는다.

이처럼 능력과 학벌주의를 질문함으로써 학생들은 그간 자신이 알게 모르게 자신을 과대평가해 왔음을 깨닫는다. 졸업을 앞둔 어느 날, 문득 자신의 모습이 초라하다면, 거기에는 그간 학벌이라는 껍데기에 취한 채 으쓱대며 살아온 자신이 있다. 능력자라고 믿었던 자신은 그저 학벌주의의 허상을 좇았던 애송이에 불과했던 것이다.

(2) 경쟁의 모순과 불평등에 대한 통찰

더해서 작금의 고용상황은 학벌주의의 이면에 존재하는 경쟁의 모순과 불평등을 질문하게 한다. 지난 시절 서울대는 사회적 성공과 출세의 보증수표였다. 그러나 지금은 서울대를 나와도 취업이 어려운 시절이다. 좁아진 고용 시장 앞에서 청춘을 위한 나라는 어디에도 없거니와(한윤형, 2013) 신규 공채는 나날이 줄어들고 신입사원도 하루아침에 명퇴로 내몰리는 시절이다(헤럴드 경제, 2016. 8. 23.). 이제는 졸업을 하고도 취직을 하지 못한 서울대생이나 9급 공무원 시험에 응시한 서울대생 이야기가 심심찮게 들려온다(SBS 8뉴스, 2015. 10. 20.). 운이 나쁘면 자신 또한 부모의 '등골 브레이커'로 전락할 수 있다는 것인데, 바야흐로 서울대 졸업장은 '망명 정부의 지폐처럼' 초라하다. 학벌이 더 이상 출세와 성공으로 이어지지 않는 현실 앞에서 문득 한 가지 질문에 사로잡힌다. 그렇다면 이제 경쟁에서 탈락하는 자신은 능력이 없어서일까, 과거 자신의 뒤에 섰던 이들은 과연 능력이 없어서였던 것일까. 지금의 자신이 무능해서 낙오하는 것이 아니라면, 과거 자신보다 뒤처졌던 이들 역시 마찬가지일 것이다.

> 내가 1등을 해서 서울대학교에 들어온 것을 부정적으로 생각하지는 않는다. 서울대학교는 나의 열정에 대한 증거다. 그러나 1등만 기억하는 학교, 등수라는 결과로 노력의 흔적이 드러나지 않으면 안 되는 학교에서, 서울대에 들어온 것은 조금 씁쓸하다. 서열화는 내가 공부에 더욱 파고들어 집중할 수 있게 해 준 좋은 장치였으나, 그것이 나에게 작용하는 것처럼 나를 제외한 몇 백 명의 친구들에게도 긍정적인 영향을 미쳤을까? 아니었을 것이다. 내가 1등이라는 이유로 특혜를 받으며 경쟁의 단맛을 볼 때, 친구들은 1등이 아니라는 이유로 차별을 받으며 경쟁의 쓴 맛을 봤으리라. (불어교육과 10)

이제야 비로소 이 사회가 학벌로써 정당화하고자 하는 경쟁과 불평등의 어떤 구조가 눈에 들어오거니와 학벌사회의 모순에 생각이 미친다. 능력이 학벌과 동의어가 아니라면 경쟁 역시 정당하다고 보기 어렵다. 객관적이며 공정하다고 주장되는 능력의 기준들은 임의적이고 자의적일 뿐이며, 애초에 경쟁이라는 기준으로 능력을 변별할 수 있다는 가정 자체가 어불성설이다. 나아가 경쟁의 과정에는 가정환경, 부모의 학력, 거주지와 시대적 상황 등 숱한 변수들이 끼어들기 마련이며(Fishkin, 2014) 이것이 성적과 점수에 미치는 영향 또한 부정하기 어렵다. 결국 학벌은 경쟁에 순응한 결과 거머쥔 운 좋은 이름에 지나지 않으며, 자신이야말로 이러한 불평등의 구조에 가장 열성적으로 부역한 기회주의자였던 것이다. 달리 말하면 학벌이란 자신보다 못 하다고 간주되는 이들의 희생을 딛고 올라선 트로피로서, 그 이면에는 경쟁이라는 기만적 기제를 통해 학벌을 능력으로 등치시키는 불평등한 구조가 있다는 것이다. 이 새로운 깨달음 앞에서 지난날의 '샤부심'은 차마 '오글거려' 꺼내기조차 민망하다.

> 교생을 다녀오며 아이들과 나의 성장환경과 그로 인한 사회적 자원 배분의 차이에 대해 생각해 보게 되었다. 교생과 학생이라는 관계로 유대감을 가지게 됨으로써 더 크게 다가오는 불공정함에 대한 불편함. 불공정함에 화가 나고 억울한 것이 아니라 그저 불편한 이유는 내가 그 불공정함으로 인한 특혜를 받아온 사람이기 때문이다. 사회가 아닌 사람에 책임을 돌리는 사회, 나는 그 사회의 세뇌 속에 살고 있었다. ……(중략)…… 사람들은 저항하지만 현실을 변화시키는 것이 불가능에 가깝다는 것을 깨달으며 포기를 시작한다. 나는 나도 할 수 없는 이 일을 다른 이들에게 강요하며 왜 더 노력하지 않느냐고 왜 자기발전에 열정을 쏟아 붓지 않느냐고 사람 탓을 했다. ……(중략)…… 내가 이룬 것들이 내 노력, 내 능력에 의한 것이라 여기고 노력하지 않는 사람들, 불평만 하는 사람들을 무시했다. (불어교육과 09)

(3) 혼란과 방황

누구보다 열심히 살아왔다고 자부했건만, 자신은 그저 이 거대한 기만적 놀음의 주연이었을 뿐이라는 깨달음은 몹시 참담하다. 자신은 그저 남들보다 조금 점수가 높다는 이유로 경쟁에서 탈락한 자들을 단죄하고자 했던 학벌주의자, 세속의 가치를 충실히 내면화한 꼭두각시 그 이상도 이하도 아니다. 진리라고 믿어오던 것들을 의심해야 하는 일은 지금껏 그 세상에서 안온했던 이에게는 더욱 어려운 일이다. 허탈과 공허가 밀려오는바, 그래서일까 학생들 중에는 서울대 입학 후부터 극도의 자존감 저하와 무력감, 우울증을 겪는 이들이 있다. 저마다의 사연은 다를지라도 그 한켠에는 학벌을 좇아 눈을 가린 말처럼 달려온 지난날의 자신이 있다.

> 서울대에 오기까지 나는 누구보다 열심히 나의 삶을 살아왔다고 생각했다. 그런데 그 삶이 내가 주도한 삶이 아니라는 것을 깨닫는 순간 허무해졌다. ……(중략)…… 학교를 다니지 않으면 사회에서 정상적으로 살아갈 수 없다는 것도, 공부를 잘해서 좋은 대학에 가면 성공하는 것이라는 것도, 다 학교가 만든 '가치의 제도화'였다. 학교가 말하는 것은 다 진실이고 나는 생각할 필요 없이 학교가 시키는 대로만 하면 되는 모범적인 학생이었다. 모든 것이 학교가 만들어 낸 '가치의 제도화' 안에서 옳고

그룹이 나누어지고 그 기준에 '나'는 없었다. 갑자기 울컥했다. (체육교육과 13)

　　이러한 정체성 위기에 대처하는 방법은 여러 가지가 있다. 어떤 학생들은 학벌주의적 가치관과 태도를 더 굳건히 견지함으로써 상처받은 자존심을 지키려 한다. 가령 학벌이라는 편협한 기준에 집착하면서 학벌로 사람을 판단하고자 한다. 또 학벌 이외의 가치들을 깎아내리면서 돈이나 외모, 사회성이나 유머 등 자신들이 가지지 못한 것을 폄하한다. 도피라는 손쉬운 방어기제를 선택하는 이들도 있다. 어차피 뒤처질 것이 뻔하다는 체념 속에서 노력 자체를 포기하거나 최선을 다하지 않음으로써 스스로의 게으름이나 회피를 합리화하고자 한다. 열등생이 되는 것이 두려워 열등생이 되어 버리는 역설 말이다.

　　서울대생들에 대한 인식이 너무 좋다 보니 적당히 포기하면서 '이 정도면 됐어' 하는 사고방식을 갖게 되었다. ……(중략)…… 아무리 열심히 해도 나보다 잘하는 사람들이 훨씬 많기 때문에 그 수준에 다가갈 수 없기 때문이다. 벼룩을 상자에 가둬 두면 스스로 넘지 못하는 선을 설정하는 것처럼, 그만큼의 시간과 노력을 들이기엔 용기가 부족했고 다른 하고 싶은 것들이 너무 많았다. (지구과학교육과 13)

　　또 어떤 학생들은 좀 더 적극적이고 능동적인 의미에서 새로이 학벌주의를 체화하고자 한다. 가령 학벌이 가정하는 능력이 허상이라면 이번에야말로 그 허상을 실체로 만들면 된다는 것이다. 그래서 어떤 학생들은 좀 더 공격적으로 각종 능력 계발에 몰두하는데, 교양이라든가 심미안, 전문성 등 다양한 자기계발로 나아간다. 이는 방향이 조금 다를 뿐 학벌과 능력이 비례한다는 가정을 고수한다는 점에서 또 다른 강화된 학벌주의라 할 것이다.

　　현실은 냉정했고 대학은 내가 이룬 것 중 가장 크고 소중하지만 여전히 미미한 수준의 성과에 불과했다. 나는 다시 이 세상에 맞서기 위해 무언가 더 해내야 한다고 인정할 수밖에 없었다. 반성 끝에 나는 더 이상 학벌에 대해 부당한 또는 정당한 이득마저 기대하지 않기로 다짐했다. 그리고 '실력양성운동'이라도 하는 듯, 내 자신의 실질적 능력을 향상시키는 데 집중하기로 했다. (영어교육과 11)

(4) '나'를 찾아서

이처럼 많은 서울대생이 학벌주의 정체성의 위기를 경험하거니와, 이는 학벌주의의 허상을 깨달아 가는 필연적인 '통과의례'라 할 것이다. 혼란과 방황의 가운데에서 학생들이 다다르는 결론 중 하나는 서울대라는 이름으로부터 자유로워져야 한다는 사실이다. 학벌주의에 대한 '방어'라든가 '부정'은 명백히 존재하는 학벌주의를 은폐함으로써 불평등에 대한 문제제기 자체를 억압할 수 있다. 학벌주의의 존재와 그 문제성을 명확히 인지하고 학벌기득권자로서의 자신을 성찰하는 것이야말로 학벌주의를 지양해 나가는 출발일 것이다. 그 시작은 다름 아닌 나를 나로서 있는 그대로 인정하는 것에 있다. 지금껏 부모와 학교가 시키는 대로 달려왔지만 이들을 기다린 것은 취준생이라는 또 다른 경쟁일 뿐이다. 사회는 이들에게 다시 한번 달리라고 하지만 선뜻 그 말을 믿기에는 지난날의 배신감이 너무 크다. 이제 1등이나 최고라는 이름에 끌려다니는 대신, 지금껏 알지 못했던 나를 찾아나서야 할 때다. 이 가운데 가면 아래 진짜 얼굴을 만날 수 있을 것으로, 잘났건 못났건 솔직한 자신의 모습을 발견할 수 있을 것이다.

> 서울대에 들어와 배웠다고 말할 수 있는 것 중 가장 큰 것은 아이러니하게도 '삶의 다양성'과 '자의식으로부터의 탈피'다. ……(중략)…… 서로 다른 가치를 추구하면서 하고자 하는 일과 원하는 삶의 방식이 모두 다른 사람들이, 지나치지 않은 정도의 인간적인 유대로 모여 있는 우리 과의 분위기가 나를 심리적으로 이완되게 해 주었다. 별 것 아닐 수도 있지만 이런 심리적 긴장의 이완이 서울대 출신이 겨우 그 정도 꿈밖에 못 꾸느냐는 부모님의 불만이나 걱정도 대수롭지 않게 넘길 수 있게 했다. 남 보기에 좋고 사회적으로 그럴 듯하다고 여겨지는 진로를 선택할 필요가 전혀 없으며 내가 즐겁고 설레는 일을 하면 그만이라는. ……(중략)…… 그러니 비로소 마음의 바탕을 만든 지금이, 졸업한 뒤에 대학 다닐 만했다 말할 수 있도록 무언가 배울 수 있는 시작인 셈이다. (독어교육과 13)

자신을 있는 그대로 받아들이게 되면서 삶에 대한 이해 또한 달라진다. 이전까지의 삶이 정해진 길을 빨리 달려 나가는 것이었다면, 이제 삶이란 내가 가고픈 길을 나만의 속도대로 나아가는 것이다. 더 이상 1등과 최고에 집착하지 않기에 오히려 삶의 가능성과 선택지는 다양해진다. 이를테면 자신을 도구화하면서까지 세속적 욕망을 좇느니 스스로에게 가치 있고 유의미한 삶을 사는 것이 낫다. 이는 때로 서울대생에게서 기대되는 출세나 성공과는 거리가 있을 것이나, 오히려 그렇기에 생존과 경쟁의 와중에서는 결코 보이지 않던 새로운 희망과 행복을 발견할 수 있다. 이처럼 학벌의 부담으로부터 거리두기하고 자신의 삶을 찾고자 할 때 비로소 서울대생 아무개가 아닌 자연인으로서의 '나'를 만날 수 있다.

> 이상하게 들릴지도 모르겠지만 내가 서울대를 통해 얻은 가장 큰 배움은 '속도에 대한 집착'을 버리게 된 것이다. 입학 초반에 나는 대학교도 학점만 채운다면 조기졸업이 가능하다는 말을 듣고서 2학년, 3학년 전공을 미리 듣겠다고 마음먹은 채 교수님께 상담을 요청했던 적이 있다. 지금의 나로선 이해할 수 없을 정도로 무엇이든 빨리 이루어야 한다는 집착이 심했다. 그 당시 나는 '무언가를 일찍 성취하는 것'이 '탁월하다는 것'과 같은 의미인 줄만 알았다. 참 어리석고 치기어린 생각이었다. (물리교육과 13)

3. 해석 및 논의

1) 학벌소유자들의 학벌주의 정체성의 형성과 변화

이 연구에서는 서울대생들의 학벌주의 정체성을 내러티브적 접근에 기초하여 살펴보았다. 이러한 결과에 기초하여 학벌소유자들의 학벌주의 정체성 형성과 그 변화에 대해 정리해 보고자 한다.

첫째, 학벌주의 정체성의 형성이다. 학벌사회를 살아가는 이들은 정도의 차이는 있을지라도 부지불식간에 학벌주의자가 되어 간다. 입시경쟁은 학벌주의적 가치와 태도, 신념을 학습하는 과정 그 자체로서 학벌소유자들은 이를 가장 충실히 이행한 이들이라 할 것이다. 이들은 학벌을 있게 한 학교라는 제도에 대해 매우 우호적이며, 학벌에 기초한 불평등한 사회구조를 무비판적으로 수용한다. 곧 학벌을 능력과 동일시하면서 경쟁의 원리를 정당화하고자 하는바, 자신들이 누리는 학벌의 특권과 특혜를 곧잘 간과한다. 이들에게 학벌은 하나의 생존수단이자 '보호 고치(cocoon)', 곧 사회적 안전망이 미비한 한국사회에서 안전을 확보할 수 있는 확실한 대안으로 인식된다. 나아가 출세와 성공을 학벌의 전리품으로 간주, 학벌에 따르는 사회경제적 보상을 당연시한다. 그 결과 학벌은 그 소유자들에게 안도감와 자부심의 원천이 되며, 이는 때로 허영과 과시욕으로 진화하기도 한다.

둘째, 학벌주의 정체성의 위기와 혼란이다. 대학은 다양한 가치관을 접하고 새로운 정체성을 탐색하는 환경이 되는바(Kaufman & Feldman, 2004), 학벌소유자들 또한 입학 후 여러 경험을 통해 학벌주의 정체성에 전환을 맞게 된다. 이들은 학벌의 후광이 '간판효과' 등 득이 되는 동시에 이름의 상실이라든가 인격적 소외 등 원치 않는 낙인이 되는 것을 경험한다. 이를 통해 학벌의 양면성을 인지하고 학벌주의의 허상에 대해 성찰하기 시작한다. 또 학벌이 '위험사회'를 헤쳐 나가는 만병통치약이 될 수 없음을 알게 되면서 기성세대와 사회가 주입해 온 학벌주의적 가치와 세계관에 의문을 품기 시작한다. 그 결과 학교는 언제나 누군가의 이해관계 속에서 작동하며 경쟁은 결코 공정한 기제가 아니었다는 것, 따라서 학벌은 능력과 동의어가 될 수 없으며 오히려 학벌소유자는 학벌 체제에 잘 편승한 기회주의자일 뿐이라는 것 등을 깨닫는다. 이러한 위기와 혼란의 과정에서 학벌주의에 집착하고 그것을 정당화하는가 하면, 학벌주의로부터 거리를 두고 그 모순과 불평등을 비판적으로 성찰하기도 한다. 또 이러한 갈등의 과정에서 '부정'과 '방조', '연극'과 '은폐', '도피' 등 다양한 정체성 관리전략이 차용되고 있다.

셋째, 학벌주의 정체성의 극복과 새로운 정체성의 탐색이다. 학벌주의의 허상과 모순을 자각하면서 이제 학생들은 학벌로 규정되지 않는 자신을 발견하고자 한다. 무엇보다 자신을 있는 그대로 바라보고 수용하고자 하는바, 비교와 경쟁에 근거한 '샤부심'이 아닌 자기이해와 존중의 자부심으로 나아가고자 한다. 아울러 학벌주의가 가정하는 1등과 최고의 삶을 따르는 대신 학벌로부터 자유로운 자신만의 가치와 의미를 발견하고자 한다. 이는 한편으로 학벌소유자에게 강요되는 출세와 성공의 압박으로부터 거리를 두는 것으로, 자신만의 삶과 행복을 찾고자 하는 것이기도 하다. 여기에는 좁아진 고용시장과 악화된 경제사정이라는 거시적 상황이 개입하고 있었는데, 학벌소유자들은 이러한 외적인 위기를 내적인 성장의 기회로 전유하고자 한다. 이처럼 학벌소유자들은 학벌주의적 가치와 세계관으로부터 벗어나고자 하는 가운데 독립적이고 자율적인 주체로 나아갈 수 있다.

2) 연구의 의의 및 제언

첫째, 이 연구를 통해 한국사회 학벌소유자들의 학벌주의 정체성과 그 변화를 이해할 수 있다. 이 연구는 학벌소유자들의 학벌주의 정체성에 주목한 최초의 연구라는 점에서 그 의의가 높다. 만연된 학벌주의하에서 학벌소유자들은 대학 입학 후 거의 필연적으로 정체성 위기와 혼란을 경험하고 그 가운데 새로운 정체성을 모색하게 된다. 이는 학벌소유자가 아닌 이들의 경우에도 비근할 것으로, 따라서 향후 집단과 계층, 젠더와 지역 등을 고려한 학벌주의 정체성에 대한 다각적인 탐색이 이루어져야 할 것이다. 무엇보다 학벌박탈자들에 대한 연구가 필요하다. 이들의 학벌주의 정체성은 그 내용이나 변화, 관리전략에서 학벌소유들의 경우와는 현저히 다를 것이다. 아울러 이 연구에서 보았듯이 학벌주의 정체성은 사회경제적 맥락의 변화에 민감하며, 따라서 이를 감안한 연구들이 계속적으로 이루어질 수 있어야 할 것이다. 나아가 이를 토대로 학벌주의와 학벌주의 정체성에 대한 이론화 작업이 수반되어야 할 것으로, 이는 상당 부분 교육인류학이 떠안아야 할 과제이기도 하다(서덕희, 2015; 조용환, 2001).

둘째, 이 연구를 통해 한국사회 학벌소유자들의 학벌주의 정체성의 독특성을 알 수 있다. 과문하나 내가 알기로 학벌주의 정체성에 대한 경험적 연구는 국내외적으로도 충분히 이루어지고 있지 않다. 그럼에도 관련 연구가 아주 없는 것은 아닌데, 특히 이 연구의 결과는 미국 노동계층 법전원 대학원생들의 정체성 혼란과 비교하여 매우 흥미롭다(Granfield, 1991). 양자의 경우 모두 중산층 문화가 주류인 명문 대학에서 정체성 혼란과 갈등을 경험하고 있으나, 노동계층 대학원생들이 중산층의 가치와 사고방식을 차용하고 세속적 커리어를 지향하면서 계층상승을 의도하는 것과는 달리(Granfield, 1991), 중산층의 서울대생들은 오히려 하향이동이라고도 볼 수 있을 선택을 하면서 자신만의 가치와 의미에 기초한 길을 모색하고 있었다. 전자에게는 학벌이 능력주의의 산물로 간주되었기에 노동자 정체성으로부터 거리두기하면서 상향이동을 추구하였지만, 반대로 후자에게는 학벌과 능력주의가 허구로 인지되었기에 탈학벌주의를 지향하며 하향이동에 준하는 실천을 탐색한 것으로 보인다. 결국 학벌과 학벌주의를 어떻게 이해하는가에 따라 삶의 향방과 정체성이 달라질 수 있다는 것인데, 여기에는 해당 학생들이 놓인 사회경제문화적 맥락이라든가, 출신 계층, 학교급 등이 작용한 것으로 풀이된다. 향후 이러한 변수에 따라 학벌소유자들의 학벌주의 정체성이 어떻게 변화하는지 비교연구가 이루어져야 할 것이다.

셋째, 이 연구는 낙인효과에 대한 새로운 통찰을 제공한다. 일찍이 고프만 등은 사회적 일탈자나 도덕적 타락자, 낮은 사회적 계급에 속하는 이들 등 이른바 사회적 소수자나 주변인에 대한 낙인을 지적한 바 있다(Goffman, 1963; Granfield, 1991). 그러나 이 연구를 통해 오히려 반대의 경우도 있을 수 있음을 알 수 있다. 곧 소수자나 주변인이 아닌, 기득권이나 주류에 속하는 이들에게도 낙인효과가 발견된다는 것이다. 앞서 본 대로 서울대생들은 학벌소유자로서 소수자나 주변인과는 거리가 먼 이들이었다. 그럼에도 이들은 서울대생이라는 꼬리표하에서 편견과 선입견, 토큰효과에 시달리고 있었으며 또 이로 인해 각종 정체성 관리전략을 차용하고 있었다. 이를 통해 학벌사회에서는 학벌박탈자를 비롯해 다른 소수자나 주변인들과 마찬가지로, 학벌소유자들 또한 낙인의 대상이 될 수 있음을 알 수 있다. 아울러 낙인이란 것이 단순히 사회적 소수성의 문제만이 아닌 수적 소수성의 문제이기도 하며, 서울대생들 또한 학벌주의의 희생양일 수 있음을 알 수 있다.[8]

넷째, 이 연구를 통해 학벌주의의 지양과 학벌사회 개혁을 위한 근본적인 과제가 한국사회의 차등적 보상체계의 완화와 불평등 구조의 타파에 있음을 통찰할 수 있다. 1990년대 중반 이후로 학벌사회 개혁에 관한 일련의 논의가 있어 왔으나 2000년대 이후부터는 극우정권의 집권, 경제상황의 악화, 전사회적 신자유주의화 등과 더불어 그 정치적 동력이 약화된 감이 없지 않다. 더불어 최근 친자본적 대학구조조정으로 기존의 대학서열체제는 더욱 강화되었으니, 이런 상황에서 학벌주의 지양과 학벌사회 개혁의 목소리는 시민사회 일부에 국한될 수밖에 없었다. 그러기에 더욱 향후 학벌주의 지양과 학벌사회 개혁을 위한 학계 안팎의 노력이 절실한바, 이 연구는 바로 이러한 노력의 일환이다. 이 연구를 통해 알 수 있는 것은 학벌주의를 지양하고 학벌사회를 개혁하고자 한다면, 가장 근본적이고 중요한 것은 학벌 중심의, 학벌에 한정된 차등적 보상 체제의 완화라는 점이다. 학벌사회는 '잘 먹고 잘 살고자 하는' 개인들의 욕망에서 비롯된바, 그 이면에는 해방 이후 학벌이 생존의 문제와 직결되어 온 이 땅의 불평등한 현실이 있다. 학벌을 가진 사람만이 생존이 확보되는 사회라면 학벌사회의 지양은 요원하다. 이 연구에서 보듯이 학벌이 사회경제적 보상으로 이어지기 어려운 환경이 되면 일정 부분 학벌의 위세가 약화되는 것은 물론 학벌주의적 정체성에도 변화가 야기된다. 이것이 함의하는 바는 학벌주의의 지양과 학벌사회 개혁은 단순히 범국민적 의식전환이라든가

---

8) 노파심에서 덧붙이자면, 이러한 지적이 학벌소유자들의 특권적 지위를 부정하는 것은 아니다. 이들의 고난이란 마치 가부장제하 남성들의 고통처럼 어디까지나 기득권자가 되는 과정의 부산물일 뿐으로, 학벌소유자에게 "부여되는 지배(conferred dominance)"(McIntosh, 2013)에는 변함이 없다.

교육개혁의 문제가 아닌 사회구조적 혁신과 불평등 타파의 문제라는 것이다. 달리 말하면 학벌주의의 지양과 학벌사회의 개혁은 학벌과 상관없이 인간다운 생존이 가능한 사회를 만들어야만 가능한 일로서, 그래야만 한국사회는 비로소 이웃과 더불어 살아갈 수 있는 평등한 공동체로 나아갈 수 있을 것이다.

📖 참고문헌

강준만(1996). 서울대의 나라: 강준만 교수의 '나라 살리기' 제언. 서울: 개마고원.

김광억, 김대일, 서이종, 이창용(2003). 입시제도의 변화: 누가 서울대학교에 들어오는가?. 한국사회과학, 25(1, 2), 3-187.

김근영(2013). 대학생의 자아정체성 측정의 지위적 접근과 서술적 접근. 청소년학연구, 20(6), 73-102.

김동춘(1994). 근대의 그늘: 한국의 근대성과 민족주의-당대총서 12. 서울: 당대.

김동훈(2002). 서울대가 없어야 나라가 산다: 학벌주의의 뿌리를 찾아서. 서울: 더북.

김동훈(2004). 학벌 차별실태와 정책과제. 보건복지포럼, 95, 75-80.

김동훈(2015). 사법시험 존치로 학벌주의 완화하자. 考試界, 705, 2-4.

김부태(2011). 한국 학력 · 학벌주의 인식체계 분석. 교육학연구, 49(4), 25-54.

김부태(2014). 한국 학력 · 학벌사회 개혁론에 대한 분석적 고찰. 열린교육연구, 22(3), 1-26.

김상봉(2002). 안티학벌운동의 철학적 기초. 사회와 철학, 1(4), 271-292.

김상봉(2004). 학벌공화국 해체에 이르는 길. 황해문화, 46, 376-381.

김종백, 김태희(2014). 자아정체감 탐색 도구로서 내러티브 접근의 교육적 의미와 가능성. 청소년학연구, 21(8), 463-493.

김태희, 김종백(2016). 내러티브 정체성을 통해 본 대학생의 자아정체감. 교육심리연구, 30(1), 1-25.

노명식(2011). 프랑스 혁명에서 파리 코뮌까지, 1789~1871. 서울: 책과함께.

문상석, 염유식(2010). 학벌과 불행: 한국청소년의 주관적 행복도. 현대사회와 문화, 31, 73-102.

박거용(2004). 대학 서열화와 학벌주의. 역사비평, 67, 22-43.

박휴용(2018). 학력 개념의 세 층위를 통해 분석한 학벌주의와 교육열. 교육사상연구, 32(3), 97-128.

서덕희(2015). 한국 교육인류학의 특징에 관한 일 고찰. 교육인류학연구, 18(2), 1-56.

서보명(2011). 대학의 몰락: 자본에 함몰된 대학에 대한 성찰. 서울: 동연.

손종현, 김부태(2016). 한국 학력·학벌기반 연줄사회의 실재성과 그 이데올로기적 성격. 열린교육
　　연구, 24(2), 147-174.

손준종(2003). 일제 식민지 시기 학력 담론의 출현과 분화. 한국교육학연구, 9(1), 93

손해곤, 최정훈(1992). 대학생의 자아정체감 형성과정 및 정체감 위기. 한국심리학회 학술대회 자
　　료집.

송지은, 이광호(2017). 대학 지방캠퍼스 학생들의 대학생활적응에 관한 현상학적 연구: S대학교 C
　　지방캠퍼스 신입생들을 중심으로. 청소년학연구, 24(4), 95-124.

신영복(2015). 담론. 파주: 돌배개.

양민옥, 김혜선, 이지하(2015). 지방대학교 대학생으로 살아가기. 청소년학연구, 22(1), 267-286.

엄기호(2009). 아무도 남을 돌보지 마라: 인문학의 눈으로 본 신자유주의의 맨얼굴. 서울: 낮은산.

엄기호(2010). 이것은 왜 청춘이 아니란 말인가: 20대와 함께 쓴 성장의 인문학. 서울: 푸른 숲.

엄기호(2011). 우리가 잘못 산 게 아니었어. 서울: 웅진지식하우스.

오욱환(1999). 한국사회의 교육열에 대한 고유 이론모형의 탐색. 교육학연구, 37(4), 1-28.

오찬호(2013). 우리는 차별에 찬성합니다. 고양: 개마고원.

윤성우(2004). 폴 리쾨르의 철학. 서울: 철학과현실사.

이건만(2007). 한국사회의 학벌주의와 계급갈등-학벌자본의 이론화를 향해. 교육사회학연구,
　　17(4), 63-85.

이보미(2007). 학벌주의에 관한 대학생의 인식도 조사 연구. 경기대학교 대학원 석사학위논문.

이영호(1998). 한국인의 교육열과 학력사회 상관성에 대한 분석. 교육사회학연구, 8(1), 75-95.

이재훈(2013). 학벌서열체제를 어떻게 깰 것인가. 창작과 비평, 2013년 봄호. 104-122.

이정규(2003). 한국사회의 학력·학벌주의: 근원과 발달. 서울: 집문당.

이종현(2007). "학벌과시"에 대한 사회학적 탐구: 학벌과시의 기원과 특성. 사회과학연구, 15(2),
　　380-413.

장상호(2005). 학문과 교육(중-1). 서울: 서울대학교출판부.

전은희(2017). 학벌주의 정체성에 대한 내러티브적 이해: 서울대생의 사례를 중심으로. 교육인류학
　　연구, 20(3). 103-148.

전은희(2022). 학벌열위자들의 학벌주의 정체성 형성과 변화에 관한 질적연구: 중년 여성 영유아
　　교사를 중심으로. 교육인류학연구, 25(1), 39-80.

정용교, 이화경(2012). 지방대학생의 입장에서 바라본 학벌주의 실태와 대안. 중등교육연구, 60(3),

699-824.

정치학대사전편찬위원회(2002). 21세기 정치학대사전. 서울: 아카데미아리서치.

정태화(2004). 학벌주의: 쟁점과 개선 대책에 관한 논의. *Andragogy Today: International Journal of Adult & Continuing Education, 7*(2), 93-129.

조순경(2005). 학벌주의, '서울대 문제'인가(김상봉『학벌사회』, 한길사 2004). 창작과 비평, 33(1), 376-380.

조영래(2003). 전태일 평전. 서울: 돌베개.

조용환(2001). 문화와 교육의 갈등-상생 관계. 교육인류학연구, 4(2), 1-39.

최태룡, 이전(2010). 대학서열체제에 대한 사회조사. 경상대학교 사회과학연구원 엮음. 대학서열체제 연구. 서울: 한울 아카데미.

한윤형(2013). 청춘을 위한 나라는 없다. 서울: 어크로스.

헤럴드 경제(2016. 8. 23.). '신의 직장' 금융공기업 공채 '100 대1' 좁은 문. http://news.naver.com/main/read.nhn?mode=LSD&mid=sec&oid=016&aid=0001104823&sid1=001&lfrom=twitter

홍성태(2002). 학벌주의와 강남특별구. 문화과학, 29, 231-242.

홍훈(2005). 학벌, 학력의 정치경제학: 시론. 한국경제학보, 12(1), 409-437.

SBS 8뉴스(2015. 10. 20.). 서울대생 "저녁 있는 삶 위해 '9급 공무원'" http://news.sbs.co.kr/news/endPage.do?news_id=N1003225884

古市憲壽(2011). 絶望の国の幸福な若者たち. 이언숙 역(2014). 절망의 나라의 행복한 젊은이들. 서울: 민음사.

松本哉(2008). 貧乏人の逆襲. 김경원 역(2009). 가난뱅이의 역습. 서울: 지형.

Andrews, M., Squire, C. & Tamboukou, M. (2008). Introduction: What is narrative research?. In M. Andrews, C. Squire, & M. Tamboukou (Eds.), *Doing narrative research* (pp. 1-5). Los Angeles : SAGE.

Aristotle (2005). *Poetics*. 이상섭 역(2005). 시학. 문학과지성사.

Baddeley, J. & Singer, J. A. (2007). Charting the Life Story's path: Narrative Identity Across the life span. In D. J. Clandinin & F. M. Connelly (Eds.) (2000). *Narrative Inquiry: Experience and Story in Qualitative Research* (pp. 177-202). San Francisco: Jossy-Bass Publishers.

Bauman, Z. (2000). *Liquid modernity*. 이일수 역(2009). 액체근대. 서울: 강.

Bauman, Z. (2004). *Wasted lives*. 정일준 역(2008). 쓰레기가 되는 삶들. 서울: 새물결.

Bauman, Z. (2005). *Work, consumerism and the new poor.* 이수영 역(2010). 새로운 빈곤. 서울: 천지인.

Beck, U. (1986). *Risikogesellschaft.* 홍성태 역(1997). 위험 사회. 서울: 새물결.

Bruner, J. S. (1990). *Acts of meaning.* 강현석 외 공역(2011). 인간 과학의 혁명: 마음, 문화, 그리고 교육. 서울: 아카데미프레스.

Chase, S. (2005). Narrative Inquiry Multiple Lenses, Approaches, Voices. In K. Norman, N. K. Denzin, S. Yvonna, & Y. S. Lincoln (Eds.), *The SAGE handbook of qualitative research* (3th ed., pp. 651–679). Thousand Oaks : Sage Publications.

Chase, S. (2011). Narrative Inquiry: Still a Field in the Making. In N. Denzin & Y. Lincoln (Eds.), *Qualitative Research* (4th ed., pp. 421–434). NY: SAGE Publications.

Davies, B. & Harré, R. (1990). Positioning: The Discursive Production of Selves. *Journal for the theory of social behaviour, 20*(1), 43–63.

Ezzy, D. (1998). Theorizing narrative identity: Symbolic interactionism and hermeneutics. *Sociological Quarterly, 39*(2), 239–252.

Fishkin, J. (2014). *Bottlenecks: A New Theory of Equal Opportunity.* 유강은 역(2016). 병목사회-기회의 불평등을 넘어서기 위한 새로운 대안. 문예출판사.

Foucault, M. (2000). 지식의 고고학. 서울: 민음사.

Gadamer, H. G. (1960). *Wahrheit und Methode.* 이길우 외 공역(2012). 진리와 방법 2 – 철학적 해석학의 기본 특징들. 경기: 문학동네.

Giddens, A. (1992). *Sexuality, Love, and Eroticism in Modern Societies.* 배은경 외 공역(2001). 현대 사회의 성 사랑 에로티시즘 – 친밀성의 구조 변동. 경기: 새물결.

Goffman, E. (1959) *The Presentation of self in everyday life.* Gaden City: Doubleday.

Goffman, E. (1963). *Stigma: Notes on the management of spoiled identity.* 윤선길 역(2009). 스티그마 – 장애의 세계와 사회적응. 한신대학교출판부.

Granfield, R. (1991). Making It by Faking It: Working-Class Students in an Elite Academic Environment. *Journal of Contemporary Ethnography, 20*(3), 331–351.

Heidegger, M. (1927). *Sein und Zeit.* 이기상 역(1998). 존재와 시간. 서울: 까치글방.

Hobsbawm, E. (1962). *The Age of Revolution: Europe 1789-1848.* 정도영, 차명수 공역(2005). 혁명의 시대. 서울: 한길사.

Hollway, W. & Jefferson, T. (2000). *Doing qualitative research differently: free association, narrative and interview method.* Los Angeles : SAGE.

Holstein, J. A. & Gubrium, J. F. (2000). *The self we live by : narrative identity in a postmodern world.* New York: Oxford: Oxford University Press.

Illich, I. (1971). *Deschooling Society.* 박홍규 역(2009). 학교 없는 사회 - 타율적 관리를 넘어 자율적 공생으로. 서울: 생각의 나무.

Johnson, A. G. (2006). *Privilege, power, and difference.* NY: McGraw-Hill.

Kanter, R. M. (1977). *Men and women of the corporation.* New York: Basic Books.

Kaufman, P. & Feldman, K. A. (2004). Forming Identities in College: A Sociological Approach. *Research in Higher Education, 45*(5), 463-496.

Macdonell, D. (1986). *Theories of discourse.* 임상훈 역(1992). 담론이란 무엇인가: 알튀세 입장에서의 푸코 · 포스트맑시즘 비판. 서울: 한울.

MacIntyre, A. C. (1981). *After virtue.* 이진우 역(1997). 덕의 상실. 서울: 문예출판사.

McAdams, D. P. (1996). Personality, Modernity, and the Storied Self: A Contemporary Framework for Studying Persons. *Psychological Inquiry, 7*(4), 295-321.

McIntosh, P. (2013). White privilege: Unpacking the Invisible Knapsack. M. L. Andersen & P. H. Collins (Eds.), *Race, class, and gender: an anthology.* Belmont, Calif.: Wadsworth.

Patton, M. Q. (2002). *Qualitative research and evaluation methods* (3rd ed.). Thousand Oaks: Sage Publications.

Phoenix, A. (2008). Analysing narrative contexts. In M. Andrews, C. Squire, & M. Tamboukou (Eds.), *Doing narrative research* (pp. 64-77). Los Angeles: SAGE.

Rasmussen, D. (1995). Rethinking subjectivity: narrative identity and the self. *Philosophy & Social Criticism, 21*(5/6), 159-172.

Richardson, L (1995). Narrative and Sociology. In J. Van Manen (Ed.), *Representation in ethnography* (pp. 198-221). Thousand Oaks, California: SAGE Publications.

Ricoeur, P. (1985). *Temps et Re'cit Ⅲ.* 김한식 역(2004). 시간과 이야기 3 - 이야기된 시간. 서울: 문학과지성사.

Riessman, C. K. (1993). *Narrative analysis.* Newbury Park, CA: Sage Publications.

Squire, C. (2008). Experience-centred and culturally-oriented approaches to narrative. In M. Andrews, C. Squire, & M. Tamboukou (Eds.), *Doing narrative research* (pp. 41-63). Los Angeles: SAGE.

Young, M. (1958). *The Rise of the Meritocracy.* 유강은 역(2020). 능력주의-2034년, 평등하고 공정하고 정의로운 엘리트 계급의 세습 이야기. 서울: 이매진.

제6장

청소년 인권 활동가들의 실천 행위에 관한 질적 연구[1]
저항, 탈주, 생성의 흐름을 중심으로

1. 광장으로 나온 청소년들

2008년, 정부의 미국산 쇠고기 수입을 반대하며 교복을 입고 가면을 쓴 채 광화문 집회에 등장한 여학생들은 소위 '촛불소녀'라는 이름으로 불리며 사회적 관심을 불러일으켰다. 광장에 모인 청소년들은 우리 사회와 학교교육에서 흔히 요구하는 '학생다움'의 틀을 비판하면서 정치성을 가진 청소년의 존재를 적극적으로 드러내고자 했다. 그리고 2016년, 박근혜 대통령의 퇴진을 요구하는 촛불집회에는 더 많은 청소년이 참여하면서 청소년들은 이제 다양한 사회적·정치적 이슈에 대해 목소리를 내고 있다(박정서, 2017).

그렇다면 대중적인 촛불집회와 함께 광장으로 나와 "청소년은 정치적이다!"라는 구호를 외치며 정부의 정책과 학교제도를 비판한 우리 사회의 청소년들은 오늘날 어떠한 모습으로 그려질 수 있을까? 청소년들은 이러한 실천 행위를 통해 무엇을 말하고 표현하고자 한 것일까? 연구자는 2000년대 이후 부각되고 있는 청소년들의 저항적 실천 행위를 탐구하면서, 주체적인 말과 실천을 통해 무엇인가를 행위하고자 했던 청소년들의 목소리에 귀를 기울일 필요성을 느꼈다. 청소년들의 저항적 행위를 기성제도에 대한 단순한 분리나 파괴가 아닌, 행위하고자 하는 인간의 존재론적 활동 속에서 바라본다면 어떠한 의미가 드러날 수 있을지에 주목하였다.

---

*조지혜(서울대학교 교육연구소 객원연구원)
1) 이 글은 〈교육인류학연구〉 제24권 제2호(조지혜, 2021)에 게재한 논문을 축소 재편집한 것이다.

이 장에서 주목하는 우리 사회의 '청소년 인권 활동'은 청소년 당사자의 목소리로 청소년의 주체성과 인권에 대한 담론을 만들어 가는 실천 행위라는 특징을 갖고 있다. 청소년들이 만들어 가는 인권에 대한 담론들은 주로 청소년들이 많은 시간을 몸담고 살아가는 학교교육에 대한 비판을 중심으로 시작되었다. 학교제도의 모순과 한계를 극복하고자 한 탈학교 및 대안학교 운동을 시작으로, 2000년부터 부각된 학생들의 두발 자유를 위한 온라인 서명운동과 거리 시위, 정부의 교육 정책에 반대하는 청소년 집회 및 퍼포먼스, 그리고 2020년에 얻어 낸 만 18세 참정권까지, 청소년 활동가들의 실천 행위는 학교의 담장을 넘어 다양한 사회정치 영역으로 점차 확대되고 있다. 그들은 입시 중심의 학교교육과 학력 중심의 사회구조에 대한 문제의식을 가지고, 기성의 교육제도 및 사회제도에 균열을 내며 저항하는 활동을 이어 오고 있다. 청소년 인권 활동은 최근 20년간 청소년들에 의해 자발적으로 그 실천이 조직되었으며 학교제도에 대한 비판적인 문제의식과 함께 촉발되었다는 점에서, 교육학 영역에서도 주의 깊게 탐구할 사회현상으로서 의미를 갖는다.

이와 같은 문제의식과 필요성에 기초하여 연구자는 교육의 주체이자 정치의 주체로서, 궁극적으로는 삶의 주체로서 행위하고자 하는 청소년 인권 활동가들의 존재와 실천 행위를 이해하기 위한 질적 연구를 수행하였다. 이 연구에서는 1, 2차 현지 연구를 기초로 청소년 인권 활동을 매개로 이뤄진 활동가들의 구체적인 체험과 삶의 이야기에 주목하여, '청소년 인권 활동'이라는 실천 행위가 어떻게 구성 및 의미화되었는지 탐구하였다. 이와 같은 탐구를 위해 연구자는 교육학적 관점을 유지하는 가운데 다음과 같이 세 가지 연구 문제를 중심으로 현상에 대한 이해를 심화해 갔다.

첫째, 활동가들의 삶에서 청소년 인권 활동이라는 실천 행위는 어떻게 구성되었는가?
둘째, 활동가들은 청소년 인권 활동이라는 실천 행위를 삶 속에 어떻게 의미화하였는가?
셋째, 활동가들의 실천 행위에서 발견할 수 있는 교육학적 함의는 무엇인가?

'청소년 인권 활동'이라는 사회현상을 심층적으로 이해하기 위해서는 보다 다면적인 고찰이 필요하다. 청소년 인권 활동은 다른 세대와 구분되는 '청소년'이라는 존재와 삶에 대한 세대 이해를 토대로, 청소년의 목소리로 만들어 가는 '인권'에 대한 독특한 감수성과 담론, 그리고 '활동'이라는 일종의 정치적 실천으로 표현되는 청소년들의 집단적 행위가 갖는 의미를 종합적으로 탐구할 필요가 있는 현상이다. 이러한 이해 지평 위에서 청소년-인권-활동이 연결되는 지점을 탐구할 때, 청소년 인권 활동가들의 실천 행위가 갖는 의미를 심도 있게 파악할 수 있을 것이다.

무엇보다 우리 사회의 청소년 인권 활동은 학교제도를 통해 청소년의 개성과 목소리가 억압되어 온 체험과 정치적 목소리를 갖고 등장한 청소년들의 존재가 밀접한 관련이 있음에 주목할 필요가 있다. 청소년이 놓여 있는 학교교육에 대한 체험을 이해함으로써, 청소년이 정치적 이슈 속에서 교육의 문제를 함께 제기하고 있는 맥락을 유기적으로 연결할 수 있을 것이다. 이는 학교제도를 통해 오랜 시간 억압되어 왔던 청소년의 정체성과 그들의 비판적이고 저항적인 행위를 이해하기 위한 교육학적 관점과 해석을 요청한다. 이는 청소년이 기성사회를 통해 무의식적으로 체화된 문화적 질서를 어떻게 낯설고 불편한 것으로 느끼고 자각하게 되었는지, 그리고 청소년 각자의 개별적 체험을 청소년들 사이의 공감적 지식과 담론으로 어떻게 재구성하게 되었는지 그 과정에 주목하도록 한다.

2. 다시 찾은 연구 현장

1) 1, 2차 현지 연구

특정한 집단의 삶과 행위에 대한 탐구는 그들이 속한 사회적·문화적 맥락 속에 연구자가 직접 들어가 참여함으로써 심층적인 이해를 구성하는 현지 연구를 요청한다. 이 연구에서는 참여관찰과 면담, 현지자료의 수집을 기본으로 하는 질적 연구방법을 활용하여 청소년 인권 활동가들의 삶과 행위에 관한 내부자적 관점을 이해하고자 하였다. "사물이나 현상의 맥락을 구성하는 사람들의 삶 속에서 그들의 논리와 언어를 통해"(조용환, 1999: 23) 현상을 이해하는 방법은 참여자들의 삶 속에서 귀납적으로 이론을 도출하고자 하는 질적 연구와 인류학적 현지 연구의 기본 입장이라고 할 수 있다(이용숙 외, 2012; 조용환, 1999).

구체적으로 연구자는 청소년 인권 활동가들의 네트워크에서 참여관찰과 면담, 현지자료 수집을 중심으로 하는 질적 연구방법을 바탕으로 1, 2차 현지 연구를 수행하였다.

연구자는 참여관찰을 통해 청소년 인권 활동가들의 생활세계를 형성하고 있는 공동체에 부분적으로 참여함으로써, 연구참여자들의 삶과 문화가 구성되는 상황적 맥락을 살펴보았다. 또한 심층면담을 통해 현장에서 생성되는 연구참여자들의 다양한 목소리와 삶의 이야기에 주목하여, 청소년 인권 활동을 그들의 삶 속에 의미화한 방식을 탐구하였다. 마지막으로 연구참여자들의 활동의 결과물로 꾸준히 생산되고 있는 현지자료를 수집하여 현장의 물적 토대 및 청소년 인권 활동이 놓인 사회적 · 역사적 맥락을 이해하고자 하였다.

연구자가 청소년 인권 활동가들의 네트워크에서 수행한 1, 2차 현지 연구의 과정과 절차는 다음과 같다. 먼저 연구자는 청소년들의 촛불집회 참여가 두드러졌던 2007년부터 2008년까지, 청소년 인권 활동가들의 모임에서 2년간 1차 현지 연구를 수행하였다. 연구자가 청소년 인권 활동가들을 처음 만났던 것은 2007년 2월 지인의 소개로 알게 된 청소년 활동가들의 1박 2일 워크숍에 참여하면서부터다. 이를 계기로 연구자는 2007년 3월부터 청소년 인권 토론회와 활동가들의 네트워크 회의에 참여하면서 다양한 청소년 인권 활동가를 만날 수 있었다. 당시 연구자는 청소년 인권 활동가들의 네트워크에서 구성원들의 동의를 얻어 '학교팀'에 소속되어 활동 참여와 연구를 병행하면서 참여관찰과 면담, 현지자료 수집을 수행하였다. 연구자는 활동가들이 주도하는 회의와 토론회, 교육 활동, 홍보 및 집회 등에 참여하였으며, 참여관찰 23회 및 4명의 10대 청소년 활동가들에 대한 면담 10회 등 총 33회의 현장 기록을 남길 수 있었다. 수집한 자료는 모두 참여자들의 동의를 얻은 후 녹음, 동영상, 사진, 메모 등의 형태로 기록되었다.

그로부터 약 12년이 흐른 2020년에 연구자는 폭넓은 시간성을 바탕으로 활동가들의 존재와 행위를 이해하고자, 청소년 인권 활동가들의 네트워크에 다시 방문하여 2차 현지 연구를 수행하였다. 2008년 12월에 현지 연구를 종료한 이후 12년이라는 긴 공백이 있었지만, 연구자는 그동안 활동가들의 모임으로부터 꾸준히 활동 소식이 담긴 이메일을 받아 볼 수 있었다. 이를 통해 1차 현지 연구에 참여하였던 활동가들 중 일부가 현재까지도 청소년 인권 활동을 지속하고 있음을 알게 되었다. 2020년 2월에 연구자는 1차 연구 당시 '학교팀'에서 함께 활동하였던 참여자 '오승희'(가명, 남성)에게 메일을 보내어 개인적인 만남을 가졌다. 연구자는 이후 참여자의 도움으로 청소년 단체 활동 계획 간담회에 방문하여 1차 연구의 또 다른 참여자였던 '토끼풀'(가명, 여성)을 만날 수 있었다. 과거 참여자들과의 만남을 통해 연구자는 1차 연구에서 만났던 청소년 활동가들 중 소수만이 청년기까지 청소년 인권 활동을 이어 가고 있음을 알게 되었다.

2차 현지 연구에서는 1차 현지 연구에서 만났던 참여자들의 삶을 조명하고자 과거의 연구참여자들을 다시 만나 심층적인 면담을 수행하는 것이 중심이 되었다. 30대 청년기로 진입한 현재까지도 10년 이상 활동을 꾸준히 이어 오고 있는 두 명의 참여자들과 다시 이어진 만남 덕분에, 청소년 인권 활동을 매개로 이뤄진 청소년들의 실천 행위를 그들의 생애 속에서 재조명하는 것이 가능했다. 이는 단편적으로 보이는 사건이나 행위들을 참여자들의 생애와 삶의 맥락 속에 위치지음으로써, 긴 시간성에 기초하여 청소년들의 실천 행위를 탐구하기 위한 작업이었다. 연구자는 2020년 2월부터 7월까지 약 6개월간 활동가 오승희와 토끼풀의 생애에 초점을 둔 심층면담을 중심으로 참여관찰과 현지자료 수집을 부분적으로 병행하였다. 두 참여자들의 생애에 기초한 심층면담은 각각 3~4회씩 수행하였으며, 참여자들의 구체적인 활동의 역사가 담긴 책자와 자료집, 신문 등의 현지자료 수집을 통해 참여자들의 삶을 폭넓게 이해하고자 노력하였다.

1, 2차 현지 연구에서 수행한 연구방법을 정리하면 다음의 〈표 6-1〉과 같다.

〈표 6-1〉 1, 2차 현지 연구방법

현지 연구	연구 기간	연구방법 및 자료 수집
1차 현지 연구 (참여관찰 중심)	2007년 2월부터 2008년 12월까지 (약 2년간)	• 활동가들의 모임과 회의, 교육 활동, 홍보, 집회 등에 활동가 겸 연구자로서 참여관찰 수행 • 청소년 활동가 4명에 대한 면담 수행 • 자료 수집 형태: 비디오, 음성녹음, 사진, 메모 등의 형태로 기록, 현지의 발간자료 수집
2차 현지 연구 (심층면담 중심)	2020년 2월부터 2020년 7월까지 (약 6개월간)	• 청소년기부터 청년기까지 10년 이상 활동에 참여해 온 2명의 참여자에 대한 심층면담 수행 • 생애를 중심으로 한 면담을 각각 3~4회씩 진행 • 참여관찰과 현지자료 수집 병행 • 자료 수집 형태: 음성녹음, 사진, 메모의 형태로 기록, 활동가들의 출판물과 자료집 및 신문 수집

2) 청소년 인권 활동가들의 네트워크

이 글은 1차 현지 연구에서 수행한 참여관찰 기록과 2차 현지 연구에서 심층면담에 참여한 두 명의 참여자의 삶을 중심으로 내용을 구성하였다. 1차 현지 연구에서 참여관찰을 수행한 청소년 인권 활동가들의 네트워크는 다양한 청소년 활동가가 연합하여 청소년들의 실천 행위를 만들어 가는 모임이었다. "구심 없이 각자 알아서 하는 뿔뿔이 운동"의 한계를 공유하고, 청소년 인권 활동을 보다 조직적으로 형성하려는 필요성에 기반을 두어 2006년부터 청소년 활동가들이 모이기 시작했다. 이들은 학생 청소년, 비학생 청소년, 여성 청소년, 노동하는 청소년 등 다양한 정체성과 지향을 표현하면서, 학교교육 및 사회적·정치적 이슈에 대한 청소년의 입장을 표명하고 있었다. 구성원들은 다소 유동적이고 느슨한 형태를 가진 활동가들의 네트워크를 통해 청소년 인권에 대한 목소리와 실천을 만들어 가고 있었다.

연구자가 청소년 인권 활동가들의 네트워크를 연구 현장으로 선택한 이유는 이들의 활동이 주로 학교 및 교육제도에 대한 비판을 중심으로 청소년의 고유한 정체성을 찾아가는 실천들을 전개하고 있기 때문이다. 활동가들이 만들어 가는 청소년의 존재와 삶에 대한 담론들은 학교교육의 한계에 대한 인식에서부터 출발하여, 학교 및 기성제도를 넘어서려는 탈주의 흐름을 만들고 있다. 주로 '두발 자유화 운동'을 중심으로 전개된 초기의 인권 활동은 학교에서 일방적으로 시행되는 청소년들에 대한 신체규율의 문제를 강하게 비판하면서 시작되었다. 2008년에는 '기호 0번 청소년 운동'과 같이 청소년 활동가들이 가상의 교육감 후보로 나오는 퍼포먼스를 통해, 청소년을 교육의 주체로 자리매김하고자 하는 문제의식을 보여 주었다. 2009년부터는 '학생 인권 조례 제정'에 참여하여 신체규율의 문제를 비롯한 교사와 학생 간의 위계적인 관계 및 청소년에 대한 보호주의적 관점을 비판하는 방식으로 학교제도의 변화를 위한 실천을 전개하였다. 또한 몇몇의 활동가는 '탈학교'나 '대학 입시 거부 운동'을 통해, 학교제도를 탈주함으로써 우리 사회의 견고한 학력중심주의에 균열을 내고자 시도하였다. 그동안 청소년 인권 활동가들의 네트워크는 다양한 형태와 이름으로 변화해 가며 활동에 참여하는 사람도 많이 바뀌었지만, 여전히 그 구성원들은 청소년 인권 활동에 대한 지향을 공유하고 있다.

3. 저항, 탈주, 생성의 운동성

연구자는 청소년 인권 활동이 참여자들의 삶의 맥락 속에서 촉발·구성·발전해 온 생애사적 체험이라는 점을 고려하면서, 1, 2차 현지 연구를 통해 수집한 자료들에 대한 질적 분석을 수행하였다. 청소년 인권 활동은 참여자들의 존재와 삶을 기성사회의 질서와는 다르게 의미화하려는 실존적 체험이라는 특징을 갖고 있었으며, 청소년 인권 활동으로 표현되는 개인적·집단적 실천 행위는 다음의 세 차원으로 구성되었다. 청소년 인권 활동가들의 실천 행위는 기성제도와 충돌하며 이에 저항하는 체험, 기성제도 밖으로 탈주하고자 하는 거부의 흐름, 새로운 제도를 만들기 위한 생성의 실험이라는 다양한 스펙트럼 속에서 전개되고 있었다. 활동가들은 자신이 몸소 부딪치고 있는 학교제도에 대한 체험과 문제의식을 토대로 삼아, 사회적·정치적 이슈에 대한 비판적인 감수성을 기르며 사유를 확장해 갔다. 이들은 청소년 개인 안에 머물던 문제의식을 집단적 차원의 저항 행위로 조직하면서, 다른 세대와 구분되는 청소년 세대의 정치성과 주체성을 현실화하고자 노력했다.

1) 기성제도와의 충돌과 저항

참여자들이 청소년 인권 활동을 처음 접한 시기나 계기는 다양한 편이었다. 1차 현지 연구를 수행할 당시, 청소년 활동가들은 주로 고등학생 연령이 중심을 이루었지만, 초등학생부터 대학생 활동가까지 다양한 연령층이 함께 활동을 만들어 가고 있었다. '탈학교'를 선택한 활동가들도 일부 있었지만, 대부분의 활동가는 '학생'이라는 정체성 속에서 교사들과 빈번히 갈등하는 가운데 감정적인 충돌을 체험했다. 학교제도에 대한 불편함과 불만, 그리고 구조적인 문제의식을 느낀 참여자들은 인터넷 모임이나 오프라인 토론회 및 교육 활동이나 집회 등에 참여하거나, 먼저 활동하고 있는 친구들을 통해 청소년 인권 활동가들의 모임을 소개받기도 했다. 비슷한 체험과 문제의식을 갖고 있는 또래 활동가들을 만나면서 참여자들은 개인적 차원에 머물렀던 생각과 체험들을 공유하는 가운데, 청소년 인권에 대한 담론과 저항 행위를 만들어 갈 수 있었다.

(1) 감정적인 부딪침과 충돌

1, 2차 현지 연구에서 만난 참여자들은 고등학교 시절부터 학생들에게 요구되는 학교의 규칙과 규제에 대해 일종의 불만스러운 감정과 문제의식을 갖고 있었다. 청소년 인권 활동을 시작하면서 참여자들이 가장 먼저 마주해야 했던 것은 그들의 말과 실천을 제한하는 '학교제도'라는 견고한 유리벽이었다. 2차 현지 연구에서 다시 만난 참여자 오승희는 고등학생 시절, 교사들 사이에서 예상치 못한 행동들을 만들어 내기로 유명했다고 한다. 그는 학생들과의 소통 없이 일방적으로 교칙을 강요하는 학교에 대해 "너무열 받아서" "좌충우돌"하며 "계획 없이 감정적으로 부딪친" 일이 많았다며 그의 학창 시절을 회상했다. 때로는 "교사를 들이받는" "감정적인 충동" 속에서 오승희는 소수의 친구들과 함께 학내 인권 동아리를 만들어 학교를 변화시키고자 노력했다. 참여자 오승희가 직접 작성한 학내 인권 모임 가이드에서는 "학교 신경을 긁고 싶으면 점심시간에 (유인물을) 높은 층에서 좍 뿌리고 도망친다거나, 아침에 뿌릴 때 교무실 앞에 몇 장 붙인다거나 하는" 방법들을 제안하기도 했다.

> 오승희: 학교에서 갑자기 (등교 시간을) 7시 20분으로 당기겠다고 그랬거든요? 그래서…… 근데 그때 이제 학생회나 이런 데를 통해서 학생 의견 수렴을 해라 이런 요구를 했고, 그런 의견 수렴을 원래는 하겠다, 어쨌다 했는데 결국은 안 하고 7시 20분으로 당겼어요. 그때 원래 의견 수렴을 한다고 했다가 그렇게 한 게 너무 화가 나서 등굣길에 이렇게 스케치북에다가 항의하는 문구 써서 들고 있다가, 이제 등굣길 지도하는 교사가 "거기는 지각하거나 이렇게 잡히는 (학생들) 앉았다 일어났다 이렇게 벌주는 데인데 너가 거기 서 있으면 너도 앉았다 일어났다 해라." 해 가지고 200개인가를 했어요. 그때 (스케치북) 들고서.
>
> 연구자: (웃음)
>
> 오승희: 그런 일이 있었고. 그리고 그때도 사실 충동적이었죠. (웃음) 계획이 있던 게 아니라. 그때는 사실 모임이 있지도 않았으니까. 그리고…… 이제 뭐 교사가 수업시간에 학생들, 수업 분위기 어수선하다고 전체 학생들을 다 체벌을 하겠다고 한 명씩 나오라고 그래서 제가 그때 이렇게 매를 붙잡고. (웃음)
>
> 연구자: (웃음)
>
> 오승희: 교칙에, 그때 한참 교칙을 구해서 읽고 있었는데, "교칙에…… 소수의 잘못을 이

유로 해서 전체를 체벌한다는 걸 금지하는 문구가 있다. 이렇게 하시는 건 교칙을 위반하시는 거다." 이래서 그때 한번 그렇게 붙고? 근데 언제나 그렇듯이 (웃으며) 제가 먼저 사과를 하러 가야 되는 거라. 싸우고 나면 교무실로.

(2차 현지 연구: 참여자 '오승희'와의 면담 중에서 발췌)

1차 현지 연구 당시 고등학교를 자퇴하고 탈학교 청소년으로 활동하고 있던 토끼풀의 경우, 탈학교를 결정하게 된 상황은 교사와의 갈등에서 촉발되었다. 쉬는 시간에 휴대전화를 사용하고 수업종이 치자 전화를 끊었던 토끼풀은 교사에게 이 장면이 포착되어 휴대전화를 압수당했다. 토끼풀은 여러 번 교사를 찾아가 휴대전화를 돌려 줄 것을 부탁했지만 교사는 이를 허락하지 않았다. 교칙을 크게 어기지 않았다고 생각했던 토끼풀은 "솔직히 내가 무엇을 잘못했는지 모르는" 상태에서, "학교에 왜 다니냐?"는 교사의 책망을 받았다. "저는 그 교칙 같이 만든 적이 없는데요?"라고 교사에게 되받아치며 처음으로 교사의 권위에 도전하게 된 토끼풀은 그녀의 "심장이 쿵쿵쿵" 뛰는 것을 느꼈다. 토끼풀은 소위 명문 고등학교의 명성을 누리던 학교에 적응하는 것이 쉽지 않았다. 입학식 첫날부터 시행된 야간학습과 이후에도 반복되었던 잦은 교사의 체벌과 차별적인 발언, 입시 중심의 수업방식 등은 토끼풀이 고심 끝에 자퇴를 결심하게 한 배경이 되었다.

참여자 대부분이 학교에서 겪고 있었던 이러한 '감정적인 부딪침과 충돌'의 체험은 주로 학교나 정부 등으로 표현되는 견고한 사회구조와 행위자로서의 개인이 충돌하는 지점을 보여 준다. 개인을 규제하고 있는 사회나 문화의 길들임이 개인 내부의 욕망이나 생각과 충돌할 때, 개인의 행위성은 감정적이고 충동적이며 즉흥적인 양상으로 표출될 수 있다. 뒤르켐(Durkheim, 1895)이 설명한 것처럼, "사회적 사실(social fact)"이라는 것은 개인의 사고와 행동을 규제하면서, 사회가 허용하는 범위 안에 머무르도록 개인을 제약하는 힘으로 작용한다. 이는 개별성·자율성과는 구분되는 집단성과 강제성을 그 특징으로 한다. 사회적 사실은 어떠한 행동양식이 그 사회에서 기대하는 바대로 이행되지 않았을 때 오히려 적나라하게 그 실체를 드러낸다. 사회적 사실은 일반성과 정상성의 기준을 형성하며 개인이 그러한 표준적 범위 안에서 행동하도록 요구하는데, 이는 마치 '유리천장(glass ceiling)'처럼 눈에 보이지는 않지만 쉽게 깨뜨릴 수 없는 사고와 행동의 장벽을 형성하고 있다. 참여자들이 행위의 가능성을 처음으로 시도하였을 때 그들의 행위를 제지하는 학교는 견고한 사회적 사실이 강하게 작동하는 기성제도로서 체험되었다. 참여자들이 학교제도를 통해 체험한 감정적인 부딪침은 '학생다움'을 통해 규제하고 있는 사회나 문화의 길들임이 행위자로서의 청소년들의 존재와 갈등을 빚으며 충돌하고 있음을 시사한다.

그렇다면 이러한 감정적인 부딪침과 충돌의 체험이 단지 개인 안에 머물지 않고 어떻게 활동의 자원이 되어 다른 청소년들과의 공감지대를 형성할 수 있었는지 이해함으로써, 청소년 인권 활동이라는 집단적 실천 행위가 구성된 양상을 탐구할 수 있다. 개인적 차원에서 이뤄졌던 청소년들의 저항 행동이 '청소년 인권 활동'이라는 집단적인 실천 행위로 구성된 맥락을 탐구하기 위해서는 참여자들의 활동을 보다 미시적인 차원에서 살펴볼 필요가 있다. 청소년 활동가들은 주로 활동 초기에 학교 내에서 홀로 또는 소수의 친구들과 함께 실험적인 형태의 저항 행위들을 만들어 갔으며, 이는 대부분 조직적이지 않은 즉흥적이고 산발적인 형태를 보였다. 즉흥성과 산발성을 특징으로 하는 초기의 저항 행위는 후에 게릴라식 저항 행위와 같이 학교제도에 대항하는 보다 계획적인 집단적 행위로 나아갔다.

(2) 게릴라식 저항 행위: '스쿨 어택(School Attack)'

2000년, '노컷(No Cut)' 운동을 통해 학생의 두발 자유를 위한 온라인 서명운동과 거리 시위에 많은 청소년이 참여하면서, '두발 자유화 운동'으로 대표되는 청소년들의 인권 활동은 점차 활기를 띠기 시작했다. 학생에 대한 신체 규율이나 체벌 등에 대한 강한 비판을 담은 청소년 활동가들의 실천 행위는 학내 청소년들과 연합하여 "학교 안팎에서 흔드는" '스쿨 어택(School Attack)'과 같은 게릴라식 저항 행위를 만들었다. 이와 같은 청소년들의 저항 행위는 이후 2009년 '학생 인권 조례 제정'을 위한 활동가들의 실제적인 법제화 노력으로 이어지는 발판이 되기도 했다.

'스쿨 어택'은 청소년 활동가들이 학내 학생의 인권 활동을 외부에서 지원하는 형식이었다. 활동가들이 학생들의 제보를 받으면 해당 학교의 인권 실태를 파악한 후 '두발 자전거'를 타고 학교에 들어가 학생들의 '두발 자유'를 요구하는 행위 방식이었다. 이때, 학생들은 미리 준비한 종이비행기를 교실과 옥상에서 날리며 활동가들과 함께 학교제도를 계획적으로 기습하는 행동 방식을 구상했다. 예측 불가능한 돌발적인 행동과의 만남을 통해, 견고하게 잘 짜인 학교의 시간과 공간, 관계와 활동의 틀은 순간 흐트러졌다. 교사들은 흐트러진 학생들의 마음을 바로잡기 위해 더 많은 통제와 훈화, 징계를 동원하게 되었다. 실제로 '종이비행기 시위'나 '스쿨 어택' 이후 학생들에 대한 학교의 규제는 더욱 강화되는 모습을 보이며 학생부장 교사의 훈화가 방송되는 일도 잦았다.

> 여러분들 대학생 아닙니다. 여러분들 인생 아무도 책임져 주지 않습니다. 비판의식, 부정적인 사고방식 지금 필요 없습니다. 여러분 인생에 도움이 안 됩니다. 그럼에도 불구하고 식의 사고방식, 긍정적인 사고방식, 민주적인 절차와 방법을 통해서 하나하나 여러분의 정의감과 의구심은 장기적으로 선생님과 함께 고민하고 함께 올바른 방향으로, 올바른 방법으로 해결해 나가야 하는 겁니다. 학생답지 않은 행동, 사고방식, 여러분에게 절대 도움이 되지 않습니다.
>
> (1차 현지 연구: 2008년, ○○ 고등학교 종이비행기 시위 이후
> 학생부장 교사의 학내 방송 중에서 발췌)

　교사들과의 갈등 속에서 학생들은 학교제도에 의해 개인의 자유가 억압되고 있는 "답답한" 현실을 몸소 체험하였다. 청소년 인권 활동가들은 대학입시에 도움이 되지 않는 학생들의 비판이나 저항 행동들이 학교 안에서 수용될 수 없음을 깨달았다. 또한 그들의 "비판의식"은 대학 진학 이후로 유예되어야 할 "학생답지 않은 행동과 사고방식"으로 규정되고 있음을 발견하였다. 역설적인 현실이지만, 학교제도는 청소년들의 행동을 규제하고 사유의 기회를 박탈함으로써 청소년들의 다양한 사고와 행위의 시도 자체를 차단하는 '비교육적' 공간으로 현상하고 있었다.

　청소년 인권 활동가들은 학교 이외에도 청소년들을 아르바이트로 고용하고 있는 사업장을 불시에 습격하는 '순대촌 (사업장) 어택'과 같은 활동을 기획하기도 하였다. 활동가들은 청소년들을 저렴한 인력으로 활용하면서 그들에게 최저임금을 보장하지 않는 사업장에 들어가 '위장 아르바이트'를 하여 실태를 파악한 후, 언론 기자 및 활동가들과 함께 사업장에 항의하는 방식을 취하였다. 최저임금에 미치지 못하는 시급을 받으며 순대촌에서 아르바이트를 하는 청소년들에게 활동가들은 '노동하는 청소년'의 권리를 찾아 주고자 했다. 2008년 당시 활동가들이 직접 만든 '불량 사업장' 스티커에는 다음과 같은 문구가 적혀있었다. "이 사업소는 '알바'하는 청소년에게 법정 최저임금인 시급 3,770원을 알릴 의무를 저버리고, 이에 미달하는 임금을 지급하여 청소년 노동자의 노동권을 침해하였기에 이 스티커를 드립니다. 알바 시급을 최저임금 수준 이상으로 냉큼 올리지 않을 경우 이 스티커로 사업장을 샤방~ 샤방~ 단장할 수 있음을 알려드립니

[그림 6-1] '순대촌 어택'에 참여하고 있는
청소년 인권 활동가 및 언론 기자들
(1차 현지 연구: 2008년 6월 12일)

[그림 6-2] 청소년 인권 활동가들이 만든 '불량
사업장' 스티커
(1차 현지 연구: 2008년 6월 12일)

다!"([그림 6-3]) 이처럼 활동가들은 최저임금법에 대한 설명과 함께 희화화된 메시지를
담은 '불량 사업장' 스티커를 사업장에 붙이며, 노동하는 청소년들에게 최저임금을 보장
할 것을 요구했다.

실제로 청소년 활동가들 중 일부는 안전한 울타리로 여겨지던 "학교나 집 밖으로 걸
어 나가는" 탈학교나 탈가정의 길을 선택하면서 아르바이트를 시작하기도 했다. 학교나
가정의 울타리 밖으로 나온 청소년들은 다양한 노동의 기회를 얻을 수 없었으며 정당한
노동의 대가를 받지 못하는 불평등한 사회구조 속에 놓이기 쉬웠다. 이러한 불평등은
청소년이 독립된 존재로서 자립할 수 있는 기회를 차단하면서 청소년에 대한 '보호주의
적 관점'을 지속시키는 사회구조로 기능했다. 학교 안팎의 시스템과의 연계 속에서 청
소년의 독립적인 정체성이 유예되는 현상이 지속되었다.

청소년 인권 활동가들의 실천 행위는 주로 가족관계나 학교 및 사회제도 등 기성제
도를 통해 청소년이 체험하는 억압적 상황에 대해 비판적인 문제를 제기하는 방식으로
이뤄지고 있다. 활동가들은 유년시절 혹은 청소년기부터 가정이나 학교에서 기성세대
의 폭력과 강요, 규제 등에 마주하며 느낀 체험을 "청소년 당사자의 목소리"로 표현하고
자 한다. 청소년 인권 활동이 유년기-청소년기-청년기로 이어지는 삶의 맥락 속에서 촉
발 · 구성 · 발전된 실천 행위라는 점에서, 청소년의 목소리로 구성되고 이해된 일상의
체험은 사회의 부조리를 드러내기 위한 인권 활동의 중요한 자원이 되고 있다. 청소년
들은 일상적 · 개인적으로 마주했던 상황을 구조적인 억압의 문제로 인식하게 되면서,

기존의 질서나 문화에 대한 비판적 사유가 촉발되는 전환의 과정을 체험했다. 이러한 전환의 체험은 이후 청소년기에서 청년기로 진입하게 된 활동가들의 삶과 선택들에 많은 영향을 미치게 되었다.

2) 기성제도에 대한 비판과 탈주의 흐름

학교와 가정, 사회의 다양한 장면에서 기성제도와의 부딪침을 체험하며 구체적인 실천 행위를 만들어 갔던 참여자들은 사회구조의 모순과 청소년의 존재가 갖는 주변적 정체성이 맞물려 있음을 발견하였다. 활동가들은 말과 행위를 가로막고 있는 학교와 사회의 현실에 부딪치면서, 그들이 놓인 전체적인 사회의 구조적 모순을 함께 자각하게 되었다. 참여자들이 기성제도와 갈등하고 부딪치며 체험한 '사유의 깨어남'은 부조리한 사회 체제에 균열을 내고자 하는 또 다른 실천으로 이어졌다. 참여자들은 기존의 사회구조와 활동가들의 저항적 실천 사이에 놓인 충돌 지점에서, 청소년 인권 활동에 대한 민감한 감수성을 기르며 기성제도에 저항하는 집단적인 실천 행위를 구성해 갔다. 청소년 인권 활동가들은 학교 밖에서 꾸준히 청소년 운동을 조직하며 2008년 촛불집회에서 적극적으로 기성정치 및 교육제도를 비판했다. 일부 활동가는 '대학/입시 거부 운동'을 통해 기존의 학교제도로부터 탈주하는 또 다른 흐름을 만들어 갔다.

(1) 학교 밖 '광장'에서 배운 정치성: "청소년은 정치적이다!"

2008년 1차 현지 연구 당시, 연구자가 참여했던 청소년 인권 활동가들의 네트워크에서는 "미친 소, 미친 교육 반대"를 슬로건으로 하여, 정부의 학교 자율화 정책 및 대학입시 중심의 경쟁교육에 반대하는 청소년의 목소리를 모으고자 했다. 이들은 두발 및 복장 단속과 같은 신체의 문제에서부터 야간학습을 강요하는 시간의 문제, 그리고 청소년의 집회 참여를 제한하는 정치적 문제까지, 청소년에게 요구되는 '학생다움'의 기준에 대해 비판적인 목소리를 냈다.

그러나 정부와 보수 언론들은 청소년들의 집회 참여를 "충동적인 참여"로 보거나 "배후세력"을 통해 동원된 것으로 판단하며, 청소년들을 '비정치적인 존재'로 규정하려는 담론을 형성했다(이해진, 2008: 83). 교사와 장학사 및 경찰들은 집회에 참여하고자 하는 학생들을 집으로 돌려보내거나 징계하기 위해 집회 현장에 참여하는 청소년들을 감시

[그림 6-3] 청소년 행동의 날, 촛불집회에 가면을 쓰고 참여한 청소년들
(1차 현지 연구: 2008년 5월 17일)

했다. 그러나 청소년들은 학생이자 청소년으로서 그들이 처해 있는 이중의 억압을 '가면'을 통해 표현함으로써, 청소년 세대들이 우리 사회에서 주변인으로서 겪는 고통과 특수성을 부각시키고자 했다.

촛불집회는 그동안 산발적 형태 혹은 소극적 방식으로 이뤄졌던 청소년들의 개인적인 저항 행동을 청소년들의 집단적인 목소리와 실천 행위로 조직하여 구성하는 중요한 사건이었다. 실제로 청소년들은 2008년 5월부터 8월까지 총 여섯 차례의 청소년 행동을 조직하며(윤성이, 장우영, 2008), 기성세대의 담론에 포섭되지 않으려는 정치적 거리두기를 시도했다. 이와 같은 청소년들의 집단적 행위가 가능했던 것은 청소년들이 주도한 온라인 커뮤니티의 역할이 중요했다(윤성이, 장우영, 2008). 이들은 다양한 온라인 커뮤니티를 통해 촛불집회에 대한 정보와 의견을 공유하고, 청소년들의 독자적인 네트워크를 기반으로 그들의 목소리를 모으고 집회 참여를 조직했다. 이처럼 청소년들은 학교라는 기성제도 안에 순응하는 수동적인 학생의 정체성을 벗어나, 정치성을 가지고 적극적으로 행위하는 주체로서 학교 밖의 '공론 영역'으로 나와 청소년의 존재를 가시화하고자 했다.

이 과정에서 촛불집회에 더 오랜 기간 참여하는 청소년들이 있었는데, 학교와 가정의 울타리 밖으로 나온 청소년 활동가들은 촛불집회에서 만난 다른 활동가들과 깊은 유대를 느끼는 경우가 많았다. 이들은 청소년 인권과 평화 시위에 대한 구호를 외치며 전경을 피해 손을 잡고 도망가고 온몸으로 물대포를 맞는 극한의 상황을 함께 체험했다. 청소년 활동가들은 제도화된 공권력과 대치하는 상황 속에서 답답함과 두려움, 분노의 감정들을 공유하는 가운데 깊은 동지애를 느꼈다. 참여자 토끼풀에게도 광장은 여성이자 청소년으로서의 인권을 "온몸으로" 배우게 해 주었던 체험적 공간이었다. 토끼풀은 활동가들과 함께 강제 연행되는 과정에서 청소년 인권과 평화시위를 외치던 자신들의 목소리가 "집에 가고 싶다며 울먹이는 여중생"으로 왜곡되어 기사화되는 사회적 시선을 접하였다. 언론을 통해 재현되는 청소년 활동가들의 이미지는 가정이나 학교에서 기대하는 청소년에 대한 보호주의적 시각을 재생산하는 매개로 작용했다. 심지어 '광장'이라는 열린 정치적 공간에서조차 청소년과 여성은 그들이 가진 정치성이 삭제된 채로 존재해야 했다.

청소년의 정치성을 왜곡하는 기성사회의 편견과 여성 청소년이 갖는 이중의 억압을 체험하는 가운데, 활동가들의 실천 행위는 기성체제의 모순에 부딪치는 과정에서 구성되었다. '청소년은 학교와 가정에서 보호받아야 하는 수동적인 존재'로 재현되는 현실을 체험하면서, 참여자들은 자신들의 실천 행위가 왜곡되어 재생산되는 사회구조에 대한 민감한 감수성을 기를 수 있었다. 청소년 인권 활동가들은 힘과 시선이 치열하게 교차하는 광장 안에서 정치적인 행위의 복잡성과 역동성을 몸소 체험한 것이다. 이러한 체험들은 청소년 인권을 접하게 된 사건이 단지 일회적 참여에 그치지 않고 청소년들의 집단적 실천 행위로 발전하는 데 중요한 역할을 했다. 나아가 참여자들은 복잡한 사회 정치적 맥락 속에 놓여 있는 청소년들의 목소리를 세밀하게 드러내고, 그들의 정치성을 실현하는 역동적인 실천 행위로서 청소년 인권 활동을 삶 속에 의미화하게 되었다.

(2) 기성제도로부터의 탈주: "우리는 대학과 입시를 거부한다"

기성제도의 구조적 한계에 부딪치면서 청소년 인권 활동의 의미를 고민해 갔던 참여자들은 기성제도를 탈주하는 형태로 실천 활동을 새롭게 만들어 가고자 했다. 이러한 고민들은 때마침 몇몇 활동가의 생애 주기와 맞물리게 되었다. 대학 입학을 앞둔 고등학생 활동가들은 대학과 입시를 거부함으로써, 청소년에게 강요된 삶의 방향에서 탈주하고자 하였다. 평소 학교에 대한 문제의식을 가졌던 참여자들은 실제로 활동하는 다른 청소년들을 만나면서, "운동이라는 형식으로" 자신들의 문제의식을 표현할 수 있음을 깨달았다. 몇몇 활동가의 경우, 학교제도 안에서 마주하는 갈등이 '탈학교'라는 구체적인 실천으로 이어지기도 했다.

참여자 토끼풀은 활동가들과 함께 청소년 인권 활동을 하면서 자신이 탈학교를 하더라도 "내가 완전히 혼자는 아닐 거라는 막연한 어떤……" "기댈 곳이 있다는 느낌"을 받을 수 있었다. "길거리 연주자" 혹은 "배추 장사"가 될 거라는 교사의 말을 뒤로하고 토끼풀은 학교 밖으로 걸어 나왔다. 2011년, 대학 입학을 앞두고 있던 1993년생 청소년 활동가들은 "잘못된 교육을 거부하고, 잘못된 사회를 바꾸는 93년생/고3들의 대학/입시 거부 선언과 행동을 제안합니다"라는 제목으로 청소년 운동을 준비했다. 당시 대학생 활동가였던 참여자 오승희는 '대학/입시 거부 운동'을 준비하는 청소년 활동가들을 지원하기 위해 자신이 다니던 대학을 자퇴하고 양심적 병역 거부를 선택하였다.

미드(Mead, 1935)는 사회가 요구하는 문화의 유형에 적응하기 어려운 "사회적(혹은 문화적) 일탈자"의 존재에 주목하면서 개인을 인위적으로 표준화하는 사회의 문제를 지적한다. 구성원들에 대한 평균성과 획일성을 지향하는 사회에서는 오히려 지배적인 중심 문화에 대한 저항감을 갖는 소수가 출현할 가능성이 있다. "군대를 가는 것보다 병역 거부자가 되는 게 나한테는 더 어울리는 일"이라 생각했던 오승희의 경우처럼, 참여자들은 활동가로서 자신의 "인생철학"과 어울리는 선택이 무엇인지 늘 고민했다. 기성제도로부터 탈주하는 흐름들은 기성제도에 대한 거부의 표현을 넘어, 고정된 사회적 시선과 정체성을 해체하고 자신의 존재가 가지는 고유한 가치를 재발견하고자 하는 자아 탐색과 실현의 과정으로서 의미를 가졌다. 기성제도로부터 탈주한다는 것은 제도 안에서 받을 수 있는 사회적·심리적·물질적 안정성을 일정 부분 포기해야 하는 용기가 필요한 행위였다. 참여자들은 안정적인 기반이 없는 불안함 가운데 자신의 삶과 운동을 의미 있게 연결하기 위해 고투했다. 이는 "다른 사람들과는 다른 삶을 살고" 있다는 존재의 불안을 견뎌 내야 하는 과정이기도 했다. 탈학교, 대학/입시 거부 운동, 양심적 병역 거부 등 주로 기성제도에 대한 비판적인 거부의 형태로 이뤄진 참여자들의 실천 행위들은 평균성에서 벗어난 행위의 불안을 견뎌 내며 "나다운" 삶의 모습과 활동가로서의 정체성을 찾아가는 실존적 여정으로서 의미를 가진다.

3) 제도의 경계에서 만드는 생성의 실험

참여자들은 탈학교의 길을 선택했지만 그것이 곧 교육의 주체가 되는 것을 포기한다는 의미는 아니었다. 촛불집회의 흐름을 타고 2008년에 참여자들은 다른 활동가들과 함께 '서울시 교육감 청소년 후보 기호 0번 청소년 운동'을 구상하여 청소년이 교육의 주체로서 등장하는 퍼포먼스를 기획했다. 활동가들은 청소년 후보를 가상의 교육감 후보인 '기호 0번'으로 내세우고, 광장에서 직접 시민들을 만나며 청소년들의 목소리를 담은 선거운동을 펼쳤다. 활동가들은 입시경쟁을 비판하고 강제 야간학습이나 두발 규제와 체벌을 반대하며, 학교 운영과 교육 정책에 청소년들이 참가하는 것 등 청소년이 교육의 주체로 자리매김할 수 있는 공약들을 제시했다.

> 그 전까지는 교육감 후보가 뭔지, 투표를 어떻게 하는 건지 감이 없었어요. 해 본 적이 없잖아요. 그래서 어떻게 선거를 하는 건지 찾아봤죠. 출마 선언문을 내고, 기자회견도 하고 그러더라고요. 그래서 출마 선언문도 쓰고 나름대로 선거운동본부라는 것도 만들었죠. 그때 주경복 후보가 광장을 잘 활용했어요. 촛불집회에 시민들이 많았으니까. 우리도 어깨띠 같은 것을 둘러매고 정말 후보처럼 그런 곳에서 유세하러 다녔어요. 포스터를 만들어서 후보자 벽보 옆에다 붙이고요. 벌금 폭탄이 두려워서 소심하게 옆에 붙인 거죠. (웃음)
> (2차 현지 연구: 활동가들이 발행한 책자에 실린 참여자 '토끼풀'의 인터뷰 내용 중에서 발췌)

이후에는 청소년들의 목소리를 기성제도의 틈새 안에 넣고자 하는 다양한 실천 행위가 두드러졌는데, 이는 청소년들의 목소리가 제도에 실제적으로 반영되는 데에도 영향을 주게 되었다. '학생 인권 조례 제정'을 위한 주민발의 운동이나 '청소년 참정권 운동'과 같은 실천 행위들은 주변적으로 흩어져 있던 청소년들에게 '정치적 존재'로서의 주체성을 부여하는 과정이기도 했다. 2009년부터 참여자들은 '학생 인권 조례 제정' 과정에 참여하면서 청소년 인권 문제들이 학교제도 안에 반영되는 데 많은 기여를 했다. 이후에는 '청소년 참정권 운동'을 통해, 2020년 총선에서 처음으로 만 18세 청소년들이 투표에 참여할 수 있는 성과를 얻기도 하였다. 기성제도를 거부하던 이들의 저항 행위는 제도 안에 적극적으로 들어가 이를 변화시키는 방식으로 또 다른 실천 행위를 만들어 갔던 것이다. 이처럼 참여자들에게 '행위한다'는 것은 기성사회의 길들여진 시선을 해체하고 탈주하는 일임과 동시에, 그것을 넘어설 수 있는 새로운 실천들을 만들어 가는 생성적 의미를 함께 가졌다. 그런 점에서 청소년 인권 활동가들의 실천 행위는 외부로부터 주어진 가치들을 비판적으로 고찰하는 과정에서, 제도로부터의 탈주와 대안적 생성의 흐름을 함께 만들어 가는 행위라고 할 수 있다.

그러나 참여자들에게 청소년 인권 활동은 언제나 제도의 경계에서, 즉 기성제도에 편

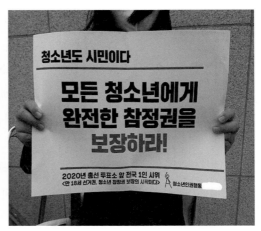

[그림 6-4] '기호 0번 청소년 운동'에서 활동가들이 만든 홍보 자료

[그림 6-5] 2020년 총선을 맞아 투표소 앞 전국 1인 시위를 하는 활동가

입되지 않으면서도 제도를 변화시켜 나가야 하는 긴장과 갈등이 연속되는 힘겨운 싸움이었다. 실제적인 법 제정을 이루는 과정에서 활동가들은 탈진과 갈등을 체험하며 인권 활동을 떠나기도 하였다. 기성의 법제 속에 청소년들의 목소리를 담기 위해 활동가들은 아침부터 저녁까지 시민들에게 거리 서명을 받으며 "청소년 운동에서 전혀 지향하지 않는 멘트"를 써야 하는 딜레마 속에서 괴로워하기도 하였다. 제도에 참여하는 과정에서 기존의 획일성에 다시 편입되거나 매몰되지 않으면서도 행위의 창조성을 유지할 수 있는 긴장 구도들을 끊임없이 고민하는 것은 대안적 실천 행위의 중요한 지점이었다.

기성사회에 대한 저항 의식을 기초로 만들어 갔던 그들의 실천 행위는 기본적으로 기성사회의 상징적 질서와 기대를 비틀고 벗어나는 탈주의 행위로 구성되어 있었다. 비아냥거림, 삐딱함, 가벼움, 언어유희 등은 기성 운동권에서 사용하는 무거운 언어들에 포섭되지 않으려는 긴장 관계를 유지하면서, 청소년 운동의 독특한 언어적 실천을 만들어 가는 방식이기도 했다. 청소년 인권 활동가들에게 행위한다는 것은 분명 정치성을 갖는 행위였지만, 그것은 기성정치에 대한 지지나 편입이라기보다는 기성제도를 비판할 수 있는 사유의 능력과 공론의 장에서 자신의 목소리를 낼 수 있는 행위의 능력을 토대로 하고 있었다. 그러나 참여자들은 실천 행위를 조직하고 현실화하는 과정에서 다양한 충돌 지점과 변수들을 인식하는 감수성을 갖게 되면서, 행위한다는 것이 기성제도로부터의 탈주이자 동시에 제도의 경계에서 다양한 이해관계와 충돌하며 대안적인 제도를 생성하는 복합적인 활동임을 깨닫게 되었다.

4. 행위하는 청소년과 교육적 상상

오승희는 흰 바탕에 시위 문구가 인쇄된 종이를 들고 투표소 밖에 조용히 서 있다. 마침 오승희의 뒤에는 초록색 두발자전거가 있다. 나는 '스쿨 어택'에서 두발 자유화 운동을 하며 활동가들이 자주 활용했던 두발자전거가 생각나서, 오승희와 자전거를 함께 사진에 담는다. 종이에는 다음의 내용이 적혀 있다. "청소년도 시민이다. 모든 청소년에게 완전한 참정권을 보장하라! – 2020년 총선 투표소 앞 전국 1인 시위: 만 18세 선거권, 청소년 참정권 보장의 시작이다."

(2차 현지 연구: 2020년 4월 15일 총선, 투표소 앞 1인 시위를 하는
활동가들에 대한 참여관찰 기록 중에서 발췌)

2020년 4월 15일은 청소년 만 18세 선거권이 처음으로 시행되는 총선 날이었으며, 연구자는 참여자들이 투표소 앞 1인 시위를 하는 곳으로 참여관찰을 하러 갔다. 10년 이상 청소년 인권 활동에 몸담아 온 참여자들에게 이날은 생각보다 담담한 일상과도 같았다. 12년 만에 다시 만난 참여자들의 삶에는 그동안 많은 변화가 있었다. 기성제도를 변화시키고자 하는 그들의 정치적 참여와 실천들이 현실의 변화를 서서히 이끌고 있었다. 활동가들은 이 시점에서, 활동의 지속 가능성을 고민하며 다시 한번 자신들의 실천 행위의 의미를 숙고하는 시간을 가지고 있었다. 활동가들은 "다른 사람들과 다른 삶을 살고 있었던" 자신들의 불안정했던 행위와 삶을 청소년 운동의 역사적 맥락 속에 재위치시키며 그들의 실천 행위가 갖는 의미를 찾아 가는 작업을 하고 있었다. 기성제도 안에 포섭되지 않기 때문에 제대로 조명되지 못했던 청소년 인권 활동가들의 이야기는 다양한 스펙트럼 속에서 전개되는 청소년의 존재와 삶의 한 측면을 드러내고 있었다.

1) 학교교육과 청소년들의 주체적 행위자성

우리 사회의 대부분의 학교에서 추구하고 있는 '좋은 대학'의 가치는 그 실제적 효용성이 점차 낮아지고 있음에도 불구하고, 대학은 여전히 "자원과 권력의 총체로서의 자본의 총량"(Bourdieu, 1979: 220)을 확보하기 위한 제도적 공간이자 수단으로서 기능하고 있다. 학교교육의 경쟁적이고 획일화된 평가 구도 속에서, 청소년 인권 활동가들은 자신의 고유한 개성과 능력을 실현할 수 없는 답답한 현실을 느끼며 비주체적인 삶으로부

터 벗어나고자 했다. 자유로운 실존적 탐색이 거부된 학교제도 및 사회제도를 '탈학교 청소년'의 정체성으로 또다시 거부하고자 하는 '이중 거부'의 형태는 활동가들을 '소수자'라는 주변인의 정체성에 위치시키도록 했다. 이처럼 활동가들은 주변인의 위치에서 학교제도 및 사회제도의 중심을 비판적으로 사유하면서 평균적인 삶의 선택을 거부하는 실천 행위들을 만들어 갔다. 청소년에 대한 왜곡된 이미지들과 학력중심주의에서 탈피하기 위한 청소년 인권 활동가들의 시도는 학교 및 사회제도의 안과 밖에서 삭제되거나 가려지고 있는 청소년의 주체성과 정치성을 보다 강조하였다.

무엇보다 청소년 인권 활동가들은 학교라는 공간에서 재생산되고 있는 신체규율의 문제나 관계의 불평등 문제, 그리고 청소년에 대한 보호주의적 관점에 대해 비판적인 관점을 갖고 있다. 신체와 관계의 문제는 청소년을 통제나 보호의 대상으로 가두어 두는 한계로 이어진다는 점에서 활동가들은 이를 청소년 인권 활동의 매우 민감한 주제들로 다룬다. 활동가들의 실천 행위는 기성제도를 통해 규제되는 시간과 공간, 그리고 그 가운데 놓인 신체와 관계의 억압적 상황들을 민감하게 느끼는 것에서부터 시작한다. 그리고 청소년은 고유한 개성과 정체성을 가진 한 사람으로서 제도적 길들임과 충돌하며 느끼는 구체적인 갈등이나 고민들을 자신들의 목소리로 표현하고자 한다. 다시 말해, 막연한 느낌으로 다가왔던 부딪침의 체험들을 구체적인 언어와 목소리로 표현하면서, 청소년 활동가들에게 행위는 일종의 저항적 실천 활동으로 기획되는 것이다. 청소년 인권 활동가들의 네트워크는 개인 안에 잠식해 있던 청소년의 목소리를 사회적 이슈로서 적극적으로 드러내고, 청소년 인권에 대한 공감적 담론과 실천들을 구성하고 기획하며 실행하는 역할을 하였다.

청소년 인권 활동가들의 실천 행위는 청소년을 제도에 일방적으로 속박된 수동적 존재가 아니라 나름의 '행위자성'을 가진 주체적인 존재로서 바라보도록 한다. 산업화 및 지식 사회의 인력 양성과 국가적 필요에 의해 주도되었던 학교교육은 그동안 청소년에게 다양한 '주체화의 지대'를 제공해 주지 못한 한계가 있었다. 이러한 학교교육의 한계는 청소년의 존재와 교육이라는 활동이 갖는 역동성과 생성의 측면을 간과하고, 양자를 다소 정태적인 방식으로 결합한 결과일 수 있다. 실제로 나름의 주체성을 실현하고자 하는 청소년 내부의 욕망은 학교라는 제도적 틀을 넘어 또 다른 형태의 학습과 교육에 대한 '탈주의 욕망'을 추동하기도 한다(이진경, 2002; Deleuze, 1986). 특히 청소년이 가정이나 학교제도로부터 탈주하며 만들어 가는 실천 행위는 학교교육에 의해 수동적인 존재로 조명되던 청소년을 세계와 자신과 타자에 대해 사유하고 말하며 행위할 수 있는 힘과 권력을 가진 정치적인 존재로서 다시 바라보도록 한다(Arendt, 1958).

우리는 청소년 인권 활동가들이 체험한 기성제도와의 충돌과 갈등 지점을 통해, 제도화된 근대적 학교의 배치가 개인의 미시적인 삶의 구석구석에 얼마나 깊숙이 체화되었는지를 발견할 수 있다. 학교나 시험이라는 제도권 밖으로 나아와 대안적인 교육적 실천들을 실험하게 될 때, 그동안 우리의 존재와 삶이 근대적 학교의 틀에 맞게 '육화'되어 왔음을 역설적으로 자각하게 되며, 이를 변형시키는 것이 매우 어려운 일임을 깨닫게 된다(Bourdieu, 1979). 따라서 근대적 시간과 공간, 관계와 활동의 배치를 바꾸어 나가는 것은 학교의 틀을 벗어나고자 하는 교육적 실천 과정에서 중요한 의미를 갖는다(서덕희, 2006). 청소년 인권 활동가들의 삶을 통해 우리는 학교제도로 대표되는 근대적 배치와 교육이라는 활동이 결합되는 지점을 비판적으로 사유하게 된다.

청소년 인권 활동가들은 무엇보다 그들의 삶에 중요한 비중을 차지하고 있는 학교교육을 통한 지배 이데올로기의 재생산을 비판적으로 바라보고 기성제도에 균열을 내고자 행위하고 있었다. 그들의 저항 행위는 주로 기성사회를 통해 재현되는 상징체계들을 해체하는 방식으로 기획되었다. 청소년 인권 활동가들은 기성의 상징체계를 재생산하지 않으면서 동시에 어떻게 기성제도의 모순을 드러낼 것인가를 성찰하고 고민하면서, 상징체계를 비틀고 희화화하는 방식으로 실천적인 저항 행위를 만들어 갔다. 이는 청소년들이 자신만의 언어와 실천을 매개로 기성세대와는 차별화된 방식으로 저항을 표출하는 독특한 행위 방식을 담고 있었다.

이러한 행위는 청소년 교육의 장면에서 청소년의 존재를 어떻게 바라볼 것인가, 그리고 교육을 어떠한 활동과 과정으로 이해할 것인가 하는 문제를 고민하게 한다. 교육은 한 사회에서 통용되는 지식과 가치를 내면화하는 과정이면서 동시에, 이를 토대로 학습자가 자신의 고유한 존재 가치를 발견하고 사유할 수 있는 능력을 기르도록 돕는 두 가지 방향성을 모두 지닌다. 학습자가 학습활동에 참여하는 과정은 내면화의 과정일 뿐만 아니라, 기존의 지식을 다각도에서 성찰하고 그것에 문제를 제기하면서 또 다른 사유나 실천을 창조하는 주체성(subjectivity)과 행위자성(agency)을 그 이면에 배태하고 있기 때문이다. 청소년 교육은 학교의 안팎에서 변화를 시도하며 스스로의 힘으로 사유하고 행위하는 청소년들의 존재를 함께 아우르며 이해할 때, 보다 역동적인 활동으로 재구성될 수 있을 것이다.

실제로 참여자들은 학교제도 밖에서 새로운 변화를 창조할 수 있는 다양한 활동을 실험해 보면서, 저항과 거부를 통한 탈주의 흐름뿐만 아니라 대안적인 생성의 시도를 함께 만들어 갔다. 청소년 인권 활동가들의 실천 행위는 기성제도 속에서 재현되고 재생산되는 청소년에 대한 이미지나 담론에 대한 비판적인 읽기를 통해, 오히려 규정되지 않은 '복수적 정체성'(Deleuze & Guattari, 1980)을 가진 자신들의 존재를 재발견하는 활동이기도 했다. 따라서 청소년 인권 활동가들에게 실천 행위란 사회구조 속에 놓인 자신의 위치와 정체성을 발견하는 현실 인식에서 출발하는 정치적인 과정으로서 의미를 가진다. 이와 동시에, 새로운 정체성 형성의 가능성을 열어 가고 실험하는 생성의 과정으로서 의미를 가진다. 이와 같은 참여자들의 실천 행위를 통해, 교육 활동이 갖는 사유와 해체의 힘, 자기표현과 자아의 재구성 과정, 더 나아가 사회적 변화를 가능하게 하는 실천성을 조명할 수 있다. 그런 점에서 청소년 인권 활동가들의 실천 행위는 외부로부터 주어진 가치들을 비판적으로 고찰하는 과정에서 행위자 내부의 욕망을 자각하고 기성제도로부터의 탈주와 대안적 생성의 흐름을 함께 만드는 변혁적 교육 활동으로서 의미를 가질 것이다.

2) 탄생성과 행위의 능력이 살아 있는 교육

인간 고유의 "탄생성"과 "행위 능력"을 강조한 아렌트(Arendt, 1958, 1961)는 행위의 능력을 통해 세계 속에서 자신의 고유한 탄생성을 실현하는 것을 교육의 목적으로 제시한다. 인간은 탄생과 죽음의 두 방향을 모두 가지고 있지만, 인간의 탄생성을 실현하는 것이 인간의 삶과 교육의 더 근본적인 지향이라고 본 것이다. 아렌트의 탄생성의 개념은 "다수성(복수성, plurality)"과도 밀접하게 연결되어 있는데, 이는 어느 누구도 다른 누구와 동일하지 않다는 사실에 근거한다(Arendt, 1958: 75). 즉, 개별 인간의 고유성을 핵심으로 하는 다수성에 근거하여 사회의 구성원들을 동질화·평균화하지 않으면서 고유한 탄생성을 실현하는 것이 인간의 행위와 교육의 본질이 되는 것이다. 그런 점에서 아렌트의 교육적 지향은 개인을 사회적 평균성과 정상성의 범주로 길들이는 사회화의 과정과 구별되는 특징을 갖는다(조용환, 1997).

근대 사회의 표준화의 시도를 경계하며, 개별 주체들의 고유한 탄생성과 행위의 자유를 강조한 아렌트(Arendt, 1958)는 이와 같은 사회화의 과정이 고유한 개성과 인격을 가진 인간을 '단일 주체(Man)'로 상정하고 규제한다는 점에서 맹점을 지닌다고 본다. 사회화에서는 그 사회의 기대에 맞는 표준화된 '행동(behavior)'이 강조됨으로써, 개별 주체들의 고유한 개성과 인격을 현시하는 '행위(action)'의 가능성이 차단되기 때문이다. 그러나 아렌트(Arendt, 1958: 440)는 모든 인간의 삶이 탄생과 함께 시작한다는 사실은 곧 어떤 것을 새로이 시작할 능력, 즉 "행위의 능력"이 생성되었음을 의미한다고 본다. 이 새로운 시작의 행위를 가능하게 하는 탄생성은 인간의 고유한 행위를 가능하게 하는 근원이 되는 것이다. 아렌트(Arendt, 1958: 263)의 행위 개념은 탄생성과 더불어 다수성과도 관련을 맺으면서, 행위하는 주체들이 각자의 개성을 가지고 타인들과 함께 다원적으로 존재하고 있음을 강조한다. 아렌트(Arendt, 1958)는 저마다 고유한 개성을 가지고 태어나는 서로 다른 주체가 행위를 통해 자신의 유일한 인격과 주체성을 이 세계에 드러낸다고 본 것이다.

무엇보다 아렌트에게 말과 행위는 서로 밀접한 관계에 있는데, 말을 수반하지 않는 행위는 곧 행위자 자신의 주체성을 상실한 것과 같다고 본다(Arendt, 1958: 267). 말은 개인이 가진 고유한 사유의 표현이라는 점에서, 말이 없는 행위는 곧 개인의 탄생성이 소멸된 무의미한 행동과도 같은 것이 된다. 말의 화자가 된다는 것, 그리고 행위의 주체가 된다는 것은 세계 속에 태어난 자로서 자신의 목소리와 정체성을 찾아 가는 과정과 같기 때문이다. 세계 속에 태어난 자로서 인간은 자신의 고유한 행위와 말을 통해 자신의 존재에 대한 질문에 답해야 할 책임을 가진다(Arendt, 1958: 266). 따라서 인간의 탄생성을 실현하는 것이 교육의 본질이라면, 이는 세계 속에서 자신의 고유성을 발견하고 탐색하는 자기 이해의 과정과 밀접한 관련을 맺을 것이다.

그러나 우리 사회의 학교교육은 교육의 본질인 탄생성을 실현하는 데 많은 관심을 기울이기보다 입시를 준비하기 위한 지식의 주입과 사회적 길들임에 더 많은 시간을 투자하고 있는 현실에 놓여 있다. "진정으로 사유할 수 있는 능력의 부재"(Arendt, 1971: 7)가 갖는 문제점은 삶의 중요한 결정의 순간에 직면했을 때 인간이 완전히 무력해지는 상태에 직면하게 된다는 점에 있다. 우리 사회의 학교교육은 청소년들에게 사유할 수 있는 가능성 자체를 차단하는 닫힌 체계의 특징을 갖고 있으며, 교과지식은 사유의 능력을 기르고 세계와 연결하는 통로가 아닌 수단화된 지식으로 전락하는 위기 속에 놓여있다. 교육은 단순한 지식의 전수나 습득이 아닌, 청소년들이 사적 영역에서 한걸음 나아가 가족 구성원 이외의 타인과 함께 상호 소통하고 세계 속에서 자신의 위치를 찾아가는 실존적 탐구의 과정으로서 의미를 가진다. 세계를 다양한 관점으로 조명하고 성찰하는 메타적인 숙고와 공통 감각 속에서, 청소년들은 타인과의 만남을 통해 자신의 고유한 관점과 실존적 위치를 형성해 갈 수 있다. 이렇듯 타인과 더불어 사유하고 말하고 실천하는 역동적인 생성 과정으로서 교육 활동을 이해한다면, 행위가 갖는 창조나 혁신의 속성은 교육 활동에 더 깊이 구현될 필요가 있을 것이다.

지금까지 연구자는 '이탈 청소년'으로 낙인되어 교육 담론의 주변부로 밀려났던 청소년 인권 활동가들의 실천 행위를 교육의 관점으로 재조명하고자 시도하였다. 이와 같은 시도를 통해 우리는 그동안 '학생'이라는 정체성 안에서 청소년을 길들여 온 사회적ㆍ역사적 맥락을 비판적으로 성찰해 볼 수 있었다. 그동안 "학교교육의 문법(grammar of schooling)"(Simons & Masschelein, 2008) 안에서 청소년들을 규정하고 재현해 온 "언표화"의 과정은 청소년의 존재를 어떻게 명명할 것인가와 관련된 담론적 형성 및 지식의 생산과 긴밀하게 연결되어 있었다(Deleuze, 1986; Foucault, 1976). 우리는 역으로 학교교육의 극단에 놓인 청소년 인권 활동가들의 '주변적' 목소리와 실천 행위를 살펴봄으로써 제도화된 학교교육의 '중심'이 갖는 모순과 한계들을 성찰해 볼 수 있었다. 마지막으로 이와 같은 작업을 통해, 청소년들에게 다양한 주체화의 지대를 제공하는 교육적 행위는 무엇이며, 사유와 행위의 역동성과 실천성이 살아 있는 교육 활동은 어떻게 구성될 수 있을지에 대한 교육학적 함의를 발견할 수 있었다.

이 연구에서 주목한 청소년 인권 활동가들의 실천 행위는 고유한 "탄생성"(Arendt, 1961)과 "행위의 능력"(Arendt, 1958)을 가진 주체로서 청소년들이 자신을 재발견해 가는 자아 찾기, 목소리 찾기의 여정을 보여 주었다. 또한 이 연구를 통해 타인과 더불어 사유하고 실천할 수 있는 행위의 생성 과정으로서 교육 활동을 이해해 볼 수 있었다. 앞으로의 교육을 수동성과 침묵으로 채우지 않고 주체적이고 책임 있는 행위와 탄생의 공간으로 재구성하기 위해서는 청소년들이 공론 영역에서 자신의 고유한 인격과 개성, 생각과 느낌들을 적절한 말과 행위를 통해 표현하고 타인과 더불어 소통할 수 있도록 돕는 교육적 실천들이 필요할 것이다.

 참고문헌

박정서(2017). 2016년 촛불집회에 대한 10대 청소년의 정치적 태도와 행동에 대한 고찰. 학습자중심교과교육연구, 17(9), 495-514.

서덕희(2006). 홈스쿨링의 가능성과 한계에 관한 참여관찰 연구. 서울대학교 대학원 박사학위논문.

윤성이, 장우영(2008). 청소년 정치참여 연구: 2008년 촛불집회를 중심으로. 전남대학교 세계한상문화연구단 국내학술회의, 2377-2393.

이용숙, 이수정, 정진웅, 한경구, 황익주(2012). 인류학 민족지 연구 어떻게 할 것인가. 서울: 일조각.

이진경(2002). 노마디즘 1, 2. 서울: 휴머니스트.

이해진(2008). 촛불집회 10대 참여자들의 참여 경험과 주체 형성. 경제와 사회, 80, 68-108.

조용환(1997). 사회화와 교육: 부족사회 문화전승 과정의 교육학적 재검토. 서울: 교육과학사.

조용환(1999). 질적 연구: 방법과 사례. 서울: 교육과학사.

조용환(2009). 고등학생의 학업생활과 문화 연구. 서울: 한국교육개발원.

조지혜(2021). 청소년 인권 활동가들의 실천 행위에 관한 질적 연구: 저항, 탈주, 생성의 흐름을 중심으로. 교육인류학연구, 24(2), 153-187.

Arendt, H. (1958). *The human condition*. 이진우 역(2017). 인간의 조건. 서울: 한길사.

Arendt, H. (1961). The crisis in education. *Between past and future*. 서유경 역(2005). 교육의 위기. 과거와 미래 사이: 정치사상에 관한 여덟 가지 철학 연습 (pp. 235-263). 서울: 푸른숲.

Arendt, H. (1971). Thinking and moral considerations: A lecture. *Social Research, 51*, 7-37.

Bourdieu, P. (1979). *La distinction: Critique sociale du jugement*. 최종철 역(2005). 구별짓기 (상). 서울: 새물결.

Deleuze, G. (1986). *Foucault*. 권영숙, 조형근 역(1995). 푸코. 서울: 새길 아카데미.

Deleuze, G. & Guattari, F. (1980). *Mille plateaux: Capitalisme et schizophrénie 2*. 김재인 역(2001). 천 개의 고원: 자본주의와 분열증 2. 서울: 새물결.

Durkheim, E. (1895). What is a social fact?. *The rules of sociological method* (pp. 50-59). New York, NY: Free Press.

Foucault, M. (1976). *Histoire de la sexualité*. 이규현 역(2010). 성의 역사 1: 지식의 의지. 경기: 나남.

Mead, M. (1935). *Sex and temperament in three primitive societies*. 조혜정 역(1996). 세 부족사회에서의 성과 기질. 서울: 이화여자대학교 출판부.

Simons, M., & Masschelein, J. (2008). The governmentalization of learning and the assemblage of a learning apparatus. *Educational Theory, 58*(4), 391-415.

제7장

'가르치는 예술가' 윤현옥의 미술과 교육 프로젝트 연구[1]

1. 서론

이 연구는 미술가이자 예술강사, 문화기획자인 윤현옥에 대한 예술적 교육적 분석과 평가를 담고 있다. 연구의 동기는 2006년 작가 윤현옥을 처음 만난 경험에서 비롯되었다. 당시 문화관광부는 '새 예술정책'의 추진을 위해 제정한 '문화예술교육지원법'의 실행 차원에서 '학교-지역사회 연계 문화예술교육 시범사업'을 실시하고 있었다. 기존 학교 미술교육과 다른 문화예술교육 수업의 현실과 가능성에 관심이 있었던 필자는 안양의 스톤앤워터라는 대안공간이 운영하던 '스톤앤워터교육예술센터'(이하 센터)를 방문하여 관련 조사와 수업 참관을 문의하였다. 이후 지역 초중등학교와 연계하여 11명의 강사진(이 중 미술가는 10명, 초등교사 1명)이 실시하는 시범사업 미술 수업을 세 차례 참관할 수 있었다. 이 과정에서 센터의 교육연구실장으로서 2년째 전체 프로그램을 기획하고, 스스로도 문화예술강사로 참여 중이었던 윤현옥의 도움을 받게 되었다. 강사들과의 개별 인터뷰, 참관 수업 추천 및 주선, 센터 전체 행사 초대 및 참여 등의 일련의 과정을 통해 필자는 예술가에 의한 미술교육에 대한 연구의 필요성을 깨닫게 되었다.

필자가 참관했던 세 번의 수업은 모두 정규수업이 아니라 방과후 활동과 재량 활동의 일환으로 진행된 경우였다. 당시 국악 분야가 중심이었던 문화예술강사 교육 프로그램이 미술 분야를 포함한 다양한 예술 영역으로 확장되던 초기였기 때문인지 참관 수업은 산만하였고, 교실 분위기는 강사나 학생마다 차이가 뚜렷하였으며, 커리큘럼의 체계도

---

*안인기(춘천교육대학교 미술교육과 교수)

1) 이 장은 조형교육 41집(2011)에 수록된 것을 바탕으로 수정하였다.

부실하여 계획된 교수와 성공적 학습이 이루어지는지 의심스럽기도 했다. 다만 센터의 전시장에서 진행된 'ing파티 요리게임'은 기존의 관찰 소감을 바꾸는 계기가 되었다. 이 수업은 한 해 동안 진행한 센터의 모든 시범사업 결과를 종합하는 최종 보고전시이자, 8개의 연계 학교 학생들이 참여하여 요리 만들기 게임을 펼치면서 참여한 수업을 서로 평가하는 자리였다.[2] 필자가 참관하지 못한 다양한 사례 자료와 학생들을 접하면서 작가들에 의한 미술교육이 불안정적이고 자율적이며 강제되지 않은 수업 조건에서 학생들의 흥미와 공감, 참여와 기쁨을 만들어 내는 모습들을 발견하게 되었다. 수업들은 지역 공간의 사회 문화적 특성을 반영한 현장학습 방법을 제시하거나 재활용품으로 게임과 놀이를 진행하며 자연스럽게 조형성과 공동제작 방식을 습득하게 하였다. 연극적 요소의 결합, 퍼포먼스와 미디어 활용, 공공미술 답사, 생태미술적 접근도 담고 있었다.

이러한 경험들은 다소 회의적이었던 참관수업의 판단을 재고하게 하면서 예술가의 의한 미술교육에 대한 교육적 검토의 필요성을 제기하였다. 교육적 과정에 대한 이해가 부족한 예술가들의 수업은 미술교육에 어떤 의미와 가능성을 제공할 것인가? 이러한 관심에서 선행연구들을 검토하였다. 기존 연구들은 문화예술교육의 소개나 정당화(김성숙, 2007; 정연희, 2008), 사회문화예술교육에서의 미술수업 비평(김선아, 안금희, 전성수, 2010) 등을 검토하거나 문화예술강사의 교수 매뉴얼 개발 연구(김선아 외, 2009)를 포함하고 있다. 이 연구들은 문화예술교육의 확산과 저변화를 위한 실제적 조건과 방안을 모색하는 공통점을 갖는다. 특히 김선아와 안금희, 전성수의 연구는 문화예술교육의 실체 수업비평을 통해 교실 상황에 대한 질적 연구를 실행함으로써 교육적 경험이 취약한 예술강사의 전문성을 높이기 위한 방안을 모색하고 있다.

이 연구의 관점은 이러한 견해를 바탕으로 예술강사(필자는 이를 '가르치는 예술가'로 표기하고자 한다.)의 예술적·교육적 실천이 지닌 의의를 윤현옥의 다양한 프로젝트를 통해 검토하고자 한다. 작가 출신으로서 문화예술강사를 거쳤고, 공동체 미술의 실천가이면서 교실, 골목, 시장 등에서 초등학생으로부터 중장년 시민에 이르기까지 폭넓은 예술교육을 실천하고 있는 윤현옥은 미술교육과 현대미술 모두에서 다양한 시사점을 제안할 것으로 본다. 이 연구는 윤현옥의 예술적·교육적 실천을 포괄할 이론적 근거를 제안하고 이를 토대로 초등, 중등, 대학, 사회교육에 이르는 영역의 사례를 선별하여 분

---

2) 관련 자료는 스톤앤워터교육예술센터 홈페이지(www.stonenwater.org)에서 찾아볼 수 있다. 또한 사업 보고서인 플러스2% DHBS 교육예술 연구 실행 보고서를 참고할 수 있다.

석한다. 윤현옥의 다양한 프로젝트가 실현되는 장소는 교실에 한정되지 않는다. 교실밖 공간과 교실을 연계시키는 경우나 삶의 현장으로서 시장이나 생활공간으로서 마을이 무대가 되면서 프로젝트에 따라 각각의 장소가 서로 결합된다. 즉, 수업의 장소성은 적절한 구분점이 되지 않았다. 또한 복합적인 장소에서 제공되는 교수내용이나 체험 영역은 공공미술 및 공동체 미술의 실천 경향을 공통적으로 띠고 있다. 따라서 학습자를 기준으로 초중등, 대학생, 사회 교육으로 구분하여 복합적인 프로젝트의 실제를 분석하였다. 윤현옥의 활동을 설명할 이론적 근거로 '가르치는 예술가(teaching artist)', 탐구로서 미술 제작, 프로젝트 수업, 공동체 미술을 제안하며 이 네 가지 개념은 프로젝트를 해석, 평가하는 토대를 제공한다.

연구 자료의 수집은 윤현옥과의 세 차례 심층 인터뷰(2011년 7월 9일, 8월 23일, 10월 4일, 서울 통인시장 고객만족센터 2회, 필자의 연구실 1회)와 여섯 차례의 수업참관, 프로젝트 현장 답사 및 기록과 함께 작가의 활동과 관련된 보고서 11권, 기록물 10종, 운영 중이거나 종료된 활동 기록을 수록한 인터넷 사이트 2곳의 자료 등을 통해 이루어졌다. 인터뷰와 답사는 녹음과 촬영을 통해 자료의 신뢰성을 높이고자 하였다. 이 연구는 윤현옥의 다면적인 활동으로 인해 미술가로서 실천에 대한 예술론적 비평적 접근과 교육자로서 실천에 대한 교육 비평적 가치를 평가하려는 시도가 교차한다. 미술수업 분석에서 교육비평의 방법을 시도한 김선아와 안금희, 전성수(2010)에 따르면 교육비평이란 아이즈너(Eisner)로부터 비롯된 개념으로, 미술비평 활동을 교육 현상 분석의 방법으로 차용한 것이라고 한다.

아이즈너의 개념을 소개한 박승배(2006)는 교육비평이 기술, 해석, 평가, 주제화의 네 가지 범주로 구성된다고 지적하였다. 기술은 교육이 일어나는 장소나 상황을 생생하게 볼 수 있도록 묘사하는 것이며, 해석은 묘사에 대한 설명으로서 교육 현상이나 경험에 대한 의미를 이끌어 내는 것이며, 평가는 "기술하고 해석한 것의 교육적 중요성을 따져 보는 일"이며(박승배, 2006: 74), "주제화는 현재 비평의 대상으로 삼고 있는 것으로부터 아이디어나 결론을 이끌어 내는 것"(박승배, 2006: 75)을 말한다. 아이즈너의 방법은 기술-해석-평가의 과정을 거치는 미술비평과 유사할 뿐만 아니라 예술가 교사로서 윤현옥의 프로젝트를 분석하고 특성과 의미를 이끌어 내는 데 유용한 도구로 활용될 수 있다.

한편, 이 연구에서는 일정한 제한점을 내포한다. 2001년부터 시작된 윤현옥의 미술 프로젝트는 매우 다양하여 연구의 분명한 방향성을 제시하기 위해 제한점을 두었다. 필자가 직접 확인하지 못한 프로젝트 분석에서 '기술' 부분은 축소되며 수집한 자료에 근거로 해석과 평가를 제시한다. 이를 위해 충실한 기록을 보유한 사례를 선별하여 사실 확인을 거친 프로젝트를 분석 대상으로 한정하였다. 또한 프로젝트의 성격을 공동체미술과 공공미술의 실천 사례로 한정하였다. 따라서 미술관 중심의 전시 기획과 전시 참여 사례들, 소년원이나 새터민, 군부대, 외국인 근로자를 위한 특수교육 영역의 프로젝트는 제외하였다. 이러한 제한이 삶-예술-교육의 관계 속에서 움직이는 윤현옥의 특징을 보다 잘 규명할 수 있다고 보았기 때문이다.

2. 윤현옥의 미술 활동과 특성

1) 가르치는 예술가

미술대학교에서 서양화를 전공했던 윤현옥(1959~)은 독일 유학을 마친 뒤 2001년 서울의 한 화랑에서 개인전을 열었다. 작고한 할머니의 유품과 슬라이드 프로젝트가 가미된 작업을 귀국전으로 열었으나 전시장을 찾는 사람이 없는 현실에서 많은 실망감을 갖게 되었다. 이후 작가는 갤러리나 미술관처럼 제도화된 고급미술의 전시공간으로서 '화이트 큐브'에서의 전시에 대한 다른 가능성을 찾기 시작했다고 한다(2011년 10월 4일, 인터뷰). 이때 작가의 관심을 끈 것은 도시 재개발 과정에서 철거될 공간이었다. 〈재개발 프로젝트, 둔촌동 대원연립 가동 101, 102호〉라는 전시를 같은 해 개최하며 윤현옥은 삶의 흔적이 남아 있는 버려진 것들과 그것을 지니고 살았을 사람들의 취향과 문화, 감성, 삶의 모습에 관심을 갖게 되었다. 전시는 버려진 도시 공간을 예술적 표현이나 대안 모색의 장으로 바꾸려는 공공미술적 시도였다. 그러나 "막상 그곳에 가 보니 사람들이 있었고, 떠나간 사람들의 흔적이 보였다."라고 술회한다(2011년 7월 9일, 인터뷰). 이후 작가는 80여 명의 작가가 참여하는 〈재건축프로젝트2002-서울에서 가장 살기 좋은 잠실동, 안양의 명당 석수동〉(2002년, 잠실4단지 송전초등학교, 스톤앤워터갤러리), 〈나쁜 엄마들' 땅에 발붙이다〉(2003년, 마로니에 미술관)전을 기획하는 전시 기획자이자 작가로 활동 방식을 확장하였다.

2005년은 작가로서 윤현옥이 교육자로서의 삶을 병행하는 전환기다. 스톤앤워터교육예술센터의 수석연구원으로서 안양지역 초중고등학교와 연계한 '플러스 2%! 교육예술 DBHS(Drenching body & heart & soul, 몸과 마음과 영혼을 흠뻑 적신다)' 프로그램을 총괄 기획하고 '지구입양프로젝트', '짱으로 재미있는 현대미술' 같은 교육 프로그램을 실행하였다. 당시 그녀는 생태주의적 미술 사례나 공공미술 사례 등 동시대 미술의 쟁점을 수업 내용과 아이디어의 원천으로 설정하고 있었다(스톤앤워터교육예술센터, 2006). 2006년 그녀는 독자적인 'aec 비빗펌'이라는 예술기획사무실을 꾸미게 되는데, 예술과 교육, 커뮤니티를 연계하는 다양한 프로젝트 활동이 이 이름으로 전개되었다. 그중에는 '우리동네 프로젝트'(2007~2009년), '못골 줌마 불평합창단'(2009년), '놀자, 방방!−우리동네의 마을다움을 만나다'(2010년), '통인시장의 발견'(2011년) 등이 있으며, 개인 기획자로서 추계예대 학생들과 진행한 '북아현동에서 잃어버린 마르티스여아를 찾습니다'(2008년)와 '골목에서 주름잡기'(2009년)가 있다. 개별 프로젝트에는 대개 예술창작과 학생 혹은 주민에 대한 교육, 체험과 축제 같은 과정이 포함된다. 초등학생으로부터 성인에 이르기까지 다양한 계층과 직업을 포괄하는 윤현옥의 프로젝트는 참가자들에게 예술 실천을 통해 자신의 삶을 표현과 경험을 확장하는 학습의 기회를 제공하는 프로그램들을 구성하고 있다(프로젝트 내용은 '3. 프로젝트 사례 분석' 참고).

이러한 윤현옥의 활동 방식은 예술가와 예술교육자의 상을 공유하고 있다. 창작 능력을 지닌 예술가와 학습활동을 이끌어 갈 수 있는 교육자의 역량을 함께 갖춘 예술가로서 교육자(educator as artist)는 문화예술교육의 관점에서 예술강사, 예술교육가, 전문예술교육가 등의 이름으로 불려 왔다. 예술강사(artist-teacher)는 문화예술교육지원법에서 "문화예술교육에 관한 기획, 분석 및 평가 등의 업무를 수행하는 자"로서 "문화예술교육에 참여하는 문화예술교육강사를 총칭"하는 것으로 이해된다(김선아 외, 2010: 108). 법률은 이들 강사의 자격조건과 활동 가능한 6개 관련 예술 장르를 정하고 있다. 윤현옥 역시 예술강사의 이력으로 출발하지만 문화예술교육 사업의 범주로 모두 설명될 수 없는 제도 안팎의 활동(공공미술, 대학강의, 예술가 지원사업, 지방자치단체의 문화사업 등)을 겸하고 있으며, 궁극적으로 예술가와 교육자의 융합적 모형을 만들고 있다. 예술강사가 문화정책의 일환으로 주어진 것이라면, 윤현옥의 경우는 예술적 실천을 교육의 방법으로 추구함으로써 예술과 교육의 통합을 모색하는 예술가의 방식을 보여 준다. 조심스럽기는 하지만 필자는 이러한 유형이 예술강사의 제도적 한계를 넘어서고 있으며, 예술적 실천 속에 교육적 성취를 종합하는 '가르치는 예술가(teaching artist)'로 이론화하고자 한다. 이 용어의 영문 표기는 서울문화재단이 실시하고 있는 '예술교육전문가 양성과정'의 이름이기도 한데, 예술과 교과의 통섭적인 교육 설계 역량을 지닌 '전문예술교육가', '창의예술교육가'라는 의미로 이 용어를 사용하고 있다(www.sfac.or.kr). 필자는 이 개념을 원래의 뜻대로 환원하여 그 의미를 전유하려는 것이다.

예술가에서 출발한 윤현옥의 이력은 예술가와 교육자라는 삶을 가로지르며 '가르치는 예술가'로 거듭나는 과정을 보여 준다. 변화의 과정은 간단하지 않다. 예술적 기량이 곧 교육자의 역량으로 전환되거나 보장되는 것은 아니다. 예술가로서 체화된 예술 이해를 교육적 관계와 맥락에서 다시 재구성할 수 있는 교육자의 역량이 요구된다. 가르치는 위치는 교육자의 개인적인 공간으로부터 사회적인 공간으로의 이동을 전제로 한다. 작품 창작을 일차적 목적으로 삼던 관계는 창작의 과정과 절차를 학습자와 공유하거나 전달해야 하며, 학습자의 내적 가능성과 경험을 성장시켜야 한다. 또한 예술가의 눈으로 학습자를 보고 교육자의 눈으로 예술을 다시 보아야 한다. 예술가로서의 전문성이 교육자로서의 정체성을 포섭하면서 예술과 교육 실천 모두에서 더욱 성장하는 모습을 보이는 것이 가르치는 예술가다. 개인 활동인 예술창작이 집단 활동과 집단 학습을 통해 실현될 수 있는 토대를 만들려는 다양한 프로젝트가 윤현옥에게 예술적 실천이자 교육의 장이 된다.

2) 삶과 학습의 네트워킹으로서 공동체 미술

미술계(art world)의 주 무대인 갤러리에서 벗어나 재건축 현장에서 전시회를 열었던 것에 대해 작가는 다음과 같이 말하였다.

(재건축 현장처럼) 특별한 장소가 지닌 매력 때문에 화랑에서 벗어났다. 그런데 그런 장소에 가 보니 사람들이 있었고, 사람들의 관계가 만들어 내는 공동체를 볼 수 있었다. 공동체의 가치는 공공장소가 만들고, 공공장소가 문화를 만들고, 그것이 삶을 만든다고 생각한다. 이런 관계 속에서의 미술 활동은 자연스럽게 교육적이 된다. 서로가 영향을 주고받기 때문이다. 일방적으로 주는 것이 아니다. 배움은 이러한 공동체의 장 속에서 스스로 하는 것이다. 미술이 그 촉매가 될 수 있다고 본다(2011년 10월 4일 인터뷰).

미술 작품으로부터 사람들의 관계로 옮아간 윤현옥의 관심은 미술을 통한 공동체 참여나 건설과 관련되는 공동체 미술의 성격을 갖게 된다. 여기서 공동체 개념은 'community'의 번역으로, '지역사회'와 '공동체' 두 가지로 번역한다. 지역사회가 지리적·공간적 근접성을 요건으로 삼는 사회학적 관점의 해석이라면 공동체는 인류학적 맥락을 갖는다. 문화적으로 구성되고 경험되는 시공간 내에 존재하는 사회적 실재를 중시하는 인류학에서 공동체는 공통의 사회적·생애적 경험을 통해 구성되는 특정한 가치와 정체성을 상정한다. 오늘날에는 이러한 공동체가 근대의 신화적 유산으로 비판받는 경우가 많다.

프랑스의 사회학자 낭시(Nancy, 1991)는 동질성을 전제로 하는 근대적 공동체 개념을 부정하면서, 공동체 경험이 우발적이고 불확정적인 것이며, 유한한 개별 인간들이 서로 나누고 전이하며 타인에게 자신을 노출함으로써 다른 개별자와 공유하고 소통하는, 언제나 타자들 안에서 스스로를 발견하는 의미의 '느슨한 공동체(community at loose ends)' 개념을 제안한 바 있다. 동질성보다는 차이를 기반으로 하며 집단 내 상호작용을 중시하는 그의 공동체 개념은 교육에도 시사하는 바가 크다. 조용환과 서근원(2004)에 따르면 이제 교육은 동질성의 공동체를 유지하고 재생산하는 논리나 지식을 전달하는 '공동체 교육'으로부터 구성원의 개성적인 생활양식, 가치관, 이해관계를 허용하는 다원성과 차별성을 바탕으로 한 차이의 공동체를 기반으로 하는 '교육공동체'를 구성할 필요가 있다. 이러한 교육공동체 구성에 예술적 실천이 탁월한 가능성을 갖는다는 것은 윤현옥의 활동을 통해 찾아볼 수 있다.

예술은 관례적 사고 습관에 저항하고 우리 삶의 목적에 대해 생각할 것을 요구한다. 미술교육은 개인적·환경적·사회적 문제에 대한 중요하고 다양한 반응을 추구하며 그것을 독창적으로 상상력이 넘치게 풀어 간다. 윤현옥은 학생들에게 자신의 삶의 공간으로서 자연과 마을, 골목, 시장 그리고 주민들을 살펴보게 하며 그 과정에서 자신을 둘러싼 문화와 사회에 대한 질문을 던지는 작품을 제작하게 한다. 이러한 작품들은 낯선 이웃과 주민들을 이해시키고, 개인과 지역 공동체가 의미 있고 정감 있는 관계를 건설하는 데 도움을 준다. 나아가 개인은 자신이 위치한 장소에 내재한 사회적·문화적·역사적 관계를 체득하며, 자신의 사회적 공간을 보다 나은 장소로 변화시키려는 행동을 고무할 수 있다. 참여의 실천성과 새로운 사회적 통합의 가능성을 함께 지니는 윤현옥의 공동체 미술 실천은 공동체 내의 삶과 학습을 연결하는 네트워킹이기도 하다.

이질적인 구성원 사이의 새로운 동류의식이나 연대감을 지니기 위해서는 문화 간 탐색과 이해를 높이는 다양한 실천과 활동이 필요하다. 서로 다른 견해를 존중하고 타협과 협력을 경험하며 장기적인 과정에서 진행될 필요가 있다. 이러한 어려운 성격 때문에 공동체 미술의 실천은 하나의 "문화적 탐험"에 비유되기도 한다(Ballenge-Morris, 2004: 145). 필자가 보기에 문화적 탐험으로서 윤현옥의 공동체 미술 실천은 미술을 통해 동질적 공동체의 의지를 대변하거나 표현하는 대리체험의 단계, 이질적 공동체 구성원과 교감하고 스스로 발견하고 해결하게 만드는 주체적 자각의 단계, 비판적 사고와 역량 강화를 통해 현재의 상태로부터 긍정적이고 나은 방향으로 변화시키는 질적 변화의 단계를 상정할 수 있다. 그레이엄(Graham, 2007)은 이 마지막 단계를 '비판적 장소 교육(critical pedagogy of place)'으로 보아 지역과 환경, 문화적 인식을 사회비판과 융합하는 인식으로 예술교육이 나아갈 것을 요청하기도 했다. 윤현옥은 미술제작의 탐미적·개인적 단계로부터 사회 탐구, 비판, 행동주의가 긴밀하게 연계되면서 학교 밖에서의 학습을 통해 공동체의 문화나 정체가 형성, 작동하는 맥락을 다루고 있다.

3) 프로젝트 수업과 경험 확장

윤현옥이 실행한 미술, 교육의 실천은 대개 프로젝트라는 이름으로 펼쳐졌다. 교육 분야에서 프로젝트 수업은 지시와 전달로서의 교수자가 아닌 고무, 자극, 격려를 통해 학습자의 학습동기를 고양하는 촉매자로서의 교수자상을 갖는다. 이는 학습자가 성찰과 협력을 통한 학습, 문제해결 활동을 통해 자료 수집과 분석 및 결과물 산출 과정에 주도적으로 참여함으로써 학습자 중심의 자율적이고 확장된 사고 능력을 계발하는 수업을 말한다. 특히 프로젝트 수업은 학습자가 무언가를 마음속에서 구상하고 그것을 실현하고 성취하기 위해 스스로 계획을 세우고 수행하는 활동을 내포한다. 프로젝트 수업은 전달 중심의 수업, 주입식 교육에 대한 대안으로 지식과 삶을 결합하여 학습자의 참여와 상호 협력을 통해 기존의 지식을 확장하고 변형하는 다양한 교수-학습 활동을 지칭하기 위해 쓰이기도 한다. 김영길(2006)은 이러한 프로젝트 수업의 설계에서 교사-학습의 관계에 비추어 교사 중심형, 매개형, 학습자 중심형으로 구분한 바 있다.[3]

---

3) 김영길(2006)이 구분한 세 유형은 다음과 같다. 첫째, 교사가 주제와 탐구 활동에 대한 구체적인 사항을 제시하여 교수자의 의도대로 프로젝트를 진행하는 교사 중심형이다. 둘째, 교사가 학습자에게 계획된 주제 목록을 제공하고 학

교육학 영역이 교수–학습의 새로운 방법으로서 '프로젝트' 개념을 이해하고 있다면, 윤현옥은 예술창작의 방법으로 '프로젝트' 개념을 제안한다. '프로젝트로서의 예술'이라는 강연을 통해 그녀는 프로젝트를 '기투'라는 개념으로 이해한다(윤현옥, 2009). 기투란 타자와의 관계 속에서 자신의 존재사건의 기획을 세우고, 불확실한 미래와 확실한 죽음을 향해 이를 던진다는 의미로서, 이는 삶의 태도와 가치관의 형성과 관련된 것이라고 본다. 원래 '앞으로 던지다'라는 의미를 지니는 프로젝트의 개념에서 출발하여 자신의 의지를 외부세계에 던짐으로써 세상과 비로소 진실된 교환과 작용이 발생한다는 것이 프로젝트의 출발이다(윤현옥, 2009). 예술 활동이 내적인 것을 끄집어내는 표현적 성격에 한정되는 것이 아니라 일상과의 존재사건을 불러일으킴으로써 스스로와 대상의 변화를 촉발하는 활동으로 확장하는 것을 윤현옥의 관점은 내포하고 있다. 미술교육이라는 과정이 윤현옥에게는 학습자들에게 어떠한 발견이나 통찰, 새롭게 보는 동기가 되고 스스로 학습의 주체로 나아가며, 세상과 자신을 새롭게 정초하는 존재체험의 장으로 이끄는 경험인 것이다.

이런 관점에서 윤현옥은 프로젝트 개념을 현상학적으로 파악하고 있다. 윤현옥은 "예술로서의 프로젝트는 현재에 대한 불안과 불편함의 감각(관찰)들로부터 삶의 결단(인식)을 거쳐 예술적인 상상력으로 행(수행성)하는 것을 의미한다."(윤현옥, 2009: 147)라고 말한다. 이는 세상을 주어진 것으로 보는 실증주의와 달리, 발견의 대상으로 보려는 현상학적 아이디어와 조응한다. 주어진 삶이 불완전한 것이므로 개인 주체의 자기주도적인 개입과 활동을 통한 생활세계 지평의 확장을 꾀하는 것이 삶의 과정이자 예술 프로젝트의 힘이라고 본다. 이러한 태도는 예술 활동과 교육 활동의 유사성을 강조하는 관점이기도 하다. 즉, 예술이 자연과 사회로부터 독립적이고 자율적인 실재를 구축하는 활동이 아니라 생활의 일부이자 삶의 표현이며 삶의 구성 요소라는 관점을 갖는다. 모더니즘의 형식주의 미학과 달리 포스트모더니즘의 미적 이론들은 일반적으로 삶과 예술의 연관성을 강조하며, 예술적 진리라는 독자적인 영역에 대한 관심보다 예술과 삶이 통합됨으로써 다시 재편되는 예술의 가능성을 주목한다.

습자의 선택하게 함으로써 교사는 탐구 활동의 실마리를 제공하고, 나머지는 학습자가 풀어 감으로써 동기유발과 문제해결력 향상을 유도하는 매개형이다. 셋째, 학습자가 자유롭게 주제와 탐구활동 영역 및 방법의 전반을 결정하고 교사는 조언자와 촉진자의 역할을 수행하여 학습자의 자기주도적인 문제해결력을 높이는 학습자 중심형이다. 교사 중심–매개–학습자 중심의 프로젝트 수업은 해당 프로젝트의 내용, 학습자의 준비 상태와 수준, 교실 조건에 따라 선별적으로 고려할 수 있다.

좋은 예술작품은 질문을 만들어 내는 것이라고 한다. ······(중략)······ 마찬가지로 교육도 끊임없이 질문을 생산하고 사고를 유연하게 하여 삶의 경계를 확장해 나가고 스스로 교육할 수 있는 터전을 마련하는 것이 좋은 교육이다(윤현옥, 2009: 149).

윤현옥의 프로젝트에서 삶은 예술의 맥락이며, 예술은 삶의 텍스트가 된다. 또한 삶은 교육의 맥락이며, 교육은 삶의 텍스트가 된다. 그녀는 프로젝트라는 방식을 통해 양자를, 삶과 예술, 삶과 교육을 매개하려는 것이다. 학습은 세상에 대한 개인적이고 능동적인 이해라는 구성주의적 이해처럼 윤현옥은 학습자의 경험과 세계의 상호작용이 지속되는 과정에서 일어나는 능동적이고 자기주도적인 행동이나 인지적 변화를 자신의 프로젝트 속에 실현하고자 한다.

4) 탐구로서 미술 제작

미술사가 할 포스터(Foster, 2004: 3)는 동시대 미술이 "기록보관소적 충동"으로 가득하다고 묘사한다. 오늘날 미술가들은 기록을 하나의 전략으로 상정하고 문서나 사물, 이미지 등을 검토하며 미술관, 박물관, 공공도서관 같은 제도 기관이 조율한 지식에 대해 새로운 질서와 가능성을 만들어 내고자 한다는 것이다. 탐구가 작가의 다양한 기록물을 파생시킨다는 면에서 포스터의 지적은 탐구를 주어진 지식이나 관례에 대한 문제제기와 인식 전환의 차원으로 이해할 수 있다. 윤현옥에게 미술 프로젝트는 미술 제작을 새로운 앎과 지속적으로 결부시키며 자신의 인지적·감각적 성장을 함께 추구하는 교수 방법을 제안한다. 프로젝트에 참가한 사람들은 자신과 공간, 집단, 공동체, 타자의 관계와 함께 이들을 둘러싼 삶의 취향, 생활 방식, 욕망, 기대 등의 의미를 탐구하게 된다.

미술 실천이 탐구라는 의미는 미술 제작에 대한 신선한 시각을 반영한다. 이는 미술 실천을 자기표현이나 작품 제작으로 보는 전통적 관점을 바꾸어 지식 구성의 학습 과정으로 이해하는 전환이다. 설리반(Sullivan, 2005), 그레이와 말린스(Gray & Malins, 2004) 등은 지식 탐구로서 미술 실천이라는 관점이 미술교육 과정에 적용된다면 수업의 새로운 가능성을 찾을 수 있을 것이라고 주장한 바 있다. 설리반은 이러한 탐구 형식을 '스튜디오 기반(studio-based)' 또는 '실천 기반(practice-based)' 탐구라고 불렀는데, 이는 이미지 제작을 통해 탐구를 전개하는 창의적 실천을 중심으로 한 교육을 의미한다

(Sullivan, 2005, 2006). 설리반은 스튜디오 기반 탐구의 두 가지 기본 요소로 스튜디오 실천과 시각 이미지를 제시하였다. 이때 이미지는 분석이나 토론의 대상에 한정되는 것이 아니라, 이미지 분석이 반성적 과정의 일부분이며 이미지 제작은 탐구의 가장 중요한 방식으로 여겨진다.

그레이와 말린스(Gray & Malins, 2004)는 실천 기반 탐구를 구성주의적이고 반성적인 실천으로 본다. 그들에게 있어 학습자는 예술가이자 실천가로서 의미의 구성을 위한 시각이미지 형식을 발견하는 존재다. 스튜디오 실천을 구성주의로 규정함으로써 스튜디오에서의 다양한 과정을 발전적이고 상호적인 과정으로 이해한다고 볼 수 있다. 아이디어는 이미지로 변환하며 이미지는 더 나은 생각과 이미지를 형성한다. 구성주의는 흔히 교수-학습의 상호적인 과정을 특징으로 하는 학습이론이다. 그레이와 말린스는 이미지 제작과 학습을 직접 연결하고자 하며, 학습의 탐구적이고 경험적인 측면을 강조한다. 즉, 두 사람은 미술 제작은 의미 만들기, 창조적 실천으로 나아갈 수 있으며, 그것은 의미 있고 중요하며 응용 가능한 것을 학습하는 이해력과 관련된다.

포스터의 주장과 실천 기반 탐구에 대한 두 견해는 모두 새로운 지식의 형성이 전달이나 발견을 통해서라기보다 학습자의 실천을 통한 재맥락화와 재해석에 의한 것임을 말한다. 보는 관점과 방식을 바꿈으로써 기성 사고방식에 변화를 줄 수 있다. 우리가 사물을 보거나 해석하는 방식을 바꿈으로써 새로운 통찰을 형성시키고, 이를 바탕으로 새로운 이해로 나아감으로써 학습자로 하여금 세상을 새로운 방식으로 지각하고 이해하며 경험할 수 있다. 항상 학습자의 삶의 공간과 주변에서 탐구를 시작하는 윤현옥은 수업 과정에서 관찰, 기록, 대화, 재사유 및 피드백을 중시한다.

> 학생들은 늘 다니는 길과 익숙한 동네라고 생각했지만 막상 답사를 시작하면 생각보다 모르고 지나친 길, 낯선 장소를 발견한다. 익숙한 것의 이 낯설음은 아이디어의 원천이고 새로운 탐구의 출발이다(2011년 7월 9일 인터뷰).

윤현옥에게 탐구는 답사나 조사, 기록과 같은 이해 중심의 방법에 한정되지 않는다. 실천 기반 탐구 개념처럼 수업이 일어나는 장소, 불충분하고 불안정한 환경, 천이나 종이 상자, 나무나 자연 재료 등도 그것을 보는 새로운 규칙을 제시하고 그러한 규칙에 따른 새로운 배치와 의미 찾기를 수행하게 함으로써 감각적 인식 전환과 제작의 과정을 하나의 탐구 영역으로 포용한다. 이러한 과정은 프로젝트 사례 분석에서 묘사된다.

3. 프로젝트 사례 분석

윤현옥의 다양한 프로젝트 분석에 앞서 필자는 구분의 기준을 밝히고자 한다. 프로젝트의 성격 때문에 주제, 장소성, 실행 주체, 방법적인 면으로 살펴볼 수 있는데, 이 중 실행 주체가 가장 뚜렷한 차별성을 갖는다. 주제는 공통적으로 공동체 미술, 공공미술 실천이며 장소는 마을의 골목과 시장을 공유한다. 방법적으로 탐구로서의 제작, 협동 수업 및 자기주도적 학습을 공통점으로 한다. 그러므로 사례 분석은 실행 주체에 따라 초중등, 대학생, 주민교육으로 구분하였다. 각 실행 주체에 의한 대표적인 사례를 선별하여 묘사, 해석, 평가의 순서로 기술한다. 분석 과정에서 '2. 윤현옥의 미술 활동과 특성'에서 제시한 네 가지의 이론적 근거를 고려하고 적용하였다.

1) 초중등생의 프로젝트

(1) 우리동네 프로젝트
'우리동네 프로젝트'는 2005년 센터의 한 프로그램이었다. 학생들이 자신의 동네를 알아 가는 과정을 탐구와 작품 제작에 반영한다. 윤현옥은 독일 속담을 인용하며 다음과 같이 말한다.

> 아이 하나를 키우려면 마을 하나가 통째로 필요하다. 아이가 성장하는 데 부모만이 아니라 마을이라는 공동체 사회가 함께 아이를 돌보면서 사회인으로 키워야 한다(2011년 7월 9일 인터뷰).

개인화된 현대적 삶에서 사람들은 서로 교육적 역량을 학교에만 의존하며 삶 속에서 묻어 두고 소홀하기 십상이다. 윤현옥은 '우리동네 프로젝트'를 통해 늘 접하는 동네 골목, 가게, 사람들을 실제적으로 탐구하고 대화하고 교감하며 스스로의 사고와 공간적·사회적 관계를 확장하고자 한다.

'우리동네 프로젝트'는 방과후 학교나 지역아동센터를 대상으로 네 차례 실시되었다.

교육방법은 참가자 간 교감, 동네 관찰, 조사, 문제인식, 작품화, 전시의 흐름으로 전개된다. 세부 프로그램으로는 자기소개를 위한 명함 만들기 → 질문지 작성 → 동네 관찰 및 면담 → 관찰 기록(인터뷰를 통한 정보 수집, 프로타주를 통한 이미지 수집) → 동네 지도 만들기(공동제작) → 가게 간판 만들기, 가게 방문하여 전달하기 → 전시회의 순서를 따른다. 예산이나 상황에 따라 동네 신문 제작, 요리 교실, 집 만들기(혹은 아지트 만들기) 같은 복합적인 창작 활동으로 대체되거나 추가된다.

[그림 7-1] '나만의 놀이터' 수업 장면

수업은 교사주도가 아닌 철저한 학습자 중심으로 운영되며, 자기주도적인 탐구와 집단 간 협력과 조율, 반성적 평가의 순환적 구조로 진행된다. 필자가 참관한 하나의 수업(2011년 8월 23일, 한양대학교 미술영재교육아카데미, [그림 7-1] 참고)을 살펴보자. '나만의 놀이터' 만들기로 명명된 이 수업은 30명의 초등학생을 대상으로 한 1차시 특강이었다. 종이상자들과 박스 테이프, 가위, 천, 나일론 줄, 그리기 도구를 재료로 4개 모둠으로 나누어 각각의 놀이터를 원하는 공간에 제작하는 수업이었다. 이 수업은 '우리동네 프로젝트'의 한 과정으로 진행한 집 만들기, 아지트 만들기와 같은 협동 수업의 변형이다. 윤현옥은 학생들과 천으로 자신을 표현하는 퍼포먼스를 실행시키며 서로를 소개하도록 하였다. 다음은 4개의 모둠으로 나누고 만들어 갈 놀이터의 '게임의 규칙'을 정하는 것으로 출발한다. 칠판에 조별 이름과 만들 '놀이터 제목', '놀잇감 종류', '규칙'만을 적어 두고 나머지는 대부분 학생들이 자율적으로 실행하도록 한다. 종이상자를 펼치거나 쌓고, 구멍을 뚫고 끈으로 묶거나 연결한다. 벽에 붙여 늘어뜨리고, 천장에 줄로 이어 매달기도 한다. 점차 종이상자 다루기가 익숙해지면서 아이들은 바빠지기 시작한다. 다른 모둠이 칠판에 놀이터 제목을 적어 가는 것을 의식하기도 하고, 진지하게 놀이터 제목과 규칙을 상의한다. 만드는 학생, 칠판에 토의한 내용을 적는 학생, 도와주는 학생, 구경하는 학생 모두 바쁘게 움직인다. 역할을 바꾸기도 하고 다른 모둠의 놀이터를 방문하기도 한다. 스스로 만든 최소한의 규칙을 확인하고 그러한 규칙을 지키려는 행동은 그들 스스로 이 놀이의 주인이자 놀이터가 되는 모습을 보여 주는 것이다.

윤현옥의 프로젝트는 학교 수업처럼 교육과정과 교실, 학습자가 구조화된 조건이 아니라 자율적인 인원, 다양한 장소, 변화 가능한 커리큘럼을 조건으로 한다. 산만하기 쉽고 동기부여가 어려울 수 있는 일회성 수업은 탐구와 제작이 놀이의 과정으로 환원됨으로써 다양한 체험과 학습을 향상한다. 이 과정에서 자연스럽게 개인의 창의성만이 아니라 소통하고 관계적이며 사회적인 인간으로 성장하는 실제적 경험을 학습자들이 공유함으로써 작은 교육공동체를 형성하게 된다. 프로젝트가 실현하는 교육공동체는 생활공동체, 마을공동체의 단위로 확장될 다른 프로그램들의 예비적 교육 경험이 된다.

(2) 지구입양 프로젝트

'지구입양 프로젝트'(2005년 5~12월, 안양중학교 환경생태반 19명)는 영국의 생태미술 프로젝트에서 아이디어를 빌려 왔다. 생활 주변 환경에 대한 관심을 갖고 거리, 연못, 공원, 강을 입양하여 생태계 보존에 관심을 갖게 하고, 오염 물질 배출을 감시하며 쓰레기를 치우고 벽화를 그리거나 작은 나무나 꽃을 심고 이웃을 돕는 활동을 벌이는 1990년대의 'Adopt-a-planet' 프로젝트에서 이름과 아이디어를 따왔다고 밝힌다(스톤앤워터 교육예술센터, 2006). 윤현옥은 이 수업에 참가한 학생들이 자존감도 강하고 학습 능력도 뛰어났던 점을 고려하여 다른 초등학생 수업과 달리 예술적 상상력을 사회적 · 경제적 · 과학적 · 역사적 방법과 접목시키고자 했다고 한다. 1회 3시간, 월 1회, 7회의 수업에서 교실과 학교 주변의 안양천변이 학습장이 되었다. 5명을 하나의 모둠으로 구성하고 팀장, 문서기록, 사진, 영상기록, 자료 조사, 진행의 역할을 분담하였다. 학교 주변에 위치한 안양천의 생태환경에 대한 관찰을 통해 보존하고 바꾸고 개선할 내용을 생각하고 모형을 제작한다. 학생들은 산책로의 지붕 만들기, 우수로 주변 다리 제작, 축대를 놀이터로 바꾸기, 콘크리트 포장 등의 아이디어를 모형으로 표현하였으며, 답사 기록과 아이디어 전개, 제작 과정이 모두 기록되었다.

생태 환경에 대한 조사는 학생들에게 인간과 자연, 개발과 생태 사이의 복잡하고 긴밀한 관련을 깨닫게 하며, 환경을 위해 해야 하고 할 수 있는 일이 너무나 많다는 것을 인식시켰다. 흥미와 놀이 위주로부터 보다 논리적이고 체계적인 연구 과정을 도입한 수업이라 학생들에게 낯설고 동기부여의 어려움을 겪었다고 윤현옥은 말한다(2011년 10월 4일 인터뷰). 그럼에도 이 프로젝트는 지역과 교육을 연결하는 교실밖 활동을 포함하여 지역 사회에의 소속감과 자부심을 갖게 하는 부차적인 효과도 거둔 것으로 평가한다. 예술적 상상력을 통해 생태 환경의 변화를 구상하게 하는 것은 탐구가 예술이 될 수 있고 상상력이 사회적 문제해결의 방편일 수 있음을 시사한다.

2) 대학생의 프로젝트

윤현옥의 프로젝트가 문화예술교육의 차원에서 진행된 것이 많았던 관계로 청소년, 지역사회 주민 등이 주된 교육과 실천의 주체들이었다. 미술을 전공하는 전문가 교육기관에서의 프로젝트는 추계예술대학교 학생들과 전개한 2008, 2009년의 두 프로젝트에 한정된다. 서울시의 도시갤러리 프로젝트 공모사업의 하나로 당선되었던 윤현옥의 '북아현동에서 잃어버린 마르티스 여아를 찾습니다'(이하 '북아현동 프로젝트'로 약칭)의 실행을 대학생들과 함께 정규 교과의 일환으로 전개한 것이 그 출발이다. 문화예술교육이 방과후 활동이나 재량활동 등에 한정되었던 것과 차별화되면서도 전문예술가 지망생들과 함께 전개한 공공미술적 접근이라는 특성을 갖는다.

그러나 윤현옥은 오히려 대학생들과의 수업이 더욱 어렵고, 소통과 상호작용을 이끌어 내기가 어렵다고 지적한다. 그것은 전공자의 경우 이미 스스로 생각하는 예술의 모범적 모형과 접근 방법이 있기 때문이다. 학교가 제공하는 여타의 수업은 자신의 이념을 강화하는 반면, 윤현옥의 프로젝트는 필요성을 느낄 수 없는 이질적인 예술 방법이라는 것이 학생들의 반응이었다고 한다(2011년 10월 4일 인터뷰). 수업에서 자신의 기대나 선입견과는 전혀 다른 미술 형식을 접하게 되고, 도시 공간을 창작의 장으로 설정한 공공미술 프로젝트에 대한 이해도가 낮으며, 학교 주변 골목과 주민을 찾아다니는 형태의 활동이 기존 창작 방법과 많은 격차를 갖고 있었다는 점은 프로젝트 진행과정 전체를 어렵게 만드는 원인이었다고 분석할 수 있다.

그러나 진행된 수업 내용과 제작된 작품, 의도와 성과는 공동체 미술과 공공미술을 결합하고 주민과 학교, 수업과 도시 공간을 결합하는 실험성이 돋보인다. 진행된 프로젝트에는 전체 행사를 알리고 홍보하며, 특정 행사의 축제성을 높이는 공간 연출을 담당하여 지역사회와 학교 프로젝트 간의 소통성을 높이는 '움직이는 현수막', 북아현동의 역사와 주민의 삶과 기억을 조사하고 인터뷰, 촬영 기록하는 '북아현동 타임머신', 북아현동 골목길의 특징으로 드러난 화분형 텃밭에 착안하여 이동형 텃밭을 만들거나 개조, 환경 개선 작업을 전개하는 '출장분갈이 착한 가구', 주민들의 삶에서 간직한 불평들을 노래로 만들고 합창단을 꾸려 공연함으로써 공동체 소통과 예술 체험을 함께 실현하는 '불평합창단', 전체 프로젝트의 성과를 거리축제와 공연, 전시의 형태로 마무리하는 '뻔뻔한 마르티스의 행진' 등으로 구성되었다.

대학교와 지역사회의 예술적 교류와 소통이 시도된 이 프로젝트는 이듬해 보다 큰 규모로 대학 측이 주도하는 프로젝트로 확장되었다. '골목에서 주름잡기'라는 이 프로젝트에서 윤현옥은 기획자의 일원이자 전체적인 개념과 방식, 접근법 등을 제안하는 매개자 역할을 수행하였다. 참여 학생들은 지원 신청을 받아 강제적인 수업 진행으로 생기는 잡음을 배제하였다. '북아현동 프로젝트'가 학교와 지역사회의 접목과 교육적 재발견이라는 성과를 얻었지만, 한편으로 지역 주민의 참여가 부족하고 학생들의 작품에서 소통성이 부족하였다는 평가를 받았다(윤현옥, 2010). 수잔 레이시(권미원, 2009; Lacy, 1995)가 잘 이론화한 것처럼 공공미술은 '공공장소에서의 미술(art in public places)', '공공공간으로서의 미술(art as public spaces)'이라는 차원에서 '공공적 관심을 가진 미술(art in the public interest)'로 이슈가 옮겨 가고 있다. 공공미술이 공적 장소에 놓인 미술작품이나, 광화문 광장 건설 같은 도시미화 프로젝트의 차원에서 개인과 공동체, 미술 작업과 공공성의 관계를 재구축하는 기획들이 나타나고 있는 것이다.

미술평론가 수지 개블릭(Gablik, 1995: 101)은 이러한 변화에 대해 지금까지 중시해 온 "독립적이고 자율적인 개인으로부터, 종종 단일한 개인의 산물이 아니라 공동작업과 상호의존 과정의 결과인 새로운 종류의 대화적 구조"의 미술이 나타난다고 평가한다. 나아가 '접속의 미학'이라는 용어를 통해 "함께 관계하고 엮으며, 관람자적 거리와 적대자적인 명령이 없고, 우리가 발견한 생태계에서 작동하는 것을 발견하는 상호성만이 있는 그러한 흐름을 창조하는" 접속과 치유의 모델로서 미술을 희망한다(Gablik, 1995: 116). 레이시나 개블릭의 지적은 공공미술이 공동체 미술의 관심으로서 예술과 공간, 작가와 주민의 상호적 관계를 통한 창조에 주목하고 있다는 것을 드러낸다. 대학생들과의 공공

3. 프로젝트 사례 분석

미술 프로젝트에서 드러난 한계와 변화에 대해 윤현옥은 다음과 같이 말했다.

> (북아현동 프로젝트에서) 처음에 학생들은 봉사활동 수준에서 임하는 것 같았다. 자신은 그림을 잘 그리니까 필요한 곳에 도움을 줄 수 있다는 생각을 하는 식이었다. 그러나 주민들도 자신들에 대한 자존감도 있고, 살아온 시간이 있는데 학생들의 방문이 즐거운 것은 아니다. 그런데도 학생들은 자기가 잘 하고 쉬운 것을 선택하여 그것을 작업으로 꾸미려 하였다. 그러나 공공미술은 내가 할 수 있는 것이 아니라 그곳에서 필요한 것, 해야 하는 것을 만들어야 한다. 자신이 미술을 좋아하니까 미술로 접근하는 것이 아니라 공공장소가 필요하고 요구하는 것에 관심을 가져야 하는 것이다. 이 간단한 것을 깨닫지 못한 것이다. 다음 프로젝트에서는 주민참여의 중요성과 대화, 관계를 어떻게 드러내고 모을 것인지 고민하고 반영시키려는 노력이 더욱 늘어났다(2011년 10월 4일 인터뷰).

두 해에 걸쳐 진행된 대학생과의 프로젝트는 북아현동의 전통적인 골목길 환경을 장소적·공간적 특성으로 보아 그것이 작품의 내용으로서, 주민의 삶을 표현하고 대변하며 그들의 이해와 정체를 나타내고, 이를 통해 마을을 새롭게 보고 공동체 유대와 상호적 관계를 증폭시키려는 취지를 갖는다. 봉사학습을 겸한 미술의 사회적 실천의 일환이자 대학생의 예술관에 대한 인식 변화를 함께 이끌어 갔던 이 프로젝트는 삶을 이해하는 공공미술이라는 성격만이 아니라 개인 중심의 미술 담론과 관계 중심의 미술 담론 사이의 논쟁과 대결을 유도하기도 했다. 그 과정에서 오늘날의 미술실천이 결과 중심이 아닌 과정 중심이며, 그 과정에는 변화하는 학습자이자 작가가 있고 다른 한편에 수용하고 참여하는 관객이 있음을 본다. 공공미술이라 하더라도 그것의 소유지나 소유자, 제작자가 중심인 것이 아니라 공공적 성취와 가치를 어떻게 나누고 공유하는가가 중요하다. 작업 방식이나 결과물에 대한 비판과 부정이 아닌 상호적 간섭과 개입을 통해 더욱 창조적인 작업과 공감할 수 있는 결과가 만들어질 수 있다는 것이다. 학교가 속한 지리적 위치가 북아현동이라 하더라도 학생과 주민들은 유기적인 지역공동체의 일원이 아니었다. 윤현옥의 프로젝트는 이러한 무관한 것 같은 상황을 예술의 다른 가능성의 자산으로 전환시키고 있다.

3) 주민들의 프로젝트

(1) 불평합창단

'불평합창단(complaints choir)'은 일상생활의 불만을 모아 노래로 만들고 공연한다. 핀란드 작가들이 기획하여 버밍엄에서 첫 공연이 열린 이래 전 세계로 확산되는 공동체 예술의 한 사례다. 불평합창단 프로젝트는 개인과 주민의 사소한 걱정과 불평을 모으고 분류하여 가사를 만들고 곡을 붙여 지역 구성원들이 합창하는 과정에서 유쾌하고 진솔한 소통의 장을 만든다. 국내에서는 2008년 부산비엔날레에서 버밍엄, 시카고, 상트페테르부르크, 싱가포르, 헬싱키, 함부르크의 불평합창단 공연이 비디오를 통해 전시된 적이 있다. 교통, 소음, 빈부격차, 오염, 실업, 무능한 정치, 차별, 육아문제, 공중도덕 등 다양한 불평이 다양한 시민의 노래와 율동으로 전달되는데, 서로 다른 도시의 합창단이 말하는 불평들은 그 지역의 생활 조건이나 문화의 구체적 특색을 드러내면서도 공통적인 삶의 어려움들이 진솔하고 재치 있게 화음을 만든다.

윤현옥은 2008년 '북아현동 프로젝트'를 시작으로 몽골시장 줌마 불평합창단(2009년, 이하 '몽골'로 축약), 안양2동 불평합창단(2010년, 이하 '안양2동'으로 축약), 통인시장 불평합창단(2011년) 프로젝트를 이어가고 있다. 북아현동 프로젝트에서는 합창단원에 학생과 주민이 섞인 방식이었다면, '몽골' 이후는 해당 지역 주민이 주인공이었다. 재래시장 활성화 정책의 일환인 수원 몽골시장 '문화를 통한 전통시장 활성화 시범사업'으로 시작된 '몽골' 불평합창단은 시장 상인들에게 문화를 통한 자부심을 고취하고 노래와 공연을 통해 문화가 있는 시장으로 변모시킴으로써 자연스럽게 시장도 홍보하려는 의도를 갖는다. 지역 신문과 방송, 인터넷 매체 등에서 많은 관심을 보였고, 다양한 경기도권 문화행사에 초청되어 공연도 가졌던 '몽골' 불평합창단원은 시장 상인의 마음속 이야기를 들려준다.

불평합창단은 주민들의 불평을 수집하고 그 내용을 분류하고, 가사를 만들어 곡을 붙이고 연습하고 공연하는 과정을 통해 나의 불평이 다른 사람에게 전달되고 다른 사람의 생각이 나를 일깨우면서 서로의 보이지 않는 생각과 차이, 공통점과 공동의 이해를 알아가게 된다. 윤현옥은 불평합창단이 "과정에서 일어나고 생성되는 생각들과 변화, 앞으로의 비전을 찾아가는 과정형 예술 활동"이라고 말한다(aec 비빗펌, 2009: 7). 불평합창단은 불평을 전적으로 개인적 차원에 한정하지 않는다. 분류 과정에서 공공적 관심과 이해를 대변하는 내용이 선별되고 그것이 노래 가사가 되어 지역 주민의 공감을 불러일으킨다. '안양2동'의 경우 동네의 고질적인 쓰레기 투기 문제를 쟁점으로 불평합창단이 공연을 가짐으로써, 깨끗한 거리와 공존하는 삶이 요구하는 기초질서 의식을 높이는 성과를 거두었다. 평범한 마을 주민들은 동네의 유명인사가 되고, 합창단이 지속됨으로써 다양한 지역 쟁점에 참여하는 시민으로 거듭 변화하고 있다. 이러한 합창단 프로젝트는 현장 공연에서 형성되는 교감과 유대감이 매우 강하다고 지적한다.

(2) 통인시장의 발견

경복궁의 서편, 통인동에 자리한 통인시장은 1950년대 이전부터 벽돌 창고형 건물이었던 통인 공설시장을 시작으로 골목에 노점이 하나둘 생겨나면서 형성된 재래시장이다. 그동안의 도시 개발 과정에서 변형되면서 오늘에 이르고 있는데 사대문 안의 유일한 서민 생활권 골목형 시장이라는 역사적 가치와 함께 시장 주변에도 광화문 광장, 인사동 문화지구, 북촌, 청와대와 세종마을 등 문화 요소가 풍부하여 지역 문화공간의 육성이 유리한 곳이다. 서울시의 '서울형 문화시장 시범사업'으로 실시되는 '통인시장의 발견(2011. 1.~2012. 6.)'은 이러한 시공간적 배경을 가진 시장 상인과 시장을 둘러싼 마을 사이의 유기적이고 협력적인 공동체 형성을 구상하고 있다.

[그림 7-2] '시장조각 프로젝트'를 관람하는 에듀투어 참여 초등학생들.
분식점 주인의 얼굴을 캐릭터로 만든 결과물을 볼 수 있다.

'통인시장의 발견' 프로그램 중에는 지역 네트워크 강화를 위한 '시장신문' 발간, 점포를 학생과 작가들이 함께 꾸미는 '시장조각설치대회', 상인들이 점포에서 필요하지만 살 수 없는 것들을 만들고 배울 수 있는 '내 맘대로 공방', 시민들과 상인이 함께 한글, 한방상식, 상품 사진 촬영법, 불평합창단원으로서 노래와 안무 등을 배우는 '시장학교', 상인들의 고민을 해결하는 '꿈보다 해몽공작소', 지역 탐방, 체험 프로그램으로 방문자들을 안내하는 '에듀투어' 등이 있다. 이처럼 다채로운 프로그램은 모두 지역 상인과 주민의 기대와 요구를 바탕으로 기획되었다.

윤현옥은 기본적으로 자신의 프로젝트가 사람들 사이에서 출발하며, 사람의 이해를 위해 미술이 유용한 도구가 될 수 있음을 보여 준다. 프로젝트의 첫 출발은 '봄맞이대청소 축제'(2011년 4월 10일)였다. 전통적으로 입춘을 전후로 겨울의 묵은 때를 벗기는 풍습을 연상하듯 거리청소는 봄을 맞은 시장의 변화를 마을 사람들(고객이자 지역 주민)에게 알리는 의례처럼 진행되었다. 많은 자원봉사자와 시장 상인, 구청과 동사무소 직원들도 함께 참여하였다. 상인 중 서예에 솜씨가 있는 주민은 가훈을 붓글씨로 써 주고, 행사 말미에 시장 음식들로 차려진 파티도 자율적으로 열렸다. 하나의 카니발처럼 시작된 '통인시장의 발견'은 시장이 지닌 원래의 기능으로서 나눔과 교환이 일어나는 공간, 사람들이 모이고 흩어지는 구심이자 일상을 준비하는 시작이라는 기능을 회복하여 건강한 공동체의 문화적 자산으로 향유하고자 한다. 이러한 변화의 중심에 미술을 제시한다.

'시장조각설치대회'는 시장이 마을 안의 문화적 장소이자 공공장소라는 개념을 마을 사람들에게 심어 주는 게 목적이었다. 이곳을 찾는 주민들에게는 여기가 나의 시장이고, 우리 마을의 시장이라는 애착을 갖게 하고, 시장 상인들은 소비자의 요구에 맞추고 관심을 기울이고 서비스하려는 태도를 갖게 하자는 취지로 시작하였다. 전통시장에는 대형마트 같은 물량공세나 저가공세는 없지만 사람냄새 나는 이야기가 있다. 미술가나 미술학생들이 그러한 이야기에 관심을 갖고 형상화할 수 있다면 시장 문화를 예술로 승화시키고, 참여하는 작가들에게도 현장과 결합할 수 있는 기회를 제공할 수 있다 (2011년 7월 9일 인터뷰).

시장조각설치대회는 통인시장 내 55개 점포별로 상인과 학생들(추계예술대학교, 상명대학교, 서울예술고등학교)이 팀을 이루어 점포에 설치작품을 만들도록 하였다. 작품은 상인의 의지를 표현하면서도 가게의 특징, 판매하는 물건에 대한 묘사나 자랑이 가미된다. 일종의 간판을 만들거나 판매 상품을 벽화로 그리고, 가판대를 다시 디자인하거나 메뉴판과 음식을 먹음직스럽게 표현한다. 학생들은 상인들과의 대화를 통해 표현할 내용을 구성한다. 윤현옥은 이 과정에서 철저한 비평을 진행하였다고 한다.

> 공공미술에서 가장 위험한 것은 작가가 일방적으로 '이것은 예술이니 여러분들은 즐기시라'고 강요하는 것이다. 이 프로젝트를 통해 참가 학생들에겐 현장서 살아남는 법을, 시장엔 변화와 활기를 주고자 했다(2011년 7월 9일 인터뷰).

시장은 상인들에게나 학생들에게 모두 생생한 삶의 현장이다. 실험실이나 교실과 같은 유예나 관용은 사치스러운 것이라고 보는 것이다. 미술이 사람을 모으고 주민의 마음을 얻고 공감하며 서로 소통하고 이해하는 계기가 될 수 있다면 그것은 철저하게 현장의 요구와 특성을 이해하려는 작업 의식이 필요하다는 지적인 셈이다. 시장조각설치대회에 대한 윤현옥의 생각은 미술이 사회적 실천에 참여하여 적절한 역할을 실행하기 위한 기본 조건에 대한 언급이다. 이러한 실행 기준을 통해 윤현옥의 프로젝트들은 공공 나눔과 이해, 돌봄과 관심이 충만할 수 있는 시장이라는 공간을 친밀하고 사적인 공간으로부터 연대와 협력의 장소에 이르기까지 변모시킨다. 각각의 점포마다 사연과 자랑거리, 하고 싶은 말이 이야기되고 알려지며, 기록되고 읽힌다. 주민과 상인의 소원함도 줄이고 상인들의 삶에도 자존감을 형성하며 무엇보다 미술에 대해 친밀감을 느끼고 유용함과 가치를 이해하게 된다.

> 지역 주민들과의 많은 프로젝트들이 의미가 있으려면 그곳의 바닥을 읽는 게 중요하다고 생각한다. 사람들은 왜 자신이 답답한지도 모른 채 힘겨워한다. 나는 이러한 사람들의 삶을 관찰하면서 아이디어를 얻는다. 예를 들어, 동네 신문을 만드는 것도 주민의 개인적 이야기들을 서로 소통하고 네트워킹하기 위해서다. 시장에도 이야기가 많다. 상인들이 직접 쓰는 언어, "도미, 조기, 민어를 추석 차례상에 안 올리면 조상님이 울고 간다" 같은 생생한 그들의 언어와 이야기는 사람들을 움직이는 문화적 자산이다(2011년 7월 9일 인터뷰).

윤현옥은 다양한 프로그램을 진행하는 과정에서도 이번 프로젝트의 마무리로 상인들이 쓸 수 있는 '상가정보지' 형식의 상가 이야기책을 제작하였다. 점포 정보 외에 상인들의 이야기가 담긴 책자는 시장에 흐르는 생애들의 기록이자 시장문화의 매력적인 자원이다. 모든 프로그램 운영의 관심이 수혜자, 시민, 주민을 앞세우는 윤현옥은 미술의 실천이 자기중심성으로부터 벗어남으로써 보다 많은 지지자를 얻게 된다는 단순한 진리를 확인시킨다. 아직 끝나지 않은 '통인시장의 발견'은 이미 방송과 언론에서 많은 관심을 받고 있다. 중요한 것은 실제 상인과 주민의 호응이다. 윤현옥은 매일 상인과 주민을 관찰하면서 시장을 찾는 사람도 늘고 고객에 관심을 기울이고 자신의 매장을 더욱 매력적으로 꾸미는 상인들이 나타나기 시작한 것을 보람으로 이야기하였다. 시장 상인의 문화적 소양이나 수준에 대해 지닌 편견을 넘어 윤현옥은 상인들이 축제의 중심이 되고 즐기고 만들어 가는 시장의 모습을 상정하고 있다. 프로젝트에 참여한 학생들은 미술 제작을 통해 이웃을 발견하고, 그들의 마음을 표현하기 위해 귀 기울이며, 스스로 설정한 미술의 가능성을 현실에서 확장하고 변화시키는 체험을 얻는다. 상인, 주민, 학생 모두가 미술의 실천 과정에서 만나고 헤어지며, 교감하고 이야기한다. 공동체는 지리적 근접성으로 성립되는 것이 아니다. 교감적 상호작용을 통해 다른 장애를 넘어서게 된다. 윤현옥은 예술이 더 나은 공동체를 만드는 효과적인 수단임을 보여 준다.

4. 결론

교육은 학습자 스스로 알아서 탐구하고 성장할 수 있는 장을 제공하는 것이라고 보는 윤현옥은 간단한 규칙으로부터 사람과 세상, 예술을 보는 관점을 전환시키며 이를 통해 자신을 새로운 존재로 드러나게 하는 실천을 보여 준다. 공동체 미술, 공공미술의 영역과 미술교육의 방법이 결합된 윤현옥의 프로젝트들은 모두가 학습자의 생활세계를 관찰한 생생한 지식의 산물이다. 필자는 이를 '가르치는 예술가' 모형으로 설명하면서 그녀의 프로젝트들을 탐구로서의 미술 제작, 프로젝트 수업, 공공미술과 공동체 미술의 관점에서 해석·평가하였다.

예술과 삶, 사람과 작품, 사람과 사람, 마음과 마음을 연결하는 윤현옥의 프로젝트들은 미술 제작을 새로운 앎과 지속적으로 결부시키며 학습자, 제작자를 내적 감각적으로 성장시킨다. 프로젝트에 참가한 사람들은 자신과 공간, 집단, 공동체, 타자의 관계와 함께 이들을 둘러싼 삶의 취향, 생활 방식, 욕망, 기대 등의 의미를 재고할 수 있게 되었다. 새로운 지식의 형성이 전달이나 발견을 통해서라기보다 학습자의 실천을 통한 재맥락화와 재해석에 의한 것이라면 윤현옥의 프로젝트들은 그러한 실천의 연쇄다. 자신만의 독창성이 아니라 소통하고 관계적이며 사회적인 인간으로 성장하는 실제적 경험을 제공함으로써 나를 돌아보고 이웃과 공간, 환경으로 시선을 옮기는 사회의 일원으로 성장할 수 있도록 한다. 이 과정에서 예술적 상상력은 사회적 문제해결의 방편일 수 있음을 시사한다.

예술을 통해 세상에서 필요한 서비스와 기능을 만드는 윤현옥의 활동은 생산자로서의 작가상을 보여 준다. 모든 프로젝트의 실천 원칙은 그 프로젝트의 수혜자에게 맞추어졌다. 초등학생이 볼 수 있는 세상의 폭을 고려하여 골목과 시장을 누비며 대학생들의 예술적 관점 다변화를 위해 노력한다. 생활이 예술보다 시급한 사람들을 예술을 통해 위로하고 자신을 실현할 수 있는 기회도 제공한다. 예술의 공공성과 상호적 교감을 확장하는 윤현옥의 프로젝트는 우리가 세상을 이해하는 폭과 인식을 변화시킨다. 가르치는 예술가로서 윤현옥은 예술과 미술교육을 사회적이고 공공적이며 공동체적인 현실의 삶 속에서 실현하고 있다.

📖 참고문헌

권미원(2009). 공적 발언으로서 미술. 한국근현대미술사학, 20, 176-205.

김선아, 안금희, 전성수, 강정헌(2009). 사회문화예술교육 강사 교수활동 매뉴얼 개발연구-아동복지시설. 한국문화예술교육진흥원.

김선아, 김종우, 안금희, 안인기, 이홍주(2010). 문화예술교육 핵심 용어 정립 연구. 한국문화예술교육진흥원.

김선아, 안금희, 전성수(2010). 아동복지시설의 미술 수업에 대한 비평-사회문화예술교육의 관점에서. 미술교육연구논총, 27, 1-28.

김성숙(2007). 문화예술교육에서 미술교육의 역할-생명력 회복을 위한 미술교육의 제안. 조형교육, 30, 1-20.

김영길(2006). 미술교육에서 프로젝트 학습 방법론의 역할. 미술교육논총, 20(2), 113-160.

박승배(2006). 교육비평-엘리어트 아이즈너의 질적연구방법론. 서울: 교육과학사.

스톤앤워터교육예술센터(2006). 플러스2% DHBS 교육예술 연구 실행 보고서. 서울: 아침미디어.

안인기(2011). '가르치는 예술가' 윤현옥의 미술과 교육 프로젝트 연구. 조형교육, 41, 67-90.

윤현옥(2009). 프로젝트로서의 예술과 교육에서의 통합예술 실험. 모드니 예술, 2, 147-156.

윤현옥(2010). 놀자, 방방! 우리동네의 마을다움을 만나다. 안양공공예술프로젝트 보고서.

정연희(2008). 문화예술교육학 정립의 필요성. 모드니 예술, 1. 145-155.

조용환, 서근원(2004). 지역사회 교육공동체 형성에 관한 연구, 교육인류학연구, 7(1), 211-244.

aec 비빗펌(2009). 몽골 줌마 불평합창단 보고서.

Ballenge-Morris, C. (2004). 공동체 중심 미술교육: 문화, 협동, 교수법. 미술과 교육, 5(1). 143-151.

Foster, H. (2004). An archival impulse. *October, 110*, 3-22.

Gablik, S. (1995). 접속의 미학: 개인주의 이후의 미술. In Lacy S. (Ed.), *New Genre: Public Art*. 이영욱, 김인규 역(2010). 새로운 장르 공공미술: 지형그리기 (pp. 98-118). 서울: 문화과학사.

Graham, M. (2007). Art, ecology and art education: Locating art education in a critical place-based pedagogy, *Studies in Art Education, 48*(4), 375-391.

Gray, C., & Malins, J. (2004). *Visualizing research: A guide to the research process in art and design*. Burlington, VT: Ashgate.

Lacy, S. (Ed.) (1995). *New Genre: Public Art*. 이영욱, 김인규 역(2010). 새로운 장르 공공미술: 지형그리기. 서울: 문화과학사.

Nancy, J. -L. (1991). *The Inoperative Community*. P. Connon et. al. (Trans.), Minneapolis: University of Minnesota Press.

Sullivan, G. (2005). *Art practice as research: Inquiry in the visual arts*. Thousand Oaks, CA: Sage.

Sullivan, G. (2006). Research acts in art practice. *Studies in Art Education. 48*(1). 19-35.

www.sfac.or.kr.

www.stonenwater.org

제 8 장

판소리 교육 활동에 관한 음악교육인류학적 해석[1]

1. 들어가며

'판소리'라는 명칭[2]은 '판'과 '소리'가 결합된 합성어다. 첫 글자인 '판'은 여러 가지 의미를 가지고 있기에 판소리는 '판 벌리고 부르는 소리', '시작과 중간과 끝이 있는 이야기 노래', '전문가의 노래' 등 다양한 의미로 사용된다. 판소리는 한 명의 소리꾼이 고수의 장단과 청중의 추임새에 맞추어 노래(창), 말(아니리), 몸짓(너름새) 등을 하면서 음악으로 이야기를 풀어 간다. 형식적으로 성악 독주의 한 유형으로 볼 수 있지만, 창자(唱者)는 고수의 북 장단에 맞추어 특정 사건을 표현하여 청중을 웃기고 울리며 상호작용하므로 이들 모두가 함께 공연을 만들어 간다는 측면에서 상호적인 음악이라고 할 수 있다.

판소리는 시간의 흐름과 사회문화적 영향에 의해 교육의 양상이 변화되었으며, 20세기 후반 판소리는 개인 교습소뿐만 아니라 무형문화재 전수회관, 일반 교육 기관, 전문 교육 기관, 제도권 교육 기관 등 배울 수 있는 곳이 확대되었다(채수정, 2010). 1970년에서 1980년대에 대학의 국악과에 판소리 전공과정이 생겼고, 판소리가 대학 교육에 포함되었다. 초중등 교육과정에도 판소리가 포함되면서 판소리는 학교음악교육의 일부가 되었으며 학교 밖 음악교육 현장에서도 판소리 교육 활동이 활발히 이뤄지고 있다. 이

---

*윤혜경(단국대학교 연구교수)

1) 이 장은 저자의 학위논문(윤혜경, 2020)을 요약한 것임을 밝힌다.

2) 판소리라는 명칭이 처음으로 등장한 문헌은 해방 직후 월북한 정노식의 『조선창극사』라는 책이지만 판소리라는 명칭이 언제부터 사용되었는지에 대한 명확한 기록이 없기 때문에 현재로서는 알 길이 없다.

를 통해 전문가 교육에서 수준이 다양한 사람이 배울 수 있는 열린 교육 환경을 이루었다. 그런데도 우리 일상에서 이루어지는 판소리 교육을 음악 교육의 장면으로 인정하고 음악교육인류학적 관점에서 분석한 연구는 거의 없는 실정이다. 판소리를 전통음악이나 보존해야 할 음악으로 지나치게 강조하고 있기 때문이다(김기형, 2004). 이에 현재 생활세계에서 이루어지는 판소리 교육에 관심을 가지고 실천적 작업을 모색할 필요가 있다.

음악교육학에서의 판소리 교육에 관한 연구를 살펴보면, 첫째, 판소리 교육을 위한 지도 내용(김선희, 2013; 노복순, 2017; 배인형, 2011; 성기련, 2008, 2015; 조운조, 2004), 둘째, 지도 방안(김주경, 2009; 박주만, 2013; 성기련, 2009; 오지은, 2019; 윤원아, 2008; 장윤정, 2009; 정미영, 2009) 등으로 어떤 내용을 어떻게 가르칠 것인가에 관한 연구가 주를 이룬다. 교육은 "내용도 중요하지만 그것을 누가, 왜, 어떻게 다루는가가 더 중요"(조용환, 2012: 26)한데 기존의 연구는 이 점을 이해하는 데 있어 한계가 존재한다. 따라서 그리하여 판소리 교육을 '활동'의 측면에서 탐구하여 누가 왜 어떻게 다루는지 발견하는 연구가 필요하다. 물론 이런 연구 중에서 교육학적 관점에서 학교 밖 음악교육에 관한 연구가 시도되기는 하였다(이용남, 2001; 최성욱, 신기원, 2000). 그러나 이 연구들은 방법론적으로 모두 옛 문헌을 바탕으로 한 것으로 2차 자료에 의존하고 있다는 점에서 교육적 의미를 해석하는 데 있어 일정한 한계가 있다. 즉, 판소리 교육현장을 직접 들여다보고 그 음악교육학적 의미를 발견하는 연구는 매우 부족한 것이 현실이다. 이 점에서 판소리 교습소에서 실제로 이루어지는 교육 활동에 주목하여 현장 연구를 수행하는 것은 매우 유의미하다고 할 것이다.

그리하여 이 연구는 판소리 교육 활동이 이루어지는 한울소리[3]라는 교습소를 사례로 판소리 교육 활동을 기술하고 분석하여 음악교육인류학적 관점에서 이해를 시도하고자 한다. 이를 위해 다음과 같은 연구 문제를 설정하였다. 첫째, 한울소리 판소리 교육 활동의 양상은 어떠하며 그 구조는 무엇인가? 둘째, 한울소리 판소리 교육 활동은 음악교육인류학적으로 어떻게 해석할 수 있는가? 이 연구는 판소리 교육 활동의 실질적인 내용을 이루는 그들의 고유한 시간, 공간, 방식, 관계에 초점을 맞추어 연구 문제에 답하면서 판소리 교육의 활동 양상을 기술(記述)하고, 고유한 구조를 분석하여, 이를 음악교육인류학적 관점에서 해석할 것이다.

---

3) 연구 현장을 보호하기 위하여 이 연구에서 명명하고 있는 모든 고유 명사는 가명임을 밝힌다.

2. 문화기술지와 한울소리

1) 문화기술지적 사례연구

문화기술지는 음악과 인류학을 융합한 음악인류학과, 교육과 문화인류학을 융합한 교육인류학 분야에서 채용되어 많은 연구에 적용됐다. 그 결과 음악인류학자들은 음악의 발전이 사회의 경제적 · 정치적 구조와 밀접하다는 것을 드러내어 음악개념을 확장했다(Blacking, 1962). 교육인류학자들은 학교 밖 교육 현상에 관한 문화기술지 연구를 통해 교육을 보는 관점을 다양화했다(배은주, 2004; 차성현, 2000). 음악교육학과 교육인류학의 융합적 시도이기도 한 이 연구는 기존 음악교육을 보는 눈을 확장하고자 문화기술지 연구방법을 적용하였다. 더불어 이 연구는 판소리 교육이라는 독특한 교육 현장에서 구성원들의 고유한 활동방식을 내부자적 관점으로 기술하고 분석하고자 하며, 선행연구가 거의 없는 새로운 교육 현상 및 활동에 관해 연구하고자 하며, 통계적 연구방법으로 파악하기 어려운 생활세계에서의 교육 활동에 접근한 연구이기 때문에 문화기술지 연구방법을 적용하였다.

이 연구는 단일 사례연구의 성격을 가진다. 판소리를 가르치고 배우는 한울소리 교습소에서는 전문 음악가, 전공 문하생, 판소리를 즐기는 아마추어 문하생, 외국인 문하생, 장애를 가진 문하생이 다 함께 어울려 판소리 교육 활동에 참여하고 있다는 점에서 제도권 음악교육 사례와는 그 결을 달리하는 현장이다. 또한, 한울소리의 문하생들은 교수자와 사제의 연을 맺으면 그 관계가 오래도록 지속된다는 점에서도 오늘날 전형적인 판소리 교습소와는 구별되는 특수한 사례성이 있다. 이렇게 한울소리는 그들만의 고유한 교육 문화와 관계성을 가지고 있기 때문에 사례 중의 사례로서 전형적인 사례가 아닌 단일 사례연구의 성격을 가진다(고미영, 2013; Stake, 1995).

2) 한울소리 교습소

한울소리는 〈흥보가〉 이수자인 한기쁨이 대학을 졸업한 1999년 첫 레슨을 시작한 이래로 20여 년을 넘게 같은 장소에 위치하고 있다. 다채로운 구성원들에 의해 다양한 판소리 교육 활동이 지속해서 이루어지고 있다는 점에서 좋은 판소리 교육을 살피며 이해하는 데 적합하다고 생각하여 연구 현장으로 선정하였다.

교수자인 한기쁨은 다양한 정체성을 가지고 있다. 우선, 국가무형문화재 제5호 판소리 〈흥보가〉의 이수자로 2017년 초까지 판소리를 배우고 있었다. 또한 목적, 수준, 배경이 각기 다른 다양한 문하생에게 판소리를 가르치고 있으며, 독립적으로 판소리 공연을 하는 전문 판소리인이다.

한울소리에서는 음악적 수준, 연령이 매우 다양한 구성원이 판소리 학습에 진지하게 임하고, 음악적 성장을 이루고 있었다. 참여관찰을 진행할 당시 한기쁨에게 소리레슨을 받은 문하생의 수는 약 40명 정도였다. 한울소리의 구성원은 이미 전문 판소리인으로 자신의 소리를 더 정교하게 닦아 음악 세계를 넓혀 나가려는 전문가 문하생, 판소리를 업(業)으로 삼기로 선택하고 대학교나 고등학교에서 전공을 택한 전공 문하생, "그냥" 판소리가 좋아서 즐기면서 배우는 아마추어 문하생, 초등학교에서 학생을 가르치기 위해 판소리를 배우는 예비 학생-교사, 판소리를 주제로 연구하는 연구자 등 매우 다양하였다. 구성원들의 판소리 학습 기간은 최소 2년에서 34년이며, 연령 또한 10대에서 60대로 다양하다.

나는 한기쁨에게 5년 이상 판소리를 배운 문하생들을 중심으로 연구참여자를 선정하였다. 스프래들리(Spradley, 1979)는 구성원 중 활동에 참여한 시간의 길이로 해당 문화의 상황을 완벽하게 습득한 사람인지 평가할 수 있다고 하였다. 특정 문화에 참여한 시간의 길이는 더 이상 머리로 생각하지 않아도 될 만큼 그 문화를 잘 알게 하기 때문이다. 선정된 연구참여자들은 한울소리의 판소리 전승활동을 속속들이 알고 있다. 따라서 스프래들리(Spradley, 1979)의 기준을 적용해 볼 때 모두 훌륭한 연구참여자라고 할 수 있다. 또한 이들은 이 연구를 위한 참여관찰과 면담에 적극적으로 응해 주었다. 뿐만 아니라 한울소리의 독특한 다양성을 고려하여 전문, 전공, 아마추어 문하생 모두를 연구참여자를 선정하였다.

3) 연구 절차

최대한 현지인의 입장에서 현장에서 이루어지는 판소리 교육 활동의 맥락을 이해하는 것이 중요했기 때문에 현장 출입을 허락 받은 후 가능한 한 자주 연구참여자들을 만났다. 연구를 위한 자료 수집은 2016년 9월 1일부터 2017년 8월 31일까지 1년 동안 지속되었다. 1년 동안 주 1회 약 4시간에서 8시간 정도 한울소리에서 진행되는 레슨과 발표회 활동을 참여관찰하면서 심층면담을 수행하였다. 겨울방학에 진행된 산공부에도 두 차례 참여하여 참여관찰(Experiencing), 심층면담(Enquirying), 현지자료조사(Examining)를 병행하며 자료를 수집하였다(Wolcott, 1992). 교육 활동 외 현장에서 있었던 일들에 대해 녹음, 동영상 및 사진 촬영을 하였다. 현장 메모를 작성하면서 그 당시의 상황과 느낌을 기록하였다. 현장에 관한 보충 자료는 콘서트 프로그램, 사회관계망 서비스(SNS)에 게재된 글, 신문 기사 등을 통해 현지자료를 수집하였다.

참여관찰과 면담은 모두 연구참여자들의 사전 동의를 구한 후 녹화·녹취하였다. 귀가 후 녹취된 참여관찰과 면담 내용은 곧바로 전사였다. 이렇게 녹음 파일을 전사한 문서와 현장에서 수집한 자료를 파악하기 쉽게 문서 파일로 정리하였다. 이런 과정에서 우선 잠정적 분석을 수행하였다. 그리고 다시 자료를 반복적으로 읽어 가면서 에믹 코딩[4]을 하였다. 수차례 반복적으로 에믹 코딩을 하면서 한울소리에서 이루어지는 판소리 교육 활동의 양상을 발견할 수 있었다. 한울소리의 판소리 교육의 구조 분석을 위해 에틱 코딩을 진행하였다. 에틱 코딩은 교육학적인 관점에서 현상을 이해하려는 작업이다. 이러한 과정을 통해 판소리 교육 활동의 양상과 구조를 점차적으로 파악할 수 있었다. 그다음으로 그 구조 속에 내재하는 교육적인 의미를 발견하고자 해석 작업을 진행하였다. 연구 과정 동안 이 작업은 반복적으로 진행되었다.

3. 한울소리 판소리 교육 활동에 관한 이야기

한울소리에서 주기적으로 이루어지는 주요 교육 활동은 크게 소리레슨, 발표회, 산공부다. 소리레슨은 매주 개인 레슨과 그룹 레슨으로 진행되고 있다. 그리하여 한울소리의 대표적인 교육 활동인 소리레슨, 산공부, 발표회를 구체적으로 들여다보고자 한다.

---

4) 에믹 코딩은 연구하는 현상의 내면적 구조를 분석하기 위하여 자료에서 반복적으로 등장하는 어휘, 주제, 장면 등을 조사하여 일정한 코드를 부여함으로써 자료를 체계화하는 작업을 의미한다(조용환, 1999).

1) 소리레슨

한울소리의 소리레슨은 한기쁨과 문하생이 개별적으로 일정한 시간을 정해 소리를 주고받으며 판소리를 개인적으로 가르치고 배우는 활동이다. 한울소리에서 판소리 교육의 토대가 되는 가장 기본적인 활동이다. 소리레슨의 주요 활동은, ① 복습과 진도 나가기를 통한 소리의 뼈대 만들기, ② 소리 닦기를 통한 소리의 살 붙이기, ③ 그 자리에서 각자에게 맞는 레슨 진행하기다. 이 과정을 통해 문하생들은 판소리를 학습하고 있었다.

(1) "복습과 진도나가기를 통한 소리의 뼈대 만들기"

판소리 한 바탕의 "뼈대"를 처음부터 끝까지 만드는 데 대개 몇 년이 걸린다. 예를 들어, 완창에 약 2시간이 걸리는 〈흥보가〉의 경우, 문하생의 개인적인 역량이나 사정에 따라 다르기는 하지만, 전체 바탕을 배우는 데 평균적으로 2~3년이 걸린다. 이것은 일주일에 한 번, 20분 내외의 레슨을 꾸준히 받고 혼자 연습을 "골백번"했다는 가정하에 드는 시간이다. 한기쁨은 판소리를 배우는 데 있어서 한 바탕을 처음부터 끝까지 배우고 익히는 "뼈대 만들기"가 사실상 "제일 큰 일"이라고 하였다.

최초의 판소리레슨이 아닌 이상 "복습"이라고 불리는 활동으로 소리레슨이 개시된다. "복습"이란 문하생이 지난 레슨 시간에 배운 소리를 얼마나 잘 익혀 왔는지 점검하는 활동을 말한다. 이것은 거의 항상 새로운 소리를 배우는 활동인 "진도 나가기"를 하기 전에 실행한다.

"복습" 활동은 크게 '소리 듣기'와 '소리 수정 작업'으로 구성된다. 먼저 한기쁨은 문하생이 지난 시간에 배워서 익혀 온 짧은 대목의 소리를 주의 깊게 듣는다. 소리를 듣는 과정에서 음정의 높낮이, 박자의 장단 등 세세한 음악적 내용이 지난 시간에 배웠던 소리와 다르면 '바로' 그 지점에서 문하생의 소리를 끊는다. 그러고 나서 정확한 소리를 한기쁨이 들려준다. 만족스러운 소리가 날 때까지 한기쁨의 소리를 듣고 문하생이 따라 하는 행위가 반복된다.

복습 활동에서 문하생이 지난 시간 배운 소리를 익혀 온 경우에는 한기쁨의 개입이 비교적 덜 했다. 반면에 문하생이 충분히 소리를 익혀 오지 못한 경우에는 한 마디를 채 나가지 못해 소리가 끊겼다. 복습을 하는 동안 한기쁨이 문하생의 소리에 개입하는 횟

수는 문하생의 연습량과 비교적 비례한다. 한기쁨의 소리 수정 작업이 이어지면 복습 시간은 길어졌다.

복습이 제대로 안 된 경우 한기쁨은 "진도 나가기"를 하지 않는다. 그러면 문하생은 '거실'에서 혼자 소리를 연습하는 시간을 가진다. 이때, "진도 나가기"를 할 수 있을 만큼 준비가 되면 다시 레슨방으로 와서 레슨을 받기도 하지만, 대체로 거기에서 레슨은 종료된다. 새로운 소리를 배우기 위해서 문하생들은 지난 시간에 배운 소리를 충분히 익혀 와야 한다.

"진도 나가기"는 한기쁨이 먼저 한 소절의 소리를 직접 들려주면 문하생이 바로 이어서 그 소리를 그대로 따라하는 방식으로 진행된다. "복습"에서와 같이 "진도 나가기"에서도 소리를 따라하는 과정에서 틀린 부분이 들리면 한기쁨은 그냥 넘어가지 않고 즉시 개입해서 소리를 교정한다.

"복습"과 "진도 나가기"에서 가장 중요한 것은 한기쁨이 들려주는 소리를 문하생이 똑같이 내는 것이다. 문하생들은 레슨의 전 과정을 녹음기에 녹음한다. 다음 소리레슨까지 대개 한 주의 기간 동안 녹음된 소리에 의지해서 소리를 연습하고 익히기 때문에 녹음기는 소리레슨에 있어서 문하생의 필수품이었다. 레슨을 마치고 집에 돌아가 혼자 소리 연습을 할 때는 전적으로 녹음된 소리에만 의지하기 때문이다.

녹음기는 판소리 공부를 위한 기본 학습 도구가 되었지만 한 가지 치명적인 단점이 있다. 만약 한기쁨이 레슨을 하면서 자신도 모르게 부정확한 소리를 녹음해 주면 문하생이 다음 시간에 그 잘못된 소리를 익혀 오게 된다는 것이다. 문하생이 혼자 연습하는 기간 내내 반복해서 들으면서 연습에 연습을 거듭해서 익혀 온 것이기에 그 소리를 고치는 것은 소리를 새로 배우는 것보다 더 어렵다고 했다.

소리레슨에서는 소리에만 귀를 기울이지 않는다. 입 모양, 얼굴 표정, 몸짓도 세심하게 살펴본다. '복습'과 '진도 나가기'를 통해 소리를 학습하고 만들어 가는 과정에서 한기쁨과 문하생은 단지 소리와 몸짓만을 주고받고 따라 하는 것이 아니라 서로에 대한 마음과 태도까지 전달하고 그에 직접적인 영향을 받게 된다. 존중과 예의의 표현으로 레슨 시간에 서로에게 '집중'하고 '몰입'한다. 이런 "복습"과 "진도 나가기"를 반복함으로써 판소리 한 바탕의 "뼈대"를 만들게 된다.

(2) "소리 닦기를 통한 소리의 살 붙이기"

"복습"과 "진도 나가기"를 꾸준히 반복해서 판소리 한 바탕을 처음부터 끝까지 다 배웠다고 해서 그 바탕의 소리레슨이 끝난 것이 아니다. 이것은 그저 한 바탕의 판소리를 처음부터 끝까지 "뼈대"를 만든 것뿐이다. 그때부터는 '소리 닦기'를 통해 만든 "뼈대"에 "살 붙이기"가 시작된다. "소리 닦기"란 배운 소리 바탕을 더 나은 소리로 만들기 위해 다시 반복해서 배우는 활동이다.

이미 배운 바탕의 소리 닦기를 끊임없이 반복하면서 그 전에 들리지 않았던 소리를 계속 감지하고 모방하며 판소리를 습득하는 것이다. 판소리의 기교가 너무 다양해서 평생 배워도 다 못 배우기 때문에 평생 소리 닦기를 통해 뼈대에 살을 붙이는 작업을 한다고 했다. 소리 닦기를 통해 같은 대목에서 들리는 새로운 소리를 듣고 익히는 것을 '소리 쪼개기'라고 표현한다. 판소리 한 바탕의 소리를 닦을 때마다 전에는 들리지 않았던 소리가 들리기 때문에 반복하면 할수록 소리가 더 정교해지고 농익는다.

(3) "다 달라요"

한울소리에서 이루어지는 소리레슨 활동의 구체적인 양상은 문하생마다, 레슨마다 모두 다르게 나타난다. 한기쁨은 일정한 시간을 정해 놓고 그 시간을 다 채우는 레슨은 별로 효과적이라고 생각하지 않는다. 그것보다는 학습자의 태도, 상황에 따라 문하생에게 '지금' 필요한 것을 '필요한 만큼'만 하는 것이 더 중요하다고 생각한다. 한기쁨이 생각하는 '필요한 만큼'이란 문하생이 집에 돌아가 녹음된 소리를 들으면서 혼자 연습할 수 있는 소리의 양이라고 했다. 그런데 혼자 연습할 수 있는 소리의 양은 문하생마다 소리를 받는 정도가 다르기 때문에 레슨 시간이 각기 다를 수밖에 없으며, 같은 문하생이라도 레슨 당일 그의 상태에 따라 레슨 시간이 정해지므로 매번 동일하지 않다고 했다.

한기쁨은 문하생이 집에 돌아가 혼자 연습할 수 있을 만큼 소리가 전해졌다고 판단하면 계속 붙잡고 반복하는 것도 불필요하다고 판단한다. 어떤 사람은 일단 소리를 가르쳐 주고 연습 시간을 가지게 한 후 다시 봐 주는 게 필요한 사람이 있고, 어떤 사람은 한 시간 내내 레슨을 하는 것이 필요한 사람이 있다는 것이다. 그리고 한 달 정도 소리를 가르쳐 보면 문하생이 소리를 받는 데 어느 정도 걸리는지 알게 된다고 했다. 그래서 한울소리에서는 미리 소리레슨의 분량과 시간을 정하지 않는다. 한기쁨은 레슨 상황에서 레슨 시간을 결정하는 객관적이고 명확한 기준을 만들지 않고 그때마다 문하생의 소리를 듣고 그것을 중심으로 레슨을 어느 정도 해야 하는지를 결정한다.

한울소리 소리레슨에서는 배울 내용도 레슨 시간처럼 상황마다 다 다르다. 예를 들면, 한기쁨은 〈흥보가〉를 가르쳐도 처음부터 순서대로 가르치지 않는다. 문하생의 특성을 고려하여 적절한 대목을 골라내어 그것을 가르친다. 골라낸 대목은 바탕의 중간 부분이 될 수도 있고 마지막 부분이 될 수도 있다. 다만 문하생이 '전공자'인지 '아마추어'인지를 "마음속으로만" 구별한다. 이때 소리 수준, 연령 등은 전혀 고려대상이 아니다. 한기쁨은 전공자와 아마추어를 구분하는 이유를 연습시간, 마음가짐, 그리고 지향점이 다르기 때문이라고 설명했다. 판소리를 전문적인 업(業)으로 하기 위해 배우는 '전공자'와 판소리를 즐기기 위해 배우는 '아마추어'는 판소리를 연습하는 시간의 질과 양의 수준이 다르고, 같은 시간동안 같은 소리를 공부하여도 전문가로서 무대에 서려는 사람과 아마추어로서 무대에 오르는 사람은 마음가짐도 다르다고 한다. 무엇보다 아마추어로 배우는 사람은 "좋아서" 소리를 하지만 전공자는 판소리를 좋아하는 것뿐만 아니라 "잘 해야" 하기 때문에 이 둘의 구별이 필요하다고 했다.

학습자가 아마추어인 경우에는 일단 소리에 대한 요구수준을 낮추고 음을 어느 정도 익혀 가지고 오면 잘한다고 칭찬을 하며 가르친다. 정확한 음정 내기를 기대하기보다는 비슷하게 소리를 하거나 몇 번 시도해 보다가 안 되면 우선 그냥 넘어간다. 그러나 그 문하생이 전공자인 경우 더 엄격하고 세밀하게 가르친다. 아마추어 학습자들에게는 흥미 위주의 "소리가 즐겁고 재미있는" 레슨을 한다면, 전공 문하생들에게는 즐거운 것은 기본이고 "소리를 잘하게 하는" 레슨을 한다.

2) 산공부5)

여름과 겨울, 일 년에 두 차례 진행되는 한울소리의 산공부 날짜는 그때그때 정해진다. 일반적으로 학교에 재학 중인 문하생들의 방학기간을 이용하여 일 년에 총 4주 정도 산공부를 간다. 장소도 갈 때마다 바뀌며, 대개 한적한 교외에 위치한 집을 한 채 빌려 진행한다.

---

5) "산공부"는 한기쁨과 문하생들이 일상을 잠시 벗어나 짧게는 며칠에서 길게는 몇 주 정도 단체생활을 하며 판소리를 개인적으로 또 공동으로 익히는 학습의 과정이다. 산공부는 매년 여름과 겨울 각각 한 차례씩 거의 두 주 동안 진행된다.

(1) "내 공부하러 왔죠"

한울소리의 구성원들이 산공부에 가는 주요한 목적은 소리레슨과 소리연습이다. 교습소에서 소리레슨을 일주일에 한 번씩 6개월 동안 꾸준히 받는 것보다 산공부에 들어와 일주일이든 이주일이든 집중해서 하루 종일 소리를 하는 것이 소리레슨에 더 효과적이기 때문이다. 산공부에서는 학교, 직장 등 일상생활에서 벗어나 있기 때문에 소리레슨하는 시간이 평소보다 적어도 배는 늘어난다. 레슨에서 배운 소리를 충분한 시간을 들여 반복적으로 연습하고 익히는 시간이 충분히 확보되는 것이다. 산공부에서는 다른 구성원들과 함께 규칙적인 생활을 하며 종일 자기 소리레슨과 소리연습에 몰입한다. 또한, 매일 레슨을 받을 수 있을 뿐만 아니라 그날 배운 소리를 그 자리에서 종일 반복적으로 연습하는 충분한 시간을 아울러 가질 수 있기에 소리하는 습관까지 들일 수 있다. 이렇게 규칙적인 생활을 하며, 소리레슨과 소리연습을 하는 습관이 몸에 배게 하는 것은 한울소리에서 산공부를 가는 또 다른 중요한 이유다.

(2) "일상을 벗어나 하루 종일"

산공부에서는 아침 7시에 일어나서 잠자리에 드는 오후 10시까지 아침, 점심, 저녁 세 끼 식사 시간과 늦은 밤 30분의 청소 시간을 제외한 모든 시간은 소리레슨과 소리연습의 시간이다. 구성원들은 오전 7시에 기상하여 곧바로 일과를 시작한다. 잠자리에서 일어나면 "아침소리연습"을 위해 모여 밖으로 나간다. 개별적으로 산에 오르면서 각자 조용하게 소리연습을 했다. 한기쁨은 맨 뒤에서 제자들을 따라 올라갔다. 산 중턱에 오르면 모두 함께 모여 호흡을 길게 하는 연습을 한다. 탁 트인 산의 풍광을 바라보며 한 줄로 서서 같이 호흡을 들이쉬고 내쉬는 것을 반복한다. 호흡 연습이 끝나면 각자 흩어져 자신이 공부하고 싶은 장소를 찾아 자리를 잡고 개인 소리연습을 한다. 녹음기를 꺼내 이어폰을 귀에 꽂고 소리연습을 하기도 한다. 아침소리연습을 마치면 모두 함께 집으로 돌아간다.

아침소리연습이 끝나고 숙소에 돌아오면 바로 아침식사를 한다. 식사 당번이 다른 문하생들보다 30분 정도 일찍 아침소리연습을 마치고 내려와 식사 준비를 한다. 아침식사를 마치고 나면, 오전 소리레슨과 소리연습이 동시에 시작된다. 소리레슨은 개별적으로 진행되므로 레슨을 받지 않는 사람들은 모두 각자 편한 곳에 자리를 잡고 자기에게 필요한 공부를 시작한다. 연습을 하다가 자기 레슨 차례가 되면 한기쁨의 레슨방에 들어가 레슨을 받는다. 이렇게 점심식사 시간까지 약 4시간 정도 개별 레슨과 개별 연습이 진행된다. 이를 "오전소리연습"이라고 한다. 이렇게 "오전소리연습"을 마치고 점심식사 시간이 되면 다시 모두 한자리에 모여 식사를 같이 한다. "오후소리연습"은 저녁식사 시간 전까지 이어진다. 구성원들은 자신의 레슨 시간을 기다리며 편한 곳에 자리를 잡고 다시 소리연습에 몰입한다.

저녁식사 시간이 되면 오후소리연습을 정리하고 다시 한자리에 모여 저녁식사를 한다. 저녁식사가 끝나면 한기쁨과 모든 구성원은 거실에 모여 둥그렇게 앉는다. 오전과 오후 소리연습 시간에는 각자 개별적으로 공부를 하지만 저녁 시간에는 모두 모여서 2시간 반 정도 〈흥보가〉를 함께 완창한다. 〈흥보가〉를 소리 닦기 과정에 있는 문하생의 경우, 평소에 이 곡을 완창할 기회가 잘 주어지지 않기에 산공부 기간 동안 매일 밤 완창을 하면 소리를 처음부터 끝까지 하는 감을 몸에 익힐 수 있다. 〈흥보가〉를 지금 배우고 있는 문하생의 경우, 산공부 기간 내내 〈흥보가〉 완창을 반복해서 들으면서 소리의 전반적인 흐름을 알게 되고 곡에 점점 더 익숙해진다. 이것은 산공부 밖에서 소리레슨을 통해 〈흥보가〉를 배울 때 도움이 많이 된다.

(3) "함께 소리 공부"

일반적으로 산공부는 집중 심화로 소리레슨과 소리연습이 이루어지기 때문에 일반적으로 전공생과 아마추어가 함께하지 않는다. 그런데도 한기쁨이 산공부의 문을 그들에게 개방한 것은 아마추어 문하생들이 산공부에서 자신들보다 앞서서 소리의 길을 가고 있는 선배들이 어떻게, 무엇을 공부하는지 보면서 판소리를 전공으로 할 가능성을 볼 수 있기 때문이다. 이렇게 함께 공부하면서 소리를 배우고, 소리를 연습하고, 소리를 완성하는 과정은 모두 같다는 것을 알게 된다. 또한, 성장이 정말 더딘 소리 공부의 과정이 누구에게나 공평하고 같다는 것을 재확인하게 된다. 그러한 앎의 과정이 거듭될수록 같은 길을 가고 있다는 것에 대한 감정의 공유가 깊어진다고 했다. 소리를 배울 때 누가 대신해 학습해 줄 수 없고, 무한 반복밖에는 습득할 다른 방법이 없고, 자신과의 싸움을 해야 하는 소리 공부에서 같은 공부를 하는 사람들이 옆에 있다는 사실은 큰 위로와 격려가 되기 때문이다.

판소리는 대중적으로 인기가 있는 음악 장르가 아니다. 실제로 판소리계에는 아무리 소리를 잘해도 미래가 불투명해서 중도에 그만두는 사람이 많다. 산공부를 통해 나 혼자가 아니라 같이 갈 수 있는 사람이 있다는 것을 발견하는 것은 판소리 공부를 지속하는 데 매우 중요한 일이다. 공동생활 안에서 구성원들이 돈독해지는 또 하나의 이유는 다른 문하생들에 비해 비교적 오랜 시간 한기쁨과 함께 지낸 전공 문하생들이 산공부에서 솔선수범하기 때문이다. 이들은 소리 후배들에게 "군림"하지 않고, 선배 대접을 바라지 않는다. 한기쁨과 해외 공연과 교육 활동을 하면서 서로 매우 친밀하고, 판소리도 오랫동안 공부했기 때문에 한기쁨의 교육 방식을 잘 알아서 산공부 동안 먼저 나서서 나이 어린 문하생들을 챙기고, 어른들에게 예의를 지킨다. 다른 문하생들은 전공 문하생들의 이런 자세와 행동을 보며 산공부에서 어떻게 행동해야 하는지 암묵적인 규칙을 배우게 되며 공동체 생활이 가능하게 될 뿐만 아니라 서로 존중을 바탕으로 한 유대감이 생긴다.

3) 발표회

발표회는 한울소리에서 소리레슨, 산공부와 연결되며 어우러지는 매우 중요한 활동이다. 기본적으로 구성원들은 발표회를 통해 레슨과 산공부 활동을 하며 익힌 소리, 아니리, 발림, 너름새를 청중 앞에 서서 짧게는 20분 길게는 2시간 동안 총체적으로 구현한다. 1999년 판소리를 가르치기 시작할 때부터 한기쁨은 문하생들의 발표회를 꾸준하고 다양하게 지원했다. 발표회의 목적은 현장에서 함께하는 청중들과 음악으로 소통을 시도하는 것도 있지만 자신이 배운 소리를 보여 주어 평가받는 데에도 있다.

한울소리에서는 다양한 발표회가 진행된다. 한기쁨과 문하생들이 외부에서 개별적으로 진행하는 "개인발표회", 교습소 거실에서 즉흥적으로 이루어지는 "한울소리 문하생 정기 발표회", 일 년에 한 번 정기적으로 모든 문하생이 함께 참여하는 "한울소리 정기 콘서트", 그리고 전공 문하생들로 구성된 '한울소리 전통 판소리 팀'에 의해 기획되는 발표회 등이다. 구성원들은 발표회에 적극적으로 참여하고, 계획을 짜며, 공연에 올릴 작품을 열심히 익힌다. 한울소리의 구성원들에게 발표회 기회는 충분하였다.

4. 한울소리 판소리 교육 활동의 구조

한울소리 판소리 교육 활동에서 발견한 구조는 크게 두 가지다. 첫째, 판소리 교육의 정형적 틀 안에서 비정형적 내용과 방식이 상호보완적 관계를 이루고 있다. 둘째, 선형적으로 진행되는 판소리 교육 활동이 서로 순환적으로 연계되어, 점진적으로 활동을 지속하고자 하는 동기를 강화시키는 상호보강적 체계를 이루고 있다.

1) 정형과 비정형의 상호보완

판소리 교육방식의 정형성은 '입으로 전하여 주고 마음으로 받는' 구전심수(口傳心授)다. 한울소리도 구전심수 방식으로 판소리 교육을 한다. 누구나 악보 없이 한기쁨의 소리를 듣고 따라 하여 모방을 통해 소리를 배우고, 배운 소리를 반복적으로 연습하여 몸에 익힌다. 이런 구전심수 개념에는 스승의 소리를 듣고 따라하는 모방이 보다 전면에 드러나지만 반복이 포함되어 있다. 반복은 모방을 통해 배운 소리를 몸으로 익히게 하는 유일한 방법이라는 점에서 모방만큼 중요하고 정형화된 판소리 교육의 방식이다.

문하생 개인의 소리 수준, 기호, 필요 등을 반영한 학습을 지향한다는 점에서 한울소리의 교육방식은 맞춤형이었다. 그렇기 때문에 구체적 방식에 있어서 비정형성을 띨 수밖에 없었다. 한울소리에서는 그날 문하생의 소리 상태, 몸 상태, 학습 효과를 고려하여 레슨의 형식(예컨대, 복습 위주의 레슨, 진도 나가기 위주의 레슨, 창법 위주의 레슨 등을 의미한다.)과 내용을 정한다. 한울소리의 교육시간도 한기쁨의 교육 경험에 기초한 직관적 판단에 의해 그때그때 결정되었다. 교육 내용, 형식, 시간의 결정의 준거는 "그 사람에게 지금 필요한 것"이었다. 이러한 맞춤형의 교육방식은 철저하게 학습자를 중심으로 조절되었다.

이렇게 한울소리 판소리 교육 활동에 내재한 구조로서 정형은 판소리 교육의 고유한 틀로서, 구성원 누구에게나 동일하게 적용되는 교육내용과 방식이라고 할 수 있다. 비정형은 구성원 개인에게 적용되는 교육의 실재를 의미한다. 그런데 한울소리의 판소리 교육 활동에는 이러한 정형과 비정형은 갈등의 관계가 아니라 상호보완적 구조를 이루고 있었다. 판소리 교육 활동 과정에서 판소리 교육의 정형이 비정형적으로 구현되면서 판소리 교육의 정형성이 가지는 한계를 보완하기 때문이다. 판소리 교육의 정형성의 한계는 학생들이 한울소리에서 〈흥보가〉를 배울 때, 기준으로 삼고 무한 반복으로 듣고 따라하며 배우는 것은 한기쁨의 소리밖에는 없다는 것이다. 이 한계를 개인의 기호, 특성, 상태를 반영하고 소리를 습득하는 시간을 고려한 비정형적 교육방식을 통해 보완하는 것이다.

동시에 한울소리에서는 개별화된 판소리 교육 내용과 방식이 정형성을 가지게 됨으로써 그것이 가지는 한계를 보완한다. 예컨대, 개인의 상태와 특성을 고려하는 비정형적 교육 방식이 모두에게 일관성 있게 적용되어 비정형에 내재하는 무질서, 혼란, 예측 불가능성, 불확실성 등을 보완한다.

한울소리 판소리 교육 활동에 정형과 비정형이 조화롭게 상존하고, 이 두 요소가 상호보완적 기능을 하는 근본적인 이유는 한울소리에서 교육 활동을 통해 전달되는 판소리, 곧 지식이 이른바 "몸이 아는 앎"(조광제, 2004)이기 때문이다. 또한, 한울소리의 교육활동 현장에서 이루어지는 학습이 "상호신체성"(Merleau-Ponty, 1945)에 기초한 느낌의 체득이기 때문이다.

몸이 아는 앎은 느낌처럼 '몸에 체화된 지식'을 말하는 것으로, 몸이 지식의 근원이라는 사유에 기초한다.[6] 판소리는 몸이 아는 앎, 몸에 체화된 앎이고, 따라서 몸과 분리될 수 없다. 그렇기 때문에 한울소리에서 가르치는 지식은 34년간 체득한 한기쁨의 고유한 소리다(교육 내용의 정형성). 한기쁨이 악보도 없이, 음악적 구조를 분석하거나 음악 이론과 기법의 세세한 내용을 가르치지 않아도 학습자는 판소리를 할 수 있게 된다.

학습자는 몸 밖에 있는 음악을 지성과 사유를 동원하여 이해한 후에 자신의 신체로 받아들이는 것이 아니라, 교수자 몸 안에 존재하는 앎인 음악을 지각하여(즉, 느낌으로) 자신의 신체로 받아들이게 되고 이러한 과정을 반복함으로써 자신의 몸에 체화시키게 된다(교육 방식의 정형성). 다양한 감각이 소통되고 통일되는 것은 순수한 지성의 작용이 아니라 고유한 몸의 작용이며, 사유적인 것이 아니라 지각적인 것이기 때문이다(박인철, 2015; Merleau-Ponty, 1945). 즉, '느낌의 체득'을 통해 판소리를 배우는 것이다. 느낌을 체득한다는 것은 "온 몸으로, 뼛속 깊이 하는 체험적 학습"이다(조용환, 2004: 242). 이를 메를로-퐁티는 "몸틀(le schema corporel)의 형성"이라고 표현하였다(조광제, 2004: 135). 몸틀을 형성한다는 것은 몸이 어떠한 환경 속에 있을 때 그 환경이 요구하는 방식으로 몸

---

6) 몸이 아는 앎은 추상적 지식, 곧 언어와 글로 설명되는 지식의 근원이 몸에 체화된 앎으로 본다. 또한 몸에 새겨져 있지 않은 지식은 쉽게 휘발된다고 본다.

을 구조화시켜서 그 환경과 통일을 이루는 것, 곧 몸에 환경이 요구하는 행동이나 동작이 근원적으로 배어들게 하는 것을 말한다. 느낌의 체득은 사람이 지각한 것으로 자신의 몸을 역동적으로 변화시킬 수 있기 때문에 가능하다.

따라서 느낌의 체득이란 소리가 온 몸에 뼛속까지 깊이 배는 것을 말하고, 소리하는 몸틀을 만든다는 의미다. 다만, 몸을 변화시키는 것은 단번의 학습이나 단기간에 이루어지는 것이 아니다. 소리하는 몸틀을 만들기 위해서는 계속해서 모방을 반복하고 무수한 실패를 겪으면서 소리가 몸에 침전되고 습관이 되도록 하는 방법밖에는 없다. 소리는 오랜 반복적 학습과 지속적인 연습을 통해서만 습득될 수 있다. 그래서 익힐 수 있는 충분한 시간이 필요하다. 그래서 한기쁨은 문하생이 혼자 공부할 수 있을 만큼의 소리를 그때그때 판단하여 가르치는 것이다. 각 학생들의 습득하는 시간을 고려하는 교육 방식도 판소리 교육에서 필요한 보완적 교육 방식이라고 할 수 있다.

한울소리에서 판소리를 구전심수 방식으로 교습할 수 있는 근본적인 이유는 한기쁨과 문하생이 구성하고 서로 연결되어 있는 공동세계에서 서로의 소리를 몸으로 느끼고 지각하기 때문이다. 몸이 소리를 감각하면서 동시에 내면에서 그 소리의 구조를 파악할 수 있기 때문에(즉, 지각하기 때문에) 악보나 언어로 명확하게 설명하지 않아도, 지성적 사유와 이해 과정이 없이도 판소리를 교습할 수 있는 것이다. 이것이 가능한 이유는 신체 주체로서 우리 몸은 타자-세계와 소통할 수 있는 몸이기 때문이다(Merleau-Ponty, 1945). 우리 몸은 타자-세계와 연결되어 있고, 따라서 시공간으로 구성되는 세계 속에서 서로를 지각할 수 있다(Merleau-Ponty, 1945). 이 상호신체성으로 몸짓과 몸짓으로 서로의 의도를 알아채는 것이 지각에서 이루어진다. 이러한 상호신체성에 의하여 우리는 타자와 함께 공동세계를 구성할 수 있으며, 그 공동세계에서 타자와 지각을 통해 몸으로 의사소통을 할 수 있다. 이것이 각자 개별적 세계를 구축하고 있는 신체 주체들이 기호나 문자화된 지식에 의존하지 않고서도 지각과 행위를 통해 온전히 몸에 새겨진 소리의 느낌을 전달하고 자신의 몸에 체득할 수 있는 이유다.

이렇게 '몸이 아는 앎'은 명확하게 설명할 수 있거나, 객관적으로 기술할 수 있는 지식이 아니라 감각을 통해 지각되고 체득되는 지식이다. 따라서 몸이 아는 앎의 교육(몸의 학습)은 몸마다 다르게 접근하는 것이 필요하다. 지식을 지각하고 신체로 받아들이는 수준이 몸에 따라 사람마다 다르기 때문이다. 그리하여 개인의 특성과 "지금" 상태를 감각하고, "여기에서" "필요한 만큼"을 지각하여 접근하는 맞춤형 교육 방식은 느낌의 체득을 통해 습득이 가능한 판소리 교육에서 필요한 보완적 교육 방식이라고 할 수 있다.

2) 선형적 체계와 순환적 체계의 상호보강

한울소리에서는 소리레슨, 산공부, 발표회의 교육 활동을 순차적으로 밟아 나가면서 기본적인 판소리 교육 효과로서 판소리 기량의 향상을 이루고 있었다. 교육 활동의 선형적 체계는 한울소리 구성원 간 인적 관계를 형성하고 발전시켜서 전인적 소양을 함양하도록 한다. 소리레슨은 스승과의 관계를 직접적으로 형성해 나가는 교육 활동의 장이다. 문하생과 마주보고 앉아 일대일로 소리레슨을 진행하는 한기쁨은 이 교육 활동의 과정에서 서로를 향한 자세, 예의와 존중을 매우 중시하므로 문하생이 이를 자연스럽게 습득한다. 산공부는 십여 명이 단체생활을 하면서 주로 스승과의 관계로만 한정되어 있던 한울소리에서의 인적 관계를 산공부에 참여한 다른 구성원들과의 관계로 확대시킬 수 있는 교육 활동의 장이다. 10여 일을 함께 숙식하며 전 생활을 공유하는 환경은 구성원들의 다양한 면모를 겪게 한다. 이는 소리레슨에서 학습한 사람에 대한 예의와 존중의 기초 위에 친밀함과 신뢰, 공동체 의식을 쌓는 기회를 제공한다. 산공부 활동은 한울소리 구성원의 관계성을 인격적으로 성숙하게 만들어 가는 계기가 된다. 구성원들은 한울소리 판소리 교육만의 관계 문화를 솔선수범하고 터득한다. 발표회는 한울소리 학습공동체의 일부 구성원들로 한정되어 있던 인적 관계를 한울소리 전체 구성원과 한울소리 밖의 세계로까지 확장시킬 수 있는 교육 활동의 장이다. 발표회에는 한울소리 구성원 외에 외부에서 고수와 반주자, 관객이 참여한다. 또 한울소리 발표회는 개인 발표, 중창, 합창 등 여러 가지 프로그램으로 구성된다. 구성원은 개인 발표를 통해 고수, 반주자, 관객과 소통하며 판소리인으로서 세계와 관계 맺는 학습을 한다. 또한 중창, 합창 등 합동 공연에 참여하며 동료로서 한울소리의 다른 구성원들과 폭넓은 인적 관계를 형성하고, 공연을 위해 서로 협력하고 호흡을 맞추는 학습도 한다. 다른 구성원의 발표를 관객으로서 호응하는 학습도 한다. 발표회 활동에서는 소리레슨과 산공부에서 학습한 판소리와 인적 소양의 기초 위에 한울소리 안팎의 사람들과 판소리를 매개로 소통하는 법을 배워 나간다. 한울소리의 세 활동에 참여하는 이상 구성원들은 자연스럽게 인적 관계를 형성·확장하게 된다. 이 가운데 구성원들은 학습공동체 안에서 인격적 관계를 맺으며 판소리 실력과 인적 소양을 겸하여 갖춘다.

한울소리 교육 활동의 순환적 체계는 한울소리 구성원 사이에 친밀한 유대감을 형성하고 이것이 후속 활동들에 긍정적 영향을 미쳐서, 유대관계를 향상시킬 수 있는 또 다른 계기를 만든다. 이를 통해 형성되는 학습공동체는 구성원들에게 가족과 같은 유대감 외에도 같은 길을 가는 이들로서 일종의 동질감, 안정감, 신뢰 등을 주는 정서적 학습공동체의 성질을 가진다. 이것은 문하생들이 한울소리의 판소리 교육 활동에 지속적으로 참여하는 동기부여가 되었다. 동료들과의 정서의 공유가 판소리를 배우며 오는 힘든 시기에 지속할 수 있는 힘이 되어 주기 때문이다. 이렇게 한울소리 판소리 교육 활동은 선형적으로 진행되는 판소리 교육 활동들이 서로 순환적으로 연계되어 점진적으로 그 활동을 지속하고자 하는 동기를 강화시키는 동적 체계를 이루고 있었다. 이는 선형적 체계 내에서 체험되는 개별 활동의 경험과 성과가 향후 활동의 유인으로 작용하여 순환적 체계의 유지를 보장하기 때문이다. 즉, 선형적 체계와 순환적 체계는 유기적으로 연계되어 서로에 대하여 역동적인 시너지 효과를 발휘함으로써 한울소리 판소리 교육 활동이 지속될 수 있다. 이러한 점에 비추어 이 두 체계는 상호보강적 관계로 볼 수 있다.

인간은 세계를 떠나 존재할 수 없으며, 세계를 확장해 나가는 "세계-에로의-존재"[7]다(Merleau-Ponty, 1945). 세계를 확장한다는 것은 몸에 새로운 습관,[8] "몸 도식"[9]을 구조화한다는 것을 의미한다. 새로운 습관을 획득한다는 것은 몸이 새롭게 구조화된다는 의미이며, 이러한 관점에서 습관은 세계-에로의-존재를 확장시켜 나가는 능력이고, 우리의 "존재를 변화시키는 능력"이다(Merleau-Ponty, 1945).

소리레슨만을 통해서는 제한되고 좁은 범위에서 판소리 공부를 바라보았다면, 산공부와 발표회 활동을 통해 삶과 타자와의 접촉이 보다 확장되며, 개방적인 학습에 대한

---

7) "'세계-에의-존재'는 세계에 이미 내재하면서 세계로 초월하는 존재로 인간을 기술하는 개념이다. '세계-에의-존재'는 세계 밖에서 세계를 관조하거나 세계의 상공을 비행하는 그러한 존재가 아니라, 세계 안에 뒤섞인 몸-의식"(강미라, 2015: 64)이라고 할 수 있다.

8) 메를로-퐁티는 습관을 "우리가 세계-에로의-존재를 확장시킬 수 있는 능력이나 새로운 도구들에 의해 우리를 합병시킴으로써 존재를 변화시킬 수 있는 능력"으로 설명한다(Merleau-Ponty, 1945). 습관을 획득하는 것은 '이해하는' 신체라는 것을 강조한다.

9) 메를로-퐁티는 우리의 습관적 행동을 설명하면서 몸 도식의 개념을 제시한다. "'몸 도식'은 내가 위치하고 있는 공간 또는 내 주위의 상황과 관계 맺는 내 몸의 의식을 드러내는 개념"(Merleau-Ponty, 1945: 57)이라고 할 수 있다. 우리의 대부분의 행동은 아무 생각이 없어도 습관적으로 하는 행동인데 이것은 의식적이거나 반성적으로 아는 앎이 아니라 우리 몸이 아는 앎이라고 할 수 있다. 우리의 몸은 새로운 습관을 획득할 수 있는데 이것을 통해 우리는 우리의 세계를 확장해 나가는 것이다.

몸 도식을 가지게 되었다는 것을 의미한다. 이것은 문하생들에게 내외적 변화와 성장을 가져오기 때문에 존재가 총체적으로 변화하는 것이다. 다시 말하면, 판소리하는 습관과 몸틀을 체득하는 것은 몸을 판소리하는 몸으로 새롭게 구조화시키는 것이고, 그것은 판소리만 할 수 있는 몸 도식을 구조화시킨다는 의미에서 더 나아가 타자와 더불어 살아가는 몸 도식, 판소리로 청중, 고수와 소통하는 몸 도식을 가지는 총체적인 존재로 변화하는 것이라고 할 수 있다. 새로운 세계, 타자와의 접촉을 통해 우리는 세계의 확장을 이루기 때문이다.

한 번의 선형적 체험으로는 실천적 지식을 체득하기 어렵기 때문에 선형적 체계가 순환적으로 반복되는 체계를 함께 만들어 나가야 한다. 몸 도식을 구조화하는 것은 단번에 일어나는 것이 아니기 때문에 문하생들이 지속적으로 교육 활동에 참여할 수 있는 활동의 지속성은 중요하다고 할 수 있다. 즉, 선형적 체계를 통한 존재의 확장이 가능하기 위해서는 순환적 체계의 반복이라는 교육의 지속성을 고려해야 한다. 그리하여 선형적 체계와 순환적 체계가 각자 독립적으로 동시에 상호보강적으로 존재하는 것이다.

한울소리의 구성원들이 형성하는 교육공동체는 소리 공부에 관심을 가지고 모인 "이익 공동체"[10](박인철, 2015: 381)이다. 그러나 선형적 체계가 순환적으로 반복되면서 구성원들 간의 정서적 유대감, 신뢰, 친밀감을 형성하고 있었다. 문하생들은 연령, 관심, 취향, 수준이 모두 다르지만 이러한 차이에도 불구하고 서로 포용하는 태도를 가지고 서로 배려하고, 존중하고, 공감하려는 타자에 대한 열린 마음이 있기 때문이다. 정서적 친밀감이 형성된 공동체는 인간관계를 중심으로 현실적인 삶에 보다 밀착되어 있어 공동체 구성원들에게 일체감에서 오는 유대감과 소속감을 가지게 하여 함께하는 정서적 안정을 준다(박인철, 2015). 이런 관계는 소수가 향유하는 판소리를 공부하며 혼자라고 느끼는 문하생들에게 정서적 안정감을 주어 소리 공부에 몰입할 수 있는 동기부여로 이어졌다. 이것은 일반 대중들이 즐겨 듣고 향유하거나, 전문적으로 배워도 사회 진출의 기회가 극히 제한된 판소리의 사회 문화적 환경을 극복하도록 돕는 중요한 활동의 구조였다. 또한, 한울소리 판소리 교육 활동이 20년 넘게 지속되는 중요한 활동의 구조였다.

---

10) 이익 공동체는 퇴니스의 이익사회와 공동사회의 구분법으로 공동체를 분류한 것이다. 이익 공동체는 특정한 목적과 이익을 추구하고 개인이 합리적 의지에 의해 선택하는 공동체를 말한다(박인철, 2015).

5. 몸의 학습과 정서적 학습공동체

한울소리 판소리 교육 활동의 양상과 구조를 통해 발견한 것을, 첫째, 음악교육의 본질 중 하나가 느낌의 체득인 몸의 학습이며, 둘째, 몸의 학습은 상호신체성에 기초하기에 정서적 학습공동체의 형성이 중요하다고 해석하고자 한다.

한울소리에서 교육 목표를 실현하기 위해 다양한 교육 활동을 수행하고 있는데 그 교육 내용과 활동 방식의 본질은 '몸의 학습'이었다. 이것은 음악을 이미 규정된 악보와 이론에 기초하여 이해하는 것만큼 온몸의 느낌, 지각, 감각을 예민하게 각성하여 모방과 반복을 통해 몸에 체화하는 것 역시 중요하다는 것을 의미한다. 그리하여 음악교육은 보다 온전한 음악을 이해하기 위해서 성질로 환원되어 판단된 음악적 지식에 먼저 다가가게 하기보다는 그것의 근원이 되는 느낌, 감각, 음악 현상 그 자체에 먼저 주목하여 감각과 판단을 넘나들며 직접적으로 음악을 성찰하고 통찰할 수 있게 학습자를 도와야 한다. 한기쁨은 판소리를 가르치기 위해 판소리 자체에 내재한 구조를 상징화하여 자세하게 말로 설명하지 않았다. 그러나 학습자들이 몸으로 감각하고 체험하는 방식인 끊임없는 모방과 반복으로 판소리를 학습하였다. 이것은 음악의 구조를 바르게 이해하여야 음악의 참된 아름다움을 느낄 수 있으며 그것을 위해 높은 수준의 지적 능력이 요구된다는 믿음(권덕원, 석문주, 최은식, 2012)을 재고할 필요성을 제기한다.

학습자의 몸은 개별세계를 가진 고유한 신체다. 음악 학습자들도 재능, 성격, 관심사, 학습 속도가 저마다 다르며, 느낌, 관계, 마음을 통합하는 체험도 다르다(Powell, 2004). 그리하여 학습자들의 몸은 결코 획일화, 대상화, 기계화될 수 없다. 이것이 한기쁨이 20년 동안 판소리를 가르친 노하우를 가지고 교육과정을 만들거나 교육 내용을 체계화하지 않은 이유다. 효율적으로 판소리를 가르치기 위해 레슨도 미리 계획하지 않았다. 그러나 문하생의 몸의 차이를 고려한 교수-학습을 우선으로 했다. 이런 측면에서 한울소리의 판소리 활동은 기존 음악교육과 뚜렷한 차이를 드러낸다.

우리는 일반적으로 수업은 계획되고, 체계화되고, 단계화된 것으로 보고, 이렇게 규격화된 규범적 접근 방식이 요구된다고 생각하여 많은 연구를 진행하기 때문이다. 그리하여 모든 학습자에게 적용 가능하고 동일한 효과를 낳는 교수-학습 방법과 획일화된 프로그램을 고안하려 한다. 그러나 한울소리의 판소리 교육 활동을 통해 학습자를 마주봐야 하는 것의 중요성을 알게 되었다. 학습자를 마주한다는 것은 존재의 세계에 들어

가는 것(Merleau-Ponty, 1945)으로, 학습자에게 필요한 것을 섬세하게 분별할 수 있다는 것을 의미한다. 한울소리에서 타자의 세계에 들어간다는 것은 학습자의 차이를 이해한다는 것을 넘어 그들의 상태, 상황을 배려하고 존중하는 데까지 나아가야 하는 것이다. 이런 이해를 가지고 음악교육 활동을 수행할 때 교수자와 학습자 모두 서로 존재 방식을 이해하고, 존중하려 노력할 수 있게 된다. 즉, 보편타당하며 정형화된 교수-학습 방식을 지양하게 되고, 서로 진정한 상호작용을 하게 된다.

음악을 잘하는 몸이 되어 가기 위해 애매한 느낌과 감각에 몸을 열고, 몸의 학습을 통해 음악을 익히며, 타자와 세계를 마주하는 몸의 학습에 대한 이해는 새로운 음악교육을 논의하는 작업과 연결될 수 있다고 생각한다. 또한 느낌, 지각, 고유한 신체, 몸의 학습, 마주봄에 대한 더 깊은 이해는 고정된 교육과정, 동일한 교육내용, 체계적 교수-학습 방법, 획일적 프로그램으로 채워진 지금의 음악교육에 시사점을 준다.

음악교육을 구성하는 요소에는 지식과 기술적 측면의 고정적 부분도 있지만, 음악이 사람 간의 소통이라는 점에서 타자성도 있다. 다시 말해, 관계적인 측면이라고 말할 수도 있으며, 이는 결국 음악교육에서 포착하기 어려우나 분명히 존재하는 역동적인 교육적 장면에 대한 것이기도 하다. 타자성과 관계성은 상호작용과 교감이 교차되어야 가능하며 이는 결국 공동체성으로 이어진다. 궁극적으로 음악교육에서 이러한 공동체적 관계가 안정되면 학습자 개인의 음악적 성장도 더 활발하게 일어난다는 점을 발견할 수 있었다.

한울소리의 구성원들은 학습공동체를 형성하고 있었다. 그리고 정서적 학습공동체의 성격을 띠고 있었다. 정서적 학습공동체는 특정한 목적을 추구하는 이익 공동체이면서 내부 구성원들 간의 친밀한 관계가 살아 있는 공동체인 열린 공동체를 의미한다(박인철, 2015). 음악교육에서 구성원들 간의 친밀한 관계 형성이 중요한 이유는 학습자의 내적 동기인 개인의 자아실현과 성장 외에 음악 학습을 지속하게 하는 원동력이기 때문이다. 즉, 친밀한 관계 형성에 따른 학습자의 내적 변화와 성장이 소리 향상이라는 외적 성장과 맞물려 학습을 지속하게 하는 요인인 것이다.

모든 학습이 다 그렇지만 특히 음악을 익히기 위해서는 지속적인 배움과 연습의 시간이 필요하다. 다시 말해, 새로운 습관을 획득하여 음악 하는 몸의 능력을 확장하기 위해서는 그것을 배우는 학(學)의 시간과 또 그것을 몸에 익히는 습(習)의 시간이 절대적으로 필요하다. 몸의 학습은 교육의 지속성과 불가분의 관계에 있다고 할 수 있다. 한울소리에서 구성원들이 판소리 학습을 지속할 수 있도록 정서적 학습공동체를 형성하는 교육 방식을 채용한다는 사실은 매우 교육적이며, 이에 대한 교육학적 이해는 음악교육의 지평을 확대하는 것이라 생각된다.

한울소리에서 정서적 학습공동체는 타자와의 접촉을 통한 정서적 일체감(Heidegger, 1979)을 통해 형성되었다. 단순히 타인을 가까이하고 사귄다는 의미의 정서적 일체감이 아니라 공간적인 거리가 존재하여도 정서적인 거리감이 없는 상태다(Heidegger, 1979). 타인이 서로 익숙한 존재방식을 지닐 수 있는 조건은 공동체에 친숙한 세계가 존재해야 하는데 한울소리 구성원들은 같은 지평 속에 '거주'할 수 있는 세계에서 존재 간의 접촉이 이루어졌다(박인철, 2015).

한울소리에서 정서적 학습공동체를 형성할 수 있었던 이유는 한기쁨이 일반적으로 나타나는 도제복속의 관계를 지양하고, 제자와의 관계를 수평적이며 인격적 관계로 재구성하려 노력하였기 때문이다. 한기쁨은 문하생들의 소리 수준 또는 재능에 따라 차별하지 않았다. 문하생들은 스승의 고른 사랑 속에서 자신의 소리 공부를 이어 갔다. 또한, 한기쁨은 예의를 지키고, 규범 준수에 있어서 자신에게도 예외를 두지 않으려 노력하였다. 소리레슨에서 예를 갖추어 문하생을 대하고, 산공부에서 모두에게 적용되는 규칙을 솔선수범하기 위해 노력하였다. 한기쁨의 이러한 노력은 문하생들이 스승과 좋은 관계를 맺기 위해 별도의 노력을 하거나 동료와 경쟁해야 한다는 부담을 느끼지 않게 하였다. 문하생들마다 개인의 경험과 능력의 차이가 존재하지만 서로 경쟁하기보다는 도우려는 분위기가 관계 속에 녹아 있었다. 사제와 동료 간에 서로를 있는 그대로 받아들이고 존중하는 인격적이며 수평적인 관계가 형성된 것이다.

인격적이며 수평적 관계는 사회적으로 주어진 이름, 전문가, 아마추어, 여자, 남자, 학습자, 교수자에서 벗어나 진정한 인간으로 '너'를 만날 수 있게 타자를 고유한 존재로 받아들이려 노력할 때 가능하다. 타자를 고유한 존재로 받아들이는 것은 타인을 받아들이고 나를 드러내야 하는 몸의 학습으로서 음악교육에 매우 중요하다. 이런 관계 설정이 교수자의 솔선수범으로 가능했다는 것은 지식을 전달하는 교수자로서의 전문성만을 중요시하는 기존 음악교육에 많은 시사점을 준다.

또한 아무리 좋은 음악적 지식과 기술을 언어로 표현할 수 있다고 해도 그것을 실제로 구현해 내기 위해서는 몸에 체화되도록 할 수밖에 없는데 그것은 시간이 필요한 작업이다. 교육의 지속성은 음악교육에 필연적인 것이다. 또한, 무형의 지식의 습득과 이를 통한 내외적 변화와 성장을 위해서는 다양한 타자와의 접촉과 교육의 지속성이 담보되어야 한다. 교육의 지속성에는 좋은 교수방법과 교육내용, 성취감, 자아실현 외에도 함께 보고 배울 수 있는 수평적 관계, 인격적 관계를 통한 비교, 탈존하는 배려, 소속감을 주는 유대감 등의 정서적 친밀감과 안정감을 주는 정서적 교육공동체라는 환경이 요구된다. 이것은 결국, 음악교육도 사람이 하는 것으로 의미 있는 음악교육이 실현되기 위해서는 개인의 의지와 노력과 더불어 열린 정서적 교육공동체가 중요하다는 것을 의미한다. 이것이 음악교육에서 정서적 교육공동체를 지향해야 하는 이유일 것이다.

6. 개별성과 관계성의 조화 추구

이 연구가 음악교육에 대하여 주는 시사점은 개별성과 관계성 조화의 추구가 음악교육 활동을 하는 목적이 된다는 것이다. 이런 목적으로 음악교육 활동을 추구한다면 학습자는 더 나은 음악가, 더 나은 인간이 되며, 음악교육 활동은 학습자의 자아실현의 장이면서 동시에 학습자의 내면의 성장까지 이뤄 낼 수 있을 것이다. 그리하여 앞으로 몸의 학습을 통해 음악을 익히는 과정에서 음악, 타자, 세계를 온몸으로 만나는 현상에 대한 이해를 위해 몸의 학습이라는 관점에서 음악교육에 대한 연구를 확대해 갈 수 있어야 할 것이다. 더 나아가 학습자의 내면의 변화와 성장을 가능하게 하는 교육공동체에 대한 더 깊이 있는 연구들이 수행되기를 기대한다. 이를 통해 우리는 이미 알고, 길들여져 있는 음악교육의 관점을 확장할 수 있을 뿐만 아니라 더 나은 삶을 살아가기 위한 통달을 얻을 수 있을 것이다.

📖 **참고문헌**

강미라(2015). 우리는 어떻게 공감하는가?: 메를로퐁티의 대답. 해석학연구, 36, 21-52.

고미영(2013). **질적 사례연구**. 서울: 청목출판사.

권덕원, 석문주, 최은식(2012). **음악교육철학**. 서울: 교육과학사.

김기형(2004). 연구논문 : 판소리의 교육현황과 발전방안. 판소리연구, 17, 7-25.

김선희(2013). 〈춘향가〉 중 '사랑가' 감상교재 개발 및 지도 내용 연구. 국악교육연구, 7(1), 51-80.

김주경(2009). 판소리의 요소별 감상지도방안 연구. 한국국악교육연구학회 정기총회 및 학술세미나, 2009(2), 171-194.

노복순(2017). 판소리 고수의 음악학적 역할과 의미. 국악교육, 43, 37-62.

박인철(2015). 현상학과 상호문화성. 서울: 아카넷.

박주만(2013). 판소리를 활용한 초등학교 음악극 창작활동 지도방안 연구. 예술교육연구, 11(1), 69-84.

배인형(2011). 임방울 흥보가의 바디 연구. 국악교육, 32, 65-84.

배은주(2004). 청소년센터에서의 대안적 학습에 관한 문화기술적 연구. 서울대학교 대학원 박사학위논문.

성기련(2008). 판소리의 특징에 따른 주제별 지도내용 연구. 국악교육연구, 2(1), 111-156.

성기련(2009). '소리판'을 주제로 한 통합적 판소리 교수 학습 방법 연구. 판소리연구, 28, 219-262.

성기련(2015). 2009 개정 교육과정에 따른 중학교 음악교과서의 판소리 지도내용 연구. 국악교육연구, 9(1), 127-152.

오지은(2019). 판소리 〈수궁가〉를 활용한 음악극 만들기 지도방안 연구. 학국국악교육연구학회 학술세미나 자료집, 2019(2), 1-24.

윤원아(2008). 판소리 지도방안 연구. 국악교육연구, 2(1), 179-197.

윤혜경(2020). 학교 밖 음악교육에 관한 질적 연구-한울소리 판소리 교육활동 사례를 중심으로. 서울대학교 사범대학원 박사학위논문.

이용남(2001). 교육원형 탐구: 판소리의 사례. 교육원리연구, 6, 37-55.

장윤정(2009). 주제중심의 판소리 지도방안 연구. 한국국악교육연구학회 학술세미나 자료집, 2009(2), 129-149.

정미영(2009). 판소리 '자진 사랑가' 지도 방안 연구. 국악교육연구, 3(1), 99-125.

조광제(2004). 몸의 세계, 세계의 몸. 서울: 이학사.

조용환(1999). 질적 연구: 방법과 사례. 서울: 교육과학사.

조용환(2004). 질적 연구와 질적교육. 교육인류학연구, 7(2), 55-75.

조용환(2012). 교육의 본질에서 본 공교육 개혁의 의미: 본질적인 개선을 위한 고투. 조용환 외. 새로운 공교육의 이해와 실천. 서울: 한국방송통신대학교 종합교육연수원.

조운조(2004). 판소리의 개괄적 이해에 관한 고찰. 국악교육, 22, 21-86.

차성현(2000). 검도 수련 과정의 교육학적 해석. 서울대학교 대학원 석사학위논문.

채수정(2010). 학교 교육 안에서의 판소리 교육 현황과 실태. 판소리연구, 30, 319-351.

최성욱, 신기현(2000). 판소리 전승사에 나타난 도제교육의 양상과 원리. 교육원리연구, 5(1), 215-

256.

Blacking. J. (1962). Musical Expeditions of the Venda. *African Music: Journal of the International Library of African Music, 3*(1), 54-78.

Heidegger, M. (1979). *Sein und Zeit.* 이기상 역(2018). 존재와 시간. 서울: 까치글방.

Merleau-Ponty, M. (1945). *Phenemenologie de la Perception.* 류의근 역(2002). 지각의 현상학. 서울: 문학과지성사.

Powell, K. (2004). The Apprenticeship of Embodied Knowledge In A TAIKO Drumming Ensemble. In. L. Bresler (Ed.), *Knowing Bodies, Moving, Minds* (pp. 183-195). London: Kliwer Academic Publishers.

Spradley, J. P. (1979). *Ethnographic Interview.* 박종흡 역(2003). 문화기술적 면접법. 서울: 시그마프레스.

Stake, E. R. (1995). *The Art of Case Study Research.* 홍용희 외 공역(2000). 질적 사례 연구. 서울: 창지사.

Wolcott. H. (1992). Posturing in Qualitative Research. In. M. LeCompte (Ed.), *The Handbook of Qualitative Research in Education.* New York: Academic Press.

제9장

포스트휴먼 사회관계망의 독특성[1]

1. 서론

　지난 2년간, 우리 세대에서는 일찍이 본 적 없는 전염병의 전 세계적 확산으로 우리는 삶의 급격한 변화를 겪어야 했다. 팬데믹으로 인해 사람이 사람을 마주하는 일상이 두려워지는 것을 경험했고, 세계 곳곳에서 이민자, 타인종, 타문화 등 이방성을 향한 증오가 난무하는 것을 목격해야 했다(전가일, 2021b). 자국민(만)을 우선하고, 지역민(만)의 안전을 고려하며, 타지역과 타민족, 일시적 거주자들을 향한 호혜성을 거둬들이는 새로운 국수주의의 물결이 세계 곳곳을 뒤덮었다. 사람들은 화장지 같은 필수품을 하나라도 더 사기 위해 몸싸움을 벌였고, 의료시스템이 붕괴된 유럽국가들에서 마스크 하나로 며칠씩 버티는 의료진들의 이야기가 SNS를 통해 알려졌다. 이런 세상을 보게 될 줄 몰랐다. 인간 의식의 진보와 과학기술에 대한 자신감이 한껏 고조된 이 21세기에 한갓 폐렴 때문에 사람들이 속절없이 죽어 나가는 것을, 고작 화장지 때문에 사람들이 부끄러움을 잊은 채 싸우는 것을, 이웃은 물론이고 친구와 가족까지도 돌아보기 힘든 고립과 불안의 시절을 보게 될 줄 몰랐다(전가일, 2021b). 우리가 시대의 어떤 특이점을 지나고 있고, 그것을 함께 목도하고 있음을 감각할 수 있었다.

---

*전가일(연세대학교 교육연구소 연구교수)

1) 이 글은 기오(奇傲) 조용환 교수 정년 퇴임 기념 학술대회(2022년 2월 5일, 서울대학교 사범대학 12동 401)에서 발표한 쪽글 「뉴노멀 시대의 사회자본(social capital)으로서 포스트휴먼 사회적 관계망 탐색」을 수정하고 구체화한 것으로, 교육사상연구 제36권 제3호(2022년)에 실린 논문의 일부다. 또한 해당 논문은 2021년 대한민국 교육부와 한국연구재단의 지원을 받아 수행된 연구(NRF-2021S1A5B5A16078267)임을 밝힌다.

지난 2년의 특이점을 지나는 동안 우리 사회는 '언컨택트(uncontact)'가 삶의 새로운 기준이 되는 시대로 급속히 재편되었다. 그동안 당연하게 여겼던 방식에 문제를 제기하며 사회의 전 영역에서 새로운 기준을 요구하는, 이른바 뉴노멀[2]의 시대를 맞이한 셈이다. 이러한 팬데믹 사태로 인한 언컨택트 사회와 AI정보지능사회로의 가속화는 사회의 다차원적 변화를 야기함으로써 우리 삶의 여러 가지 불확실성과 불안을 마주하게 한다. AI의 인간 노동 대체와 고도화된 증강현실, 디지털 기술로 인한 면대면 최소화 등의 공상과학적 미래는 이제 우리가 감각하는 일상이 됨으로써 미래 환경에 대한 불안과 불확실성이 증폭되는 것이다(전가일, 2021c; Watson, 2016). 이것은 누군가에게는 기회일 수도 있으나, 많은 사회구성원이 공동으로 마주하고 있는 위기이기도 하다. 이러한 위기에 대응하기 위해서 사회구성원들이 기댈 수 있는 사회적 자원은 바로 상호호혜적이며 신뢰할 수 있는 사람들과 얽힘으로 이루어진 사회적 관계망(Social Networks)이다.

이러한 사회관계망은 인간 삶의 다양한 어려움과 위기 속에서도 사회구성원들이 자신들의 삶을 건강하게 지속할 수 있도록 지지하는 사회적 안전망이며, 사회자본(social capital)의 핵심 요소다(김도일, 2017; Coleman, 1990; Putnam, 1995). 사회관계망의 중요성은 사학자 유발 하라리가 4차 산업과 팬데믹 위기에 대한 대응으로 이야기한 "시민의 자율 능력"과 전 지구적인 "광범위한 연대"를 고려해 볼 때, 지금의 우리에게 더욱 절실하다 할 것이다(Harari et al., 2019).

최근 활발히 진행되어 온 '사회적 자본(social capital)' 개념은 부르디외(Bourdieu, 1986)와 콜먼(Coleman, 1990), 그리고 퍼트넘(Putnam, 1995)의 논의를 기초로 한 것이다. '사회적 자본'이란 원래 경제학적인 개념으로, 처음에는 커뮤니티 연구에서 시작되었다. 이후 사회학에서 긴밀하게 교차하는 인적 관계 네트워크의 중요성을 강조하며 공동체에서의 신뢰, 협력 및 집단행동의 동력을 제공하는 개념으로 확장되었다(이은경, 2020). 후기 마르크스주의자인 부르디외는 사회자본을 사적 유물론 관점의 '자본'에 초점을 두어 비판적으로 다루고 있다. 부르디외에게 사회적 자본은 자본주의 사회의 불평등을 지속시키는 요인 중 하나다(김상준, 2004; 이영재, 2018). 부르디외는 사회적 자본을 "제도화되었든 제도화되지 않았든 상호 면식이 있는 사람들 사이에 지속적으로 존재하는 관계의 연결

---

2) 새롭게 보편화된 사회·문화·경제적 표준을 의미하는 시사 용어. 초기에는 경제 상황 변화에 따른 진단과 대응을 위해 제시된 경제 용어였으나 2020년 전 세계로 확산된 코로나바이러스감염증-19 사태 이후로는 이전의 시기와 달리 새롭게 변화된 사회적·문화적 변화를 포괄하는 개념으로 의미가 확장되었다(다음백과, 2022; 하영유, 2021).

망을 통해 얻을 수 있는 실제적이고 잠재적인 자원의 총합(Bourdieu, 1986; 248)"으로 정의한다. 이러한 부르디외의 사회적 자본주의 개념은 사회자본이 자본주의의 모순이 극대화되지 않도록 하는 지엽적인 지원으로, 오히려 자본주의의 불평등을 유지시키는 기제라고 본다. 이러한 비판적 시각에도 불구하고, 부르디외의 사회자본 개념은 사회자본을 '사회적 연결망을 통해 얻을 수 있는 자원'으로 보았다는 점에서 오늘날의 사회자본 개념의 기초를 제공한다.

부르디외와 달리 콜먼(Coleman, 1990)은 사회자본을 긍정적인 역능의 차원에서 이야기하는데, "사회적 자본은 주어진 구조 속에 속하는 개인이나 집단으로 하여금 특정한 행위를 하도록 유도하고 촉진한다. 따라서 사회적 자본은 다른 형태의 자본과 마찬가지로 생산적인 역능이 있으며, 사회적 자본은 그것이 없으면 이룩하기 어려운 목적을 성취할 수 있도록 해 준다"(Coleman, 1990; 302). 콜먼의 사회적 자본 개념은 사회적 자본이 그것의 비물질성에도 불구하고 물질적 자산과 마찬가지로 사회구성원들이 사회적 자본을 통해 모종의 목적을 성취할 수 있는 강력한 무형의 자산임을 일깨워 준다.

부르디외와 콜먼의 사회적 자본 개념을 종합하고 있는 퍼트넘은 "사회적 자본"을 "개인들 사이의 연계와 이로부터 발생하는 사회적 네트워크 및 호혜성과 신뢰의 규범"이라고 이야기한다(Putnam, 1995). 퍼트넘의 사회적 자본 개념에서 주목할 만한 것은 '신뢰'의 개념인데, 이것은 그동안 우리가 일반적으로 '시민적 덕성(civic virtue)'이라고 부르는 것과 관련되어 있다. 즉, 사회적 자본은 시민적 덕성에 기초한 인간 간의 호혜적인 사회적 연결이 그 요체라는 것이다(이영재, 2018; Putnam, 1995). 이에 반해, 나하피에트와 고샬은 사회적 자본을 "관계성의 네트워크에 뿌리를 내리고 있고, 관계성의 네트워크를 통해 이용 가능한, 그리고 관계성의 네트워크로부터 나오는 실질적이고 잠재적인 자원의 총합(Nahapiet & Ghoshal, 1998; 243-244)"이라고 보았다. 이는 사회자본에서의 '자본'이 전통적인 정치경제학에서 일컫는 바와 같이, '이윤을 창출할 수 있는 생산 수단'은 아닐지라도 사람들이 무언가를 할 수 있도록 추동하는 실질적이고 잠재적인 자원이라고 보았다는 점에서, 시민적 덕성에 기초한 퍼트넘의 개념과는 사뭇 다른 것이다. 퍼트넘이 사회적 자본의 개념을 사람들 간의 '신뢰성' 및 '규범' 같은 일종의 '시민적 덕성'에 초점을 두었던 것과는 달리, 사회자본을 관계성의 네트워크에서 나오는 실질적인 자원으로 보았다는 측면에서 훨씬 더욱 물적인 개념이다. 근래에 공유하는 사회자본 개념은 이러한 퍼트넘의 호혜성 및 신뢰의 규범과 콜먼, 나하피에트와 고샬 등의 실질적 · 잠재적 자원의 물적 개념을 종합하는 것으로, 사회자본의 구성 요소를 '개인·가족 관계성', '사회관계망', '개인 간 신뢰', '기관 신뢰', '시민 사회 참여' 등으로 보고 있다(이영재, 2018; Legatum property index, 2020, 2021).

1990년대부터 지금까지 사회자본에 대한 연구가 활발히 진행되었던 미국에서와 마찬가지로, 최근 몇 년간 우리나라에서도 사회적 자본에 대해 매우 많은 연구가 진행되었다. 이영재(2018)에 따르면 국내에서는 2017년부터 최근 매년 200여 편을 상회하는 사회적 자본 관련 연구들이 발표되고 있다. 그러나 이렇게 많은 연구 성과에도 불구하고 사회구성원들이 보고하는 사회자본에 대한 실제적 만족이나 평가는 여전히 저조하다(Legatum property index, 2020, 2021). 이는 사회자본이 사회관계가 존재하는 곳이면 어디에나 붙일 수 있는 미화의 수사가 되기도 하고(김상준, 2004), 사회적 자본의 개념이 미분화되면서 이익-기능 중심의 논의들이 압도한 때문이며(이영재, 2018; 전현곤, 2011), 사회자본과 관련하여 우리 삶의 속의 구체적인 실천과 괴리된 논의들이 압도한 탓이기도 하다(김도일, 2017).

우리가 지닌 여러 가지 사회자본 요소 중 사회관계망의 중요성에도 불구하고, 그동안의 사회자본 연구는 주로 '사회적 기업 연구'와 같이 기업에 기반한 물적 자본을 고찰하는 데 초점을 두거나 '기관 신뢰', '시민 사회 참여' 등과 같은, 거시 구조 및 기관에 대한 개인들의 인식 연구에 집중되어 있었다(김도일, 2017; 이영재, 2018; 전현곤, 2011). 그러나 우리 사회구성원들이 삶의 어려움을 타개하고 실질적인 지지와 자원을 얻을 수 있는 사회자본으로 물자본과 거시 구조뿐 아니라 개인들 간의 상호호혜적인 관계의 연결로 이루어진 사회관계망의 중요성을 간과할 수 없다. 따라서 사회자본을 고찰하는 데 있어 이익-기능주의적 역할에 초점을 두어 '사회적 기업' 등을 주로 살펴보았던 데서 나아가 사람들 사이의 네트를 통해 형성된 관계망이 사람들의 삶에 실질적인 유·무형의 지지 자원이 되어 준 사회관계망의 구체 사례들을 살펴볼 필요가 있다. 또한 사회자본을 '기관 신뢰'나 '시민 사회 참여'와 같이 거시적인 사회구조 차원에만 초점을 두게 되면, 실제 삶이나 실천과는 분리된 당위만을 강조할 위험이 있으므로 당위와 실천을 분리시키지 않고 사회관계망의 작동을 고찰할 필요가 있다.

이와 같은 논의에 기초하여 이 연구는 우리 사회의 다양한 사회자본 중 사회적 관계망의 최근 현황을 살펴보고, 사회관계망 개념을 포스트휴먼 시선에서 재고찰한 후, 그러한 실제 사례를 우리 생활세계 속에서 찾아내어 그것이 작동되는 방식을 살펴봄으로써, 우리에게 필요한 사회관계의 독특성을 발견하는 순환적이고 장기적인 전망[3]을 계획하고 있다. 이를 통해 궁극적으로는, 불확실성이 증폭되는 뉴노멀 시대에 우리 사회가 구축해야 할 사회자본에 대한 모델을 제안하고자 한다. 이를 위해 특별히 이 연구에서는 최근에 발표된 레가툼 연구소(Legatum property index, 2020, 2021)의 '국가 번영 지수 보고서' 등을 통해 우리의 사회자본 및 사회관계망 현황을 살펴보고, 라투르(Latour, 2010)의 '행위자 네트워크 이론(ANT)'에 기초하여 포스트휴먼 관점에서 사회관계망 낯설게 보기를 시도한 후, 이 연구가 앞으로 살펴보고자 하는 포스트휴먼 사회관계망 특징을 지닌 실제로서 인간–비인간의 사회관계망, 느슨한 연대의 사례인 품앗이 육아, 리좀 연결망의 사례인 학교 밖 배움공동체 등을 소개하며 포스트휴먼의 사회관계망을 찾아가는 여정의 시작으로 글을 맺고자 한다.

2. 한국의 사회자본과 사회관계망 현황

영국의 레가툼 연구소에서 조사한 2021년 '국가 번영 지수 보고서'에 따르면 우리나라의 사회자본의 순위는 대상 국가인 총 167개국 중, 147위로 조사되었다(Legatum Institute, 2022). 이는 예상 밖의 낮은 순위인데, 이 조사 결과가 더욱 놀라운 것은 레가툼 연구소가 제안한 열두 가지 번영 지수의 영역[4]을 종합한 우리나라의 번영 지수 종합 순위가 29위라는 점이다. 우리나라의 전체적 번영 지수의 종합 결과는 167개국 중 상위 30% 수준이며, 이 중에서도 '교육' 및 '건강', '경제의 질' 등은 각각 2, 3, 9위인 최상위 수준인 것과는 극명하게 대조적으로 '사회적 자본' 항목에서는 147위로 하위 20% 수준에 머무르고 있다([그림 9-1] 참조). 이는 코로나 사태 이전(2019년)에 조사한 결과인 142위보다 더욱 하락한 결과다. 갤럽조사에 응한 우리나라 응답자들의 부정 편향성을 가정하더라도, '사회자본' 영역이 '교육', '경제', '건강'과 같은 높은 순위의 영역뿐만 아니라 여타의 모든 번영 지수 영역에 비해서 현저하게 낮은 순위라는 것은 주목할 만하다.

---

3) 이 연구는 한국연구재단의 지원을 받아 총 5년으로 기획되어 수행 중인 연구, 「뉴노멀 시대 사회자본으로서의 사회적 관계망 고찰」의 첫 성과의 성격을 지닌다.
4) 레가툼(Legatum) 국가 번영 지수 영역은, ① 안보 및 안전, ② 개인의 자유, ③ 정치, ④ 사회적 자본, ⑤ 투자환경, ⑥ 발전환경, ⑦ 시장 접근성과 구조, ⑧ 경제적 질, ⑨ 생활환경, ⑩ 건강, ⑪ 교육, ⑫ 자연환경의 열두 가지다.

THE LEGATUM PROSPERITY INDEX™ 2021
Creating the Pathways from Poverty to Prosperity

RANK	COUNTRY	x1	x1	x1	x1	x1	x1	x1	x1	x1	x1	x1	x1
21	Taiwan, China	4	27	21	38	14	10	29	13	32	5	17	81
22	France	38	25	19	55	20	22	14	29	23	20	27	12
23	Belgium	30	19	16	60	24	25	15	34	15	19	18	39
24	Spain	28	18	25	31	26	31		54	20	21	24	37
25	Malta	22	20	26	22	38	27	36	14	14	11	37	102
26	Slovenia	14	32	36	35	35	33	27	36	25	23	21	3
27	Czech Republic	12	24	31	57	28	44	28	12	28	30	31	26
28	Portugal	29	13	24	63	31	28	20	46	18	38	39	36
29	South Korea	37	43	30	147	19	46	17	9	24	3	2	56
30	Latvia	35	31	35	84	34	34	42	26	42	72	26	9
31	Italy	23	26	39	74	39	30	25	55	29	17	33	40
32	Israel	111	56	20	49	17	23	37	21	22	6	29	104

(출처: https://www.prosperity.com)

[그림 9-1] 2021 레가툼 국가 번영 지수 항목별 순위

레가툼 국가별 번영 지수(Legatum Institute, 2022)에서 조사한 사회적 자본(Social capital)의 구체 항목은, ① 개인적 & 가족적 관계들(personal & family relationships), ② 사회적 관계망(social networks), ③ 대인 간 신뢰(interpersonal trust), ④ 기관 신뢰(institutional trust), ⑤ 시민 사회 참여(civic & social participation) 등으로 구성되어 있다. '개인 및 가족적 관계'의 지표들은 '문제에 처했을 때 가족과 친구들로부터 받는 도움'과 '긍정적인 에너지를 주는 가족들'이며, '사회적 관계망'의 지표는 '상호호혜적인 인간관계', '친구를 만들 수 있는 기회', '다른 가정으로부터 받는 도움' 등이다(〈표 9-1〉 참조). 이러한 구체적인 조사 내용을 고려해 볼 때, 사회자본의 요소들에서 대인과 기관에 대한 부정적인 신뢰와 부진한 시민 사회 참여는 차치하더라도, 우리나라 응답자의 많은 수가 자신이 어려움에 처했을 때 가족과 친구들에게 도움을 기대하기가 어렵고, 상호호혜적인 존중이 있는 인간관계나 친구가 드물다고 답했다는 것은 이웃들과의 사회관계망뿐만 아니라 가족 및 친구와의 관계성 또한 매우 약화되었음을 드러내고 있다. 이와 같은 레가툼 연구소의 조사 결과는 우리 사회가 갖춘 경제, 사회 안전, 개인의 자유, 건강과 의료, 주거 환경 등의 삶의 제반 영역 중에서 가장 약한 고리가 '사회자본'임을 지시하고 있다. 특히 사회관계망은 개인들의 연결과 유대를 통해 상호호혜적인 더 넓은 연결망을 만들어 내는 운동성으로 이러한 유대는 우리 삶에서 사회적 지지의 결정적인 부분이라는 점에서

매우 주요한 사회자본이다(김용련, 2019; 남유주, 2021; 전가일, 2021b). 이러한 사회적 지지를 결여하고 살아간다는 것은 고도 기술 시대의 다차원적 변화와 지난 2년간의 판데믹이 야기한 우리 삶의 대변환, 그리고 미래의 여러 가지의 불확실성을 마주한 지금 우리에게는 결정적인 사회적 약점이자 삶의 불안이 될 수 있다.

〈표 9-1〉 레가툼 번영 지수의 사회자본 요소와 조사 지표

요소 (비중 %)	조사 지표
개인적 · 가족적 관계(20%)	• 문제가 생겼을 때 가족이나 친구로부터 받는 도움 • 가족이 주는 긍정적인 에너지
사회적 관계망(20%)	• 존중의 경험 • 친구를 만들 기회 • 다른 가정으로부터 주고받는 도움
대인 간 신뢰(20 %)	• 일반화된 개인 간 신뢰 • 낯선 사람 돕기
기관 신뢰(20 %)	• 지방 정치에 대한 신뢰 • 정치에 대한 공적 신뢰 • 경제 기관과 은행에 대한 신뢰 • 법률 체계와 법원에 대한 신뢰 • 국가와 정부에 대한 신뢰 • 방위체계에 대한 신뢰
시민 사회 참여(20 %)	• 자선과 기부 • 투표율 • 자원봉사 • 공적 영역에서 의견 표출하기

관련해서 주목해야 할 또 다른 조사 결과가 있다. 미국의 퓨리서치센터(Pew Research Center)에서 일명 '선진국'으로 불리는 17개 국가의 응답자들을 대상으로 "무엇이 당신의 삶을 의미롭게 만드는가?"라는 질문의 답을 조사했는데, 조사국 중 14개 국가의 응답자들이 '가족'을 가장 중요한 삶의 의미로 답했던 반면, 유일하게 한국만이 가장 많은 응답자가 '물질적 안녕(material well-being)'을 가장 중요한 삶의 의미라고 답했다(Silver, Van Kessel, Huang, Clancy, & Gubbala, 2021). 이 연구는 사람들이 자신의 삶에서 무엇을 가장 가치 있게 여기는가에 대한 여러 나라의 응답을 조사함으로써, 사람들이 삶에 의미

를 부여하는 원천이 비교문화적으로 공유되고 있는지, 특정 사회에서 고유하게 다른지
를 분석하려는 목적으로 성인 19,000명에게 개방형 질문지 방식으로 실시되었다. 조사
대상 17개국 중 호주, 뉴질랜드, 프랑스, 독일, 캐나다, 싱가폴, 이탈리아, 네덜란드, 벨
기에, 일본, 영국, 미국의 응답자들은 가족, 직업, 친구, 물질적 풍요, 사회, 자유, 취미,
전체적인 만족감 등의 여러 가지 요소 중에서 삶의 의미로 '가족'을 꼽은 경우가 가장 많
았다. 특히 호주, 뉴질랜드, 그리스, 미국에서는 응답자의 절반 이상이 가족이 삶을 의
미 있게 만드는 가장 중요한 존재라고 답했으며, 호주와 뉴질랜드, 스웨덴 응답자들은
'가족'을 가장 중요한 의미로, 다음으로는 '직업'과 '친구'를 중요한 삶의 의미로 꼽았다.
이들 국가에서는 응답자의 많은 수가 부모, 형제자매, 자녀 및 손주와의 관계를 강조했
으며, 자신들이 가족 및 친척과 함께 보낸 양질의 시간, 가족들의 성취로부터 얻는 자부
심, 나아가 자손들에게 더 나은 세상을 남기는 삶을 살고자 하는 열망도 자주 언급했다
(Silver et al., 2021). 이들 국가에서 대부분의 응답자는 삶에 의미를 부여하는 원천으로
가족과 친척, 친구 등의 사회적 관계를 중요하게 여기고 있었다.

	1st chice	2nd	3rd	4th	5th
Australia	Family	Occupation	Friends	Meterial well-being	Society
New Zealand	Family	Occupation	Friends	Meterial well-being	Society
Sweden	Family	Occupation	Friends	Meterial well-being/Health	
France	Family	Occupation	Health	Meterial well-being	Friends
Greece	Family	Occupation	Health	Friends	Hobbies
Germany	Family	Occupation/Health		Meterial well-being/General Positive	
Canada	Family	Occupation	Meterial well-being	Friends	Society
Singapore	Family	Occupation	Society	Meterial well-being	Friends
Italy	Family/Occupation		Meterial well-being	Health	Friends
Netherlands	Family	Meterial well-being	Health	Friends	Occupation
Belgium	Family	Meterial well-being	Occupation	Health	Friends
Japan	Family	Meterial well-being	Occupation/Health		Hobbies
UK	Family	Friends	Hobbies	Occupation	Health
U.S.	Family	Friends	Meterial well-being	Occupation	Feith
Spain	Health	Meterial well-being	Occupation	Family	Society
South Korea	Meterial well-being	Health	Family	General Positive	Society/Freedom
Taiwan	Society	Meterial well-being	Family	Freedom	Hobbies

[그림 9-2] 삶의 의미에 대한 17개 국가 응답자들의 선택 순위

출처: https://www.pewresearch.org[5]

---

5) https://www.pewresearch.org/global/2021/11/18/what-makes-life-meaningful-views-from-17-advanced-economies/ (2022. 04. 28. 인출)

이에 반해, 우리나라 응답자들이 삶의 주요 의미로 가장 많이 꼽은 것은 '물질적 안녕(material well-being)'이었으며, 두 번째가 '건강'이었고, 가족은 그 뒤를 이어 세 번째였다. 조사 대상 17개 국가 중에서 가족을 가장 중요한 삶의 원천으로 꼽지 않은 나라는 한국과 스페인, 대만뿐이었는데, 이 중 '물질적 안녕'을 삶의 주요 의미로 언급한 응답자가 가장 많은 나라는 오직 한국뿐이었다.[6] 이것은 2019년도 우리나라 보건사회연구원 조사에서 '행복의 조건'을 조사했을 때, "좋은 배우자와 행복한 가정을 이루는 것"이 1위, "건강하게 사는 것"이 2위, "돈과 명성을 얻는 것"이 3위의 응답을 차지했던 것과는 사뭇 달라진 결과다. 이 퓨리서치센터의 조사 결과는, 2019년도 이후부터 계속해서 우리나라의 빈약한 '사회적 자본' 점수를 보고했던 레가툼 연구소의 조사 결과를 지지하고 있다.

이와 같은 레가툼 번영 지수(Legatum Prosperity Index, 2021)와 퓨리서치센터(Pew Research Center, 2021)의 조사에서는 왜 이런 응답이 나왔을까? 우리의 형편은 어쩌다 이렇게 된 것일까? 이제 우리는 '자유'와 '사회'는 물론, '친구'와 '가족'보다도 '물질적 안녕'이 삶의 가장 중요한 원천인 시대를 살아가게 된 것일까? 그래서 우리는 지금 다른 가정을 돕거나 타인과 연결되는 기회뿐 아니라 친구와 친척 그리고 마지막 보루처럼 여겨졌던 가족과의 유대마저 희미해가는 시대를 마주한 것일까?

그러나 이것은 어쩌면 우리에게 사회와 가족의 개념에 대한 시선의 대전환을 촉구하는 일종의 시대적 사인일지도 모른다. 그간의 인간중심적인 시선을 넘어 탈인간중심, 인간 이후의 인간을 사고하는 포스트휴먼의 시대를 향해 나아가는 우리에게 필요한 시선의 대전환, 어쩌면 지금 우리에게 필요한 것은 '가족(친지)'과 '친구'에 대한 새로운 관점이, 개인들의 연결망인 '관계'와 '사회'에 대한 새로운 시선이 아닐까? 우리는 지금 이제까지 인간중심적 시선에서 '사회'와 '친구', '가족'을 보아 왔던 것을 넘어 포스트휴먼의 시선에서, 인간-비인간의 얽힘으로서의 존재 지평으로 나아가며 사회와 친구, 가족을 사유해야 하는 시간 앞에서 서 있는 것이 아닐까? 그래서 지금이야말로, 사회자본과 사회관계망을 사유하는 데 있어 '사회'라는 개념에 부여되었던 그동안의 사유의 이미지를 버릴 순간인지도 모르겠다. 지금 당면한 사회자본과 사회관계망의 위기가 그 물적 토대

---

6) 나는 처음 그 조사 결과를 접했을 때 적잖이 놀랐다. 놀랐을 뿐 아니라 마음이 퍽 쓰렸다. '우리의 처지가 어쩌다 이렇게 되었을까?' 하는 자괴감도 들었다. 가족을 비롯해 그 어떤 사회적 관계보다 '물질적 안녕'을 가장 중요한 삶의 의미로 꼽은 이 조사 결과는, 2019년도 이후부터 레가툼 번영 지수 보고서 결과를 보며 '조사 과정이나 설문의 구체 문항에 어떤 편향성의 문제가 있었을지도 모른다'는 나의 추론을 무색하게 만들면서, 우리 사회의 빈약한 '사회자본' 문제를 보여 주는 레가툼 연구소의 조사 결과를 지지하고 있다.

의 보완으로 해결되지 않으며, 기존의 관점과 기준으로 더 이상 이해하기 어렵다고 한다면 이성과 공감, 의미 생성의 주체로 여겨진 인간과 그 인간들의 의미 상호작용의 결사체인 '사회'와 '사회관계망'에 대한 시선의 전환이 필요하다.

지금의 이 특이점이 우리에게 새로운 기준을 요구하는 뉴노멀의 시간이라면, 가족과 친구 및 사회관계망에 대한 우리의 개념은 더 이상 팬데믹 위기 이전과 꼭 같지 않을 것이며, 사회관계망에 대한 기존의 기준들은 우리에게 더 이상 유효하게 작동되지 않을 것이다(하영유, 2021). 그러나 새로운 기준을 마련하려는 우리의 초조와 두려움에 압도당하지 않고 오히려 그동안 우리 삶의 원천으로 여겨지던 개념들이 "소용없어짐으로써 드러나게 된 기존의 기준과 현실을 직시하고 파악하여 앞으로의 방향을 숙고"(하영유, 2021: 194)해야 할 필요가 있다. 지금 우리에게는 가족과 친구, 사회관계망에 대한 뉴노멀이 필요하다. 그리고 그것은 이전에 공준(公準)의 지위를 차지했던 사회관계망 개념으로 구성될 수 있는 것이 아니라, 지금 그것이 작동되고 있는 방식, 그것의 역능에 대한 이해로 구성되어야 한다. 존재의 의미는 존재의 이름이 아니라 존재의 운동성과 그것의 역능에 따른 것이기 때문이다(이진경, 2019; Sellers, 2013).

그렇다고 하면 뉴노멀의 시대를 살아가는 지금 우리는 사회관계망에 대한 어떤 이해의 지평으로 나아가야 할까? 근대와 후기 근대를 지나 포스트휴먼의 시선으로 우리의 사회자본으로서의 사회관계망을 낯설게 본다면, 사회관계망의 독특성을 어떻게 구성해볼 수 있을 것인가? 이를 위해 이 연구에서는 이제까지 근대를 지배한 인간 존재론으로의 휴머니즘, 즉 인간을 중심으로 세계를 사유하는 것을 당연시했던 인간중심을 탈주하고 인간의 시대 그 이후의 인간 존재에 대한 개념으로 일컬어지는 '포스트휴먼'(Braidotti, 2013)의 관점에서 사회관계망을 새롭게 보고자 한다.

3. 포스트휴먼의 시선으로 사회관계망 새롭게 보기

'사회(社會)'의 사전적 정의는 "개인의 사고와 행동을 구조화시킨 집단" 혹은 "인간의 공동생활을 위한 구성체" 등이다(한국민족문화대백과사전, 2022). 또한 "정치, 문화, 제도적으로 독자성을 지닌 공통의 관심과 신념, 이해에 기반한 다인(多人)의 집합과 결사체"(위키백과, 2022)로 정의되기도 한다. 영어의 'society'는 16세기에 프랑스어 'societe'가 도입되어 변한 것이나, 그 어원은 라틴어 'societas'로서, 대체로 동료 · 동업 · 연합 · 동맹 등의 친근한 관계를 포함한 '결합하다'라는 의미의 말이었다. 사회자본의 주요 요소의 하나로 여겨지는 '사회적 관계망(social network)'은 사회적 연결망이라고 불리기도 하며, '개인이 상호작용하고 정신적 · 물질적으로 지원을 주고받을 수 있는 타인과의 관계의 연결'을 의미한다(Litwin & Shiovitz-Ezra, 2011). 이렇게 본다면 '사회'와 '사회관계망' 개념 은 그 출생부터 지금까지 불리는 내내 모든 지구거주자 중, 인간을 당연히 전제하고, 인 간 사이의 관계와 조직을 가정하고 있는 셈이다. 이제 여기서 기존의 사회관계망을 낯 설게 보려면 어떠한 시선에서 무엇을 흔들어야 할 것인가?

포스트휴먼(posthuman)은 질 들뢰즈(Deleuze)를 시작으로 캐런 바라드(Barad), 로지 브라이도티(Braidotti) 등으로 대표되는 신유물론(new materialism)적 사유에 기반한 새로 운 인간 존재에 대한 개념이다(전가일, 2021c). 우정길(2021)은 포스트휴머니즘에 관한 최근의 논의를 크게 "포스트-휴머니즘"과 "포스트휴먼-이즘"의 두 갈래로 나누어 논의 한다. 전자는 휴머니즘-이후라는 의미의 담론을 뜻하며 전통적인 휴머니즘에 대한 성 찰과 반성으로, 인간예외주의의 특성을 반성하며 인간중심 그 이후를 제시하는 데 초점 을 두며, 후자는 기술공학을 통해 탄생하게 될 업그레이드된 인간 혹은 유사 인간을 "포 스트휴먼"으로 통칭하고 이들 포스트휴먼의 출현이 갖는 의미와 사회구조의 변화 가능 성, 그리고 이와 관련된 생명 및 사회윤리적 함의와 준거들을 성찰하고 대비하려는 담 론이다(우정길, 2021). 이와 같은 이 두 가지 개념상의 그 구분 가능성에도 불구하고, 관 련 논의가 진행되어 온 과정에서의 실재적 흐름은 배타적으로 구분하기 어려울 뿐 아니 라, 후자의 논점은 전자의 사유에서 배태된 성격을 지닌다(전가일, 2021c; Braidotti, 2015). 이에, 이 연구에서는 '포스트휴먼'을 근대적 인본주의에 대한 물적 전회(material turn)로 인해 촉발된 신물질주의에 기초하여 인간중심주의 그 이후의 인간 존재에 대한 탈근대 적이며 탈인간중심적인 사유와 그러한 사유의 흐름을 야기하는 운동성으로 본다.

전통적인 근대적 사유에서는 인간만이 행위주체성을 가진 담론의 주인이었다. 이 러한 구도에서는 담론과 물질이, 이론과 실제가, 인간과 비인간이 양분되어 있다 (Taguchci, 2010). 그러나 물적 전환을 한 포스트휴머니즘은 "행위 능력이 세계 전반에 미분적으로 분배되어 있음"을 이야기한다(전가일, 2021c). 세계의 비인간들에 대한 인간 중심주의의 위계적 시선을 유보하고, 상호 연결된 인간-비인간의 존재 지평으로 나아 감으로써, 인간중심의 시대 그 이후의 인간, 즉 포스트휴먼을 가능케 하는 운동성! 이러한 포스트휴먼의 운동성이야말로 개별적이고 고립된 실체로서 개인을 강조한 근대적 인간중심 시선의 '사회관계'망을 낯설게 볼 수 있는 자리가 될 것이다. 그리하여 뉴노멀 시대에 새로운 연결과 접속의 방식들을 탐색하면서 인간을 넘어선 타자와의 공생 가능성을 추동할 것이다(이은경, 2020). 이를 위해 이 연구는 특별히 여러 갈래의 포스트휴머니즘 담론 중에서도 '관계'에 대한 새로운 통찰을 줄 수 있는 '행위자 네트워크 이론(ANT)'을 제안한 라투르(Latour, 2010)를 통해 근대적 사회관계망 개념을 다시 보고자 한다.

라투르(Latour, 2010)는 우리가 살아가는 "(후기) 근대 사회는 지위, 계층, 영역, 범위, 범주, 구조, 체계라는 관념을 사용해서는 결코 이해될 수 없으며, 사회가 섬유 모양의 실 같은, 철사 같은, 끈 같은, 밧줄 모양의, 모세관의 성격을 갖는다고 인식해야만"(Latour, 2010: 100) 이해할 수 있다고 보았다. 그는 '행위자 네트워크 이론(이하 ANT)'은 본래 사회연결망에 관한 연구들에서 이야기하는 연결망과는 관련 없음을 이야기하며, 바로 이 지점에서 ANT의 '네크워크'에 대한 오해가 있다고 지적한다. '인간' 행위자들의 '사회적 관계'를 보는 사회연결망 연구는 인간관계의 분배와 동질성, 근접성 등에 관심을 가지고 제도와 조직의 사실적이고 작은 연합들로서의 인간 사이의 연결망을 보는 것인데 반해, ANT는 행위자를 인간에 한정하지 않고 비인간 존재들로 확장하고 있다. 또한 기존의 사회적 네트워크 분석(혹은 사회학 전체)에서 당연시되던 기본적인 지리학적 '위상'(멀고 가까움, 상향과 하향 같은) 개념과는 다른 연결성이 필요하다고 지적한다. 바로 이 지점(기존의 '범주'나 '구조'와는 전혀 다른 '연결성'의 방식이라는)으로 인해, 라투르의 행위자 네트워크 이론이야말로 우리가 가지고 있던 '사회관계망'을 낯설게 보기 위한 강력한 렌즈가 될 수 있다. 이 연구는 라투르(Latour, 2010)의 ANT를 토대로 포스트휴먼 시선에서 사회관계망을 다음과 같이 이해해 보았다.

1) 탈인간중심의 인간-비인간의 관계망

우리는 오랫동안 인간과 자연을 대비시키고, 인간 공동생활을 위한 의도적 구성체로서 '자연'과 구별되는 '사회'를 인간(만)의 조직으로 당연하게 여겨 왔다. 그러나 우리가 사는 세계는 인간과 비인간의 모든 지구거주자가 복잡하게 얽혀 있고, 서로가 서로를 계속해서 조성하고 구성해 나가는 혼종의 세계다(홍성욱, 2010; Pancini-Ketchabaw, Kind,

& Kocher, 2017). 더구나 지금 우리가 살아가는 사회는 근대로부터 후기 근대를 거쳐 고도의 디지털 기술과 인터넷으로 문제해결 방법을 찾고, AI와 관계를 맺는 시대로 접어들었다(이수안, 2015). 이렇듯 인간과 기술을, 인간과 비인간을 분리해서 살아갈 수 없는 것이 우리의 삶의 조건이 되었다면 우리는 이 조건 위에서 모든 지구거주자와 함께 어떻게 살아갈 수 있는지를 고민해야 한다(박은주, 2020; 이수안, 2015; Latour, 2010). 이것은 우리 삶의 '변화'라기보다 우리의 시선 변화일 것이다. 우리는 이미 항상 그러한 조건 속에서 살아왔기 때문이다.

그러나 서구(앵글로-색슨)의 전통에서 행위의 주체는 언제나 인간 개인이었으며, 의지를 지니고 의미를 생성하는 '문화 인간'이자(이수안, 2015; Latour, 2010), 이성과 담론의 주인이었다. 이 개별 인간은 그들(만) 간의 의미 교환과 특정한 방식의 길들임을 공유하는 집단으로서의 '사회'구성원이다. 이는 근대 이후 후기 근대에 이르기까지 당연히 여겨온 인간중심의 세계다. 라투르의 행위자 네트워크는 바로 이 당연시되는 인간중심의 행위주체성을 전복함으로써 사회관계망에 대한 사유를 포스트휴먼 흐름으로 몰아넣는다.

ANT에서 행위자는 의도를 지닌 개별적 인간 주체를 지칭하는 것이 아니라 일종의 기호학적 정의로, 그것은 인간일 수도 있고 비인간일 수도 있다. 그들은 차이를 알 수 없는 자유로운 연합이고 그 연합에는 어떤 관성이나 질서도 없다. "행위자는 행동의 원천으로 인정받는 것이면 그 무엇이라도 될 수 있다."(Latour, 2010: 107) 이것은 이제까지 인간만을 행위주체로 상정하고 특유의 존엄성을 부여했던 인간중심적 사고에서 벗어나 우리와 더불어 살아가는 반려 생명은 물론 기계와 사물 같은 비인간도 행위할 수 있고, 존엄을 가진다는 도발적 사유다(박은주, 2020). ANT에서 네트워크는 어떠한 체(體)나 구조가 아니다. 그것은 상부와 하부, 내부와 외부의 구분 없이 계속해서 이동하고 움직이며 이합집산하는 연결의 운동성이다. 네트워크의 강도는 그것의 통일성에 있는 것이 아니라 미세한 연결의 엮임에서, 그 자체에서 비롯된다. 그야말로 "네트워크 외에는 아무것도 없으며, 네트워크들 사이에도 아무것도 없다"(Latour, 2010; 101). ANT는 네트워크를 생성할 힘이 있는 세계의 그 어떤 존재자에게나 행위주체의 지위를 부여함으로써 '존재론적 평면화'에 도달한다(이진경, 2021).

이러한 ANT의 맥락에서 보면, 우리 사회는 이미 인간과 비인간의 뒤얽힌 연결들로 가득한 복합체다. 인간은 문제에 직면할 때 여러 비인간을 통해 그것을 해결하고 그 과정에서 새로이 직면한 문제를 해결하기 위해 또 다른 종류의 비인간에 기대어 살아간다. 세계에서 인간과 비인간은 공생적일 뿐 아니라 공산(共産)적으로 얽혀서 (entanglement) 서로를 조성하고 사건을 생성한다. "이러한 의미에서 인간은 이미 비인간과 분리될 수 없으며, 우리가 사회라고 부르는 것은 인간-비인간의 복합체(collective)에 다름 아니다."(홍성욱, 2010: 21) ANT의 시선에서 '사회'는 결코 인간들만의 집합체가 아니며, 비인간 행위자들도 사회의 구성 요소가 된다(김환석, 2010; 박은주, 2020).

따라서 포스트휴먼 시선에서 새롭게 상상해 보는 사회관계망은 인간중심의 관계망을 넘어 세계의 비인간 존재, 지구거주자들을 구성원으로 포함하는 것으로 연결 범위를 확장하는 것이다. 이는 공동생활(혹은 공존)을 위한 동맹의 구성체라는 '사회(societas)' 개념을 인간중심으로 가정했던 것을 넘어 우리의 사회관계망 그리드 안에 비인간 존재를 포함시키는 탈인간중심적인 사회관계망으로의 시선 전환이다. 우리와 함께 살아가는 개와 고양이와 같은 '반려'동물들은 물론, 나와 공간을 나누고 있는 식물들, 공간을 초월한 연결망을 가능하게 하는 컴퓨터와 같은 사물까지를 포함한 인간-비인간의 복합체로서의 사회관계망이다. 이렇게 상상해 본 사회관계망을 통해 나와 개와 고양이, 로즈마리와 노트북은 존재의 한 평면에 위치한다(이진경, 2021). 이렇게 포스트휴먼의 사회관계망은 그동안 당연하게 전제되었던 인간끼리의 사회관계망에서 인간-비인간이 얽힌 '소셜스트럭팅(socialstructing)'으로 나아간다.

2) 탈중심화된 리좀 방식의 국소적 연결망

기존의 사회학이 보편적인 법칙에서 출발해 국소적인 우연성을 제거하는 (혹은 그것을 보호해야 할 어떤 특수성을 여기는) 방식을 취하는 데 반해, 라투르의 ANT는 환원할 수도 없으며 비교할 수도 없는 국지성을 기본으로 한다. 따라서 ANT는 보편성이나 질서, 규칙을 추구하는 것이 아니라 국지적인 우연성들을 연결하는 것 자체를 향해 나아간다. 이런 맥락에서 라투르는 ANT가 민속방법론과 닮아 있다고 이야기한다. ANT에서 "어떤 것의 강도는 집중, 순수성, 통일성에서 나오는 것이 아니라 확산, 혼성, 약한 것들의 얽임으로 비롯된다"(Latour, 2010: 100). 라투르는 근대 사회가 더 이상 지위나 계층, 영역이나 범위, 구조와 체계라는 개념으로는 설명될 수 없는 가늘고 얇은 모세관의 성격을 지닌다고 말한다. ANT에서 사회는 상부와 하부가 경계를 이루어 서로를 떠받치고 있는 '구조'가 아니라 '가늘고 얇은', '실'이나, '끈'과 '밧줄' 같은, 중첩된 연결의 '모세관' 같은 것이다. 계층과 영역, 구조와 체계는 모두 구획과 경계, 위계 그리고 무엇보다 중심이 있어야 가능하다. ANT는 그 어떤 구조도 상정하지 않고 단지 연결만을 추구하면서, 경계를 무력화함으로써 위계를 없앤다(홍성욱, 2010). ANT는 그 어떤 위계관계도 상정하지 않고 확산, 혼성, 엮임이라는 네트워크에 집중함으로써 영역과 구조를 가능하게 하는 '중심'을 제거한다. 그 어떤 뿌리나 중심, 근원 없이 오직 탈중심화된 연결의 운동성만이 남은 네트는 이질적인 것들이 서로 연결되고 엮이면서 강도와 밀도를 만들어 내는 자기 생성의 리좀 운동과 같다(박은주, 2020; 이진경, 2002; 전가일, 2021c; Deleuze, 1988; Deleuze & Guattari, 1980).

ANT는 경계를 무력화하고 영역과 체계를 무너뜨리며 오직 네트워크에 집중함으로써 사회이론이 생겨난 이래로 계속되어 온 거시와 미시의 구분을 헐어 버린다. 우리는 사회 조직을 사고할 때 개인에서 가족, 친족, 지역 기관, 국민국가 등으로 이어지는 단계를 생각하는데 이 단계는 상부가 하부보다 더 크고 거시적인 것으로 인식되며, 마치 "사회가 실제로 상층부와 하층부를 가지기라도 한 것처럼 상향식 혹은 하향식의 위계관계에 얽매여 있다"(Latour, 2010: 103). 사회를 개별 존재로부터 상층부의 거시 규모의 조직으로 나아가는 질서를 가진 것으로 상정하는 것이다. ANT에서는 이 모든 위계적인 하부(작고)와 상부(큰)의 단계가 연결이라는 하나의 메타포로 대체된다. 하나의 네트워크는 어떤 다른 네트워크보다 작거나 큰 것이 아니라, 단지 더 길거나 강하게 연결되어 있을 뿐이다.

ANT의 시선에서 사회관계망을 볼 때, 우리가 주목해야 할 것은 조직의 하부와 상부의 구조나 위계 혹은 어떤 포함 관계가 아니라 연결의 운동을 통해 무엇이 가능해졌는지와 같은 네트의 생성력이다. ANT에 드러난 포스트휴먼 시선에서 사회관계망은 탈중심화되어 중심 줄기 없이 이질적인 것들이 이웃하는 다른 항들과 연결되고 혹은 탈주하는 리좀 방식으로 작동한다. 이러한 리좀식 사회관계망은 지속적인 이합집산을 통해 자기 생성적이며, 자기 조직적인 성격을 지니므로, 중앙집중식 혹은 상부에서 하부로의 탑다운식 작동방식에서는 갖지 못한 강력한 생성력과 연결의 역능을 가질 수 있게 된다. 이렇게 포스트휴먼의 사회관계망은 중심화된 조직의 수목적 작동방식에서 탈중심화된 국소적 연결망들의 네트가 운동하는 리좀 방식으로 나아간다.

3) 느슨한 연대와 초연결의 사회관계망

ANT는 중심을 제거하고 오직 네트워크에 집중함으로써 멀고 가까움, 크고 작음, 내부와 외부 같은 근대적인 위상학을 무너뜨린다. 근접성은 오랫동안 우리를 지배해 온 지리학적 개념이다(Latour, 2010). 가까이 위치해 있는 것이 가까이 있다고 여기는, 가까이 위치해 있는 것은 서로 연관된다는 생각은 일종의 환상이다. 가까이 있지만 연결되지 않은 요소들을 분석해 보면 그것들은 서로 무한히 멀어질 수도 있고, 멀리 있는 요소들이라도 그 연결을 고려하면 가까워질 수 있다. '가까이' 앉아 함께 마주 보고 식사를 하는 가족보다, 한 번도 만나 보지는 못했지만 서로의 마음이 담긴 글을 공유해 온 랜선 친구와 더 강하게 연결될 수 있는 것이다. 가까이 있지만 연결되지 않은 것들과 멀리 있지만 강하게 연결된 관계. 연결되어 있지 않은 것은 더 이상 '관계'가 아니다. 결국 관계망의 핵심은 연결성이다. 따라서 의미 있는 사회관계망은 지리학적 근접성이 아니라 연결의 강도에 달려 있다.

그럼에도 불구하고, 우리가 관계를 네트워크로 정의할 때 겪는 어려움은 우리에게 새겨진 지리학적 근접성의 감각 때문이다. 그러나 라투르에 의하면 지리학적 근접성은 지리학이라는 과학, 지도체계, 삼각측량이라는 실행의 결과물일 뿐, ANT에서 근접성과 거리에 대한 감각은 쓸모가 없다. 또한 네트워크 개념은 내부와 외부라는 공간 차원을 제거한다. 표면은 경계에 의해 구분되는 내외부를 지니지만 네트워크는 모두 내외부가 없는 경계다. 네트워크들 '사이 안'의 면들은 연결되어 있든지 그렇지 않으면 존재하지 않는 것이다. 따라서 우리가 ANT의 시선에서 사회관계를 볼 때, 질문해야 하는 것은 둘 사이에 연결이 만들어졌는가 아닌가 하는 것뿐이다.

지리학적 근접성을 넘어선 연결성은 디지털 기술의 발달과 함께 더욱 증폭되고 있다(이은경, 2020; Braidotti, 2013). 우리는 네트의 기술을 통해 사이보그화되었으며, '연장된 정신'으로 인간 역능을 증폭시켰다. 마리나 고비스(Gorbis, 2013)는 이러한 능력을 갖춘 사람, 즉 네트워크를 통한 집단지성과 첨단기술로 무장하고, 집단 안에서 협력할 줄 아는 사람을 "증폭된 개인"이라 부른다. 집단 안에서 "확장된 관계적 자아", "이타적 자아"로 증폭된 개인이야말로 포스트휴먼이며, 이 증폭된 개인들이 모여 이전에 혼자서는 할 수 없었던 일들을 효과적으로 수행할 수 있게 하는 것이야말로 '소셜스트럭팅(socialstructing)', 즉 사회자본 구축이라는 것이다(이은경, 2020; Gorbis, 2013).

급속히 고도화되는 디지털 기술의 발달로 우리는 ANT에서 제안한 바와 같이, 지리학적 근접성을 넘어서 나와 타자, 나와 기계 사이의 연결들로 사이보그화되고 '증폭된 개인'이 되었다. 사이보그이자 증폭된 개인인 우리에게는 시공간의 제약이 없는 다자간 소통의 초연결이 가능해졌다. ANT에서 주목한 것처럼, 중심과 위계를 제거한 초연결의 세계는 기존의 사회관계망 '공동체'의 경계를 유연하고 말랑말랑하게 만든다. 중심이나 동질성을 담보로 하는 강밀도의 연대가 아니라 언제나 또 다른 이질적인 것들과 연결 가능하도록 경계를 풀어헤치는 '느슨한 연대(Weak Ties)'인 셈이다. 이러한 느슨한 연대는 기존의 전형적인 사회관계망에서, 관계의 지나친 가까움 때문에 겪는 갈등과 동질성으로의 환원이라는 문제(전가일, 2020a)로부터 벗어나게 한다. 이렇게 포스트휴먼 시선에서의 사회관계망은 근접성이 있는 동질적인 집단과 명확한 경계에서 이질적인 것들의 초연결과 느슨한 연대를 향해 나아간다.

그렇다면 우리 생활세계의 어디에서 포스트휴먼의 성격을 지닌 사회관계망을 발견할 수 있을까? 이 연구는 앞으로 우리 생활 세계 속에서 이러한 실제들을 찾아 직접 참여 관찰하면서 그 독특한 작동방식을 고찰하고자 한다.

4. 포스트휴먼 사회관계망의 또 다른 가능성을 찾아 나가며

이 장은 우리가 마주한 포스트휴먼 시대에 걸맞는 사회관계망의 뉴노멀을 구성해 보기 위해, 기존의 사회관계망을 라투르의 행위자 네트워크 이론을 통해 낯설게 보고, 우리의 생활세계 속에서 그러한 실제를 찾아 그것들의 작동방식을 발견하고자 한 것이다. 이 연구에서 시도한 작업은 우리가 마주한 가족과 친구 그리고 사회관계망의 약화라는 위기를 돌파하고, 뉴노멀 시대 우리가 갖추어야 할 사회자본의 사회관계망 모델을 새롭게 구안해 보려는 긴 여정의 출발이다. 이 여정에서 나는 우리 삶의 다양한 포스트휴먼의 사회관계망을 찾아 그 속에서 나와 타자, 그리고 인간과 비인간의 연결이 어떤 역능을 발휘하는지 이해하고자 한다. 따라서 이 연구는 이제야 비로소 시작이며, 이 장의 마지막은 어떠한 '결론'이라기보다는 앞으로 마주할 기나긴 여정의 출발점과 같다. 이런 맥락에서 이 연구가 앞으로 포스트휴먼의 사회관계망으로 고찰하고자 하는 몇 가지 실제를 소개하는 것으로 글을 마무리하고자 한다.

1) 탈인간중심의 사회관계망: 영화 〈고양이들의 아파트〉와 '둔촌냥이'

쿤(Kohn, 2018)은 『숲은 생각한다』에서 아마존에 살고 있는 아빌라의 루나족을 통해 아마존의 비인간들을 포함하는 인간적인 것을 넘어선 인류학을 시도한다. 루나족이 고려하는 사회관계망 안에는 이웃하는 '사람'들뿐 아니라, (인간을 친구 혹은 적으로 볼 수 있는) '재규어', (소통 가능한) '개'와 아마존의 '숲'도 포함된다. 루나족의 사회관계망 그리드는 탈인간중심의 포스트휴먼 사회관계망을 잘 보여 주고 있다. 비슷한 맥락에서 국내에서 주목할 만한 탈인간중심의 관계망을 보여 주는 사례가 바로, 영화 〈고양이들의 아파트〉에 나오는 둔촌주공아파트의 인간-고양이 관계망과 이 고양이들의 이주를 위한 프로젝트 모임, '둔촌냥이'다.

2017년 서울 강동구 둔촌동의 둔촌주공아파트 재건축이 시작되면서 5,900이 넘는 많은 가구가 이주를 시작했다. 이는 재건축을 위한 단일 이주 숫자로는 기록적인 것이었다. 그런데 그곳에는 6,000여 가구에 이르는 '사람들'만 있는 것이 아니었다. 둔촌주공아파트는 오래된 아파트답게 단지 내 빈 공간이 많았고, 녹지 지역이 넓어 수풀이 울창해서 많은 고양이가 살고 있었다. 오랫동안 둔촌주공아파트의 많은 주민은 '캣맘'이 되어 먹이를 주며 이 고양이들을 살뜰히 보살펴 왔다. 그렇게 해서 둔촌주공아파트의 수백 마리의 고양이는 길고양이나 집고양이가 아닌, '동네 고양이'로 살아왔다(오마이뉴스, 2022; 정재은, 2022). 그렇게 둔촌주공아파트는 "오래도록 고양이들과 사람들이 함께 마음껏 뛰놀고 사랑과 기쁨을 주었던 '인간과 고양이' 모두의 천국이었다"(정재은, 2022; KBS뉴스브런치, 2022). 하지만 영역 동물인 고양이들은 재건축을 앞두고 주민들이 이주를 거의 마칠 때까지도 곧 철거될 아파트를 떠나려고 하지 않았다. 주민들은 "아파트가 무너지고 없어지는 걸 사람들은 알지만, 고양이들은 모르니까요. 그냥 두면 죽을 수도 있잖아요."라며 걱정했다. 주민들은 동물보호단체의 운동가들과 함께 모여 '둔촌주공아파트 동네 고양이의 행복한 이주를 준비하는 모임'(줄여서 둔촌냥이)을 만들었다. 둔촌냥이 활동가들은 끝에서 끝까지 도보로 족히 30분이 걸리는 대형 아파트 단지를 돌고 또 돌아다니며 마을 고양이들을 파악했다. 그들은 사진을 찍고 그림을 그려 어느 영역에 어떤 고양이가 사는지, 그들의 습성이 어떠한지 파악해서 300마리에 이르는 고양이들을 차근차근 이주시키기 시작했다. 고양이 각각의 개성을 파악해서 사람과 유독 친밀한 고양이는 입양을 추진하고, 그렇지 않은 고양이는 점차 활동 영역을 다른 곳으로 옮기도록 먹이를 통해 유도했다.

정재은 감독은 2017년 5월부터 아파트가 완전히 해체된 2019년 11월까지 2년 반 동안 촬영하여 이들의 고양이-인간 생태계를 그려 냈다. 영화 속 고양이들은 사람을 피하지 않고 오히려 사람 손길을 즐기는 것처럼 보인다. 영화는 하나둘씩 떠나기 시작해서 공동화되는 아파트에서 여전히 아파트 사이를 돌아다니며 자기 삶의 터전을 떠나지 않는 고양이들, 자신이 밥을 주며 돌봤던 고양이들을 찾아 공동화된 아파트를 헤매는 사람들, 그동안의 행복했던 추억을 고양이에게 이야기하며 작별하는 사람들, 고양이들의 진짜 속마음을 알고 싶어 애타는 마음으로 울먹이는 사람들의 모습을 보여 주며 고양이와 인간의 공생을 그려 내고 있다. 아파트를 만들고 허무는 것은 인간의 일이지만, 이러한 과정을 통해 비인간 동물과 인간 사이에 관계가 생기고, 인간-고양이의 생태계가 생성된 것이다(KBS뉴스브런치, 2022). 이 생태계는 인간들만의 것이 아니라 인간과 비인간, 우리 모두가 다 함께 공유하는 것이다. 그리고 이런 고민으로 관계를 만들어 가는 것, 그 자체가 사회관계망을 생성하는 일이다. 둔촌주공아파트의 인간-고양이 생태계와 2017년 둔촌주공아파트에서 있었던 이들의 고양이 이주 프로젝트는 이렇게 인간과 고양이의 공생을 보여 주며 인간-고양이의 네트라는 탈인간중심의 사회관계망의 실제를 보여 준다. 이 연구는 앞으로 둔촌냥이의 사례와 함께 우리 주변에서 인간-동물, 혹은 인간-비인간의 관계망을 형성한 사례를 찾아 고찰할 계획이다.

2) 느슨한 연대와 말랑한 경계: 품앗이 육아

공동육아협동조합원들은 비용, 참여, 책임의 부담감 등의 어려움에도 불구하고 아이 함께 키우기를 통해 조합원들이 함께 성장하고, 삶을 나누며 '함께 살기'를 실천한다(전가일, 2020a, 2021b). 이러한 공동육아협동조합은 의사 결정 체계가 탈중심화되어, 조합원들이 저마다 소모임을 만들거나 조합에 필요한 일들을 고민하여 해결해 나가는 리좀 작동방식으로 움직인다. 그러나 공동육아협동조합은 진입 문턱이 견고하고, 내외부의 경계가 매우 뚜렷하며 내부자들의 지나치게 가까운 관계의 거리와 밀도 높은 연대가 오히려 외부로의 확장이나 집단의 기동성, 외부에 대한 개방 등에 있어 어려움을 야기하기도 한다. 이에 비해, '품앗이 육아'는 자기 생성적이며, 느슨한 연대를 특징으로 한 육아의 사회관계망 사례로 주목해 볼 수 있다.

품앗이 육아 개념은 공동육아와 비슷한 맥락에서 공동육아와 혼용되어 사용되고 있으나, 보통 '공동육아'가 부모들의 협동조합 형태로 이루어진 대안적 유아교육기관을 일컫는데 비해, '품앗이 육아'는 서로 돌봄을 목적으로 부모들이 돌아가며 아이들을 돌보는 한시적·장기적 모임이나 연대체를 말한다. '품앗이'의 사전적 의미는 농촌에서의 비교적 단순한 협동 노동방식을 의미하고, 여성 노동력이 활발한 지역에서 두드러지게 나타났으나, 이후 다양한 인간관계 안에서 서로 마음 맞는 사람끼리 도움을 주고받는 연대체를 일컫는 광범위한 용어가 되었다(김선미, 2010; 남유주, 2021). '품앗이 육아'란 '도움을 도움으로 갚아야 한다'는 협동체계인 품앗이 활동에 육아를 더한 것으로, '서로 도움을 주고받으며 육아하는 활동'이라고 볼 수 있다(남유주, 2021).

품앗이 육아는 주로 엄마들이 다른 엄마들과 함께 놀이나 교육 활동을 공유하면서 아이들을 돌보거나 한두 사람이 돌아가며 책임을 맡아 아이들을 돌보는 방식으로 이루어지기도 한다. 품앗이 육아는 회원제처럼 정해진 성원들 안에서 이루어지는 경우도 있지만, 동네에서 부모와 아이들의 자유로운 놀이모임으로 시작되어 기회가 될 때마다 원하는 참여자들을 모집하는 방식으로 이루어지기도 한다. 동네 공터의 놀이모임에서 시작되어 품앗이 육아의 성격을 지니게 된 '산별아'와 같은 경우가 대표적이다(전가일, 2021b).

이러한 품앗이 육아 모임들은 공동육아협동조합과는 달리, 모임에 들어가고 나가는 것이 크게 부담스럽지 않다. 구성원 간의 관계 밀도 또한 조합 형태보다 약할 수 있기 때문에 책임감도 덜하다. 품앗이 육아 모임들은 특정한 목적(놀이와 독서, 현장학습 등)으로 모이고 흩어지는 경우가 많으므로 이합집산 또한 용이하다. 공동육아조합들이 강밀도의 관계망과 견고한 경계를 지닌 탓에 이합집산이 매우 어려운 것과는 품앗이 육아 모임은 화하거나 다른 모임들과 접속해 다른 성격의 모임으로 변할 수 있는 리좀적인 확산과 이합집산의 운동성을 지닌다. 이 연구는 앞으로 서울의 도선동과 행당동에 있는 몇몇 품앗이 육아 사례를 고찰함으로써, 이 모임들의 작동방식을 분석하고 이들이 지닌 포스트휴먼 사회관계망으로서의 특징을 이해하고자 한다.

3) 자기 생성의 리좀 연결망: 학교 밖 배움공동체

일리히(Illich, 2014)는 근대교육이 물질(몸)과 분리된 이론(이성)에 기반하여 개인의 지적 능력 향상을 목표로 하는 개념 위주의 '명사형 교육'이었음을 지적하며, 이러한 명사형 교육과는 달리 인간의 몸이라는 물적 토대에 기반을 두고 타자와 더불어 서로의 주변 세계를 적소(niche)'로 만드는 교육으로의 '동사형 교육'을 제안한다. 동사형 교육은 온 세상을 배움의 터전으로 삼아 타인과의 얽힘을 통해 집단지성이라는 사회적 자본을 구축하는 것이다. 동사형 교육의 실제로는 학교 밖에서 자생적으로 이루어지는 다양한 배움 공동체에 주목할 필요가 있는데, 사이버 공간이나 지역의 작은 서점을 기반으로 한 독서토론 모임, 마을 내 다양한 자발적 배움 공동체 등이 그 예가 될 것이다. 이러한 학교 밖의 자생적 배움 공동체는 최근 디지털 연결망의 발달로 더욱 가속화되고 있는데, 자기 생성의 운동성과 역동적인 이합집산, 느슨한 연대를 그 특징으로 한다. 학교 밖 배움 모임들은 근대의 제도학교 설립 이후 교육의 일을 독점해 온 학교가 특정 교육과정을 특정한 질서와 권력관계의 구도 속에서 구현해 오던 것과는 달리, 배우는 이들의 욕망과 필요가 가장 큰 원동력이 되어 스스로 작동하는 자기 생성의 성격을 지닌다(전가일, 2021c; 최근정, 2019). 이렇게 동사형 교육을 보여 줄 수 있는 학교 밖의 다양한 배움 모임의 사회관계망을 통해 우리는 포스트휴머니즘 시대가 요구하는 연대와 공생을 가능케 하는 사회관계망을 구성해 볼 수 있을 것이다(이은경, 2020).

김용련(2019)과 서용선(2016)은 마을의 학습 공동체들을 '마을 전체를 하나의 학습생태계로 만들고자 하는 움직임'이라고 설명하며, 마을 교육공동체 구축 및 운영을 위한 토대로서 '복잡성의 과학'과 '생태주의', '사회자본' 등을 제시했다. 복잡성의 과학은 원인-결과의 인과론과 결정론이라는 사회과학의 전통적 인식론과 방법론에 대한 부정으로부터 출발하여 우리가 처해 있는 문제 상황을 이해하기 위해서는, 보다 복잡하게 얽혀 있는 시선이 필요함을 말한다(김용련, 2019). 마을 내에서 벌어지는 학교 밖의 다양한 배움 공동체는 배움에 대한 자기 생성의 모나드들이 서로 연결되어, 네트가 복잡하게 뒤엉킨 사회연결망의 사례를 보여 줄 것이다. 특별히 이 연구는 앞으로 성동구 마을자치 지원센터에서 지원[7]하고 있는 학교 밖 배움 모임인 '두루미 학당'과 '배움의 라야' 등

---

7) 성동구의 '마을자치 지원센터'에서는 2012년부터 현재까지 관내 17개 동에서 자생적으로 이루어지는 434개의 주민 모임을 지원하고 있다. 이 모임들 중 상당수는 배움과 나눔의 성격을 지닌 모임이다. 나는 연구를 위해 2022년 3월부

을 관찰·면담하여 동사형 교육의 사례로서 이 모임들이 가진 독특성을 고찰하고자 한다. 얼마 전, '배움의 라야'의 구성원 한 명과 파일럿 성격의 사전 면담을 실시하였는데, 자신은 마을의 배움 공동체들을 통해서 성장해 왔으며, 그런 모임들과 계속해서 접속해오면서 관계망을 넓혀 왔다고 이야기했다.

> "제가 그때 첫 모임에서 저 소개할 때, '마을이 나를 키운 거 같다' 이랬는데, 제가 그렇게 느꼈어요. 이런 걸 하다 보니까, 처음에는 교육(수업)을 듣고 싶어서 내가 듣고 싶은 교육을 갔더니 거기에 나랑 비슷한 생각을 가진 사람들이 있고, 그걸 통해서 그 사람들이랑 연결되어 어떤 모임을 지속적으로 하다 보니까 내가 필요한 것들을 더 얻게 되고, 그렇게 계속 하다보니까 내가 이렇게 성장이 되고, 결국 이걸 가지고 뭔가를 하게 되거든요."[김주미(가명), '배움의 라야' 활동가]

이 자료에서 참여자는 배움에 대한 개인의 욕망으로 시작된 모임에서 다른 이들과 연결되고 이 모임이 또 다른 모임과 연결되면서 나중에는 자신의 배움을 다른 이들에게 나누는 자원봉사를 거쳐, 현재는 40대 후반에 생애 첫 직업을 갖게 되었다. 마을의 배움 공동체를 통해 경험한 이러한 관계망은 기계와의 공생이 일상이 된 지금에서도 여전히 사람과 사람과의 협력과 연결이 우리 자신을 실현하도록 하는 힘이 됨을 보여 준다. 이러한 학교 밖의 다양한 배움 모임은 자기 교육을 목적으로 서로 협력하는 관계성의 네트워크를 구축함으로써 네트로 연결된 이들이 서로 배우고, 나누고, 확장해 나갈 수 있는 실질적인 자원이 된다는 점에서 사회자본의 실제를 보여 줄 수 있을 것이다.

이제 비로소 이 탐구의 여정은 강렬한 바람을 갖고 시작되었다. 우리 삶 곳곳에서 운동하고 있는 연결망들을 찾아 그것들의 작동방식을 이해할 수 있기를, 우리 삶 곳곳에서 넘실대는 인간중심을 넘어서 탈중심화되어 리좀 운동하는 느슨한 연대와 초연결의 네트들을 찾아내고, 그것들의 역능을 발견함으로써 불확실성으로 가득한 포스트휴먼의 시대에 다른 모든 지구거주자와 함께 지속 가능한 공생을 할 수 있도록 지지하는 사회 관계망을 그려 낼 수 있기를!

터 마을자치 지원센터의 마을학교에 참여하면서 학교 밖의 배움 모임과 품앗이 육아를 하는 주민들과 연결될 수 있었다.

📖 **참고문헌**

김도일(2017). 더불어 행복한 삶을 위한 플랫폼: 마을교육공동체. 장신논단, 49(4), 399-435.

김용련(2019). 마을교육공동체: 생태적 의미와 실천. 서울: 살림터.

김영철, 강영택, 김용련, 조용순, 이병곤(2016). 마을 교육공동체 해외 사례 조사와 정책 방향 연구. 정책연구 2016-06.

김상준(2004). 부르디외, 콜만, 퍼트넘의 사회적 자본 개념 비판. 한국사회학, 38(6), 63-95.

김선미(2010). 지역사회와 일터에서의 가족친화 사회환경 조성활동. 2010년 한국가정관리학회 학술대회 자료집.

김재희(2017). 시몽동의 기술철학: 포스트휴먼 사회를 위한 청사진. 경기: 아카넷.

김환석(2010). '두 문화'와 ANT의 관계적 존재론. 홍석욱 편. 인간·사물·동맹. 서울: 이음.

남유주(2021). 품앗이 육아과정에 참여한 어머니들의 공동체 학습경험 연구. 아주대학교 대학원 석사학위논문.

박은주(2020). 기계도 행위할 수 있는가?: 브루노 라투르의 행위자 네트워크 이론(actor-network theory)을 중심으로. 교육철학연구, 42(4), 1-26.

우정길(2021). 포스트휴머니즘 담론의 교육학적 수용: 연구의 현황과 전망. 교육문제연구, 34(2), 1-37.

이수안(2015). 행위자로서 '인간'개념의 전이: 베버의 인간중심적 문화인간과 라투르의 포스트휴먼적 비인간을 중심으로. 사회사상과 문화, 18(2), 41-74.

이소영(2017). 커뮤니티 워크와 사회적 자본의 순환관계. 경기: 한국학술정보.

이영재(2018). 사회적 자본 개념의 미분화 비판. 정치사상연구, 24(2), 143-166.

이은경(2020). 포스트휴머니즘 시대 공생을 위한 교육. 교육철학연구, 42(4), 117-136.

이진경(2002). 노마디즘 1. 서울: 휴머니스트

이진경(2007). 모더니티의 지층들. 서울: 그린비.

이진경(2009). 외부, 사유의 정치학. 서울: 그린비.

이진경(2011). 불온한 것들의 존재론. 서울: 휴머니스트.

이진경(2019). 포스트휴먼과 인간학: 포스트휴먼이 던지는 철학적 물음들. 2019년 한국교육인류학회 추계학술대회 자료집.

이진경(2021). 유물론 선언: 천 개의 유물론을 위하여. 마르크스주의 연구, 18(2), 178-209.

전가일(2018). 인간/비인간의 위계를 넘어 인간과 자료의 내부작용(intra-action)으로. 2018 한국

교육인류학회 추계학술대회 자료집.

전가일(2020a). 그들의 왜 기꺼이 어려움을 감수하는가?: 한 공동육아조합원들의 공동육아 경험을 통해 본 사회적 육아의 의미. 미래교육학연구, 33(2), 127-155.

전가일(2020b). 물질은 어떻게 아이들과 더불어 운동하는가?: 한 공동육아 아이들의 놀이에서 발견한 물질의 행위주체성에 대한 이해. 임부연 외 공저. 미래학교를 위한 놀이와 교육 1 (pp. 275-305). 서울: 교육과학사.

전가일(2021a). 질적연구 계획에서 글쓰기까지. 서울:학이시습.

전가일(2021b). 아이 함께 키우며 더불어 살아가기. 서울: 살림터.

전가일(2021c). 반상 위에 펼쳐진 포스트휴먼 페다고지 탐색. 교육사상연구, 35(4), 245-287.

전가일(2022). 뉴노멀 시대 사회자본으로서 포스트휴먼 사회관계망의 독특성 탐구: 공동육아조합 사례를 중심으로. 교육사상연구, 36(3), 141-179.

전현곤(2011). 교육학에서의 사회자본 논의에 대한 비판적 탐색: 가정의 사회적 자본을 중심으로. 한국교육학연구, 17(3). 151-174.

정경화(2021). 교사는 기술을 통해 학생에 닿을 수 있는가?: 비대면 시대, 교사의 실존적 위기에 대한 현상학적 보고. 교육철학연구, 43(2), 245-271.

정낙림(2020). 놀이의 철학과 아곤의 교육. 임부연 외 공저. 미래학교를 위한 놀이와 교육 1 (pp. 65-98). 서울: 교육과학사.

최윤경(2020). 코로나19 육아분야 대응체계 점검: 어린이집·유치원 휴원 장기화에 따른 자녀돌봄 현황 및 향후 과제. 육아정책 Brief, 81, 서울: 육아정책연구소.

최근정(2019). 성인들의 '대학 밖 대학' 배움활동 해석. 이화여자대학교 대학원 박사학위논문.

최승현(2019). 들뢰즈와 가타리의 기계론과 배치의 교육학. 2019년 한국교육인류학회 추계학술대회 자료집.

최승현(2020). 실험과 배움 그리고 유아 놀이의 생태성. 임부연 외 공저. 미래학교를 위한 놀이와 교육 1 (pp. 205-231). 서울: 교육과학사.

하영유(2021). 뉴노멀 시대 미술교육의 뉴노멀 탐색. 이성곤 외 공저. 포스트코로나 시대 예술의 길 (pp. 188-233). 서울: 한국예술연구소.

허영주(2016). 교육적 노마디즘의 개념화. 한국교육학연구, 22(3), 89-113.

홍성욱(2010). 행위자네트워크 이론: 불확실하고 변화하는 수상한 사물에 주목하라. 홍성욱 엮음. 인간·사물·동맹. 서울: 이음.

Barad, K. (2007). *Meaning the Universe Halfway: Quantum Physics and the Entanglement of*

Matter and Meaning. Durham, NC: Duke University Press.

Braidotti, R. (2013). *The Posthuman.* 이경란 역(2015). 포스트휴먼. 서울: 아카넷.

Bourdieu, P. (1986). The Forms of Capital. In J. G. Richardson (Ed.), *Handbook of Theory and Research for the Sociology of education.* CT: Greenwood Press.

Coleman, J. S. (1990). *Foundations of Social Theory.* Cambridge: Harvard University Press.

Davies, B. (2014). *Listening to Children: Being and becoming.* London: Routledge.

Deleuze, G. (1968). *Différence et Répétition.* 김상환 역(2004). 차이와 반복. 서울: 민음사.

Deleuze, G. (1964). *Proust et les signes.* 소동욱, 이충민 역(1997). 프루스트와 기호들. 서울: 민음사.

Deleuze, G. (1988). *Le Pli, Leibniz et le Baroque.* 이찬웅 역(2004). 주름, 라이프니츠와 바로크. 서울: 문학과 지성사.

Deleuze, G., & Guattari, F. (1980). *Mille Plateaux: capitalism et schizophrenie 2.* 김재인 역(2001). 천 개의 고원. 서울: 새물결.

Gatto, J. T. (2005). *Dumbing Us Down.* 조응주 역(2017). 왜 우리는 교육을 받을수록 멍청해지는가. 서울: 민들레.

Gorbis, M. (2013). Nature of the Future: Dispatches from the Socialstructed World. 안진환, 박슬라 역(2015). 증폭의 시대: 소수의 증폭된 개인이 전체를 바꾸는 세상. 서울: 민음사.

Harari, Y., Galloway, S., Hoskinson, C., Tirole, J., Gabriel, M. & 丸山俊一 (2019). 欲望の資本主義 3. 신혜원 역(2020). 초예측 부의 미래. 서울: 웅진지식하우스.

Koro-Ljungberg, M., MacLure, M., & Ulmer, J. (2018). D…a…t…a…, Data++, Data, and Some Problematics. In N. K. Denzin & Y. S. Lincoln (Eds.), *The SAGE Handbook of Qualitative Research* (5th ed.). SAGE Publications.

Kohn, E. (2018). *How Forests Think.* 차은정 역(2018). 숲은 생각한다. 서울: 사월의 책.

Latour, B. (2010). On Actor Network Theory: A Little Clarification, and Making the Problem More Complicated. 행위자네트워크 이론에 관하여: 약간의 해명, 그리고 문제를 더 복잡하게 만들기. 홍성욱 역, 엮음(2010). 인간·사물·동맹. 서울: 이음.

Legatum Institute. (2022). The Legatum Prosperity Index. https://www.prosperity.com 에서 2022년 4월 30일 인출.

Legatum properity index(2020, 2021). https://www.prosperity.com

Litwin, H., & Shiovitz-Ezra, S. (2011). Social network type and subjective well-being in a national sample of older Americans. *The Gerontologist, 51,* 379-388.

Nahapiet, J., & Ghoshal, S. (1998). Social Capital, Intellectual Capital, and the Organizational

Advantage. *Academy of Management Review, 23*(2). 243-244.

Pancini-Ketchabaw, V., Kind, S., & Kocher, L. L. M. (2017). *Encounters with materials in early childhood education.* NY: Routledge.

Putnam, R. (1995). Bowling Alone: America's Declining Social Capital. *Journal of Demicracy, 6*(1), 65-78.

Sellers, M. (2013). *Young children becoming curriculum: Deleuze, Te Whariki and curricular understandings.* NY: Routledge.

Siebenhuner, B., Rodela, R., & Ecker, F. (2016). Social learning research in ecological economics: A survey. *Environmental Science & Policy, 55*, 116-126.

Silver, L., Van Kessel, P., Huang, C., Clancy, C., & Gubbala, S. (2021). What Makes Life Meaningful? Views From 17 Advanced Economies. Pew Research Center, November 18.

Taguchi, H. L. (2010). *Going Beyond the Theory/Practice Divide in Early Childhood Education: Introducing an intra-active pedagogy.* 신은미 외 공역(2018). 들뢰즈와 내부작용 유아교육: 이론과 실제 구분 넘어서기. 서울: 창지사.

Villani, A., & Sasso, R. (2003). *Le Vocabulaire de Gilles Deleuze.* 신지영 역(2013). 들뢰즈 개념어 사전. 서울: 갈무리.

Watson, R. (2016). *Digital vs. Human.* 방진이 역(2017). 인공지능 시대가 두려운 사람들에게. 서울: 원더박스.

다음백과(2022). https://100.daum.net/encyclopedia/view/47XXXXXb1340. (2022. 12. 31. 인출).

최재천(2020). 자연은 순수를 혐오한다. https://www.youtube.com/watch?v=Y-eOebKk (2020. 5. 30. 인출).

로지브라이도티 인터뷰(2021. 10. 14.). https://www.youtube.com/watch?v=bR-2AvdjWkY

오마이뉴스(2021). 리움미술관 '재개관'. 코로나시대, 인간 본질을 다시 묻다. http://omn.kr/1vm6t

오마이뉴스(2022). 둔촌냥이들에게 주거권을 허하라. http://star.ohmynews.com/NWS_Web/OhmyStar/at_pg.aspx?CNTN_CD=A0002818473

위키백과(2022). https://ko.wikipedia.org/wiki/%EC%82%AC%ED%9A%8C. (2022. 12. 31. 인출).

정재은(2022). 영화, 〈고양이들의 아파트〉. 영화사 못.

한국민족문화대백과사전(2022). http://encykorea.aks.ac.kr/Search/List. (2022. 12. 31. 인출).

KBS뉴스브런치(2022). 둔촌냥이 이야기. https://www.youtube.com/watch?v=FmbT0lSiuaM

제 10 장

얼굴의 교차[1]
COVID-19하의 초등교사 수업준비에서 드러난 교육주체 간 관계성

1. 들어가며: 교육주체들의 얼굴

모든 인간(人-間) 주체는 항상 다른 인간 주체인 타자와의 관계 속에서 실존하게 된다.[2] 한 사람의 교육주체로서 교사가 수업준비를 하며 실존하는 순간에도 역시 그러하다. 언뜻 생각하기에, 교사가 교실 안에서 홀로 고립되어 수업준비를 할 것만 같아 보일지 몰라도, 교사는 언제나 "주체-타자"(조용환, 2021: 162)로서, 즉 교사-아이들, 교사-동료교사, 교사-학부모로서 수업준비를 해 나가게 된다.

그런데 교사주체가 타자들과 맺는 관계가 수업을 가능하게 만들기 위해 혹은 더 좋은 수업을 만들기 위해 전제조건으로서 준비되어야 하는 것이라면, 그러한 관계들은 근원적으로 어떻게 성립 가능하게 되는가? 교사는 어떻게 아이들, 동료교사, 학부모와 관계를 형성하게 되는가? 그 답은 얼굴에서 찾아볼 수 있다. 교사는 아이들, 동료교사, 학부모의 얼굴을 마주함으로써 그들과 관계를 형성한다.

얼굴은 보통 눈코입 넓게는 귀까지를 경계로 삼아, 우리 몸의 핵심적인 감각기관이 위치한 머리의 전면부를 일컫는다(Wilkins, 2017). 인간 주체는 자신의 외부에 있는 대상을 접했을 때 들어오는 자극 중 상당 부분을 얼굴을 통해 감각하고, 감각한 바를 지각함으로써, 즉 "감각이 신체적 자극에 따라 제공한 신호에 대해 해석"(Merleau-Ponty, 1945:

---

*강진아(서울대학교 교육연구소 객원연구원, 태장초등학교 교사)

1) 이 글은 강진아(2022)의 일부를 발췌, 재구성한 것이다.

2) 이 글에서 비인간 타자는 논의의 범주에서 제외하기로 한다.

80)함으로써, 대상과 의식적으로 상관작용하게 된다. 요컨대, 대상과 특정한 방식으로 관계를 맺게 되는 것이다. 한편, 우리말에서 '얼굴'은 인간 정신의 뼈대가 드러나는 통로로서 여겨져 왔는데, 표현적 능력(표정)을 지닌 인간의 얼굴은 부단히 "생산되고 변형"(Deleuze & Guattari, 1980: 339)되며 시시각각 변화하는 인간의 주체화와 의미 생성을 표현하며, 인간 주체와 대상 간의 관계를 맺거나 끊고 그 방향성을 틀기도 한다. 더불어 영문으로 얼굴을 일컫는 'face'는 동사형으로서 다루어질 경우 한 인간 주체가 대상과 얼굴을 마주함으로써 모종의 관계가 형성되는 존재 사건의 순간을 조명하고 있음을 알 수 있다.

이처럼 얼굴은 인간이 관계성을 형성하는 아주 원초적이고 근원적인 전제이자 방식이라고 볼 수 있다. 그 자신도 인간 주체로서 교사들은 자신의 얼굴로 앞서 언급한 정체성을 지닌 타자들의 얼굴을 상대하거나 떠올리는 등, 타자들의 얼굴을 직간접적으로 마주함으로써 그들과의 관계를 형성하며, 그렇게 형성된 관계 속에서 수업준비를 해 나간다.

그렇다면 주체-타자로서 교육주체들의 얼굴은 초등교사의 수업준비 과정에서 어떠한 모습으로 출현하며, 교육주체 간 관계성은 어떠한 양상으로 드러나게 될까? 특히 2019년 12월 이래로 확산되어 우리의 삶을 크게 변화시킨 "COVID-19 상황 속 초등교사의 수업준비에서, 교육주체들의 얼굴은 어떠한 모습으로 출현하며, 교육주체 간 관계성은 어떠한 양상으로 드러나는가?" 이 질문에 대한 답을 찾기 위하여, 나는 2020년 현장 교사로 일하는 동시에 연구를 수행하였고, 자문화기술적 사례연구로서 이 연구를 수행하였다. 연구를 통해 COVID-19 상황 속 초등교사의 수업준비에서 서로 다른 성격을 띠는 교육주체의 얼굴들이 교차하며 출현함을 발견할 수 있었으며, 나는 그 얼굴들을 각각 사라진 얼굴, 거울에 비친 얼굴, 낯선 얼굴로 구분하여 제시하고자 한다.

2. 사라진 얼굴

수업준비에서 주체들의 얼굴은 종종 사라졌다. 때로는 수업을 위한 사전작업에서 주체들의 얼굴이 텍스트에 가려지기도 했고, 주체들의 얼굴이 수업을 위해 놓인 물질적 장벽에 가로막히기도 하였으며, 수업을 가능하게 만들기 위해 의도적으로 주체들의 얼굴을 지워야 하는 상황이 벌어지기도 했다. 한편, 이렇게 사라진 얼굴은 상황과 국면의 변화에 따라, 혹은 주체들의 시도와 노력에 따라 나타나게 되기도 했다.

1) 텍스트에 가려진 얼굴

수업준비에서 주체의 얼굴이 '텍스트'에 의해 가려지는 것은 흔히 학년 초에 두드러지는 현상이다. 그런데 관건은 COVID-19 상황으로 인해 등교가 차일피일 미뤄지면서 '텍스트'에 의해 가려진 아이들의 얼굴을 너무 긴 시간 동안 도무지 되찾지 못했다는 데에 있었다.

일반적으로 2월 중순경, 학년 반 배정이 끝나고 나면 교사들은 아이들의 얼굴을 보지 못한 채 수업준비를 시작한다. 아이들을 교실 공간에서 직접 만나기 전에, 교사가 먼저 만나게 되는 것은 '반 편성 명단'이라는 이름의 '텍스트'다. 반 편성 명단을 통해 얻을 수 있는 아이들에 대한 정보는 학급 남녀 인원수 및 개별 아동의 번호 · 이름 · 성별 · 생년월일 · 전 학년도 반 등으로 극히 제한적이다. 이 외의 간단한 정보는 비고란에 기재된다. 통상적으로, 새 학년 첫날인 3월 2일이 되기 전까지의 수업준비 과정에서 아이들의 얼굴은 교사에게 그다지 중시되지 않는다. 앞서 주어진 아이들의 정보만 갖고도 해야 할 일이 많기 때문이다.

그러다가 3월 2일이 되면 교사들은 이내 아이들의 얼굴을 마주하게 된다. 종이 위 텍스트 흔적의 형태로만 있던 아이들이, 교실에 자신의 몸-얼굴을 가지고 나타나기 때문이다. 우리의 얼굴은 근원적으로 우리의 몸에 들러붙어 있기에 아이들의 몸이 교실에 오면 당연지사 얼굴이 함께 따라오게 되고, 그때부터 교사의 수업준비는 아이들에 대한 정보를 담은 텍스트와 아이들의 몸-얼굴을 연동하는 방식으로 이루어지게 된다.

텍스트와 아이들의 몸-얼굴 간 연동을 빠르게 형성하기 위해서 교사들은 학기 초 아동 사진 찍기, 책상 명패 만들기, 자기소개글 작성하게 하기, 자기소개 놀이하기 등 의도적인 노력을 하기도 하지만, 기본적으로 텍스트와 몸-얼굴 간의 연동은 교사가 아이들과 함께 생활하면서 자연스럽게 이루어지고, 시간이 흐름에 따라 점차 강화된다. "인간학적 술어들을 넘어서" 있으며 "실존의 운동"을 수행하는(Merleau-Ponty, 1945: 211-224) 아이들의 몸-얼굴이, 텍스트와 몸-얼굴 간 연동에서 언어들이 닻을 내리는 구심점이자, 몸-얼굴 간의 연동을 강화시키는 데 유효한 언어들을 추가적으로 생성하는 촉발제가 되는 것이다.

그런데 COVID-19 팬데믹으로 인해 등교가 어려워지고 비대면 개학이 이루어지면서, 교사들은 아이들의 몸-얼굴을 한동안 만날 수 없었다. 그동안 앞서 언급한 연동의 형성과 강화는 불가능한 일이 되었다. 온라인 개학 초반의 과제제시형 비대면 수업을 위해, 나와 동료교사들은 가지고 있던 반 편성 명단과 온라인 플랫폼상에 남겨진 댓글 '텍스트'로부터 아이들의 존재를 어떻게든 움켜쥐어 보려고 애썼다. 그러나 너무 짧고 적으며 무미건조한 텍스트들에만 의존해서 한 번도 만나본 적 없는 아이를 형상화하고 의미를 부여하는 일이란 결코 쉽지 않았다. 오승효는 아이들을 만나지 못하는 기간 동안 아이의 이름과 그 아이가 쓴 댓글의 내용조차 일치시키지 못하고, 늘 '어떤 애가' 이러한 내용의 댓글을 달았노라고 말하곤 했다. 아이들의 몸-얼굴이라는 구심점이 없으니, 주어진 텍스트들을 교사에게 익숙하고 유의미한 방식으로 엮기가 어려웠던 것이었다. "질이 문을 압도하면 거칠고, 문이 질을 압도하면 틀에 갇히게 된다."(조용환, 2012: 7)라고 하였는데, 아이들을 설명하는 한정된 텍스트는 교사들을 압도했고, 교사들은 그 텍스트가 부여하는 틀에 갇혀 아이들의 고유한 존재를 포착할 수 없게 되었다. 시간이 흘러 아이들이 본격적으로 등교를 한 이후에는 텍스트와 아이들의 몸-얼굴 간 연동 작업이 점차적으로 이루어졌다. 등교수업 도중에 아이들의 몸-얼굴이 텍스트를 생산해 내는 일이 많아졌고, 교사들이 그러한 모습을 오롯이 곁에서 함께 겪고 관찰하며 연동 작업을 할 수 있었기 때문이었다. 그러나 그마저도 드문드문 등교를 해야 했기에, 아이들의 몸-얼굴은 드러날 만하면 다시 텍스트에 의해 가려지곤 했다. 교사들은 이전이었으면 교실 안에 당연히 준비되어 있어야 할 아이들의 몸-얼굴을 직접 마주하지 못하고, 온라인 플랫폼상의 텍스트의 흔적이나 아이들이 남겨 놓은 활동지의 흔적을 붙잡아, 아이들의 몸-얼굴의 형상을 떠올리며 수업을 해야 했다.

2) 물질적 장벽에 가로막힌 얼굴

수업을 가능하게 만들기 위해 마련된 것들이 도리어 장벽이 되어 주체들의 얼굴을 가로막는 경우도 있다. COVID-19 이전의 교실 상황에서도 그런 예들이 있다. 가령, 교사용 책상 위에 놓인 모니터나 교사와 거리가 먼 4분단 맨 끝에 놓인 학생용 책상과 의자, 판서하는 교사의 몸 등이 그것이다. 이러한 장벽들이 교사와 아이들의 얼굴을 과도하게 가로막는 상황이 생기면, 교사와 아이들은 서로에게 얼굴을 보여 줄 것을, 혹은 자신의 얼굴이 지향하는 바를 방해하지 말기를 요청하곤 한다. 그리고 상황에 적합하게 사물과 몸을 움직이는 등의 조치를 하게 된다.

그렇다면 COVID-19 상황에서는 어떠했을까? COVID-19 상황에서 수업 실행의 전제 조건은 의학에 근거한 기준에 따라 바이러스 전파의 차단이 보장되어야 한다는 것이었다. 그런데 방역을 위해 마련된 사물들은 인간의 얼굴을 덮고 제한하고 필터링했다. 그리고 주체들이 서로의 얼굴에 최대한 가 닿을 수 있게 도와주는 동시에, 주체들의 얼굴 그 자체를 온전히 접하지는 못하도록 방해하는 이율배반적인 장치가 되었다. 마치 왜상화법(anamorphosis)으로 그려진 그림이 곡면거울에 비치면 대상의 이상적인 형상을 드러내지만 그것이 원본 그림 그 자체를 통해 드러난 것은 아니듯 말이다.

대면수업을 가능하게 만들었던 가림판과 마스크를 보자. 먼저, 책상에 설치된 가림판은 키가 작은 2학년 아이들이 편안한 자세로 앉았을 때 얼굴 높이까지 닿았다. 가림판에 의해 앞과 양옆 3방위로 시야가 가로막힌 아이들은 순간순간 멍해지거나 자기만의 세상에 빠져 딴짓을 시작했다. 그나마 조금 더 적극적인 아이들은 의자에서 엉덩이를 떼고 일어나서 가림판 너머의 주변 친구들과 대화를 시도하거나 "선생님, 가림판 때문에 안 보여요!" 하고 소리쳤다. 가림판은 아이들 간의 상호교류를 통한 학습도 방해했다. 나 역시 가림판 때문에 아이들의 얼굴과 손의 움직임을 한눈에 충분히 다 볼 수가 없어서 답답했다. 이에 세심하고 즉각적인 지도가 어려워졌다.

마스크는 더 큰 문제였다. 오승효는 "안 그래도 저학년 애들은 목소리가 개미소리만 한데, (마스크 때문에) 가뜩이나 작은 목소리가 더 안 들린다."라며 투덜거렸다. 그녀는 심지어 "애들이 마스크를 쓰고 있으니까 누가 누군지를 모르겠다."라고 말하기도 했다.[3] 교사가 자신의 얼굴을 아이들에게 보여 줄 수 없다는 것 또한 문제였다. 나는 평소 수업 중 의미를 전달하는 데에 표정을 적극적으로 사용하는 편이었는데 그러한 방식을 통한 교수는 포기할 수밖에 없었다. 또 교사의 목소리가 마스크를 뚫고 가서 아이들에게 닿게 만들기 위해 교사들은 전보다 더 목소리를 높여야 했다. 배영주는 "마스크 때문에 너무 힘들다."라면서, 자신이 "이제까지 한 번도 그런 말 한 적 없었는데, 성대결절 걸리게 생겼어!"라고 투덜거렸다. 마스크 때문에 단지 목만 아픈 것이 아니라, 산소 공

---

[3] 나는 그것이 교사가 해야 할 말은 아니라고 생각했지만, 그것이 오승효의 솔직한 느낌이었다. 그렇지만 인디스쿨의 어떤 교사들은 아이들의 얼굴이 가려져 있기 때문에 눈빛을 더 자세히 들여다볼 수 있다는 게시글을 남기기도 하였다.

급이 잘 안 되니 몸 전체의 피로도도 훨씬 높아졌다. 나는 아이들을 하교시키고 나면 탈진이 되어서 한참을 의자에 기대어 있다가, 어지러워서 제대로 초점이 잡히지 않는 시선으로 앞으로 다가올 수업의 자료들을 제작하곤 했다.

이번에는 비대면 수업, 특히 실시간 쌍방향 수업을 가능하게 만들었던 웹캠 · 태블릿 PC · 노트북 · 휴대폰의 카메라를 보자. "교수자와 학습자가 한 시공간에 공존하지 않으면서도 '실제시간(real time)'의 맥락에서 교육적 상호작용을 할 수"(조용환, 2000: 179) 있게 해 주는 이러한 장비들 덕에, 교육주체들은 수업에서 그나마 서로의 얼굴을 실시간 "음향-이미지"(Kohn, 2013)로 접할 수 있었다. 그러나 이러한 장비를 통과하여 볼 수 있는 것은 결국은 주체의 몸-얼굴 그 자체가 아니라 얼굴의 상(像)이었다. 명료하지 않고 흐릿하고 평면적인 아이들의 얼굴상에서 아이들의 표정은 섬세하게 파악되기 어려웠다. 또한, 카메라의 렌즈는 화각, 즉 촬영 가능한 범위를 한정적으로 가지고 있다. 그래서 주체의 얼굴을 이해하는 데 도움을 주는 얼굴의 '상대항'인 얼굴 주변의 '풍경'을 상당 부분 차단할 뿐만 아니라, 주체의 얼굴이 화각을 벗어나면 그것을 얼굴상으로 잡지 못하므로 그것은 곧 얼굴의 부재로 연결되어 버린다. 친구들이 실시간 쌍방향 수업을 할 때 교실에 있던 우리 반 긴급돌봄 아이들은 자신들이 존재함을 친구들에게 드러내고 싶어서였는지, 종종 내 뒤쪽으로 와서 나를 비추는 카메라에 자신들의 얼굴을 비추려 했다. 나와 아이들은 그나마 제한된 얼굴이라도 서로에게 더 잘 보여 주기 위해 화각 밖으로 벗어나지 않으려 애썼고, 우리의 몸은 보이지 않는 유리벽 안에 갇혀 있었다.

한편, 고학년 교사들은 자신의 얼굴을 감추고 싶어 하는 아이들을 어떻게 대해야 할지 몰라 고충을 겪었다. 줌 프로그램상에서 on/off 선택만 하면 얼굴상의 나타남과 사라짐이 너무 쉽게 결정되는데, 라포가 충분히 형성되기 어려운 상황에서 아이들에게 얼굴을 드러낼 것을 강요하지 않으면서 얼굴을 드러내게 만들 방법을 찾는 질문글이 인디스쿨에 적잖이 올라왔다. 그러나 인디스쿨의 한 게시글에 따르면 아이들이 줌 수업을 들을 때 자신의 얼굴이 나오는 화면을 직접 끄지 않더라도, 교사나 친구들의 얼굴이 보고 싶어서 화면을 전환하면 자신의 얼굴을 송출하던 화면이 꺼지기도 한다고 했다. 프로그램 자체가 지니는 한계인 것 같았다.

3) 의도적으로 지운 얼굴

수업을 가능하게 만들기 위해 주체의 얼굴을 의도적으로 지워야 하는 일 또한 벌어졌다. 우선 아이들의 얼굴이 송출되는 화면은 때때로 차단되어야 했다. 시간 격차와 딜레이를 개선하기 위해서였다. 내가 프레젠테이션 자료 페이지를 넘기거나 동영상을 재생하기 위해서 클릭을 하면, 그것이 아이들에게 전달되기까지 상당한 시간이 걸렸다. 그러자 우리 반 아이 하나가 '비디오 중지'를 하면 자료가 더 빨리 뜬다는 말을 하였고, 줌 프로그램의 반응 속도가 늦다고 느끼는 아이들은 하나둘씩 자신의 얼굴이 송출되는 화면을 스스로 껐다. 학교 컴퓨터 기사에게 확인해 본바, 이러한 문제는 각 가정의 인터넷 환경 문제, 다수의 동시접속으로 인한 학교 서버 용량의 문제일 가능성이 컸지만, 교사와 아이들 선에서 택하여 실천할 수 있는 해결책은 그것뿐이었다.

아이들의 목소리를 음소거하게 되는 상황도 나타났다. 교실 수업 상황에서 이루어지는 대화는 "단순히 사람들끼리 의사를 주고받는 행위가 아니라, 이른바 '의사소통적 합리성'을 기준으로 해서 수행되는 규범적 행위"(한기철, 2014: 19)의 성격을 띠게 된다. 교실 수업의 "올바른 절차를 위한 '대화'의 규칙들은 사전에 규범적으로 주어지는데" (Flyvbjerg, 2014: 91), 이 절차에 따른 의사소통에 차질을 야기하는 것이 아이들이 혼잣말로 뱉는 소리, 떠드는 소리, 혹은 아이들이 착용한 이어폰의 불량접촉으로 인한 지지직거리는 소리 같은 수업과 무관한 불필요한 잡음이다. 보통의 교실 상황이었으면 아이들 스스로 목소리의 크기를 자체 조절하기도 하고, 말하고 있는 아이가 있더라도 교사가 목소리의 크기를 조금 더 높이면 되기 때문에 큰 문제가 되지 않았을 소리도 많았겠지만, 줌 기능상 어떤 참여자의 소리이든 동일한 강도와 비중으로 모두에게 전달되기 때문에 문제가 되었다. 그 와중에 소리를 내는 아이들은 자신의 목소리가 모두에게 어떻게 전달되고 있는지를 완벽하게 의식하지는 못하니, 계속 큰 소리로 잡음을 만들어 낼 수밖에 없었다. 설령 잡음을 듣게 되더라도, 보통의 학급 공간에서라면 어떤 친구가 어떤 소리를 내고 있는 것인지 직관적으로 파악할 수 있기에 학급 구성원 모두가 그 친구를 어느 정도 이해하고 수용하기도 한다. 그러나 비대면 상황에서는 그것이 어려우니, 수업과 무관한 불필요한 잡음은 그저 익명의 누군가가 끼치는 피해로 의미화되었고, 아이들은 교사의 목소리가 들리지 않는다는 것에 불만을 표했다. 교사 역시 그러한 잡음이 계속되는 상황에서는 수업을 진행하기 어렵기에 부득불 음소거를 하게 되었던

것이다. [4]

　수업을 가능하게 만들기 위해 교사가 자신의 얼굴을 지워야 하기도 했다. 그중 한 예로, 쌍방향 수업에서의 자료공유를 들 수 있다. 줌 프로그램상에서는 교사가 수업자료와 자신의 얼굴 중 하나를 주된 것으로 선택해서 송출해야 했다. 그래서 자료를 송출할 때면 교사는 자신의 얼굴을 지워야 했다. 보통의 교실 상황 같았으면 아이들은 멀티비전에 뜬 PPT 자료와 말하고 있는 교사의 얼굴을 동시에 보면서도 전경과 배경을 자연스럽고 빠르게 교체하며 볼 수 있었을 것이다. 인간의 시선은 "대상의 깊이와 높이, 넓이를 자유롭게 넘나들면서 어떤 시점에도 고정되지 않을" 수 있으며, 자신의 "시선을 숙고하고 지배할 수 있기 때문이다"(Merleau-Ponty, 1960: 37). 그러나 줌 플랫폼의 회의실 안에서 아이들은 자신이 원하는 바와는 무관한 화면 고정 혹은 빈번한 화면 전환을 겪으며 수업에 참여해야 했다. 또 다른 예로는 EBS 온라인 특강 방영을 들 수 있다. 저학년 아이들의 학력 저하를 막기 위한 방안의 일환으로 국가 차원에서 실시된 EBS 온라인 특강 시청이 학교에서 채택된 경우, 교사들은 자기 학급 아이들의 학습을 텔레비전 속 강사에게 맡기게 되었다. 교사들의 얼굴은 뒷전으로 물러나고, EBS 강사의 얼굴이 아이들에게 보이게 된 것이다. 어떤 교사들은 한편으로는 자신들의 할 일이 줄고 자신의 얼굴을 가정으로 공개하지 않아도 됨에 기뻐하기도 했지만, 자신의 얼굴을 드러내지 못하고 역량을 발휘하지 못함에 아쉬워하는 교사들도 있었다. 몇몇 학부모는 이것을 교사들의 책임회피로 받아들이기도 했다.

　교사들은 자신의 얼굴이 작동하는 기존의 방식을 부정해야 하기도 했다. 그중 하나는 눈맞춤을 포기하는 것이었다. 줌 사용법을 테스트하는 과정에서 배영주는 수업 장면에서 아이에게 선생님이 자신을 본다는 느낌을 주려면 교사가 모니터 속의 아이들의 얼굴이 아닌 "카메라를 보아야" 한다는 것을 발견하고는 그것을 동학년 교사들에게 강조하여 말하였다. 그러나 실제 수업 장면에서 그렇게 하는 것은 결코 쉬운 일이 아니었다. 사람 대 사람으로 눈을 맞춤으로써 아이들의 학습상황을 순간순간 파악하며 가르치는 일을 해 왔던 교사들에게 방송인이나 유튜버들이 하듯 카메라를 보는 것은 꽤나 어색한 일이었다. 눈맞춤의 여부뿐만 아니라 교사들의 시선이 움직이는 방식 전반이 변화되어야 했다. 대면수업에서 교사의 시선은 교실에 앉은 아이들의 몸-얼굴, 손으로 들고 있

---

4) 지워진 아이들의 얼굴 "음향-이미지"(Kohn, 2013)를 보완하는 방안으로는, 줌 채팅 기능 활성화, 패들렛(실시간 협업 웹 플랫폼), 게더타운(메타버스 화상회의 플랫폼) 등이 있었다. 그러나 2학년 아이들에게 이것은 무리였다.

거나 교탁 등에 놓인 교과서, 자료가 띄워진 모니터와 멀티비전, 필기를 위한 칠판, 마련된 예시 작품, 학습준비물 또는 교구 등을 향해 왔다. 그런데 실시간 쌍방향 비대면수업 상황에서 교사의 시선은 수업 자료를 띄울 모니터, 아이들의 얼굴이 격자 모양으로 띄워진 모니터, 책상에 펼쳐진 교과서, 태블릿 PC 등의 전자기기, 오프라인으로 마련된 예시 자료, 긴급돌봄 아동의 몸-얼굴 방향 등으로 변화되어야 했다. 이것에 적응하는 것만으로도 쉽지 않은 일이었다.

4) 규율권력과 생명권력, 그리고 일상생활의 창조적 실천

지금까지 수업을 가능하게 만드는 과정에서 사라져야 했던 주체들의 얼굴에 대해 살펴보았다. 주체들의 얼굴은 텍스트에 의해 가려진 채로 오랜 기간 머물기도 했고, 물질적인 장벽에 가로막히기도 했으며, 명목상의 수업을 가능하게 만들기 위해 의도적으로 지워져야 하기도 했다. 그렇다면 왜 주체들의 얼굴이 사라지게 되는가? 푸코(Foucault, 1997)의 관점을 취하자면, 그것은 규율권력과 그것에 병합된 생명권력의 작동 때문이다. 규율권력과 생명권력하에서는 얼굴이 지워진 사람만이 전체화의 일부로서 살아남을 수 있다. 규율권력하에서는 다수의 개인을 통제하고 그들의 육체를 배치·조종하기 위하여 제도를 통한 '감시와 훈련'(=규율)이 행해진다. 한편 생명권력은 종으로서의 인간과 인간의 생명을 향하며, 관리와 조절을 통해 내적 위험에 대한 인구[양(量)화된 인간] 전체의 안정을 확보하는 것을 목표로 한다. 규율권력과 생명권력은 규범(norme)을 통해 중첩되며, 상호의존적으로 작동하며 인간을 길들인다.

그런데 몇몇 교사는 COVID-19 상황에서의 얼굴의 사라짐을 견디지 못하고, "일상생활의 창조적 실천"(de Certeau, 1984)을 통해 규율권력과 생명권력의 "감시에 대항하는(antidiscipline) 망"(p. 138)을 구축해 나가기도 했다. "스스로의 의미작용적 실천을 통해 '교육 활동의' 생산을 수행"(p. 143)해 나간 것이다. 이것은 주로 대면수업에서 발견되는 현상이었는데, 교사들은 교육 활동으로서의 수업이 가능해질 수 있도록 "사회적 거리두기"와 "방역지침" 준수원칙을 다소 변칙적으로 적용하는 등, 민원이나 징계, 심하면 소송 등의 위험을 무릅쓴 모험을 감행했다. 가령, 주체 간 거리가 가까워지거나, 간단한 접촉이 일어나거나, 비말이 튈 가능성이 생기는 활동이나 지도방식임에도 그것이 교육적으로 필요하다면 수업 중에 실시하는 것이다. 교사의 이러한 수업 운영은 의학적인 관점에서 보기에는 일종의 안일함과 무지로 해석될 수 있지만, 동시에 교육적인 관점에서 보기에는 교사로서의 직무에 충실한 행위라고 볼 수도 있다. 의학과 교육의 알력 사이에서 자기 스스로를 위치 짓는 것, 그리고 교육을 택하는 것이 자신을 위협하는 상황임에도 교육을 택하여 실천하는 것이 교사에게 과제로 제시된 것이다.

3. 거울에 비친 얼굴

나는 있는 그대로의 나의 얼굴을 실제로 볼 수 없다. 나의 얼굴은 무엇에 비추어야만 볼 수 있다. 먼 옛날 인류는 고인 물웅덩이를 통해 자신의 얼굴을 최초로 보았을 것이며, 거울의 등장 이후 인류는 거울 속에서 자신의 얼굴을 보게 되었다. 때로는 내가 아닌 다른 사람에게서 나를 발견하기도 하는데, 이 경우에는 그 사람의 얼굴이 나의 거울역할을 해 준다. 거울에 비친 나의 얼굴 이미지는 어느 때는 제법 괜찮게 보이기도 하고, 어느 때에는 봐 줄 수 없을 만큼 형편없기도 하다. 그렇다면 교사 주체가 바라보는 거울 속 자신의 얼굴은 어떠한 모습일까? 특히 COVID-19하의 수업준비 과정에서 초등교사들은 교사로서의 자기 자신, 그리고 자신이 속한 교사 집단에 대해 어떠한 이미지를 가지는 것으로 드러났을까?

1) 비빌 언덕

먼저 교사가 자기 자신 및 집단에 부합하는 것이라고 여기는 이상적 이미지부터 살펴보기로 하겠다. 우선, 교사들은 수업준비 시 서로에게 "비빌 언덕"이 되어 주어야 한다고 생각한다. 그중 한 방법은 서로의 물품대여소 역할을 해 주는 것이다. 수업준비 중어떤 물건이 필요한데 그 물건이 나에게 없는 난감한 상황이 벌어진다면 "그냥 가까운 반에 가거나", 동료교사에게 인터폰을 하거나 메시지를 보내면 된다. 동학년 교사 중에서 적어도 누구 한 명은 내가 필요한 그 물건을 가지고 있을 확률이 높으며, 혹여나 물건을 가지고 있지 않더라도 그 물건을 "어디서 봤는지", 누가 그 물건을 가지고 있을지, 어떻게 하면 그 물건을 구할 수 있는지, 그 물건을 대체할 물건으로는 무엇이 있는지를 알려 준다. 교사들은 장비나 사무용품은 물론이고, 교사 개인이 보유하고 있는 특별한 교구, 심지어 직접 제작한 예시작품까지도 서로 빌리고 빌려준다.

교사들은 "사회관계와 공유의 윤리를 기반으로 자원을 동원하고 배분하는"(이상호, 2019: 190-191) "공유재 기반 동료생산(commons-based peer production)"(Benkler, 2006: 60) 체제하에 있다. 나의 물품은 나의 것이기도 하지만, 교사로서의 우리의 물품이기도 하기 때문이다. 교사들의 물품 공유는 "탈집중화되어 있고, 협력적이며, 비독점적[이다. 그리고] 시장(경제적) 신호나 관리적 명령에 의존하지 않고 상호협조하는, 광범위하게 분산되고 느슨하게 연결된 [개별 교사들] 사이에서 공유되는 자원과 생산에 기초"(Benkler, 2006)한다.

그러나 COVID-19 초반에는 실시간 쌍방향 비대면수업에 필요한 장비들이 모든 교사에게 공히 없는 상황이었고, IT 제품군에 익숙하거나 관심이 많은 몇몇 교사가 장비를 갖추고 수업준비에 임하기는 했지만 그것이 사적으로 보유하고 있던 혹은 사비를 들여 구입한 고가의 개인 장비들로서 누군가와 공유하며 사용하기에 적합한 성격의 물품은 아니었던 까닭에, 실시간 쌍방향 비대면수업에 필요한 장비 자체와 관련하여서는 교사들의 "공유재 기반 동료생산"이 일어날 수 없는 여건이기도 했다.

교사들이 서로에게 비빌 언덕이 되어 주는 또 다른 방법은 수업준비 과정에서 서로에게 시범과 설명 제공자가 되어 주는 것이다. 동료교사의 시범과 설명으로부터 동료교사의 수업 아이디어와 방법 등을 얻어 나의 수업에 도입하면, 더 좋은 수업을 만들 수 있다. 어느 날 오승효는 우리 교실 옆을 지나가다가 가족의 다양한 형태에 대한 수업을 준비하고 있던 나의 모습을 보고는 그 수업을 어떻게 진행하려고 하냐고 물었다. 나는 그녀에게 내가 준비한 수업자료를 보여 주며 수업 진행 방식에 대해 설명해 주었는데, 그녀는 나의 설명을 듣고는 자신이 계획했던 방법보다 이 방식이 더 나은 것 같으니 "벤치마킹"하겠다고 하였다.

동료교사의 시범과 설명은 수업 구현에 대해 교사가 가지고 있던 고정관념을 깨뜨려 줄 뿐만 아니라, 더 나아가서는 수업의 실현 가능성 여부를 근본적으로 바꾸어 준다. 어느 날, 나는 문지기 놀이(동대문 놀이) 수업을 준비하던 중에 난관에 봉착했다. 학급 바로 옆에 넓은 복도가 있는 다른 반과는 달리 우리 반은 위치상 문지기 놀이를 할 복도 공간이 마땅치 않고, 가뜩이나 아이들의 등교 횟수가 적어 한 번 나왔을 때 처리해야 할 일이 많은데, 학교 건물 밖으로 데리고 나갔다 오자니 시간이 너무 많이 걸릴 것 같았다. 나는 문지기 놀이 수업을 포기하고 싶었다. 내가 한탄하자, 오승효는 교실 안에서도 충분히 문지기 놀이를 할 수 있다며 그 방법을 직접 몸으로 보여 주며 설명을 해 주었다. 나는 그녀의 시범과 설명 덕에 직관적으로 수업을 어떻게 진행하면 좋을지에 대한 큰 그림을 그릴 수 있었고 불가능할 것만 같았던 수업을 실현할 용기를 얻게 되었다.

COVID-19 팬데믹 상황이 되자 시범과 설명 제공을 통한 교사 간 상호부조는 더욱 활발하게 이루어졌다. 모든 교사들이 공동으로 처한 어려움을 협력적으로 극복하기 위해서였다. 비대면수업 초창기, 4학년 교사인 박지연은 일처리를 하기 위해 배영주의 교실에 방문했을 때, 한동안 머물며 배영주에게 클래스팅 과제방과 구글 프레젠테이션 활용법을 알려 주었다. 임은수는 그녀의 학년부장에게서 비대면수업을 위한 많은 것을 배웠다고 하였고, 나 또한 동학년 교사들에게 각종 플랫폼과 장비의 활용법을 알려 주곤 했다.

시범과 설명 제공을 통한 교사 간 상호부조는 단지 학교의 물리적 경계 안에서만 일어나는 일은 아니다. 오승효는 실시간 쌍방향 비대면수업을 먼저 실시했던 친구네 학교의 소식을 듣고는 그것을 동학년에 공유하였고, 유정화도 이웃 학교에 있는 교사로부터 그 학교에서 2학년 교육과정을 구성하는 방식에 대한 소식을 들은 후 동학년에 공유했다. 나는 타 학교에 근무하는 김목화와 안재현 등으로부터 우리 학교에서는 사용하지 않는 플랫폼인 e학습터와 영상제작 프로그램 등에 대한 이야기를 들을 수 있었다. 교사들은 개인적으로 친분이 있는 타 학교 교사들을 통해 소속교의 경계를 넘어 수업준비 상황과 노하우 등을 공유함으로써, 앞으로의 운신을 어떻게 하게 될 것인지 예상하거나 어떻게 해야 할 것인지 결정하는 데에 도움을 받는 것이었다.

오프라인 공간 외에 온라인 공간에서도 교사들은 서로의 비빌 언덕이 되어 주었다. 초등교사 온라인 공동체인 인디스쿨에는 비대면수업용 자료 제작방법에 대한 글이나 영상을 올리거나, 플랫폼 사용방법에 대한 소규모 비공식 자체연수를 운영함을 알리는 교사들,[5] 수업 및 수업준비에 도움이 될 만한 새로운 플랫폼을 소개하는 교사들이 속속 등장했다. 어떤 교사가 비대면수업을 준비하다가 어려움에 봉착했다는 게시글을 남기면, 수많은 교사가 댓글로 문제해결 방안을 공유해 주기도 하였다. 인디스쿨 외에도 인스타그램, 블로그, 유튜브 등의 각종 온라인 플랫폼에서 활동하며 자신의 수업준비 과

---

5) 2020년이 끝날 무렵, 인디스쿨의 한 교사는 그간 내가 만든 구글 프레젠테이션 자료를 잘 이용했다며, 내년 상황에 대비하기 위해 구글 프레젠테이션 자료 제작 방법을 줌으로 연수받고 싶다는 요청을 해 왔다. 그녀 덕에 나 역시도 작게나마 나의 노하우를 공유하는 연수를 진행해 볼 수 있었다.

정을 공유하는 교사들도 있었다. 학교라는 공간적 한계의 범주를 넘어선 온라인 교사공동체 속 교사들의 새로운 시도와 정보 생산 및 공유는 "각자가 생산하고 있는 지식에 대한 독점을 포기하고 공공재로서의 지식의 가치를 추구"함으로써 이루어지는 '전문가 지성의 협업'(최항섭, 2009: 309; Levy, 2002: 46)의 형태를 띠었다.

2) 성실한 만능인

교사들은 스스로를 아이들을 위해 성실하게 노력하는 사람들이라고 여긴다. 초등교사 인스타그램 '람보스쿨'의 2020년 5월 14일 게시물에는, 교사들이 "대충을 모른다."라는 내용이 적혀 있었다. 못한다고 하거나, 하기 싫다고 투덜거리다가도, 무엇이든 "딱상하게 되면 세상에서 제일 열심히" 하는 것이 바로 교사들이라는 것이다. 예비교사 시절부터 유명했던 '교대신(神)'[6] 그림은 어떤 일이 주어지든 열심히 갈고 닦아, 두루 만능으로 해내고 만다는 초등교사들의 자부심을 표현한다.

비단 교과와 관련해서뿐만이 아니라, 초등교사 인스타그램 'edu_boxc'의 8월 31일 게시물에 적힌 대로 공연기획자, 여행가이드, 상담가, 환경미화원, 우산장수, 연예인, COVID-19 상황에 이르러서는 심지어 방역책임관까지 "교사라는 하나의 직업으로. 수십 가지의 직업"을 멀티로 해내야 하는 것이 초등교사다. 김목화는 적어도 자신이 만나 본 교사들에 한해서는 자기가 맡은 교사로서의 직분에 허투루인 사람이 없다고 했다. "대부분" 성실하게, 그리고 "아이들을 위해서 뭐라도 해 주려고" 한다고 했다. 그녀는 학교에서 보면 "선생님들 다들 뭔가 꼼지락 꼼지락 하고 있다."라며, 그 사실이 "뭔가 감동적이지 않아?"라고 나에게 반문했다. 그러나 "외부 사람들은 '교사들의 이러한 면모를' 잘 모른다." 교사들은 언론매체에 의해 타 직군에 비해 "열정이 없다."라며 비난 받기 일쑤이고(고유선, 2020), '대충' 쉽게쉽게 일하는 '철밥통'이라는 소리를 귀에 못이 박히도록 듣는다. 폭력을 행사하거나 성범죄를 저지르는 교사들이 인터넷 신문기사에 비춰질 때마다 싸잡아서 욕을 먹는다. 이러한 비난은 COVID-19 상황에서 고군분투하는 와중에도 여전히 계속되었으며, 팬데믹 패닉으로 가뜩이나 혼란스럽고 심란한 교사들에게 더

---

6) 교대신 그림은 한 교육대학교 미술교육과 05학번 학생이 그린 것으로 알려져 있다. '교사천수관음보살'이라는 별칭으로 불리기도 한다. 인도 신화에 등장하는 시바신과 유사한 형상을 띠며, 손과 발에 초등교육의 여러 교과를 상징하는 물건(팔레트, 배구공, 교육과정 파일, 피아노 건반, 디스크, 단소, 축구공, 축구화, 토슈즈 등)을 들고 있다.

욱 날카로운 비수로 꽂혔다. 그러나 교사들은 서로 알고 있고, 믿고 있다. 참쌤스쿨 인스타그램 2020년 8월 4일 게시글에 제시된 것처럼, "보이지 않는 곳에서 치열하게 노력하는 교사들이 압도적으로 많다."라는 것을 말이다. 그런 동료들이 가깝든 멀든 곁에 있다는 것, 그리고 나 또한 그런 교사 중 한 사람이라는 것을, 교사들은 COVID-19 상황에서 하루하루 버티며 일하는 원동력으로 삼았다. 그러나 문제는 자기 스스로는 성실하고 능력 있는 사람이지만 COVID-19로 인하여 자신의 성실함과 능력을 발휘할 수 없게 된 것이라고 귀인하는 교사들 또한 있으며, 그러한 교사들을 과연 진정 성실하고 능력 있는 교사들이라고 볼 수 있을지 의문이라는 것, 그럼에도 불구하고 그들 또한 교사라는 정체성을 지니고 다른 여러 교사와 함께 묶여 교사라고 불리게 된다는 것이다.

3) 통일된 방식에의 비협조

다음으로, 교사가 교사 자신과 다르고 교사 집단의 이미지에 부합하지 않는다고 여기며 불편함을 표하는 이미지는 무엇일까? 지금부터 수업준비 과정에서 드러나는 교사들의 자아 이미지 중에 교사들이 거부감을 표하는 모습에 대해서 알아보기로 하겠다. 그 중 하나는 통일된 방식에 협조하지 않는 모습이다. 교사 중에서는 자신의 교육적인 판단과 선택으로 인해 통일된 방식에 반하는 선택을 하는 교사들이 있다. COVID-19 초반 이해린의 소속교 4학년 부장이 그랬는데, 그녀는 대부분의 학교에서 과제제시형 비대면수업을 했던 2020년 1학기 초부터 자기 학년은 꼭 줌으로 실시간 쌍방향 비대면수업을 진행해야 하겠다며 강경하게 주장을 했다. 그래서 이해린의 학교에서는 4학년만을 위해 각종 장비들을 미리 구입해서 제공하게 되었다. 이해린은 4학년 부장의 이러한 행동이 다른 교사들에게 '민폐'를 끼친 것이라고 표현하였다. 4학년 부장은 정작 실시간 쌍방향 비대면수업을 가능하게 만들기 위한 일련의 과정에는 전혀 힘쓰지 않았기 때문이었다. 물품 정보 확인, 회의 개최, 물품 구입 등의 뒤치다꺼리는 모두 다른 교사들의 몫이 되었다. 줌을 활용한 실시간 쌍방향 비대면수업을 함으로써 4학년 부장 그 자신과 자신이 맡은 학년은 교육 활동에서 득을 봤고 학부모와 학생에게 빛이 났지만, 정작 그의 뒤에서 그림자 노동을 한 사람들은 애꿎은 동료 교사들이었던 것이다. 이해린에 따르면 비대면수업 준비에서 드러나는 통일하기가 무조건적으로 나쁘다고 비판받아야 할 일만은 아니다. 다소 "획일적으로 보이더라도" 그렇게 함께 맞춰서 했기 때문에

COVID-19 팬데믹 변고에 "그나마 이 정도라도" 수업이 실현 가능했던 것이라고 그녀는 말했다. "초기단계에서 획일적이기라도 하면 최고는 아니더라도 최악은 면할 수" 있고, "그 이후에 분화가 일어나도 일어나는 게 낫지 않겠냐."라는 것이다. 그런데 그중에 비협조적으로 나오며 튀는 사람이 있으면, 많은 사람이 그 사람의 독단적인 행동을 수습하느라 고생을 하게 된다는 것이었다.

4) 과도한 걸출함

다른 한 가지는 과도한 걸출함에 대한 것이었다. 일상 속에서는 교사들끼리 서로의 수업을 볼 일이 많지 않기 때문에 막연하게 동료 교사가 잘 가르친다, 그렇지 않다에 대한 추측만을 간접적으로 하게 된다. 그리고 직접 부대끼며 지내는 사이다 보니 서로에 대해 적나라한 평가를 하지는 않는다. 그런데 COVID-19 팬데믹으로 인해 방영된 EBS 온라인 특강에서 수업을 잘 하는 것으로 선정되었을 교사의 수업을 지속적으로 직접 볼 수 있는 기회가 교사들에게 주어졌고, 동학년 교사들은 TV 속 교사의 모습에 대한 자신의 의견을 자세하게 피력했다. 그리고 TV 속 교사의 모습을 자신들과 대비시켰다. 첫째는 EBS 강사의 교수 역량이 출중하다는 것이었다. 배영주는 아이들이 "개학해서 오면(자신을 만나게 되면), 애들 속았어(그때 그 선생님이 진짜 내 선생님이 아니었어)."라고 하겠다며 자조적으로 웃었다. 유정화도 "저러다가(EBS 강사의 수업을 보다가) 개학하면 우리 선생님은 왜 저렇게 안 해 줘요? 이러면 어째?"라고 웃으며 농담을 던졌다. 유정화는 EBS 강사가 매우 상냥하더라는 것도 언급했다. 그녀는 "우리는 막, 야! 이러는데" 아이들이 학교에 오면 놀라고 무서워할 것 같다고 하며, 아이들이 EBS 강사와 판이하게 다른 엄한 담임인 자신을 만나 실망하게 될까 봐 염려했다.[7] 둘째는 EBS 강사가 젊고 아름답다는 것이었다. 동학년 교사들은 자신들이 EBS 강사처럼 젊고 예쁘지 않으니, 그런 면에서는 애초에 경쟁을 "포기"한다고 하였다. 배영주는 외모보다는 "재미있는 게" 더 중요하지 않냐고 말하면서도, 한편으로는 "애들이 '우리 선생님은 촌스러워'하면서 평가도" 한다고 하며, 나에게 "애들이 좋아하는 공주 같은 옷을 입고" 다니라고 농담 반 진담 반으로 말하였다. 셋째는 EBS 교사에게는 자기과시적인 면이 있다는 것이었다. 유정화

---

7) 그러나 이것은 다소 과장이 섞인 표현일 수도 있으며, 학교교육상황에서 엄격함이 무조건 나쁜 것 또한 아니다. 심지어 유정화는 아이들에게 그렇게 거칠게 말하지도 않는다.

는 "그런(EBS 같은) 데에 나오려면 쇼맨십이 있어야" 된다면서, "우리 같은 사람들은 아무리 능력 있고 뭐해도 그런 방송에 나오려고 하지 않는다."라고 말했다. 자신을 드러내고 싶어 하는 성격이 있어야 그런 방송도 한다는 것이었다.

또 오승효와 유정화는 자신들을 스마트폰이나 컴퓨터 등을 잘 다루지 못하는 사람, 비대면수업 준비에 적합하지 않은 교사로 상정하며, 비대면수업을 위한 자료제작 과정에 참여하는 교사, 즉 배영주 및 나와 선을 긋기도 했는데, 이와 관련하여서는 뒤에서 다시 상술하도록 하겠다.

5) 거울 이미지

교사들은 동료교사와 함께 일하는 동안 서로의 얼굴을 거울로 삼아 교사로서의 자기 자신과 자신이 속한 교사라는 집단이 어떠한 모습인지 혹은 어떠한 모습이어야 하고 어떤 모습이어서는 안 되는지 상정하고 판단한다. 라캉의 '거울단계 이론'에 따르면, 인간의 자아는 주체가 '거울에 비친 자신의 이미지'를 마주하는 바로 그 사건으로 인하여 발생한다. 생후 6개월이 지난 어린아이는 "거울에 비친 자신의 이미지를 (총체적이고도 완전한 것으로) 가정하고 뛸 듯이 기뻐한다"(Lacan, 1994: 42). 미숙 출산과 파편화된 신체로부터 오는 "인간(인 자신의) 기원적 무기력을 보충하기 위해서 스스로를 거울 이미지와 동일시"(Chiesa, 2007: 47)하는 것이다. 이러한 체험은 원-자아, 즉 "자아가 차후에 그 위에서 출현하게 될 원초적 기반을 정초한다"(Chiesa, 2007: 41). 거울 속에 비친 아이의 형태(gestalt)는 "외재성과 고정된 영상을 특징으로 하는 통일적인 형태"(Lacan, 1994: 43)다. 이것이 곧 이상적인 자아의 시초다. "아이는 자신을 거울 속에서 대상화"하게 되며, 동시에 자신을 "상상적 타자와 동일시"하게 된다(Chiesa, 2007: 43). 그런데 아이가 자라남에 따라, 거울 이미지를 반드시 거울이 제공할 필요는 없게 된다. 거울은 다른 (소)타자로 대체 가능해진다. 가령, 아이와 "엇비슷한 또래인 다른 아이들의 이미지 또한 주체에게는 하나의 거울 이미지로"(Chiesa, 2007: 43) 작용할 수 있는 것이다. 라캉에게서 자아의 약어가 a[(소)타자, autre]인 것도 이 까닭이다(Fink, 1997: 160). 비단 어린 아이뿐만 아니라 성인도 같은 방식으로 자신의 자아 이미지를 갖게 된다. 그 자아 이미지는 자기 자신을 거울에 비춰 봄으로써, 그리고 자신과 동일하다고 판단되는 타자를 바라봄으로써 형성되는 이미지다. 주체는 이상적 자기 이미지를 에로스화하기도 하고(동일시, 사랑, 나

르시시즘), 그것이 "주체가 가지고 있지 않은 이상적 완벽성을 구성"(Chiesa, 2007: 51)함에 공격적인 감정을 표하기도 하면서(상이함, 증오, 경쟁) 애증의 관계를 맺게 된다. 주체는 역으로 타자를 볼 때에도 "자신의 이상적 자아를 타자 위에 투사"(Chiesa, 2007: 53-54)하기도 한다. 라캉의 자아 이미지에 대한 이론은 교사들이 자아 이미지를 가지며, 교사 자신과 동일하게 묶일 수 있다고 판단되는 다른 교사들을 봄으로써 그러한 자아 이미지가 형성된다는 것, 그리고 그러한 자아 이미지를 바탕으로 자신의 직분에 대한 선악과 호오 판단을 하게 됨을 보여 준다.

그런데 자아는 상상계에 속하는 이미지일 뿐 실제 주체와 동일한 것은 아니다. 따라서 이러한 교사의 자아 이미지가 교사 주체에 대한 모든 것을 말해 준다고 할 수는 없다. "라캉이 고려하는 주체에게는 자기인식이나 자의식이 없(는 영역 또한 관계한)다. ……(중략)…… 자의식을 설명할 수 있는 자아/자아이상이라는 변증법으로부터 배제"(Fink, 2004: 200)되는 영역은 바로 무의식이다. 무의식은 대타자의 담론이자, 진리의 보증자이자, 우리를 인간 주체로 만들어 내는 근원이다(Lacan, 1994: 93-96). 라캉의 자아와 무의식 간의 구분은 언표된 것인 의식적인 자아의 담화와 언표행위의 무의식적인 비자아의 담화 간의 차이, "진술의 주어가 나타내는 그 무엇"으로서의 자아와, "자아의 멋진 진술에 개입하거나 그 진술을 망쳐 놓는"(Fink, 1997: 85) 것으로서의 무의식의 출현을 통해 예시된다. 이런 관점에서 볼 때, 교사의 주체성을 드러나게 하는 것은, 교사의 자아 안으로 포섭되지 않는 성격의 영역일지 모른다. 그렇다면 혹시 교사들은 자신들을 규정하는 자아 이미지에 사로잡혀, 교사로서 자신들의 존재 양상을 있는 그대로 바라보지 못한 채 그것을 은폐하고 있거나, 새로운 존재 방식의 가능성을 스스로 억압하고 있는 것은 아닐까?

4. 낯선 얼굴

세상 사람들이 언제나 내 맘 같은 것은 아니다. 교사주체가 만나는 타자들도 그러하다. COVID-19하에서 수업준비를 하면서 초등교사들은 통제가 불가능하고, 예상을 벗어나며, 자신의 고통스러움을 호소하는 동료교사, 아이들, 학부모들의 낯선 얼굴을 마주하게 되었다. 그들의 그런 얼굴은 어떤 상황에서, 어떤 모습으로 나타났는가? 그리고 교사는 그들의 그러한 얼굴을 마주하였을 때, 무엇을 어떻게 하며 살아가야 하는가?

1) 낯선 동료교사

교사주체는 수업준비의 협력과정에서 일을 충분히 분담해 주지 않는 동료교사의 얼굴을 마주하게 된다. COVID-19 상황으로 비대면수업에 적합한 수업자료의 제작이 교사의 수업준비에 더욱 큰 비중을 차지하면서, 예전처럼 대부분의 수업자료 마련을 개별 교사 차원에서 감당하는 것이 어려운 일이 되었다. 교사들은 함께 수업자료를 제작하기 시작했다. 구체적으로 말하자면 "동학년 교사들이 (수업자료를) 분담해서 만들고 (다 만들어진 자료를) 공유"하였다. 분담을 하는 방식은 각 학교 및 학년의 상황마다 다양했는데, 주로 '과목'과 '차시'를 기준으로 분담을 하거나 "적당히 눈치껏" 분담하는 방식을 택하는 듯했다.

그런데 수업자료 제작에서 분담이 이루어진다고 하여, 모든 교사가 똑같은 업무 하중을 짊어지게 되는 것은 아니다. 일이라는 것이 1/n로 딱 맞게 가를 수 있는 것이 아니기 때문이다. 다른 직종에서도 유사한 현상이 있을지 모르지만, 상대적으로 나이가 젊거나, 일을 빼지 않고 열심히 하거나, 일머리가 있으면, 더 많은 일을 "몰아주고" 몰아 받게 된다는 것은 많은 교사가 공감하는 학교 일의 특성이다. 우리 학년의 경우, 업무 편중 문제와 비슷한 장면이 비대면수업을 위한 수업자료 제작에서 출현했다.

학년부장인 배영주는 처음부터 오승효와 유정화에게 비대면수업 자료제작을 맡기기 어려워했다. 오승효와 유정화가 배영주보다 나이가 많기도 하거니와, 그녀들이 애초부터 자신들은 컴퓨터를 잘 모른다며 난색을 표했기 때문이었다. 이런 까닭에 배영주는 초반에는 아예 그녀들에게 일을 주지 않는 대신, 나에게 자신과 둘이서 비대면수업을 준비할 것을 요청했다. 그러나 비대면수업 상황이 장기화되고 수업준비 부담이 커지자, 배영주는 결국 그녀들에게도 분담을 요청했다. 오승효와 유정화에게 주어진 일은 구글 스프레드시트상에 작성된 일일학습안내의 교과별 차시에 수업 내용을 기록해 넣는 일이었는데, EBS에서 맡아 진행해 주는 국어와 수학 수업의 차시 내용을 지도서에서 찾아 적어 넣기만 되는 아주 간단한 일이었다. 그렇지만 오승효와 유정화는 그 작업조차도 겁을 내었고, 배영주와 나에게 그 이상의 일은 할 수 없다는 뉘앙스의 말들을 하곤 했다.

실상, 누군가에게는 한없이 간단해 보이는 일이 어떤 누군가에게는 정말로 버거운 일일 수 있다. 마치 전통놀이(비석치기, 고누놀이, 실뜨기 등) 수업을 준비하는 것이 유정화에게는 별일 아니지만, 나에게는 많은 준비가 필요한 일인 것처럼 말이다. 게다가 온라인 환경에 상대적으로 익숙하며 비교적 젊은 축에 끼는 나에게도 비대면수업을 위한 수업준비가 낯설고 염려스러운 일이었는데, 30년 가까이 가꿔 온 자신의 수업준비 방식을 포기하고 컴퓨터 관련 장비와 각종 프로그램을 사용하는 새로운 방식을 받아들여 수업준비를 해야 하는 오승효와 유정화에게는 그 모든 상황이 충분히 공포스러운 일일 수 있었다. 일례로, 오승효는 아들이 그녀에게 "엄마 이것 보고 좀 배우라면서" 보내 온 온라인 수업을 잘 하는 젊은 선생님의 유튜브 영상을 보고 잤더니, 자신이 실시간 쌍방향 비대면수업을 망쳐 패닉 상태가 된 꿈까지 꾸었다고 했다. 그녀의 초조함과 위축됨이 꿈에서 드러난 것이었다.

그러나 그렇다 하여 오승효와 유정화가 비대면수업을 위한 수업자료 제작을 위해 추가적인 노력을 기울인 것은 아니었다. 오승효는 자신의 "무임승차"에 미안함을 표했지만, 무임승차를 그만두기 위한 시도는 하지 않았다. 배영주와 내가 정신없이 학년용 수업자료를 만들고 있을 때, 오승효는 상당한 시간을 친구나 친언니 등과 전화통화를 하거나, 프랑스 자수를 하거나, 유튜브 영상을 보며 보냈고, 유정화는 찬송가를 듣거나, 독서를 하거나, 자신의 교실을 깨끗하게 정비하거나, 자기 학급의 대면수업을 위한 수업준비를 하면서 시간을 보냈다. 그녀들은 비대면수업을 위한 자료제작을 돕지 못하니, 대신 자신들 나름의 방식으로 우리 학년을 돕겠다고 했다. 오승효는 급식이 지원되지 않을 때 점심식사를 위한 요리를 자청했고 유정화는 때때로 연구실 정리를 했다.

하루 일과를 마치고, 오승효와 유정화는 주로 정시에 퇴근을 했고, 배영주와 나는 수업자료를 만들다가 예닐곱 시 무렵이 되어 퇴근을 하곤 했다. 학년이 거의 끝나갈 무렵의 어느 날, 오승효와 유정화는 여느 때처럼 퇴근길에 우리 반 앞문을 열고 나에게 인사를 건네며 "우리도 (비대면수업을 위한 자료 만들기를) 어떻게 하는지 배워서 ……(중략)…… 한두 개씩이라도 (우리가 맡아서) 하면" 좋을 것 같다고 했다. 나는 그 말이 내심 반가웠다. 다 끝나가는 마당에 자료제작 방법을 전수해 봐야 우리 학년의 비대면 수업 준비에 도움이 되지도 않고 나의 노고만 든다는 것을 알면서도, 그녀들이 자신들의 틀을 깨고 무언가를 배워 보려고 시도한다는 느낌을 받았기 때문이었다. 나는 그녀들에게 "시간만 내서서 오시면" 자료 만드는 방법을 알려 드리겠노라고 말했다. 그러나 이 대화 이후 그녀들은 찾아오지 않았다. 그녀들은 대면수업 준비과정에서 나에게 정말 많은 영감을 주고 여러 방면에서 모범이 되어 주었지만, 비대면수업 준비과정에서는 그렇지 않았다. 학년이 끝날 시점까지 그들은 배영주와 나에게 어찌할 수 없는 존재였다. 그들에게 힘을 가하거나 그들을 설득하는 데에는 한계가 있었다.

2) 낯선 학부모

교사주체는 교사를 교육서비스 제공 노동자 집단의 일원으로 대하거나, 자녀의 학습을 돌보지 않는/못하는 학부모들의 얼굴을 마주한 채 수업준비를 해 나간다. COVID-19 상황에서 가정과의 협력을 도모함으로써 수업을 실현시키기 위해 학부모들과 통화를 할 때, 교사에게 고생이 많으시다며 격려의 말을 건네는 학부모도 있었지만, 사무적으로 대화를 나누는 학부모들도 적지 않았다. 심지어 몇몇 학부모는 비대면수업 실시에 대한 각종 불만과 짜증을 교사에게 토로하기 시작했다. 물론 대부분은 그들이 처한 여건하에서 비대면수업을 실시할 사정이 여의치 않아 난관에 빠진 것에 대한 어찌할 수 없음으로부터 오는 감정들이었다. COVID-19 팬데믹으로 인한 잦은 일정 변경과 낯선 수업방식은 교사에게도 힘든 일이었지만 학부모에게도 분명 힘든 일이었다. 하지만 학부모들이 쏟아내는 부정적인 감정을 오롯이 수용하며, 그들을 상담해 주거나 해결의 방법을 찾아야 하는 사람은 결국 교사였다. 이 경우 학부모들에게 교사는 단지 자신과 자신의 자녀에게 최상의 교육서비스를 제공해 줄 의무와 책임만을 지니는 사람으로 여겨지기 때문이다. 나의 동료교사들은 이러한 역할을 맡은 우리의 모습을 '감정노동자'나 '서비스직'이라며 자조적으로 표현했다. 교사 역시도 처음 겪는 COVID-19 팬데믹하에서 모든 것이 당황스럽고 괴로운데, 그런 교사의 입장은 학부모들에게는 고려 대상이 아니었다.

교사의 불성실과 무책임 및 역량 부족에 대해 분노를 표출하는 학부모들도 있었다. 임은수는 지역 "맘카페에 들어가 보니까 (엄마들이 학교와 교사들에 대해) 욕을 엄청 하더라."라고 말했다. 비대면수업 진행에 대한 학교차원에서의 설문을 했을 때에도 마음에 상처가 되는 신랄한 비판의 말들이 있었다. 교사들이 아무 것도 안 하고 놀았으며, 교사의 자격이 없다는 등의 내용이었다.[8] 그런데 정작 몇몇 불성실하고 무능력한 익명의

---

8) 이것은 주로 비대면수업 초반의 과제제시형 수업에 대한 비판이었다.

'교사'나 시스템의 미확립으로부터 기인한 비판으로 상처를 받는 것은, 어려운 상황에서 어떻게든 수업을 가능하게 만들어 보려고 노력했던 교사들이었다. 임은수는 "차라리 (주관식으로 작성된 학부모 설문 의견을 교사들에게) 알려 주지 말지."라며 서글퍼하였다. 격려와 응원을 해 주어도 힘이 날까 말까 한 판국에, 설문결과의 대부분이 교사들을 탓하고 나무라는 말들로만 점철되어 있기 때문이었다. 오승효는 교사들이 고생해서 자료를 만드는 것을 학부모들이 모른다며, "자료가 저절로 나오는 줄 아나 봐."라고 분개하였다. 자료를 거의 만들지도 않은 그녀가 이런 말을 한 것은 좀 아이러니하긴 했지만 말이다.

한편, 모든 학부모가 다 학교교육 활동에 최우선의 가치를 두고 수업을 전폭적으로 지원하는 것은 아니었다. 배영주는 자신의 반 학부모가 "3학년은 영상 하나만 보라고 하던데, 2학년은 왜 이렇게 학습 활동을 많이 주느냐?"라며 민원을 제기했다고 말하였다. 임은수도 자신의 반 학부모로부터 "과제가 너무 많다."라는 민원을 받아서 과제를 내 주는 것에 몸을 사리게 되었다고 하였다. 그것이 이름만 과제일 뿐 사실은 아이들이 수업시간 중에 해야 하는 필수적인 활동이었는데 불구하고 말이다. 교사의 입장에서 염려되는 아이의 기초학습 부진이 학부모 입장에서는 큰 문제가 아닌 것으로 여겨지기도 했다.

교사가 수업자료를 제작해서 가정으로 보냈다 하더라도, 학부모가 가정에서 그 자료를 교사가 기대하는 수준만큼 아이의 학습장면에서 구현해 주는 것은 아니었다. 구글 프레젠테이션 자료의 경우, 링크 안에 아이가 학습해야 할 내용이 가득 담겨 있는데, 링크를 클릭하여 링크 안에 담긴 수업자료의 내용을 제대로 확인해 보지도 않은 채, 링크만 보낸다고 분노하는 학부모 설문 내용도 있었다.

학부모가 비대면 수업을 가능하게 하기 위한 장비의 수령이나 세팅 역할을 해 주어야 했음에도, 그러한 역할을 매끄럽게 또는 충실히 수행해 주지 않는 경우도 있었다. 장비의 필요 여부를 묻는 설문에 답하지 않거나, 비대면 수업을 위한 장비가 가정에 없음에도 "스마트기기는 안 받겠다"고 하거나, 장비를 받겠다고 해 놓고 수령해 가지 않아서 여러 차례 연락을 취해야 하거나, 장비를 받아 가 놓고는 전혀 활용하지 않은 채 1년이 지나 처음 포장 상태 그대로 돌려주는 학부모들이 적잖이 있었다.

때로 학부모들은 자기 아이의 학습을 살펴봐 주어야 한다고 생각을 하기는 하지만, 충분히 그럴 수 없는 상황에 처해 있음을 교사에게 호소하기도 했다. "밥 해 먹이고 청소하고 빨래하면 하루가 다 간다."거나, "자신은 직장맘이어서 출근을 하고 아이를 어른이(외할머니가) 봐 주어서" 보육은 가능하지만 교육은 어렵다거나, 재택근무를 하느라 바빠서 아이와 같은 공간에 있음에도 학습지도를 할 수 없었다거나, 아이의 동생을 출산하여 동생에게 더 많은 신경을 써야 했다거나, 학부모들의 사정은 제각기 다양했다. 비대면수업을 준비하는 과정에서 드러난 학부모들의 위치는 굉장히 묘했다. 학부모는 비대면수업을 통한 교육을 실현 가능하게 해 주는 교사의 최근접 조력자인 동시에, 어떤 경우에는 누구보다도 수업을 더 강하게 저지할 수 있는 위치에 놓여 있기도 했다. 그러나 교사의 입장에서 개별 가정의 사정을 다 도울 수도 없거니와, 무작정 개입하는 것도 폭력이나 월권이 될 수 있어 어떻게 손쓸 수가 없었다.

3) 낯선 아이들

교사주체는 수업을 위해 갖추어져 있어야 할 기본적인 생활습관과 학습습관이 흐트러져 버린 아이들의 얼굴을 마주해야 했다. 내가 가장 놀랐던 점은 아이들이 이상할 정도로 교사나 친구들과 눈맞춤을 하지 않는다는 것이었다. 이것은 우리 반 아이들 전반의 일관된 반응이었고, 김목화도 같은 느낌을 받았다고 이야기하였다. 나는 교사든, 학생이든 학급의 누군가가 말을 하면 아이들이 말하는 사람 쪽으로 얼굴을 돌려 그 사람을 바라보는 것이 당연하고 자연스럽게 이루어지는 일이라고 생각하고 있었는데, COVID-19 상황을 계기로 하여 그것이 저절로 되는 것이 아니라는 것을 깨달을 수 있었다. 한동안 집안에만 있었던 아이들은 수업이 진행되는 동안 영혼 없는 흐릿한 눈빛으로 허공을 "멍"하니 바라보고만 있었다. 나는 수업에서 교육이 일어날 수 있을 때까지, 아이들에게 반짝반짝 빛나는 눈으로 선생님의 눈을 마주칠 것을 매일 요구하며, 눈맞춤을 상당히 오랫동안 연습시켜야 했다.

아이들은 수업 주제와 관련된 발화들을 제대로 경청하지도 못했다. 물론 일반적으로도 아이들은 집중력이 짧아서 쉽게 산만해지고 옆자리 친구와 떠들곤 하지만, COVID-19하에서의 대면수업을 시작할 시점에서 아이들이 보여 준 모습은 순간순간 집중력이 흐트러지는 것이 아니라 아예 귓가에 들려오는 수업 내용에 몰입 자체를 쉽사리 하지 못하는 모습에 가까웠다. 수업이라는 특수한 성격의 상황이 몸에 익숙해져 있지 않아서, 그리고 수업에 참여한다는 것이 재미있는 일이자 의미 있는 일이라는 것을 몰라서 그런 것 같았다.

몸을 두는 자세도, 수업에 참여하는 태도도 많이 흐트러져 있었다. 의자 위에 한 다리를 올리거나 양반다리를 하지 않고 발바닥을 땅에 댄 상태로 의자 등판에 허리를 붙여 세워 바른 자세로 앉는 것, 온라인 개학 상황에서 해도 그만 안 해도 그만인 듯 여겨졌던 과제를 진지하게 대하고 성실하게 수행한 다음 다 했는지의 여부를 교사에게 검사받는 것, 그냥 멍하니 듣다가 흘려보내지 말고 공부를 하다가 중요한 내용이 있으면 필기를 하도록 시키는 것, 내 작품에만 집중하는 것이 아니라 칠판과 게시판에 붙은 친구들의 작품을 감상하는 것, 친구와 협력하여 문제를 해결하며 친구의 발화에 호응하고 그것을 평가하는 것, 공부 내용과 관련지어 놀이 활동을 하는 것 등이 수업에서 의미 있는 학습이 일어나도록 하기 위해 훈련되어야 하는 것들이었다.

들뢰즈와 과타리에 따르면 "얼굴은 인류 안에서 생산된다. 그러나 그것은 인간 '일반'의 필요성이 아닌 다른 필요성에 의해서다"(Deleuze & Guattari, 1980: 327). 즉, "모든 인간이 얼굴을 갖는 것이 아니라 ……(중략)…… 특정한 사회구성체 안에 사는 인간만이 얼굴을 갖는다"(이진경, 2002: 513). 역으로 말하면 어떤 특정한 사회구성체의 구성원으로서 소속되어 있지 않다면 얼굴을 가질 수 없다는 것이다. 아이들은 너무 오랜 기간 가족이라는 사회구성체에만 주로 노출이 되어 있었고, 그 이외의 사회구성체, 특히 수업이라는 교육 활동을 하는 사회구성체 단위인 학급에 속해 있지 않았기 때문에, 학급 구성원들 사이에서 통용 가능한 사회적 산물인 얼굴을 갖고 있지 않았다. 이렇듯, 학급 구성원으로서 수업에 참여하는 얼굴을 갖고 있지 않은 아이들이 교사에게는 낯설고 불편한 것으로 다가온 것이다.

어떤 특정한 사회구성체의 구성원들은 특정한 양상으로 반복된 풍경과 얼굴을 겪으며 그전까지의 이질적인 기호계를 붕괴하고, "근거들의 질서"로 된 명령어의 암호를 풀어가며 서로를 익힌다. 그리고 "특정한 종류의 ……(중략)…… 교육'으로' 특정한 표정을 만들어 낸다"(이진경, 2013: 523). 결국 아이들은 수차례 등교를 하고 교실 안에서 교사 및 친구들과 함께 대면수업에 참여하면서, 그리고 실시간 쌍방향 비대면수업을 통해 학급 구성원들의 얼굴상이라도 마주하면서, 자신의 얼굴을 수업하는 데에 필요한 방식으로 작동시키는 방법을 천천히 배워 나갔다. 그리고 학급 구성원으로 소속되어 교사 및 친구들과 어울리며 공부함으로써 자신의 생활습관과 학습습관이 조금씩 조금씩 바로잡아진다는 것에 기쁨을 표하기도 했다.

4) 타인의 얼굴

초등교사의 수업준비 과정에서, 한 교사주체에게 동료교사, 학부모, 아이들로 대표되는 다른 교육주체들은 타인의 얼굴로서 등장한다. 레비나스(Levinas, 1988)는 그의 저서 『전체성과 무한』에서 타인의 얼굴에 주목한다. 레비나스에게서 타인은 자아의 동일성으로 재흡수되는 타자와는 다르다. 타인은 나와 전적으로, 절대적으로 다르기 때문에 나로 하여금 외재성에 귀를 기울이도록 하고 관대함을 욕망하도록 만드는, 지고의 타자성을 띠는 무한히 낯선 자로서의 타자다. 타인은 "동일자와 맺는 관계에도 불구하고 동일자에 초월적인 것으로 남아 있다"(p. 37). 타인은 "동일자의 영역으로 들어가지 않는 존재의 현전"(p. 288)이다. 타인은 나와의 공통고향이 부재한데, 그는 내가 "자기 집에 있음을 방해한다"(p. 36). 그러나 동시에 그는 자유로워서 "그에게 나는 어떠한 능력도 행사할 수 없다. 그는 본질적인 측면에서 나의 포획을 빠져나간다. 심지어 내가 그를 좌지우지할 때조차도"(p. 36) 그러하다. 타인은 나의 전체성에 파열을 일으킨다.

"타자가 내 안에 있는 타자의 관념을 넘어서면서 자신을 (타인으로서) 제시하는 방식을 (레비나스는) 얼굴이라고 부른다. ……(중략)…… 타인의 얼굴은 매번 그것이 내게 남겨 놓은 가변적 이미지를 파괴하고 그 이미지를 넘어선다"(Levinas, 1988: 56). 타인의 얼굴은 내 앞에 나타나 스스로를 표현하며, 나에게 호소한다. 타인의 얼굴은 "동일자(인 나)를 부정하지(는) 않지만"(p. 300) "(나의) 소유를, 나의 능력들을 거부한다. (타인의 얼굴이 나타남으로 인해) ……(중략)…… 아직 포착 가능한 것은 포획에 전적으로 저항하는 것으로 바뀐다"(p. 291). 수업준비에서 교사들은 타인의 얼굴을 마주하며, 교사들 스스로도 그들에게 타인의 얼굴로서 다가가게 된다. 그리고 어떤 결정적인 순간에는 교육주체들이 결국 서로를 타인의 얼굴로서 마주할 수밖에 없다는 것을 교사가 어떠한 방식으로 받아들이고 다룰 것인지가 교사의 수업준비 및 교육주체 간 관계의 성패를 좌우하는 관건이 된다.

5. 나가며: 기술과 얼굴

COVID-19 이후로 언론매체에서는 "COVID-19가 앞당긴 미래"라는 표현을 너나 할 것 없이 사용한다. 교육에 종사하는 몇몇 전문가는 COVID-19가 기술과 손을 잡음으로써 에듀테크(education + technology), 즉 "빅데이터, 인공지능 등 정보통신기술을 활용한 차세대 교육"(임명진, 2021)으로서의 "미래교육의 등장을 앞당겼다."라고도 한다. 그리고 그런 기술의 도입 여부가 구시대적 교육과 미래의 교육을 가르는 것인 양 포장하며, 교사들에게 기술을 익힐 것을 '주문'하고 '닦달'한다.

그러나 나는 그들이 말하는 미래교육의 정체에 대하여 회의한다. 정말 그들이 형상화하고 말하는 것과 같은 미래교육의 실체가 있었고 그것이 그저 조금 빨리 온 것일 뿐인지, 아니면 그들이 그러한 방식으로 미래교육을 형상화하고 말하기에 그것이 마치 강제적 숙명이 되어 버린 것인지 모르겠다. 그들이 형상화하고 말하는 미래교육이면 곧 좋은 교육인지는 더더군다나 모르겠다.

물론 하이데거(Heidegger, 1954)가 말하였듯 인간의 삶, 특히 현대 인간의 삶은 기술로부터 자유로울 수 없으며 기술은 인간이 장악하여 활용할 수 있는 무언가를 넘어선, 오히려 우리의 삶 전반을 장악하고 지배하는 근원적 조건임은 분명하다. 실제로 COVID-19 상황에서 수업을 성사시키는 데 교사가 현대의 기술들을 잘 활용하는 것이 크게 한몫하기도 했으니 말이다. 그러나 "도발적 요청이라는 의미의 닦아세움의 성격을 띠는"(Heidegger, 1954: 23) 현대 기술의 탈은폐 방식하에서, 교사가 자신이 마주하는 것들을 '부품'으로서만 대하지 않고, 그 자신도 '부품'으로 전락하지 않으려면 어떻게 해야 하는지에 대한 고민은 꼭 필요할 것 같다.

나는 그러한 고민을 해결하기 위한 하나의 실마리가, 교육주체들이 서로의 얼굴을 더 잘 이해하고 마주하는 데 있다고 생각한다. 자신의 얼굴로 타자를 마주하는 주체는 부품으로 포획되기를 거부할 수 있다. 주체가 타자의 얼굴을 본다면 타자를 부품화시킬 수 없다. 얼굴이 "주문 요청하는 방식"(Heidegger, 1954: 32)으로부터 자꾸 벗어나려는 속성을 지녔기 때문이다. 그리하여 얼굴은, 규율권력과 생명권력이 작동함으로써 아무리 그것을 사라지게 만들려 해도 그것이 있음을 결국은 드러내고, 주체가 상상한 거울 경계 내부의 자아도 있지만 그것 외부에 주체가 의식하지 못한 주체의 영역이 남아 있을 수 있음을 동시에 상기시키며, 한 주체에게 결코 어찌할 수 없는, 그리고 지극히 낯선 타인이 있으니 그와 더불어 살기 위해서 어떤 노력이 필요한지 심려하라고 주장하기 때문이다.

교육은 결국 얼굴을 지닌 인간이 하는 일이고, 얼굴이 지닌 인간에 대한 일이며, 얼굴을 지닌 인간을 위한 일이다. 교육에서 무엇이 오래도록 계속된, 근본적인, 그래서 시급한 문제인지를 생각해 볼 때, 좋은 교육을 만들어 나가기 위해서 우리의 시선이 향해야 할 곳은 다른 무엇이 아닌 교육주체들의 얼굴일지 모른다. 그리고 사라진 교육주체의 얼굴을 되찾는 것, 거울 속의 얼굴상에 갇히지 않고 교육주체로서 얼굴을 드러내는 것, 무엇보다도 교육주체로서 교육주체인 타인의 얼굴을 대면하고 타인을 환대하며 타인과 어떻게 대화할 것인지를 고민하는 것이, 교사가 수업준비를 하고 좋은 수업을 만드는 데에, 그리고 교육과 유관한 모든 이가 자신의 전체성을 초월하여 무한으로 나아가, 윤리적인 교육주체로서 자리매김하는 데 가장 핵심적인 일일지 모른다.

참고문헌

강진아(2022). 얼굴의 교차: COVID-19하의 초등교사 수업준비에서 드러난 교육주체 간 관계성. 교육인류학연구, 25(2), 119-154.

이상호(2019). 공유경제와 복지: 벤클러 공유경제 모델의 함의를 중심으로. 경제학연구, 67(3), 189-214.

이진경(2002). 노마디즘 1. 서울: 휴머니스트.

조용환(2000). 인터넷시대의 교육인류학적 의미: 거짓말과 Being Digital. 교육인류학연구, 3(3), 163-183.

조용환(2012). 교육인류학과 질적연구. 교육인류학연구, 15(2), 1-21.

조용환(2014). 좋은 질적 연구자가 되기 위한 자기 점검. 2014 한국교육인류학회 하계워크숍 자료집.

조용환(2021). 교육다운 교육. 서울: 바른북스.

최항섭(2009). 레비의 집단지성: 대중지성을 넘어 전문가지성의 가능성 모색. 사이버커뮤니케이션학보, 26(3), 287-322.

한기철(2014). 하버마스 사회이론과 교육. 도덕교육연구, 26(2), 1-30.

Benkler, Y. (2006). *The Wealth of Networks: How Social Production Transforms Markets and Freedom*. New Haven, Conn: Yale University Press.

Chiesa, L. (2007). *Subjectivity and Otherness*. 이성민 역(2012). 주체성과 타자성: 철학적으로 읽은 자크 라캉. 서울: 난장.

de Certeau, M. (1984). *The practice of everyday life*. 박명진 외 편역(2012). 문화, 일상, 대중: 문화에 관한 8개의 탐구(pp. 131-182). 서울: 한나래.

Deleuze, G., & Guattari, F. (1980). *Mille Plateux: Capitalisme et schizophrerie*. 김재인 역(2001). 천 개의 고원. 서울: 새물결.

Fink, B. (1997). *The Lacanian Subject: Between Language and Jouissance*. 이성민 역(2010). 라캉의 주체: 언어와 향유 사이에서. 서울: 도서출판 b.

Fink, B. (2004). *Lacan to the Letter: Reading Écrits Closely*. 김서영 역(2007). 에크리 읽기: 문자 그대로의 라캉. 서울: 도서출판 b.

Flyvbjerg, B. (2014). *Making social science matter: why social inquiry fails and how it can succeed again*. New York: Cambridge University Press.

Foucault, M. (1997). *IL FAUT DÉFENDRE LA SOCIÉTÉ: Cours au Collége de France*, 1976. 박정자 역(1998). 1976. 3. 17 강의. 사회를 보호해야 한다: 1976 콜레주 드 프랑스에서의 강의. 서울: 동문선.

Glesne, C. (2006). *Becoming Qualitative Researchers: An Introduction, 3/E*. 안혜준 역(2008). 질적 연구자 되기. 서울: 아카데미프레스.

Heidegger, M. (1954). *Vorträge und Aufsätze*. 이기상 외 공역(2008). 기술에 대한 물음. 강연과 논문. 서울: 이학사.

Kohn, E. (2013). *How Forests Think: Toward an Anthropology Beyond the Human*. 차은정 역(2018). 숲은 생각한다. 고양: 사월의 책.

Lacan, J. (1994). *Le stade du miroir comme formateur de la fonction du Le, 1977 Écrits*. 권택영 외 편역(2017). 자크 라캉: 욕망이론. 서울: 문예출판사.

Levinas, E. (1988). *Totalité et infini*. 김도형 외 공역(2018). 전체성과 무한: 외재성에 대한 에세이(레비나스 선집). 서울: 그린비.

Levy, P. (2002). *Cyberdémocratie, Essai de philosophie politique*. Paris: Edition Jacobs.

Merleau-Ponty, M. (1945). *Phenomenologie de la perception*. 류의근 역(2002). 지각의 현상학. 서울: 문학과 지성사.

Merleau-Ponty, M. (1960). "*Le langage indirect et les voix du silence*", 〈*Signes*〉. 김화자 역(2005). 간접적인 언어와 침묵의 목소리. 서울: 책세상.

van Manen(1990). *Researching lived experience: Human science for an action sensitive pedagogy*. 신경림 역(1994). 체험연구. 서울: 동녘.

Wilkins, A. (2017). *Making Face: The Evolutionary Origins of the Human Face*. 김수민 역(2018).

얼굴은 인간을 어떻게 진화시켰는가. 서울: 을유문화사.

고유선(2020). "교사, 일반 취업자보다 규정 잘 지키지만 열정 부족해". 연합뉴스. (2020. 10. 02.) https://www.yna.co.kr/view/AKR20200929131000530

임명진(2021). "빅데이터 · AI와 함께 코로나가 앞당긴 미래교육 '상상이 현실로'". 경남일보. (2021. 07. 14.) http://www.gnnews.co.kr/news/articleView.html?idxno=478917

제 **11** 장

자료의 존재론[1]
대패$_n$이 들려주는 자료 이야기

1. 들어가며

질적 연구 분야에서 몇몇 학자는 인터뷰 전사본이나 현장노트 외에 사진, 소리, 움직임 등을 자료로 포함시키는 시도를 하며 자료의 다양한 종류에 대한 관심을 보여 왔다. 그러나 이에 비해 자료란 무엇이며, 어떠한 특징을 갖는지, 그리고 연구에서 자료는 어떠한 역할을 하는 것인지에 대한 논의는 미흡하였다(조용환, 2018b, 2018c; Koro-Ljungberg, MacLure, & Ulmer, 2018).

코로-융베리, 매클루어와 울머(Koro-Ljungberg, MacLure, & Ulmer, 2018)는 1950년대부터 2000년대까지 질적 연구의 역사를 개관하며 자료에 대한 의미가 어떻게 변화해 왔는지 살피고 있다. 그에 따르면, 1950년대에 자료는 질적 분석의 타당도와 신뢰도라는 관점에서 다루어졌다. 연구자들은 실증주의에 기반한 양적 연구의 엄격한 방법론에 맞추어 자신들이 수집한 자료가 연구자의 판단이나 선입견에 기초한 것이 아님을 방어하는 데 힘을 쏟았다. 이러한 경향은 1960년대에도 계속되어 연구자들은 인과적 설명이나 통계적 분석에 맞추어 질적 자료를 어떻게 표집·분석할 것인지를 논의하였다.

---

*김은아(서울대학교 교육연구소 객원연구원, 서울예술대학교 강사)

1) 이 글은 문화와 교육에 대한 연구방법과 자료의 생성과정을 다루고 있다. 독자는 교육의 실천을 통해 어떻게 문화가 지속되며, 그 가운데 사람과 사물이 연결되는 과정과 변화는 무엇인지를 연구하는 과정과 관련 자료를 어떻게 구성하는지 살펴볼 수 있을 것이다. 이 글은 2018년 '질적 연구에서 자료 구성의 의미와 실제'라는 주제로 열린 한구교육인류학회 추계학술대회 발표문을 수정·보완한 것이다. 전문은 『교육인류학연구』 제21권 제2호(2018년)에 실렸으며, 이 글은 전문에 있던 3장을 생략하여 분량을 줄이고 내용의 일부를 수정한 내용을 담고 있다. 문화와 교육이라는 연구주제 측면에서는 『아시아교육연구』 제23권 2호(2022년)에 실린 「문화의 지속과 교육의 실천: 짜맞춤 목공의 재맥락화 과정에 대한 문화기술적 연구」를 참고할 수 있다.

1970년대에 질적 자료는 사회 정의의 문제를 반영하게 되었는데, 자료는 연구의 독창성, 이론, 기법과 관련된 문제를 넘어 연구참여자에 대해 연구자가 어떠한 권리와 책임을 가질 수 있는가 하는 윤리적 문제로 다루어지기 시작하였다. 1980~1990년에 들어서 자료의 유형, 자료의 수집과 분석의 방법에 대한 논의가 전개되었으며, 질적 연구 고유의 자료에 대한 강조가 있었고, 자료 수집과 분석의 과정에 대한 연구자의 해석을 중시하는 흐름이 등장하였다. 해석주의 또는 구성주의의 입장에 따르면 연구자의 해석에 의해 자료(텍스트)가 만들어지고, 그러한 자료는 다시 연구자의 해석에 의해 의미를 갖게 된다.

이와 같은 질적 연구의 역사는 인문사회과학 분야 전반에 걸쳐 나타나는 경험주의와 합리주의라는 양대 진영으로 구분하여 정리해 볼 수 있다. 즉, 1950년대에서 1970년대까지는 실증주의로 대표되는 경험주의가 질적 연구의 지배적인 논리였다면 그 이후에는 합리주의가 우위를 점해 왔다. 경험주의는 자료를 인간의 관심에 따른 선택, 해석과 독립적으로 존재하는 순수한 실체로 간주한다. 이에 따르면, 자료는 진실을 담지하고 있거나 진실에 가까이 갈 수 있는 참된 출처로서 인간에 의해 오염되지 않은 '자족성'을 갖는다. 연구자는 그러한 자료를 수집하고 분류할 수 있는 확실한 방법을 따라야 한다. 반면, 합리주의는 자료를 연구자의 의해 구성되는 것으로 보고 연구자의 이론이나 담론과 같은 지식 체계에 의해 의미를 부여받는 것으로 본다. 이때, 자료는 언제나 그 자체로는 '불충분성'을 갖기에 보다 복합적이고 추상적인 차원의 개념과 지식으로 변형되어야 한다.[2]

자료는 주어져 있는 것인가 아니면 연구자에 의해 구성되는 것인가 하는 경험주의와 합리주의는 서로 전혀 다른 논리를 주장하는 것처럼 보인다. 그러나 경험주의와 합리주의 모두 주체와 대상, 관념과 물질을 독립적으로 분리되어 있는 것으로 바라보는 객관적 세계관에 근거해 있다는 점에서 동일하다. 이와 같은 객관적 세계관 안에서 자료는 수동적이며 생명이 없는 존재다. 자료는 여기저기 흩어져 있는 자신들을 수집하여 분류하고 정리해 줄 경험주의적 연구자를 기다리거나, 각종 개념과 논쟁으로부터 자신들에게 의미 있는 해석을 가져다줄 합리주의적 연구자를 기다려야 한다.[3] 이러한 자료관에

---

2) 조용환(2018c)에 따르면, 최근의 질적 연구는 자료의 '수집(collection)' 대신 자료의 '구성(construction)'이라는 표현을 선호한다. 그러나 이때 '구성'은 인간의 담론과 실천을 우선하는 사회구성주의와 이러한 인간중심적 입장을 비판하는 신물질주의로 구분된다는 점에 유의할 필요가 있다.

3) 같은 맥락에서 코로-융베리 등(Koro-Ljungberg, MacLure, & Ulmer, 2018)은 경험주의가 자료를 담을 수 있는 대상(a containable object)으로 파악한다면, 합리주의는 통제할 수 있는 대상(a controllable object)으로 간주한다고 말한다.

따르면, 자료와 연구자는 상호작용과 상호구성의 관계적 만남을 허용하지 않는다.

그런데 2000년대가 되면서 질적 연구 분야에서는 기존의 연구 전통에서 규정하는 자료의 의미와 가치에 대한 비판적인 성찰이 시작되었다. 생피에르(St. Pierre, 1997)는 연구방법론과 코딩 분석에 갇히지 않는 자료를 처음으로 논의하고, 자료가 수동적으로 연구자의 해석을 기다리고 있는 것이 아니라 연구자에게 영향을 미칠 수 있는 힘을 가지고 있다고 하였다. 그리고 자료라는 용어 자체를 문제시하면서 '날 것으로 주어져 있는 무엇'으로서 자료를 다루던 기존의 관습을 거스르는(transgressive) 자료로 'emotional data', 'dream data', 'sensual data', 'response data'를 논의하였다.[4] 그에 따르면 자료는 연구참여자와 연구자가 만나는 물질적 장소에서부터 연구자의 꿈속에 나타난 연구참여자, 그리고 연구자의 학문적 또는 비학문적 지인들의 모임에 이르기까지 다양한 시공간의 경계를 넘어선다. 그리고 이러한 넘어섬 가운데 자료는 연구자에게 감정을 불러일으키고, 꿈을 꾸게 하며, 감각하게 하고, 주위의 반응을 살피게 한다.

생피에르(St. Pierre, 1997)와 같이 기존의 객관적 세계관에 문제를 제기하고 자료란 무엇인가에 대한 재개념화 작업을 시도하는 움직임이 질적 연구 분야에서 활발해지고 있다(조용환, 2018a, 2018b, 2018c; Benozzo, Bell, & Koro-Ljungberg, 2013; Koro-Ljungberg, MacLure, & Ulmer, 2018; MacLure, 2013; St. Pierre, 2013; Taguchi, 2012). 이들은 앎, 사고, 존재에 대하여 주체와 대상, 정신과 육체, 관념과 물질의 이분법적인 구분을 지양하고 둘 사이의 상호작용, 역동성, 얽힘, 과정을 중시하는 입장을 보인다. 이러한 입장은 인간과 비인간으로 이루어진 모든 사회문화적 실천 가운데 비인간 혹은 물질이 갖는 행위성을 강조한다는 점에서 '신물질주의(new materialism)'라고 불리기도 한다.[5] 신물질주의의 입장을 보이는 학자들은 질적 연구의 자료를 살아 있고, 행위하며, 정서적 힘을 갖는 존재라고 말한다. 그렇다면 자료를 '행위자'라고 말할 수 있다는 것인가? 자료의 행위성

---

4) 'emotional data'는 코딩이나 분석의 과정에 포함되지 않지만 연구참여자와의 관계에서 갖게 된 감정을 말한다. 'dream data'는 연구자가 연구참여자와 관련하여 꾸게 된 꿈을 가리키며, 어떠한 사실을 재현하는 것이 아닌 새로운 해석을 열어 주는 자료가 된다. 기존의 과학은 이를 자료로 인정하지 않을 수 있지만 생피에르(St. Pierre, 1997)는 복합적인 의미를 드러내는 자료로 받아들인다. 'sensual data'는 물리적 장소, 사물의 물질성으로부터 얻는 감각적 체험의 자료이다. 'response data'는 연구참여자, 학문공동체의 동료들, 멘토, 친구, 가족, 학회지 심사위원 등 주위 사람들과의 상호작용을 통해 얻는 자료다.

5) 코로-융베리 등(Koro-Ljungberg, MacLure & Ulmer, 2018)에 따르면, 신물질주의는 'new materialism, material feminism, new empiricism, posthuman studies, actor network theory, affect theory, process philosophy, the ontological turn'과 같이 다양한 접근을 포괄하는 용어다.

은 어떠한 것이며 질적 연구의 수행과 어떠한 관련이 있는가?

행위성(agency)에 대한 사회학적 논의에서 "행위성은 자신의 의도에 따라 어떤 선택을 할 수 있고 그 선택을 세계에 부과할 수 있는 능력으로, 이런 능력은 자유의지와 이성적 사고 그리고 언어적 능력이 있는 능동적 주체인 인간만이 소유한 것"(김환석, 2012: 45)으로 간주되었다. 이러한 정의에 따르면 자연물, 동식물, 사물, 기계와 같은 "비인간은 결정론적 인과관계의 법칙에 따라 움직이는 수동적 객체이기 때문에 행위성이 없는 존재"(김환석, 2012: 46)가 된다. 그러나 이와 같이 행위성을 의도, 자유의지, 이성, 언어와 같은 인간적인 것으로부터 비롯된다고 보는 관점은 근대적인 인간중심주의의 산물이라는 비판이 제기되었다.

인간과 비인간 사이의 연결망을 통한 과학과 기술의 탄생 과정을 탐구하였던 행위자-연결망이론(Actor-Network Theory)에 따르면, 행위성은 "세계에 차이와 변화를 가져올 수 있는 능력"(김환석, 2012)이다. 이에 따르면 인간과 비인간은 세계를 형성하는 일에 있어서 모두 동등하게 참여할 수 있는 능동적 존재로 볼 수 있다. 인간과 비인간이 결합하여 세계를 형성하는 과정에서 인간과 비인간은 서로 영향을 미치고 서로의 정체성을 변화시킨다. 비인간은 자연적 인과법칙에 따라 정해진 결과로 변화되는 것이 아니라 인간들, 그리고 다른 비인간들 사이에서 어떠한 관계를 맺는가에 따라서 어떻게 변화할 것인지 그 결과를 미리 알 수 없는 복잡한 존재다. 인간 역시 비인간을 자신의 의도대로 조작하거나 해석하는 것이 아니라 비인간에 의해 영향을 받고 자신의 가능성과 한계를 이룬다.

이런 점에서 질적 연구에서 자료는 연구자, 연구참여자와 함께 연구라는 세계를 만들어 가는 요소라고 할 수 있다. 즉, 자료는 연구자와 함께 행위하며 연구자-연구참여자-사물-가치-의미-이론을 상호적으로 구성하는 데 참여한다. 기존의 경험주의와 합리주의에서는 인정되지 않았던 자료의 "행위성을 존중한다는 것은 그들이 인간과 더불어 세계를 구성하는 동등한 동반자라는 사실을 인식하고, 그들의 목소리를 귀담아 들으려 애씀"(김환석, 2012: 52)을 뜻한다. 다시 말하여 연구자는 '자료와 함께' 연구와 자료, 그리고 연구자 자신을 동시적으로 만들어 나간다고 할 수 있다.

이 글에서는 자료와 연구자의 존재적 만남에 주목하여 자료가 연구자와 어떻게 상호작용하며 어떻게 연구자로 하여금 생각하게 만드는지, 이 과정을 통해 자료는 질적 연구의 내용을 어떻게 구성하며, 연구가 타당성을 갖도록 어떻게 기여하는지를 살펴보고자 한다. 이를 위해 연구자의 박사학위논문 작성을 위한 연구 과정에서 만난 자료들의 다양한 목소리, 곧 대패$_n$을 통해 자료와 연구자가 서로를 어떻게 함께 만들어 가는지를 살펴보았다(연구활동과 과정에 대해서는 〈표 11-1〉 참조). 이를 통해 연구자와 함께 행위하며 살아 있는 자료의 존재적 가치를 드러낼 수 있기를 기대한다. 자료는 연구참여자와 연구자에 의해 단순히 말해지고 쓰이는 것을 넘어서 연구참여자와 연구자의 세계를 오고가며, 연구참여자와 연구자를 만들고 그 가운데 자료 자신도 만들어 가는 사건들을 낳고 있음을 보여 주고자 한다. 또한 결과로서의 자료, 즉 어떠한 종류의 자료를 어디로부터 어떻게 수집 및 분석하였는가에 대해 요약적으로 기술하는 기존의 연구 전통에서 연구자와 자료의 존재론적 공모를 어떻게 허락/제한하고 있는지 비판적 성찰의 계기를 갖고자 한다.

자료와 연구자, "우리는 둘이서 이 이야기를 썼다. 우리들 각자는 여럿이었기 때문에, 이미 많은 것이 있었던 셈이다"(Deleuze & Guattari, 1980: 11). 자료는 갖가지 형식을 부여받은 질료들과 다양한 날짜와 속도들로 이루어져 있으며, 접속되는 항들에 따라 그 성질과 차원수가 달라지는 '다양체'다(이진경, 2002). 이 글에서 대패$_n$은 바로 이러한 다양체를 가리키며, 다양체는 연구 과정에서 자료와 연구자가 연결되는 사이와 그 사이에서 일어나는 사건 가운데 부단히 변화한다. 이 글에서 대패$_n$의 목소리는 2절부터 8절까지 모두 7개의 절로 구성되어 있으며, 각 절은 자료-연구자의 관계맺음과 그에 따른 사건에 따라 구분하였다.

전반부 3개 장의 화자는 대패$_n$과 먹금칼$_n$이며, 후반부 4개 장의 화자는 조석진$_n$, 백만기$_n$, 조용환$_n$, 연구자$_n$이다. 화자/주체의 자리에 연구자 이외의 사물과 인물을 배치한 것은 연구자만 연구를 구성하는 행위를 하는 것이 아님을 드러내기 위해서다. 또한 연구자가 능동성을 가질 뿐만 아니라 다른 화자/주체들의 행위에 영향을 받는 수동성을 가진다는 점도 관련되어 있다. 이때, 수동성은 어떠한 사건이나 감정을 겪으며 감당하는 적극적인 노력으로 이해할 필요가 있다. 한편, 각 화자/주체에 붙인 n이라는 기호를 통해 알 수 있듯이 이들은 고유명사가 아닌 자료라는 다양체를 각기 다른 배치 가운데 드러내는 관계들의 한 항으로 선택된 것이다.

〈표 11-1〉 연구활동 (2017년 4월~2018년 10월)

날짜	참여관찰	심층면담	학문공동체	온라인	기타
2017년 4~5월	첫 방문 및 인사				『짜맞춤, 그 진고함의 시작』(백만기, 2016) 책 구입
2017년 6~7월	인문반, 이주자반		7월 24일 IRB 신청 및 승인		'김포 계제소' 방문
2017년 8~9월	인문반		논문자격시험		
2017년 10~11월	인문반 33기 (수강)		11월 28일 기오재 공동학습		회원 종민 노트 복사
2017년 12월~2018년 1월			논문계획서 발표		백만기(2015) 우드플래닛 기사 스크랩
2018년 2~3월	인문반	2월 13일 나들목 3월 14일 호호맘 (33기 회원)	3월 20일 기오재 공동학습		
2018년 4~5월		4월 3일 나들목 4월 4일 운은 조교 4월 10일 호인 조교	4월 17일, 5월 29일 기오재 공동학습		
2018년 6~7월	인문반	6월 28일 나들목 (전주집)	6월 26일 기오재 공동학습 IRB 연차지속심의 신청 (연구참여자 이름 공개, 온라인 관련 수정)	6월~7월 교육일기 연재 7월 회원 산초의 대패 후기	6월 1일 가구 전시회(나들목 대학원) 6월 7일 그림톨 방문(공구 가게) 7월 17일 순대패 무료 교육 참석
2018년 8~9월	이주자반 31기 (수강)	2018년 9월 6일 호인 (37기 회원) 2018년 9월 7일 나들목	9월 18일 IRB 연차 지속심의 승인 기오재 공동학습	8월 교육일기 연재 9월 영상 공모전 참가	8월 17일 『할아버지의 나무공방』, 『아름다운 목가구 만들기』 책 구입(회원 추천)

2. 자료, 나타나다

나는 대패$_n$입니다.

내가 그녀와 처음 만나게 된 것은 2017년 7월입니다. 그날은 나들목 선생님의 입문반 첫 수업이 있던 날이었습니다.[6], [7] 어린 시절 뒷마당에서 톱, 망치, 못을 보고 자란 그녀는 나무를 다루는 목수의 연장이 대패$_{t1}$이라는 것쯤은 알고 있었습니다.[8] 대학생이 되어 어느 식당에서 대패$_{t2}$삼겹살을 처음 먹어 보기도 했다는 그녀가 나를 실물로 본 것은 이번이 처음이라고 합니다. 내가 어떻게 생겼고 무엇을 어떻게 하는 도구인지, 내가 삼겹살과 무슨 상관이 있는지 모르는 그녀에게 나 대패$_{t1}$, 대패$_{t2}$는 '말로만 아는 목공 도구', '보통 삼겹살보다 얇게 썰린 것' 정도의 의미를 갖고 있었던 것입니다.

전수관 입문반 앞쪽에 놓인 교수자용 작업대에는 나들목 선생님의 대패$_{m3}$, 대패$_{m4}$, 대패$_{m5}$, 대패$_{m6}$, 대패$_{m7}$이, 그리고 회원들 각자의 작업대에는 대패$_{m8}$, 대패$_{m9}$, 대패$_{m10}$이 여기저기 흩어져 있었습니다. 그녀는 각 대패가 어떠한 차이가 있는지를 크기, 색깔, 모양 정도로만 구분할 수 있고 그러한 차이가 갖는 의미는 알지 못했습니다. 그녀는 노란 노트에 대패$_{m3-10}$을 네모의 형태로 대강 그려 두었습니다.

회원들이 어미날과 덧날을 가느라 분주한 어느 아침, 그녀는 노란 노트와 펜을 들고 와서 한쪽 구석에 자리를 잡고 앉더군요. 그러고는 나를 그 노란 종이 위에 이렇게 휘갈겨 적었습니다.

> "수업 전 미리 온 사람들이 일고여덟 명 보인다. 작업선반(?)에서 무엇인가를 하고 있다. 아마도 선생님께서 오늘 할 일이라고 말씀하신 날물갈기(?)인 듯하다. 일어서서 작업대 위에서 그것을 앞뒤로 밀고 있는 남자가 두 명 있다. 무엇인가를 갈고 있는 듯하다. 쓱쓱 소리가 난다. 날을 갈다가 손끝으로 만지며 쳐다본다. □를 들고 와서 선생님께 보여 준다. '반짝반짝 하죠? 열심히만 하면 평은 안 맞는 거예요. 자세를 만들어야 합니다.' 선생님께서 뭔가를 갈고 있는 사람들 한 명씩 찾아 다가가서 일

---

6) 이 글에서 사람, 건물, 지역에 대해 특별한 언급이 없는 경우에는 모두 실명이다. 실명과 익명에 관련된 이야기는 이 글의 6절에서 확인할 수 있다.

7) 주 연구참여자인 백만기는 짜맞춤 전수관과 인터넷 카페에서 '나들목'이라는 별명을 사용한다. 이 글에서는 백만기와 나들목을 혼용하여 사용하고 있다.

8) t는 text를 가리키며 연구 노트에 적히는 글자나 연구자가 개념으로 알고 있는 것에 해당한다. m은 matter를 가리키며 사물로 연구 현장에 존재하는 것이다.

러 준다." (2017년 7월, 현장노트)

나를 배우러 온 줄 알았더니 그녀는 글씨를 쓰느라 바쁩니다. 나는 노란 노트 위에 "무엇인가", "날물", "그것", "□", "뭔가"라고 적히기 시작했습니다. 그 후로 그녀는 매주 목요일, 금요일마다 전수관을 찾아왔는데 가끔씩 몇몇 회원들의 대패$_{m8}$, 대패$_{m9}$를 손으로 집어 가까이에서 살펴보기도 했습니다. 나는 여전히 가끔씩 노란 종이 위에 휘갈겨 적혔습니다. 그녀는 나에 집중하기보다는 나들목 선생님이 수업에서 하는 말, 나들목 선생님과 회원들이 주고받는 말을 받아 적기에 바쁜 모습이었습니다.

일주일에 두 번씩 전수관 입문반 수업에 나를 만나러 온 그녀는 시간이 지날수록 나와 나를 이루고 있는 부분들의 이름을 비교적 정확하게 적었습니다. 그런데 그녀는 자신이 노란 노트에 적고 있는 회원들의 활동에 대해서 궁금한 점도 많아졌습니다.

> "회원이 날을 힘주어 갈고 손끝으로 만지며 날 끝 쪽을 바라보는 듯하다. **(무엇을 왜 보는 거지? 손끝으로 만졌을 때 어떤 느낌인 것일까?)** 아, 아. 작은 신음소리가 난다. **(신음소리는 왜 나오지?)** …… 어미날 끝을 엄지손가락으로 만져 본다. 날을 들어 눈으로 한 번 본 후 다시 숫돌 위를 왔다 갔다 한다. **(무엇을 본 것일까? 왜 다시 숫돌에 가는 것일까?)**" (2017년 8월, 현장노트, 굵은 글씨 강조는 연구자의 것)

이 현장노트의 괄호 속에 적힌 것처럼, 그녀는 회원들이 하고 있는 날물 연마에서 날을 만지고 볼 때에 무엇을 왜 보는지 그 의미를 기록하지 못하고 있는 자신을 보게 되었습니다. 나 대패$_{n}$은 그녀에게 여전히 회원들의 손에 있는, 저기에 있는 것으로 나타났기 때문입니다. 그녀는 이제 나들목 선생님과 회원들을 만나 이야기를 나누고, 수공구를 그녀 자신이 배워 보기도 할 것이라고 합니다. 그녀에게 나 대패$_{n}$은, 그리고 나 대패$_{n}$에게 그녀는 이제 어떻게 나타나게 될까요? 지금과는 어떻게 다를까요?

3. 자료, 기억하다

나는 먹금칼$_{n}$입니다.

나는 가구를 만들 때 나무에 선을 긋는 도구입니다. 나는 예전에는 먹금칼이라 불렸고 요즘은 금긋기칼, 마킹나이프라고 불리기도 합니다. 나를 사용해서 나무에 그린 선은 '칼금'이라고 부릅니다. 짜맞춤 가구를 만들 때 나무와 나무를 "딱 맞아 떨어지게" 그리고 "각이 살아 있게" 하기 위해서는 "칼금을 스치며" 톱질을 해야 합니다.

나 먹금칼$_{m1}$이 살고 있는 곳은 사람들의 주소와 같이 말하자면, 짜맞춤 전수관 입문반 교실 칠판 왼쪽 아래 공구함 오른쪽 구석입니다. 어느 날 수업이 시작되자 나들목 선생님은 대패, 톱, 끌이라는 수공구를 배우는 일이 어떤 중요성을 갖는지 이야기하기 시작했고 그녀는 노란 노트에 그 말을 적었습니다. 이때까지도 그녀는 나 먹금칼$_{m1}$이 여기 있는 것은 모르고 있었습니다. 첫 번째, 두 번째, 세 번째 수업이 지나고 네 번째 수업시간이 되었을 때 나들목 선생님이 칠판에 "먹금칼(칼금) 톱질"이라고 적자, 그녀는 그것을 그대로 따라서 적었습니다. 드디어 나도 그녀의 노란 노트에 쓰였고 나는 먹금칼$_{t1}$이 되었습니다. 하지만 그녀는 여전히 나 먹금칼$_{m1}$이 여기 있는 것은 모르고 있었습니다.

나들목 선생님이 수업에서 먹금칼에 대한 이야기를 합니다.

> "나무를 가공할 때 대목에서는 먹금을 쓰다가 연필을 썼는데 이 연필이 소목에서는 샤프로 변하기도 했습니다. 근데 연필로 해도 아주 정밀하게 해도 문제가 생깁니다. …… (나무에 칼금을 그으며) 한 번 자세히 보세요. 잘 보세요. 연필로 그은 것은 거스름이 반드시 양쪽에서 나와요. 거스름이 있다는 건 표면이 어딘가 깨져 있다는 것이죠. 정말 정교하게 만드는 사람에게는 눈에 가시 같아요. 저도 이것 때문에 무지하게 헤맨 거예요. 처음에는 아버님 따라 그냥 하다가 점점 수준이 올라가니까 이게 보이는 거예요. 저도 무지하게 고민했어요. 유명한 분들에게 한 수 배우려고 물어보면 뭐라고 해요? '한 10년쯤 하면 돼.', '에이, 몇 년이나 했다고.' 안 가르쳐줘요. 조석진 선생님께 먹금칼을 받았어요. 먹금칼을 그냥 주고 가서 해 보라고 해요. 몇 달을 이것만 했어요. 어느 날 맞춘 순간 '아! 이거구나! 이래서 칼금을 그으라고 했구나.' 그 다음부터 연습을 한 거죠." (2017년 8월, 현장노트)

그녀는 나들목 선생님의 말을 들으며 나 먹금칼$_{t1}$이 조석진 선생님과 관련이 있음을 알게 되었습니다. 하지만 그녀는 여전히 나 먹금칼$_{m1}$이 여기 있는 것은 모르고 있었고, 그저 스승으로부터 어떤 도구를 받아서 나무 가공을 좀 더 잘 하게 되었구나 정도의 생각만 갖고 있는 듯했습니다.

시간이 흘러, 그녀가 입문반 33기 회원이 되어 공구함을 장만하고 직접 목공을 배우게 되었습니다. 그녀는 자신의 먹금칼$_{m2}$를 손에 쥐고 나무에 선을 그어 톱질하는 연습을 시작했습니다. "칼금을 스치며 톱질을 하기 위해서는 먼저 칼금(선)을 스친다는 것이 무엇을 의미하는지 알아야 합니다. 그리고 가이드[9]를 칼금이 '보일 듯 말 듯'한 지점에서 멈춰야 합니다."(백만기, 김량, 김지우, 2016: 100)

그녀는 나들목 선생님의 수업을 관찰하는 입장에 있을 때에는 몰랐던 먹금칼$_{m2}$ 사용의 어려움을 직접 배우는 과정에서 느끼게 되었습니다. 그리고 나들목 선생님이 '보일 듯 말 듯'이라는 말로 먹금칼 사용의 핵심적인 지혜를 표현한 것의 의미를 자신의 것으로 만드는 과정을 체험했습니다. 그녀는 시간이 흘러 나들목 선생님과 인터뷰를 하게 되었습니다.

"이제 어느 날 용기를 내서 이제 그런 어려운 점을 얘기한 거지. 선생님 제가 어떻게, 어떻게 해서 배우고 했는데 이거 도대체가 안 맞습니다. 죽어도 안 맞습니다. 그러니까 이제 조석진 선생님이 처음에는 얘기도 안 하시지. 몇 번 만나고 하니까 나중에는 그 먹금칼[10] 저기 내가 받아 놓은 거 있잖아요. 그걸 주신 거지. 이거 써 봐. 근데 어떻게 쓰는 건지는 설명도 안 해 줘요. 그냥 써 봐. 근데 칼금이라는 게 안 해 본 사람이 쓰려면 톱길이 어떻게 스쳐요? 혼자 삘삘 거리고 몇 달을, 몇 달을 하는 거야. 그래도 잘 안 돼. 근데 어느 날 우연치 않게 톱질을 해 봤는데 딱 스치는 거야. 아! 이거 기가 막혀. 모서리가 딱 살아 있는 거를, 살아 있는 걸 딱 본 순간 그 감동이랄까 희열이랄까. 어마어마한 거지! 이야! 이게 된다! 이게 몇 달 동안 안 됐으니까. 아, 이거 괜히 귀찮으니까 나 떨굴려고 이거 하나 주고 해 보라고 했구나 이런 생각도 들고 별 생각이 다 들었는데. 아, 그때는 정말 대단했지! 그때부터 눈이 떠 가지고 조석진 선생님한테 매달리기 시작한 거야. 가서 저도 좀 가르쳐 달라고."(2018년 2월, 나들목 선생님 인터뷰)

그녀는 분명 이 이야기를 나들목 선생님의 수업 시간에도 들었는데 그때와는 전혀 다른 눈빛이 되었습니다. 그녀는 나들목 선생님의 녹음된 목소리를 컴퓨터 한글 파일로 풀어서 적은 후 출력을 하더니 나 먹금칼$_{t1}$에 분홍색 형광펜을 칠하고 별표를 두 개나 달아 주었습니다. 이런 경우는 처음이라 나 먹금칼$_{t1}$은 이것이 무엇을 뜻하는지 잘 몰랐는데 그녀는 그녀가 중요한 의미를 두게 된 자료에 이러한 표시를 해 두는 습관이 있

---

9) 나무 연귀자를 가리키며, 나무 연귀자는 연귀를 맞추는 데 쓰이는 세모진 틀자다.
10) 먹금칼$_{m1}$

었습니다.

　인터뷰를 마친 후 그녀는 호인 조교를 찾아가 나들목 선생님께서 전수관 입문반 교실에 있다고 했던 먹금칼$_{m1}$이 어디 있는지 물어보았습니다. 입문반 교실 칠판 앞에 있던 호인 조교는 그의 바로 오른쪽 공구함에서 나 먹금칼$_{m1}$을 꺼내어 그녀에게 건네주었습니다. 그녀는 손때가 묻은 듯 갈색빛 몸을 하고 있는 나 먹금칼$_{m1}$를 드디어 보게 되었습니다!

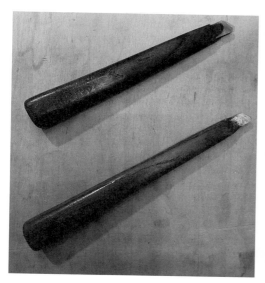 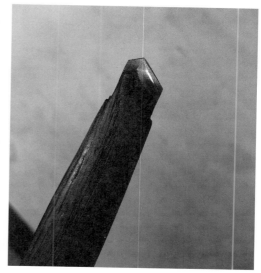

[그림 11-1]　먹금칼$_{m1}$

　그녀는 서랍 깊숙한 곳이나 박물관의 유리벽이 아닌 입문반 교실 공구함에 들어 있는 나 먹금칼$_{m1}$이 요즘에도 필요할 때면 언제든 쓰인다는 사실도 알게 되었습니다. 그리고 무엇보다 그녀는 나 먹금칼$_{m1}$를 통해 시작된 조석진과 백만기의 사제관계가 오늘날 백만기와 유호인(조교), 그리고 유호인과 그녀의 교육적 관계로 이어지고 있는 모습을 떠올렸습니다. 먹금칼$_{m1}$에는 오랜 과거부터 지금에 이르기까지 두터운 시간이 침전되어 있음을 보았습니다. 나의 몸에 새겨진 시간의 두께에서, 나의 기억(remember) 속에서 이들이 모두 함께 모이게 된 것입니다. Re-member.

4. 자료, 함께 만들다

나는 대패$_n$입니다.

그녀는 2017년 10월에서 11월까지 전수관 입문반에서 대패, 톱, 끌을 배웠습니다. 그러나 8주라는 시간은 수공구와 친해지는 데 짧은 시간이어서 그녀는 여전히 수공구를 다루는 데 서툰 모습입니다. 그녀는 입문반 수업이 끝난 후에도 그녀의 첫 대패인 나 대패$_{m11}$을 계속 붙들고 날물 연마를 연습했습니다.[11] 이렇게 그녀가 나와 노란 노트를 동시에 곁에 두고 전수관을 찾는 동안 그녀 곁에는 여러 명의 동기가 생겼습니다.

전수관 회원들 사이에는 작업을 하고 있는 사람에게 다가와 그의 대패를 들어 날이 잘 갈려 있는지를 보거나, 덧날이 어느 정도 붙어 있는지를 보는 것이 안부를 대신하는 경우가 많습니다. "와! 날이 잘 서 있네요.", "많이 무뎌져서 이대로는 안 되겠는데요.", "덧날을 더 바짝 붙여보세요."와 같은 말로 안녕한지 묻는 인사를 하는 것이지요. 이런 인사를 나눌 수 있다는 것은 초보에서 숙련자가 되어 가고 있다는 중요한 표시이기도 합니다. 대패$_n$의 세계는 이와 같이 도구에 대한 작고 일상적인 대화를 통해 함께 만들어 가는 사람들 가운데 있습니다.

그녀의 동기들은 그녀가 계속 나 대패$_{m11}$의 날물을 연마하는 데 애를 먹고 있는 모습을 자주 보았습니다. 동기들은 그녀의 손에서 나를 받아 날물이 어떤 상태인지를 봐 주고 자신들의 것과 비교하여 보여 주기도 했습니다. 때로는 직접 연마를 해서 예리하게 잘 갈린 날물의 상태를 그녀가 느껴 볼 수 있게도 해 주었지요. 하루는 그녀가 입문반에서 다루었던 소나무와 달리 강도가 센 하드우드 오크(oak)를 대패로 치고 있을 때였습니다. 그녀는 나를 나무 위에 올려놓고 잡아당기는 것이 아니라 거의 나무에 매달려 있는 상태였습니다. 34기 승훈이 다가오더니 대패를 몸으로 당기지 않고 팔로만 당기고 있기 때문이라고 알려 주었습니다. 그녀는 몸으로 해야 한다는 것을 알면서도 잘 되지 않는 게 문제라고 답했는데, 승훈은 나 대패$_{m11}$을 직접 손에 잡고 대패 치는 자세를 그녀에게 천천히 보여 주었습니다.

한편, 그녀는 지나가는 동기가 있으면 "이 날 좀 봐 주세요."라고 말하거나 "이거 너무 안 되는데요."라고 어려움을 토로하며 동기들에게 먼저 가르침을 구하기도 합니다. 하

---

11) 대패$_{m11}$은 각리(角利) 또는 가쿠리라고 불리며 폭은 65mm다.

루는 두 시간이 넘도록 날물을 갈고 있는 그녀에게 35기 산초[12]가 찾아왔습니다. 그녀는 "이제 바닥 평을 잡아도 될까요?"라고 먼저 그에게 인사를 건넸습니다. 산초는 그녀의 대패날을 집어 들고 날의 상태를 가만히 살피더니 웃으면서 "안 되겠는데요. 끝이 하얀 게 우그러들었어요."라고 말했습니다.

이렇게 동기들로부터 배우게 된 그녀는 나 대패$_{m11}$과 그녀 자신이 전수관 안에 있다는 것 자체로 그녀가 연구하고자 하는 기술의 체득과 관련된 다양한 교육적 상황을 그녀의 동기들과 함께 만들어 가고 있음을 깨닫게 되었습니다. 호기심 많은 그녀는 그녀의 동기, 호인 조교, 나들목 선생님이 같은 날에 대하여 어떻게 평가하고 어떠한 가르침을 주는지 궁금하여 일부러 세 사람을 따로따로 찾아가 배움을 구하기도 했습니다. 이러한 내용은 그녀의 노란 노트에 기록되어 대패$_n$의 일부가 되어 가고 있습니다.

그런데 요즘 그녀는 그녀의 동기를 비롯한 여러 회원 사이에서 나 대패$_{m11}$을 배우는 과정에서 나에 대한 평가와 가치가 여러 갈래로 나뉘는 것을 보며 당황하기도 합니다. 현대 한국의 가구제작 공방은 크게 두 가지로 구분할 수 있습니다. 하나는 주로 기계를 사용하여 나무를 가공하고 나사, 도미노 등을 사용하여 나무와 나무를 맞추는 DIY 공방입니다. 다른 하나는 그녀가 연구하고 있는 짜맞춤 전수관과 같이 수공구를 사용하고 다른 부품 없이 나무로만 가구를 만드는 공방입니다. 물론 후자의 공방에서도 테이블 쏘, 수압대패와 같은 기계를 사용합니다.

그러나 나들목 선생님은 나무의 섬유질을 잘라 표면을 매끄럽게 하는 대패가 목가구의 표면을 가공하는 데 있어서 수압대패, 밴딩사포보다 더 우수하다고 가르칩니다. 그런데 회원들 중에는 대패 날물 연마가 어렵다보니 수공구 대패보다 기계(수압대패, 밴딩사포)를 선호하는 모습을 보이기도 합니다. 한편, 날을 수평으로 갈기 위해 나들목 선생님이 만든 방법에 대해서도 회원들 중에는 따르기를 거부하는 경우가 있습니다.

그녀는 이러한 회원들의 차이가 어떻게 생기는 것이며 교육의 맥락에서 어떻게 해석해야 하는지 잘 알지 못하지만 그녀의 노란 노트에 적어 두고 있습니다. 이러한 '반항'들 역시 대패$_n$의 세계이기 때문입니다. 그녀는 이런 반항들이 나들목 선생님 없이 회원들끼리 있을 때에 잘 드러난다는 것을 알기에 앞으로도 계속 전수관 구석에서 나 대패$_{m11}$과 함께 이런저런 이야기를 듣고자 합니다.

---

12) 이 연구참여자의 이름은 익명이다.

5. 자료, 꿈꾸다

나는 조석진$_n$입니다.

나는 대한민국 가구명장이자 전북 무형문화재 19호 소목장입니다.[13] 나는 백만기의 스승이기도 합니다. 우리가 처음 만난 것은 경기도 김포의 여산 제재소입니다. 좋은 나무가 있다고 할 때 달려가서 보는 것은 목수의 중요한 일 중의 하나입니다. 나는 나무를 보러 다니던 중 백만기를 종종 만나게 되었는데, 어느 날 백만기는 나무와 나무를 딱 맞추는 일에 애를 먹고 있다고 어려움과 답답함을 토로했습니다. 나는 내가 사용하던 먹금칼$_{m1}$ 하나를 챙겨 두었다가 그를 다시 만나게 된 날 건네주었습니다. 그 후로 백만기는 전주에 있는 나를 찾아와 짜맞춤 기술을 배웠습니다.

나는 백만기가 운영하고 있는 짜맞춤 전수관에 두 개의 액자로 걸려 있습니다. 하나는 입문반 교실이고, 하나는 백만기의 사무실입니다. 내가 떠난 후, 백만기가 나의 나무를 정리하며 내 작업실에 있던 공구와 액자를 모두 가지고 온 모양입니다. 흑백사진 속의 나 조석진$_{p2}$는 백만기와 종종 이야기를 나눕니다([그림 11-3] 참조). 어느 날, 백만기는 나를 보며 이렇게 말하더군요. "한 번씩 앉아서 선생님을 뵐 때 그때 생각이 납니다. 저는 우리 시대가치에 맞는 가구를 만들고 싶습니다. 선생님께서도 옛날 전통가구를 만드셨지만 돌아가시기 얼마 전부터는 현대 디자이너들하고 협업을 많이 하셨지요. 선생님께서 응용하신 기술, 그리고 오늘날에 맞는 가구를 늘 고민하신 선생님의 정신을 본받고 싶습니다."(2018년 4월, 백만기 면담)

[그림 11-2] 조석진$_{p1}$

[그림 11-3] 조석진$_{p2}$

---

13) 故 조석진은 국제기능올림픽대회 가구 분야에서 우리나라 사람으로는 처음으로 금메달을 수상하였으며, 전라북도 무형문화재 소목장 19호로 지정된 바 있다.

입문반 교실에 있는 나 조석진[p1]은 끌질을 하고 있는 모습입니다([그림 11-2] 참조). 입문반에 있으면서 이제 막 목공을 시작하는 사람들을 보는 것은 나의 큰 즐거움 중의 하나입니다. 나를 거쳐 백만기에게로 간 짜맞춤 기술이 다시 태어나는 모습을 볼 수 있으니 나는 죽어서도 살아 있습니다.

어느 날, 그녀는 노란 노트를 곁에 두고 컴퓨터 앞에 앉아 나에 대한 이런저런 말을 옮겨 적으며 내 이름 대신 '박선목'이라는 이름을 적었습니다. 그리고 백만기는 '견고한'으로, 부평 짜맞춤 전수관은 '천운 짜맞춤 전수관'으로 적더군요. 알고 보니 그녀가 한다는 '질적 연구' 분야에서는 오래전부터 연구참여자의 개인정보와 사생활 보호를 위해 가명을 사용하는 일이 관례로 되어 있다고 합니다. 그녀는 연구참여자의 실명을 익명으로 바꿀 때 연구참여자의 삶이 반영된 이름을 고심하여 선택했다고 합니다. 그래서 나에게는 먼저 나무를 알고 나무의 친구가 되었다는 뜻에서 '선목'이라는 이름을 붙여 주었습니다. 백만기의 '견고한'은 그가 다른 두 명의 저자와 함께 2016년에 쓴 책 『짜맞춤, 그 견고함의 시작』이라는 제목에서 이름을 따왔고요.

그런데 그녀는 백만기가 인터넷 카페와 전수관에서 별명으로 사용하고 있는 '나들목'은 어떤 익명으로 바꾸면 좋을지 고민이 많아 계속 결정을 하지 못하고 있었습니다. 그녀는 백만기와 만나 그가 목공 분야에서 하고 있는 일을 지켜보면서 나들목이라는 별명이 짜맞춤 가구를 통해 전통과 현대를 잇고자 그의 사명을 매우 잘 드러내 주고 있는 이름이라 생각했습니다. 백만기는 나 조석진과 새 세대의 목공인들의 사이에서 이 둘을 잇고 있는, 말 그대로 '나들목'이기 때문입니다. 한편, 백만기(2016)의 책에 대하여 저자를 익명으로 표기할 경우, 그녀의 논문에서 그 책의 내용을 인용해야 할 경우 참고문헌 목록에 익명으로 써야 하는지 그것 역시 난감한 문제였습니다. 그리고 책을 함께 쓴 다른 저자들도 익명으로 처리해야 하는 것인지도 불분명했습니다.

그녀는 백만기와의 면담과 그가 인터넷 카페에 올린 글을 통해 나와 백만기의 관계에 대해서 좀 더 깊이 알아 가고 있었습니다. 나는 2013년 7월 이 세상을 떠났습니다. 위암 말기로 수술을 받고 4년 정도 투병 생활을 하다가 가게 됐지요. 사실 나는 "기술을 쉽게 가르쳐 주는 성격이 아니었습니다. 나에게 기술을 배우러 온 여러 사람은 어렵게, 어렵게 배웠다고 할 수 있습니다. 그런데 위암 말기까지 갔다가 수술해서 회복되고 나니 이제 좀 뭐랄까 위기감 같은 걸 느끼게 됐습니다. 내가 죽어 짜맞춤 기술이 사장되어 버리면 끝이라는 생각이 들어 백만기를 만났을 때 나는 기술에 대해서 무엇이든 물어보면

다 알려 주게 됐습니다"(2018년 2월, 백만기 면담).

나는 그에게 모든 기술을 아낌없이 가르쳐 주는 대신 그와 두 가지 약속을 했습니다. "하나는 짜맞춤가구 기술을 널리 알려 저변 확대에 노력하는 것이고, 둘째는 짜맞춤가구 전수관을 만드는 것이었습니다."(2013년 9월, 인터넷 카페, 백만기 씀) 그는 나와의 이 약속을 지키기 위해 "2011년부터 2013년까지 경기도 부천에 교육 공간을 만들고 나와 함께 강의를 해 왔습니다. 그리고 2013년 9월에는 지금의 짜맞춤 전수관을 인천 부평에 만들었습니다"(2018년 2월, 백만기 면담). 나는 짜맞춤 전수관을 공사하는 모습까지는 그의 곁에서 보았지만 그 후에는 멀리 하늘에서 지켜보았지요. 백만기 이 친구가 넉넉하지 않은 형편에도 불구하고 짜맞춤 전수관을 세워 나가는 과정을 보니 대견했습니다.

그녀는 백만기와의 첫 면담(2018년 2월)을 준비하면서 그가 부평 짜맞춤 전수관을 어떻게 가꾸어 왔는지를 사진으로 보게 되었습니다. 한 장의 사진 앞에서 그녀는 울컥할 수밖에 없었는데 그것은 바로 어둠 속에서 전등 몇 개를 밝히고 전수관을 만드는 모습을 담고 있었습니다([그림 11-4] 참조). 그 사진은 무척 강렬해서 그녀가 지금까지 보았던 밝은 전수관과 대조가 되었습니다. 그녀는 혼신의 힘을 다해 여기까지 오게 된 백만기와 전수관의 역사를 보며 가슴이 뜨거워졌습니다.

[그림 11-4] 짜맞춤 전수관 공사 사진(2013년 9월, 백만기 촬영)

그녀는 나와 백만기의 별명 '나들목'을 통해, 그리고 어둠 속의 전수관이 담긴 한 장의 사진을 통해 짜맞춤가구의 저변 확대를 위해 애를 쓴 우리의 인생을 드러내고 싶다는 욕망을 갖게 되었습니다. 그녀는 2018년 7월 IRB(Institutional Beview Board) 연차지속심의[14]에서 이러한 실명 공개의 뜻을 IRB 측에 전달하였습니다. "본 연구의 핵심 연구참여자인 백만기(나들목)는 2016년 수공구 사용 및 짜맞춤가구 제작에 대한 책을 발간하였으며 한국 목공의 발전을 위해 헌신적인 노력을 기울이고 있습니다. 본 연구가 일반 교육 분야의 주제를 다루고 있기에 익명으로 개인정보보호를 위하는 측면보다 실명과 별명을 공개함으로써 연구참여자들의 교육적 노력과, 문화의 지속적 형성에 대한 역사적이고 문화적인 의의를 드러내는 유익함이 있다고 판단하였습니다. 기존 연구동의서에는 이 부분에 대한 선택 여부가 없어 이번 연차지속심의에서 이 내용을 추가하고자합니다. 연구동의서에 실명/별명의 공개 여부를 '예', '아니요'로 선택할 수 있게 함으로써 연구참여자 가운데 개인정보를 드러내기 원하지 않는 경우에는 익명을 사용할 수 있도록 배려하겠습니다." IRB 측에서는 이러한 그녀의 뜻을 받아들여 연구를 승인해 주었습니다.

무형문화재 전수제도에 따르면 보유자는 전수자를 한 명만 둘 수 있습니다. 백만기가 나에게 기술을 배우러 왔을 때 나는 이미 최길준[15]을 전수자로 두고 있었습니다. 그도 이 점을 알고 있어 "제가 전수자로 들어갈 수는 없지만 시간 날 때마다 배우러 오겠습니다."라고 말했고 인천과 전주라는 먼 길을 부지런히 오고가며 나를 찾아왔습니다(2018년 2월, 백만기 면담). 그는 누구보다 짜맞춤을 열심히 배웠고 우수한 짜맞춤 기술이 사장되지 않도록 저변확대가 필요하다는 생각을 나와 같이했습니다. 2012년 가을, 점점 나의 몸이 약해져 가고 있을 무렵 그가 찾아와 소목장 전수자 자격을 인정하는 임명장을 나의 이름으로 받고 싶다는 말을 조심스럽게 꺼냈습니다. 나는 내 이름으로 그를 전수자로 인정해 주고 싶었고 임명장을 써 주었습니다. 그리고 백만기는 이와 같이 나의 이름으로 주는 임명장을 앞으로 짜맞춤 전수관에서 목공을 배우는 회원들도 받을 수 있게 했으면 좋겠다는 의견을 말하였습니다. 나는 점점 몸이 더 안 좋아져서 짜맞춤 전수관에서 직접 가르칠 수는 없게 되었습니다. 나를 대신하여 백만기가 1기부터 9기까지 회원들을 가르쳤고 임명장은 내가 직접 주었습니다.[16]

---

14) 서울대학교 생명윤리위원회(IRB)는 일 년 단위로 연구계획을 승인해 주고 있다. 연구자는 2017년 7월 24일 첫 번째 승인을 받았고, 2018년 5~6월에 두 번째 승인을 준비하였다.
15) 이 이름은 익명이다.
16) 짜맞춤 전수관은 2018년 11월 현재, 입문반 40기 수업을 진행하고 있다. 백만기는 조석진 선생님께서 타계한 후 자신의 이름으로 임명장을 수여하는 것은 과분하다고 생각하여 현재는 임명장 수여가 이루어지고 있지 않은 상태다.

나들목 백만기, 그리고 짜맞춤 전수관에서 목공을 배우고 있는 모든 제자, 이들은 모두 내 제자이고, 전통 목가구 재현과 짜맞춤가구를 계승·발전시키기 위해 노력하는 소목장 전수자들입니다. 오늘 이렇게 나 조석진의 이름으로, 그리고 나의 제자 백만기의 이름으로 여러분과 인사를 나눌 수 있어 더할 나위 없이 기쁩니다. 우리가 함께한 약속, 함께 품은 꿈이 이루어지고 있습니다.

6. 자료, 가로지르다

나는 백만기[n]입니다.

나는 얼마 전 전주에 대패 특강을 다녀왔습니다. 나는 짜맞춤 기술을 체득하고 그 가운데 목공 문화가 어떻게 지속되고 있는지를 연구하고 있는 김은아 씨와 함께 그곳에 갔습니다. 오늘 아침 전주로 떠날 채비를 하는데 그녀가 다가오더니 "저도 따라가도 될까요?"라고 말했습니다. 평소 자기 목소리를 크게 내는 편이 아닌 그녀가 그리 말하기에 나는 꼭 따라나서겠다는 강한 의지를 느꼈습니다. 나는 흔쾌히 동행을 허락했습니다. 그녀와 나는 전주에 내려오는 길에서 천안 두정동, 여산, 정안이라는 표시판을 보았습니다. 그녀는 이 지명들을 나와의 첫 번째 인터뷰에서 들었기에 아마도 낯설지 않았을 것입니다. 우리는 지나는 곳마다 그때 있었던 이야기를 다시 나누었습니다. 전주에서 인천으로 올라오는 길에 나는 상념에 젖어들게 되었습니다. "이 길도 참 많이 왔다갔다 했었는데 오늘 이 길로 가니까 느낌이 이상하네, 기분이. 마지막 돌아가시고 나무 정리하고 마지막 오는 길도 이 길로 갔던 거 아니예요. 전주 나무도 판매 다 하고 여산으로 올리고 그때 생각이 문득 나네. 지금 이 길이 딱."(2018년 6월, 전주를 오고가는 차 안에서, 백만기 면담)

나도 모르게 밖으로 나온 말들을 가만히 듣고 있던 그녀가 조심스러운 말투로 내게 물었습니다. "조석진 선생님께서 따로 남기신 말씀은 특별히 없으셨어요?" 나는 그때를 떠올리며 말했습니다. "그날 거의 돌아가시기 일주일 전이었나, 그랬을 거야. 뭐 완전히 빼짝 말라가지고 누워 있다가 그래도 정신은 있으시더라고. (병원의 의료기기를) 여기저기 막 꽂아 놓고 하니까 제대로 말은 못하고 이제 마지막 딱 한 마디가, 셋이 있을 때 이제 딱 한 마디가, 딱 한마디가 '잘 해'. 나한테 해 준 말이 그때 '잘 해'. 힘드시니까 말을 많이 못하시니까 사모님하고만 이야기하고 치료 어떻게 할까 하다가 마지막 말 딱 하시더라고. 그게 마지막 말이었어. '잘 해.' 그 말 듣고 우리 셋이 오고 그다음 주에 바로. 이제 돌아가신 거지." 내 말을 듣는 중간중간 추임새를 넣어주던 그녀가 콧등이 시큰한지 안경을 쓸어 올립니다(2018년 6월, 전주를 오고가는 차 안에서, 백만기 면담).

나는 나에게 짜맞춤이라는 세계를 열어 준 나의 스승, 조석진 선생님의 나무를 모두 정리하고 올라올 때 참 시원섭섭했습니다. 처리가 됐으니까 시원한데 사실 내가 돈이 있으면, 공간이 있으면 그걸 내가 사서 썼으면 좋았을 건데 그걸 내가 하나도 못 썼다는 거 그거는 아쉬웠습니다. 선생님께서 생전에 준 먹감나무만이 내가 가질 수 있었던 유일한 나무로 지금도 쓰지 않고 있습니다. 나는 기회가 되는 대로 그녀에게 이 먹감나무를 보여 줄 생각입니다(2018년 6월, 백만기와 전주를 오고가는 차 안에서, 백만기 면담).[17)]

나는 전주길을 다녀오며 그녀와 많은 이야기를 나누었습니다. 그녀는 이번 전주길에서 나의 말동무를 자처하고 나선 김에 자신의 연구와 관련된 질문을 하고 싶었던 모양입니다. 공식적인 인터뷰라고 하지만 작은 공간 안에서 오랜 시간 함께 있다 보면 이런저런 이야기를 하기 마련입니다. 나와의 동행에서 침묵이 어색해서 그런지 평소 차분한 편이던 그녀는 자신의 가족 이야기부터 시작해서 연구 이야기를 먼저 꺼냈습니다.

그러던 중 그녀는 자신이 연구하는 주제에 대해 '암묵지'라는 말을 했습니다. 그녀는 암묵지라고 불리는 지식을 어떻게 체득하는지, 암묵지의 체득과 문화의 지속이 어떻게 관련을 맺고 있는지 연구해 보고 싶다고 했습니다. 나는 암묵지라는 그 말이 굉장히 와 닿아서 그녀와 전주길을 다녀온 후에도 계속 곱씹게 되었습니다. 나는 이번 여름 내가 운영하는 전수관에서 진행하게 된 소공인 숙련기술교육 소개 자료에도 그 말을 넣었습니다. 전수관을 찾은 그녀에게도 암묵지라는 말을 넣었다고 보여 주니 놀라는 눈치입니다.

백만기: 그 암묵지라고 은아 씨가 먼저 전주 다녀오며 얘기했잖아. 그게 막 굉장히 와 닿는 거야. 그게 말 그대로 지금 우리 소공인들, 특히 목공하는 사람들의 아주 깊이, 뭐랄까, 아주 뼈에 박혀 있는 게 암묵지거든. 그것도 내가 조금 찾아봤거든. 이게 원래 영국의 그 철학자…….

---

17) 백만기는 연구자의 요청으로 이 글을 직접 읽고 내용을 검토하였다. 그는 이 부분을 읽은 후 조석진 선생님으로부터 받은 먹감나무를 2018년 12월 7일 연구자에게 보여 주었다.

연구자: 폴라니요?

백만기: 오! 어떻게 알았어?

연구자: 저도 읽고 있죠.

백만기: 역시! 응. 그 사람이 처음에 했고 그다음에 일본의 경영학자인데 이 사람이 암묵지가 어떤 순환을 거쳐서 어떻게 되는지에 대해서 정리를 해 놓은 게 있더라고. 그래 가지고 맨 처음에는 이 암묵지가 표면으로 노출되고 표면화되고, 또 이제 하여튼 간 같이 공유도 하고 그다음에 습득이 되고 다시 이게 또 표면으로 나오고 이러면서 순환이 되야 기술이 이제 발전할 수 있다 뭐 이런 뜻인 거 같아. 내가 다 보지는 못 했지만 지금 은아 씨가 하는 이런 교육의 전수라든가 과정이라든가 이런 거에 대해서 굉장히 잘 연구가 되고 있구나 그런 생각도 들고. 은아 씨도 논문에서 암묵지가 이런 방향으로 흘러오고 지금 이렇게 가고 있는데 앞으로는 이렇게 가는 게 좋지 않겠느냐 그런 식으로 써 주면 나중 친구들에게 훨씬 도움이 되겠지.

연구자: 신기하네요. 선생님하고는 만남도 신기한데 오늘 인터뷰도 사실 그 부분을 하려고 했거든요. 책을 쓰신 게 사실은 선생님 암묵지를 표면화하신 거잖아요.[18]

백만기: 그렇지! 그렇지! ……(중략)…… 표면화되고 이게 여러 사람들한테 읽히고 있고. 지금도 깜짝깜짝 놀라는 게 어디 가서 이런 얘기를 하다보면 다 책을 봤다는 거야. 이제 다음으로 또 잘 넘어가게 융복합해서 새로운 거를 또 만들어 내야 되겠지. 그래서 그렇게 되면 그게 여러 사람들에게 다시 체득이 되면 다시 암묵지가 되고 그렇게 발전이 되었으면 좋겠다는 거지. (2018년 9월, 백만기 면담)

이번 전주길에서 그녀에게는 "잘 해."라는 말이, 나에게는 "암묵지"라는 말이 서로의 가슴에 와 닿았나 봅니다. 그녀는 전주길을 다녀온 후 그녀의 노란 노트와 휴대폰 사진, 컴퓨터에 저장된 텍스트, 그리고 그녀의 연구 자료인 대패$_n$을 모두 다시 살펴보았다고 합니다. 그리고 그녀의 대패$_{m11}$의 몸을 부드럽게 쓰다듬으며 조석진과 백만기, 그리고 자신에게로 이어져 오는 목공 기술의 교육과 문화에 대한 생각에 잠겼다고도 하네요. 나는 암묵지라는 말에 대해서 내 나름대로 찾아보고 공부를 하며 조석진 선생님으로부터 나에게로, 나로부터 회원들에게로 이어지고 있는 짜맞춤가구를 다시 돌아보았습니다.

---

18) 백만기는 2016년에 목공의 기본 수공구의 원리 및 사용법, 짜맞춤 결구법 제작에 관련된 『짜맞춤, 그 견고함의 시작』이라는 책을 발간하였다.

전주길을 오고가며, 말이 오고가며, 그녀는 그녀의 연구를, 나는 나의 생애를 서로 그렇게 가로지르고 있었나 봅니다. "스승을 만나 짜맞춤을 배우러 갔던 길, 스승과 그의 나무를 떠나보내고 돌아왔던 길. 그 길을 대패를 가르치기 위해 오고가다. 그리고 그 길에 우리가 함께 있다. 길 위에서."(2018년 7월, 전주길을 다녀와서 김은아 씀)

7. 자료, 대화하다

나는 조용환$_n$입니다.

그녀는 내가 가르치고 있는 대학원생입니다. 그녀는 작년 봄 무렵부터 준비하기 시작한 현장연구를 하러 다니느라 바쁘게 지냅니다. 나와 함께 준비한 2017년 겨울 박사학위청구 논문계획서에서 그녀는 목공을 직접 배우는 일을 연구방법의 일부로 포함시키기로 했습니다. 연구자가 현장 사람들과 어울리고 그들이 하는 일을 함께 하는 것은 오래된 인류학적 역사이자 전통입니다. 또한 나는 무엇이든 한번 해 보는 것과 하지 않는 것에는 엄청난 차이가 있다고 믿기에 그녀의 계획에 동의했습니다. 그녀는 계획에 따라 목공을 배우고 있다고 합니다.

나의 전공에서는 매년 가을에 함께 소풍을 떠나는 행사가 있습니다. 공부도 삶도 함께 더불어 만들어 나가는 것이 내 신념이기도 합니다. 작년 가을 우리는 경기도 용인으로 소풍을 다녀왔는데 나는 그곳에서 그녀와 한 팀이 되어 준비된 게임에 참여했습니다. 나는 왼손으로는 다른 도반의 손을, 오른손으로는 그녀의 손을 잡게 되었는데 그녀의 손이 굉장히 거칠어서 놀랐습니다. 나중에 알고 보니 내심 그녀 자신의 손에 새겨진 그 거침이 뿌듯하기도 했다고 합니다. 그것은 초보 목공인이 서툴지만 무엇인가 스스로 해 보려고 애쓴 흔적이라고 의미를 부여하면서 말입니다.

그때부터였던 것 같습니다. 그녀는 자신의 연구 이야기를 매월 셋째 주 화요일마다 있는 전공의 공부모임인 '기오재 공동학습'에서 풀어놓기 시작했습니다. 그녀는 교육적 실천을 통한 기술의 체득 과정에 대한 연구, 문화를 실천적 관점으로 논의하는 연구, 목공과 관련된 다양한 종류의 글, 질적 연구방법에 관한 문헌 등을 읽은 후 그 내용을 자신의 연구에 적용하는 방식으로 글을 써 오고 있습니다. 그녀의 글이나 사진을 통해 대패, 톱, 끌, 먹금칼, 먹감나무, 제비촉, 조석진, 백만기 등 그녀가 현장에서 만난 온갖 사물, 사태, 사람을 우리도 함께 만나고 있습니다.

나는 그녀뿐만 아니라 누구의 글이든 나만의 표시와 메모를 하면서 글을 읽습니다. 그리고 그 표시와 메모를 길잡이로 하여 글에 대해서 논의하고, 비판하고, 동조하고, 질문을 던지고, 문제를 확장하며, 나의 공부와 연결시킵니다. 나의 오랜 공부습관이지요. 나는 사십여 년 동안 교육인류학과 질적 연구를 공부하는 학문공동체에 몸담고 있습니다.

그녀의 대패, 톱, 끌, 먹금칼, 먹감나무, 제비촉, 조석진, 백만기는 이러한 표시와 메모를 통해 내가 속한 학문공동체와 대화를 나누게 됩니다. 그녀는 물음표, 동그라미, 밑줄, 별표, 체크표, 강조점, 느낌표, 메모에서 자신이 주목해야 할 부분을 발견하고 연구의 방향을 가늠하며 새로운 영감을 얻습니다. 그녀의 대패$_n$은 공동학습을 통해 학문공동체와 대화를 나누는 가운데 여러 개념 및 이론과 접속하고, 흩어지고, 뒤집어지며, 더 파고들어야 할 구멍을 만납니다.

나와 도반들은 그녀의 대패$_n$을 눈으로 보고 귀로만 듣는 것은 아닙니다. 2018년 9월 18일에 있었던 공동학습에서 그녀의 발제문이었던 '대패$_n$이 들려주는 자료 이야기'를 거의 다 읽어 갈 무렵 그녀의 목소리가 떨리기 시작했습니다. "전주길을 다녀와서 그녀는 노란 종이에 적힌 나 대패$_{t1, t2, \cdots t14}$를 처음부터 다시 찾아보기 시작했어요. 그러고는 한동안 생각에 잠기더군요. (잠시 멈춤) 그녀는 그날의 감동을 남겨야만 한다고 생각했는지 그녀의 학문공동체 게시판에 글을 하나 올렸어요. (잠시 멈춤) 스승을 만나 짜맞춤을 배우러 갔던 길, 스승과 그의 나무를 떠나보내고 돌아왔던 길. 그 길을 대패를 가르치기 위해 오고가다. (잠시 멈춤) 그리고 그 길에 (잠시 멈춤) 내가 (잠시 멈춤) 함께 있다. 길 위에서. 전주길을 다녀온 후 그녀의 대패$_{m11}$을 손에 잡을 때 느낌이 남다른 듯했어요. 내 (대패$_{m11}$) 몸을 (잠시 멈춤) 부드럽게 쓰다듬어 주더라고요."

전주길에서의 여러 감정과 생각들이 갑자기 그녀를 휘감았기 때문이겠지요. 나와 도반들은 잠시 기다려 주었습니다. 호흡을 가다듬은 그녀가 계속 읽기 시작했지요. "여러분, 이만 이야기를 마쳐야겠어요. 그녀는 그녀의 논문에 최종적으로 나를 '대패'라고 적겠지만 여러분은 오늘의 이야기를, 오늘의 이야기를" 다시 멈춘 그녀를 우리는 말없이 지켜보고 더 기다려 주었습니다. "나 대패$_{t1, t2, \cdots t14}$, 대패$_{m1, m2, \cdots m14}$를 기억해 줄래요?"

그녀가 글을 다 읽자, 한 도반은 큰 목소리로 "네!"라고 대답해 주었습니다. 우리는 이렇게 그녀를 지켜보고, 기다리고, 격려하고, 공감하고, 응원하고 있습니다. 또 공동학습 이후 온라인 자료실에 그녀의 글을 올렸을 때 몇몇 도반은 자료에 대해 다시 생각해 보게 되었노라고, 연구를 응원한다고 댓글을 달아 주었습니다. 나 역시 그녀에게 하고 싶은 말을 댓글로 적었습니다.

> 은아야, 불쑥 전주길에 따라나섰다니 참 잘 했다.
> 길에 관련된 여러 편의 시를 써 본 나이기에
> 네가 겪고 느끼고 정리하는 길이 한껏 와 닿는다.
> 질적 연구가 연구자와 참여자 모두에게
> 더 나은 삶을 뚜벅뚜벅 걸어 찾는 행보이니
> 너의 전주길이 한 걸음 또 너를 키우는구나 싶다.
> 잘 했다. (2018년 7월, 기오재 홈페이지에 조용환 씀)

나는 그녀가 대패$_n$을 "특정 시대나 내용으로 고정되어 '죽은 기술 그 자체'가 아닌 오늘날 사람들의 삶 가운데 실존적으로 부단히 다시 실천되고 있는 '살아 있는 기술의 의미'의 맥락에서 읽어 나가기를 원합니다"(2018년 3월, 김은아 발제문에 대한 조용환 코멘트). 또한 그녀가 "대패$_n$과 연구자의 상호작용에 천착하며, 때로는 우리들의 학문적 개념망에 걸려들지 않고, 나아가 때로는 거세게 저항하기도 하는 그야말로 살아 있는 대패$_n$을 마주하기를 바랍니다"(2018년 9월, 김은아 발제문에 대한 조용환 코멘트). 그리고 교육인류학과 질적 연구를 공부하는 기오재 공동학습에서 오고가는 개념, 이론, 단상, 비판, 제안을 그녀 나름대로 전유하여 대패$_n$과 접속시켜 나가기를 당부합니다.

8. 자료, 참여하다

나는 연구자$_n$입니다.

나는 연구 현장으로 짜맞춤 전수관을 정할 때에 인터넷을 통해 전국의 목공방을 살펴보았습니다. 많은 목공방이 인터넷 홈페이지나 카페 등을 운영하였는데 짜맞춤 전수관 역시 '나들목 가구 만들기'라는 이름으로 NAVER 카페를 운영하고 있었습니다. 나는 그 카페에 회원가입을 하고 "첫인사 드립니다."라는 제목으로 자기소개의 글을 올렸습니다.

당시 나는 인터넷 카페의 목공 관련 자료를 살펴보면서 나들목 선생님과 회원들이 어떤 일을 하는지 둘러보는 보조적인 수단 정도로 인터넷 공간을 생각했습니다. 그 후, 나들목 선생님을 직접 뵙고 인사를 드리고 연구참여에 대한 동의를 구한 후 학교 측에 생명윤리심의(IRB)를 받는 절차가 진행되었습니다. 2017년 7월 24일부터 2018년 7월 23일까지 승인이 된 저의 연구계획서에도 '온라인 게시글'에 대하여 현지자료의 일부로 포함하는 정도로 단순하게 기술되어 있습니다. "……본 연구를 위하여 기술 체득과 공유와 관련된 현지자료를 수집할 것이다. 교육과정에서 활용되는 교재, 문서, 온라인 게시글, 과제물 등 연구의 주제를 이해하는 데 도움이 되는 현지자료를 폭넓게 수집하겠다."

나는 2017년 8월부터 본격적으로 현장연구를 시작하고 같은 해 10월에는 직접 수강회원이 되면서 점점 현장연구를 진행하는 일이 바빠졌습니다. 매주 목요일과 금요일 오전 10시부터 저녁 6시까지 연구참여자들을 관찰하고, 나의 대패$_{11}$과 씨름하고, 틈틈이 연구노트를 끄적이고 집에 돌아오면 거의 드러누워 지냈던 것 같습니다. 그러는 동안 인터넷 카페는 사실상 접속할 여유나 관심이 적어졌고 그렇게 시간이 흘러갔습니다.

그런데 2018년 봄이 되어 계속 짜맞춤 전수관에 와서 입문반 교실에 앉아 노란 노트를 적거나 대팻날을 갈고 있는 나를 보며 걱정하는 사람들이 생겨났습니다. "아직도 날을 갈고 있는 것이냐, 논문은 언제 나오는 것이냐, 무엇을 더 연구할 게 있느냐, 언제까지 전수관에 오느냐." 때로는 인사말 대신 농담처럼, 때로는 진지하게 묻는 사람들에게 나는 "아직 한참 멀었어요. 내년에도 보실 수 있어요."라고 답하며 웃어 넘겼지만 그것도 몇 차례가 되고 나니 이제는 적절히 둘러댈 말도 없었습니다. 그렇다고 아직 나 자신도 정리가 되지 않은 연구내용을 몇 마디 짧은 말로 풀어내기도 난감했습니다. 이런 가운데 기록적인 폭염을 맞이한 전수관은 회원 수가 급감하여 분위기가 가라앉았고 경제적으로도 어려운 상황이 되었습니다.

나는 연구자로서, 전수관 회원으로서, 입문반 동기로서 무엇인가를 해야겠다는 생각이 들었습니다. '무엇을 할 수 있을까' 동기들, 회원들에게 연구자로서 하고 있는 일을 공유하고 전수관의 회원모집에 도움이 될 수 있는 방법이 없을까 고민하던 중에 나는 나의 연구내용을 간단한 에피소드 형식으로 전수관 카페에 연재하기로 결심하였습니다. 나는 인터넷이라는 공간의 특성상 글이 너무 길면 가독성이 떨어지고 사람들의 흥미를 끌지 못할 것이라 판단하여 그동안 연구자로서 촬영한 사진을 중심으로, 학술용어는 되도록 적게 사용하는 글을 올리는 것이 좋겠다고 생각하였습니다.

이렇게 나는 '목공의 첫 걸음'이라는 제목의 교육일기로 연재를 시작했습니다. 사실

연재를 결심했을 때 이 글을 연구 자료에 포함시킬 것인가, 혹은 이러한 인터넷상에서의 글쓰기가 연구인가에 대해서 진지하게 생각하지는 못했습니다. 회원들이 '재미'를 느낄 수 있어야 한다는 것이 가장 큰 목표였기 때문입니다. 그런데 글을 쓰기 위해 주제를 정하고 관련 사진을 찾고 이야기의 줄거리를 구상하는 동안 나는 대패$_n$을 뒤적이며 '연구'를 하고 있는 자신을 보게 되었습니다. 인터넷 글쓰기와 연구는 대패$_n$이 그릴 수 있는 여러 가능적 관계 가운데 몇 가지를 선택하고 저자-대패$_n$-독자가 공명할 수 있는 지점을 찾아 타당한 이야기를 구성한다는 점에서 많이 닮아 있었습니다(Ogawa, 2018).

나는 첫 교육일기에 회원들이 달아 준 응원과 공감의 댓글을 보며 나는 대패$_n$으로 쓰는 교육일기에 대한 자신감을 얻었습니다. 그리고 교육일기를 통해 대패$_n$에 대하여 기술하는 것뿐만 아니라 회원들 자신의 이야기를 들려줄 수 있도록 그들의 체험에 말을 걸 수 있다는 생각을 하게 되었습니다. 두 번째 교육일기인 '나에게 대패란?'을 통해 나는 회원들에게 대패는 어떤 의미와 가치를 갖는 도구인지를 물어보았습니다. 회원들은 "목공의 목표", "목수의 품격", "아픈 손가락", "나무 사랑", "가까이 하기엔 너무 먼 부담스러운 존재"와 같이 자신들의 이야기를 들려주었습니다. 나는 이제 대패$_n$에 대한 연구자의 이야기를 가지고 인터넷 공간에 참여하면서 대패$_n$에 관한 이야기를 나누는 데 참여하고 있습니다.[19]

회원들에게 연구내용을 재미있게 알리자는 뜻에서 시작한 인터넷 글쓰기는 뜻밖의 사건을 낳기도 했습니다. 하나는 내가 교육일기를 연재하기 시작한 지 한 달 반 정도 되었을 때, 회원 중 한 명인 산초[20]가 2017년 7월부터 자신의 대패 체험에 대한 글을 연재하기 시작한 것입니다. 대패 체험에 대한 산초의 연재글은 나의 것과 통하면서도 기술 체득 과정에 대한 그만의 독특한 학습사가 담겨 있었습니다. 연구자의 대패$_n$이 연구 현장에서 촉발시킨 또 다른 대패$_n$과 서로 만나 공명하는 것을 느낀 감정을 어떻게 표현할 수 있을까요? 놀라움, 기쁨, 반가움, 신기함, 고마움……. 그것은 연구 자료를 추가로 얻을 수 있게 되었다는 것을 넘어서는 것이었습니다.

한편, 나는 대패$_n$과 함께 최근 서울대학교 기초교육원에서 주관한 '휴먼튜브 영상 공

---

19) 2018년 7월 24일로 종료되는 IRB를 연장 신청하면서 나는 짜맞춤 전수관이라는 연구 현장에서 면대면으로 연구참여 동의서를 작성하지 않은 인터넷 카페 회원들의 댓글을 연구 자료로 포함시키는 방안을 IRB 측과 의논하여 연구계획서를 수정·보완 제출하고 현재의 연구를 진행하고 있다.
20) 이 연구참여자의 이름은 익명이다.

모전'에 참여하게 되었습니다. 나는 이 공모전의 주제가 '관계'라는 것을 본 순간 백만기와 그의 스승과 제자들, 그들과 함께 목공 세계를 알아 가고 있는 나 자신과 대패$_n$을 떠올렸습니다. 대패$_n$을 통해 하나의 도구가 세대와 세대를 넘어 지속적으로 가치 있게 사용될 수 있도록 하는 교육적 관계를 표현할 수 있다고 생각했습니다.

그런데 나와 대패$_n$은 이 공모전을 준비하며 새로운 도전을 하였습니다. 지금까지 만나온 대패$_n$은 글, 사진, 실물 등을 다양한 형태로 갖고 있었지만 다큐멘터리 형식에 맞는 연출을 통해 대패$_n$을 재구성할 필요가 있었습니다. 나는 먹금칼, 대패, 나들목 선생님, 유호인 조교를 다큐멘터리의 주인공으로 선택하여 그들에게 '연기(performance)'를 해 달라고 부탁했습니다([그림 11-5] 참조). 그들은 대패$_n$의 이야기를, 곧 자신들의 이야기를 다시 보여 주고, 말하고, 살아 내는 일을 통해 새로운 대패$_n$, 곧 동영상 제작을 위한 자료를 함께 만들어 주었습니다.[21]

[그림 11-5] 동영상 '사제동행'의 자료를 함께 만드는 연구참여자들

한편, 대패$_n$에 대한 인터넷상의 글과 동영상은 연구자에 의해서만 쓰이지 않습니다. 주 연구참여자인 백만기는 2011년부터 수공구에 대한 자신의 노하우를 YouTube 영상으로 만들어 일반 사람들에게 공개하고 있으며,[22], [23] 그가 개설한 인터넷 NAVER 카페

---

21) 동영상 '사제동행'은 서울대학교 기초교육원에서 주관한 영상공모전(2018년)에서 최우수상(컨텐츠 부문)을 수상하였으며, 다음의 홈페이지에 공개되어 있다(http://humantube.snu.ac.kr/?page_id=482).

22) YouTube에서 '짜맞춤'을 검색하면 가장 먼저 백만기의 영상이 나온다. 회원들 중에는 이 영상을 보고 짜맞춤 전수관을 찾는 경우도 있으며, 회원들 사이에서는 백만기를 가리켜 '유튜브 스타'라고 부르기도 한다.

23) 연구참여자들은 각자 손에 대패를 잡고 대패질을 가르치고 배우는 장면을 연기하고 있다.

'나들목 가구 만들기'에서는 회원들의 목공 이야기가 계속 생산되고 있습니다. 또한 스승이었던 조석진 선생님의 생전 작품과 교육 활동 역시 인터넷상에서 사람들에게 공유되고, 그의 대표적인 작품이었던 사방탁자는 지금도 여러 회원에 의해서 주목의 대상이 되고 있습니다.

연구자를 포함하여 연구참여자들이 참여하고 있는 인터넷상의 대패$_n$은 특정한 물리적·지리적 경계를 '연구 현장'이라고 부르던 관례에 대해서도 다시 생각해 보게 합니다. 대패$_n$은 오프라인과 온라인 모두에 걸쳐 존재하며 오프라인의 이야기가 온라인으로, 온라인의 이야기가 다시 오프라인으로 이동하며 대패$_n$ 자신을 만들어 가고 있습니다. 나는 앞으로 연재하는 글쓰기를 통해서는 물론, 회원들이 접속하는 여러 SNS, 홈페이지 등에 관심을 가지고 계속 대패$_n$의 세계에 참여해 볼 계획입니다.

9. 나가며

이 글은 목공의 세계에서 어떠한 교육적 실천을 통해 실천적 지식을 체득하는지, 그 가운데 목공 문화는 어떻게 지속되고 있는지를 연구하며 자료-연구자가 함께 되어 가는 과정을 대패$_n$의 목소리로 표현하고 있다. 대패$_n$은 나타나고, 견디고, 기억하고, 함께 만들고, 꿈꾸고, 가로지르고, 대화하고, 참여한다. 주어의 자리에 '먹금칼' 또는 '백만기'가 놓일 경우에도, 그들은 독립적이고 고정된 불변의 실체가 아니라 항상 먹금칼-대패-연구참여자-지도교수-학문공동체-연구자와 같은 다른 존재들을 응축하고 있으며, 시간의 흐름과 관계의 변화에 따라 의미를 달리하면서 목공의 세계를 함께 드러내는 계기들이다.

신물질주의라는 관점으로 자료를 재개념화하고자 하는 질적 연구자들은 자료란 무엇인가에 대하여 그것을 하나의 실체로 접근하여 자료의 속성을 규정하려고 하지 않는다. 대신 자료는 무엇과 접속하는가, 무엇이 될 수 있으며, 무엇을 할 수 있는가와 같이 관계와 생성의 존재론에서 비롯되는 물음을 통해 자료를 새롭게 이해하고자 한다(Koro-Ljungberg, MacLure, & Ulmer, 2018; MacLure, 2013; St. Pierre, 2013; Taguch, 2012). 관계와 생성의 존재론은 '먹금칼-대패-연구참여자-지도교수-학문공동체-연구자'에서 하이픈(-) 기호를 쓰는 것과 같이, 인간과 비인간을 아우르는 모든 존재의 '사이(between)'와

'그리고(and)'를 중요하게 생각한다. 조용환(2018a: 4)은 "질적 연구자에게 자료는 사람과 사물과 사태가 서로 연관을 맺는 가운데 형성하고 있는 특정한 질서의 구성체"라고 말한다(강조는 연구자의 것). 이는 주체와 대상을 독립적인 실체로 분리하는 경험주의와 합리주의의 입장과 다르다.

연구자는 이 글에서 대패$_n$을 통해 다양한 존재의 만남, 그리고 그 사이에서 일어나는 사건들을 보여 주고자 하였다. 이 과정에서 대패$_{m11}$, 먹금칼$_{m1}$, 조석진$_{p1}$, 전수관을 공사할 때 찍은 사진 등은 행위성을 갖는 물질로 연구자와 만났다. 이들은 단순히 연구자의 현장노트에 텍스트로 적히는 것으로 자료가 된 것이 아니라, 물질성을 갖는 사물로서 연구자의 손, 눈, 가슴을 때로는 아프게 하고 때로는 흥분시키면서 자료가 되었다. 이들은 연구자를 옛 스승을 처음 만났던 시간으로 데리고 갔고 혼신의 힘을 다해 목공의 저변 확대를 위해 노력했던 몸부림을 느끼게 하였다. 또한 이들은 연구자와 동기들 가운데 살아 있으면서 목공을 가르치고 배우는 실천을 촉발시켰으며, 인터넷이라는 또 다른 세계에도 연구자와 함께 참여하였다. 그리고 이들은 연구자의 학문공동체에 초대되어 교육과 문화에 대한 논의와 얽히기도 하였다.

한편, 대패$_n$은 아직 닫혀 있고 어둡다. 조용환(2018a)은 "질적 연구에서 자료는 연구참여자들이 귀한 시간을 허락하여 '열어 준' 것이며, 연구자가 심신의 고난을 감수하며 현장에 가서 하나하나 애써 '밝힌' 것"이라고 하였다. 열림과 밝힘이 뒤섞이는 연구 현장의 한가운데에서 연구자는 구성 중인 자료, 연구참여자, 그리고 또 다른 미지의 존재과 계속 새롭게 살아 있고자 노력한다. 연구자는 수공구를 사용하여 가구를 만드는 일을 배우는 과정 중에 있는데 현재의 수준에서 도구, 나무, 가구의 의미를 이해하는 것은 장차 이들과 점점 더 친숙해지면서 알게 되는 것과 많이 다를 것이다. 또한 아직 만나지 못한 연구참여자들의 이야기를 들어야 하며, 이미 만나 여러 차례 이야기를 나눈 연구참여자 백만기의 경우에도 연구자가 어떠한 관심으로 만나는가에 따라서 또 다른 이야기를 들려줄 것이다.

베노조, 벨과 코로-융베리(Benozzo, Bell, & Koro-Ljungberg, 2013)는 자료는 물결, 흐름, 액체와 같아서 계속 변화하며 불연속적인 특성을 가지므로 부분적으로만 접근할 수 있다고 말한다. 자료는 언제든 정보를 뽑아낼 수 있는 고정된 출처가 아니라 어떠한 관계를 맺는가에 따라서 다른 의미를 낳는 일종의 움직임이다. 연구자는 이미 의미가 완성되어 있는 자료를 '수집'하는 것이 아니라 자료를 살아야 하고, 감각해야 하며, 겪어야 한다. 연구자는 자료와 함께 연구자가 되어 가고, 자료는 연구자와 함께 자료가 되어 간다. 앞으로 예정되어 있는 연구기간 동안 연구자는 대패$_n$과 함께 자료-되기, 연구자-되기라는 모험 가운데 다시 또 자료와 함께 나타나고, 견디고, 기억하고, 함께 만들고, 꿈꾸고, 가로지르고, 대화하고, 참여해야 할 것이다.

그런데 이와 같이 연구자와 함께 고통의 시간을 견디고, 연구자를 그들의 기억 속에 초대해 주며, 연구자를 울컥하게 하고, 연구자에게 실명을 드러내도록 욕망하게 하는 대패$_n$은 어떠한 내용과 방식으로 '연구방법'이라는 항목에 담아야 하는가? 코로-융베리, 매클루어와 울머(Koro-Ljungberg, MacLure, & Ulmer, 2018)는 자료가 무엇을 하며, 연구자와 어떻게 상호작용하는지, 연구에서 자료는 어떠한 역할을 하는지를 묻는 것은 곧 "자료의 존재론적 지위(the ontological status of data)"에 대한 탐구를 의미한다고 말한다. 그리고 이러한 자료의 존재론적 지위는 "자료를 이해 가능한 총체로 실존하게 하는 연구자의 지속적인 헌신(our continued commitment to the very existence of data as a knowable and stable entity)"과 같다고 말한다(Koro-Ljungberg, MacLure, & Ulmer, 2018: 462).

즉, 연구에서 무엇을, 어떻게, 왜 자료로 다루고 있는가의 문제는 단순히 어떠한 종류의 자료를 어디서, 몇 번의 횟수를 거쳐 수집하였는가가 아닌 연구자가 연구에 헌신하는 과정적 체험은 어떠하였는가와 관련된다. 그런데 책자 형태의 논문이 갖는 선형성, 연구자로서 하나의 연구를 '성공적으로' 끝맺었다는 완결성, 결과로서의 연구내용이 갖는 우선성에 비추어 볼 때 이랬다가 저랬다가 왔다 갔다 하며 자료와 자료 아닌 것 사이의 흐릿한 경계를 오고가고 갈팡질팡, 안절부절못하는 연구자-자료 되기의 과정적 체험은 통상적인 연구방법으로 정돈되기에는 너무 지저분하고, 소란스러우며, 불확실한 것인지도 모른다. 그러나 그러한 것이 연구이고, 연구자이며, 자료라면 연구방법을 지금과는 다른 방식으로 기술할 수 있는 방법을 상상해 볼 필요가 있다.

이 글은 대패$_n$이라는 다양체를 통해 인간뿐만 아니라 비인간 역시 세계에 차이와 변화를 가져올 수 있는 힘을 가질 수 있음을 환기시키고, 자료-연구자 되기의 과정적 체험을 드러냄으로써 자료와 연구자의 존재론적 공모(共謀)를 보여 주고 있다는 데 의의가 있다. 이를 위해 연구자는 "나는 먹금칼$_n$입니다."와 같은 의인화의 방식으로 이야기를 구성하였는데, 이는 비인간인 사물도 연구 과정에서 행위성을 갖는다는 측면에 대한 주목을 이끌기 위한 선택이었다. 그런데 이러한 의인화는 자칫 먹금칼의 목소리나 행위가 아닌 연구자의 것을 덧입히는 함정에 빠질 수 있다. 그렇다면 과연 의인화가 아닌 다른 방식으로 먹금칼의 목소리와 행위를 어떻게 표현할 수 있는 것인가? "누가 말하고/쓰는가에 관한 기존 가정의 포기를 요청하는 것, 물질과 의미의 불가역적 혼합을 긍정하는 것"(장세룡, 2017: 270)은 어떻게 가능한가? 연구자는 이 글의 제한점이기도 한 이 물음을 이후 연구의 과정, 그리고 연구 결과를 정리하는 작업 가운데 계속 탐구하는 가능성의 조건으로 삼고자 한다.

참고문헌

김은아(2018). 자료의 존재론: 대패$_n$이 들려주는 자료 이야기. 교육인류학연구, 21(4), 167-208.

김은아(2022). 문화의 지속과 교육의 실천: 짜맞춤 목공의 재맥락화 과정에 대한 문화기술적 연구. 아시아교육연구, 23(2), 257-279.

김환석(2012). '사회적인 것'에 대한 과학기술학의 도전: 비인간 행위성의 문제를 중심으로. 사회와 이론, 20, 37-66.

백만기, 김랑, 김지우(2016). 짜맞춤, 그 견고함의 시작. 서울: 해든아침.

이경묵(2016). 물건의 힘과 작동망(work-net)의 상상력: 행위소로서의 인간·비인간 행위자에 대한 재고. 비교문화연구, 22(1), 311-343.

이진경(2002). 노마디즘 1. 서울: 휴머니스트.

장세룡(2017). 신물질론과 포스트-휴먼 기획: 여성주의 물질론을 중심으로. 로컬리티 인문학, 18(10), 263-306.

조용환(2018a). 질적 연구의 자료와 그 구성. 한국교육인류학회 하계워크숍 기조강의.

조용환(2018b). 기오재공동학습 20180918. 기오재 공동학습 미발행 자료.

조용환(2018c). 질적 연구 자료의 근본적 재검토. 한국교육인류학회 추계학술대회 기조강연.

Benozzo, A., Bell, H., & Koro-Ljungberg, M. (2013). Moving Between nuisance, Secrets, and Splinters as Data. *Cultural Studies ↔ Critical Methodologies*, *13*(4), 309-315.

Deleuze, G., & Guattari, F. (1980). *Mille plateaux*. 김재인 역(2001). 천 개의 고원(1장). 서울: 새물결.

Fairchild (2016). Plugging into the Umbra: Creative experimentation (in) (on) the boundaries of knowledge production in ECEC research. *Reconcepturalizing Educational Research*

Methodology, 7(1), 16-30.

Kohn, E. (2013). *How Forests Think: Toward an Anthropology beyond the Human.* 차은정 역 (2018). 숲은 생각한다. 경기: 사월의책.

Koro-Ljungberg, M., MacLure, M. & Ulmer, J. (2018). D···a···t···a···, Data++, Data, and Some Problematics. In Denzin, n. K. & Lincoln, Y. S. (Eds.), (2018). *The SAGE Handbook of Qualitative Research* (5th ed). SAGE Publications.

MacLure, M. (2013). Researching without representation? Language and Materiality in Post-qualitative methodology. *International Journal of Qualitative Studies in Education, 26*(6), 658-667.

Merleau-Ponty, M. (1945). *Phenomenologie de la perception.* 류의근 역(2002). 지각의 현상학. 서울: 문학과지성사.

Ogawa, S. (2018). When the Auto-ethnography of the Anthropologist Intersect with the Auto-ethnography of the Investigator: A Case Study of SnS Practices of Tanzanians in Hong Kong. 인류학자의 에스노그라피와 타자에 의한 오토에스노그라피가 교차할 때: 홍콩에 정착한 탄자니아 인들의 SnS를 활용한 실천을 사례로. 서울대학교 비교문화연구소 초청강연 원고.

St. Pierre, E. V. (1997). Methodology in the Fold and the Irruption of Transgressive Data. *Qualitative Studies in Education, 10*(20), 175-189.

St. Pierre, E. V. (2013). The Appearance of Data. *Cultural Studies ↔ Critical Methodologies, 13*(4), 223-227.

Taguchi, H. L. (2012). A Diffractive and Deleuzian Approach to Analysing Interview Data. *Feminist Theory, 13*(3), 265-281.

찾아보기

저자 소개

윤여각(Yun, Yeo Kak)

서울대학교 대학원 석 · 박사(교육인류학)
전 서울특별시평생교육진흥원 이사장
  국가평생교육진흥원 원장
현 한국방송통신대학교 교수

〈주요 저서〉
마을공동체 활동과 실천연구: 주민연구자 과정
(공저, 더블유기획, 2022)
문화와 교육(공저, 한국방송통신대학교 출판문화
원, 2021)
평생교육론의 시선(교육과학사, 2021)

서근원(Seo, Ghun-Won)

서울대학교 대학원 석 · 박사(교육인류학)
전 청주교육대학교 연구교수
  한국교육과정평가원 부연구위원
현 대구가톨릭대학교 사범대학 교육학과 교수

〈주요 저서〉
학교 혁신의 성찰적 실천(교육과학사, 2021)
학교 혁신 다르게 보기(교육과학사, 2020)
수업, 어떻게 볼까?(교육과학사, 2013)

서덕희(Seo, Deok Hee)

서울대학교 대학원 석 · 박사(교육인류학)
전 주엽고등학교 교사
  한국교육개발원 연구위원 대우
현 조선대학교 사범대학 교육학과 교수

〈주요 저서〉
질적 연구 전통별 접근(공저, 학지사, 2022)
홈스쿨링을 만나다(교육과학사, 2018)
내 안의 디아스포라(교육과학사, 2017)

전현욱(Jeon, Hyun Wook)

서울대학교 대학원 박사(교육인류학)
전 목포가톨릭대학교 교수
현 세종 양지초등학교 교사

〈주요 논문〉
긍정의 교육: 교육인류학을 통해 본 교육의 한 가
지 가능성(교육인류학연구, 2022)
교육과정 실행의 의미와 방향에 관한 소고(교육
학연구, 2021)
질적 연구에서 분석 작업의 성격과 과정(교육인
류학연구, 2021)

전은희(Jeon, Eun Hee)

서울대학교 대학원 석 · 박사(교육인류학)
전 서울 신천초등학교, 도림초등학교 교사
  고려대학교 사회통합교육연구소 연구교수
  순천제일대학교 유아교육과 조교수
현 중앙대학교 강사

〈주요 저서 및 논문〉
질적 연구 과정별 접근(공저, 학지사, 2022)
문화와 교육(공저, 한국방송통신대학교 출판문화
원, 2021)
학벌열위자들의 학벌주의 정체성 형성과 변화에
관한 질적 연구: 중년 여성 영유아교사를 중심으
로(교육인류학연구, 2022)

조지혜(Jo, Ji Hye)

서울대학교 대학원 석·박사(교육인류학)
현 서울대학교 교육연구소 객원연구원

〈주요 논문〉
청소년 인권 활동가들의 실천 행위에 관한 질적
연구: 저항, 탈주, 생성의 흐름을 중심으로(교육인
류학연구, 2021)
기독인 여성들의 치유적 대화에 관한 현상학적
연구(신앙과 학문, 2019)

안인기(Ahn, In Kee)

서울대학교 대학원 석사(미술학)
서울대학교 대학원 박사(교육학)
현 춘천교육대학교 미술교육과 교수

〈주요 저서〉
미술과 교수법(공저, 교육과학사, 2021)
현대미술교육의 이론과 쟁점(공저, 교육과학사,
2021)

윤혜경(Yoon, Hye Kyoung)

서울대학교 대학원 박사(교육학)
현 단국대학교 연구교수

〈주요 논문〉
음악교육학 연구의 외연 확장을 위한 시론적 고
찰(예술교육연구, 2019)

전가일(Jeon, Ga Il)

서울대학교 대학원 석·박사(아동학)
전 장안대학교 유아교육과 교수

현 연세대학교 교육연구소 연구교수

〈주요 저서〉
질적 연구, 과정별 접근(공저, 학지사, 2022)
질적 연구, 계획에서 글쓰기까지(학이시습, 2021)
아이 함께 키우며 더불어 살아가기(살림터, 2021)

강진아(Kang, Jin Ah)

서울대학교 대학원 석·박사(교육인류학)
현 서울대학교 교육연구소 객원연구원
　　수원 태장초등학교 교사

〈주요 저서 및 논문〉
(초등)AI원리로 배우는 AI윤리: 인공지능 윤리교
육 장학자료(공저, 경기도교육청, 2022)
초등교사 간 공존 양상에 대한 자문화기술지: 해
석적 접근(초등교육연구, 2022)
초등교사 연수 체험에서 드러난 교사 자율성의
구조(교육인류학연구, 2018)

김은아(Kim, Eunah)

서울대학교 대학원 석·박사(교육인류학)
현 서울대학교 교육연구소 객원연구원
　　서울예술대학교 강사

〈주요 논문〉
문화의 지속과 교육의 실천: 짜맞춤 목공의 재맥
락화 과정에 대한 문화기술적 연구(아시아교육연
구, 2022)
물질적 전회를 통해 본 나무와 인간의 얽힘, 그리
고 상황적 지식(교육인류학연구, 2020)

교육인류학과 질적 연구의 시점에서 바라본

인간 문화 교육

Human, Culture and Education

2023년 3월 5일 1판 1쇄 인쇄
2023년 3월 10일 1판 1쇄 발행

지은이 • 윤여각 · 서근원 · 서덕희 · 전현욱 · 전은희 · 조지혜
안인기 · 윤혜경 · 전가일 · 강진아 · 김은아

펴낸이 • 김진환

펴낸곳 • ㈜ 학지사

04031 서울특별시 마포구 양화로 15길 20 마인드월드빌딩

대표전화 • 02)330-5114   팩스 • 02)324-2345

등록번호 • 제313-2006-000265호

홈페이지 • http://www.hakjisa.co.kr

페이스북 • https://www.facebook.com/hakjisabook

ISBN 978-89-997-2882-2 93370

정가 21,000원

출판미디어기업 학지사

간호보건의학출판 학지사메디컬 www.hakjisamd.co.kr
심리검사연구소 인싸이트 www.inpsyt.co.kr
학술논문서비스 뉴논문 www.newnonmun.com
교육연수원 카운피아 www.counpia.com